AtV

Nach seiner Ermordung durch den rechten jüdischen Extremisten Yigal Amin am 4. November 1995 wurde der israelische Ministerpräsident Yitzhak Rabin endgültig zu einem Mythos, zur Symbolfigur des Friedens im Nahen Osten. Wie kam es dazu, daß gerade der Mann, der im Juni 1967 als Generalstabschef den Sechs-Tage-Krieg gewann, Anfang der neunziger Jahre erkannte, daß nun die Zeit gekommen war, sein Volk zum Frieden zu führen?

Die Autoren der vorliegenden Biographie verfolgen Yitzhak Rabins Lebensgeschichte und damit die Geschichte dieser Wandlung. Sie stellen seinen Werdegang parallel zur Entwicklung des Staates Israel dar, untersuchen detailliert die Umstände, die zur Ermordung Rabins führten, zeigen auf, wie rechte politische Gegner, Israels religiöse Führer, aber auch Rabins Umgang mit den jüdischen Siedlern im Westjordanland und ihren Anhängern ein feindseliges, bedrohliches Klima im Lande entstehen ließen. Sie schreiben ausführlich über die Beziehungen Yitzhak Rabins zu Shimon Peres, König Hussein, Yasser Arafat und all den Persönlichkeiten, die ihn auf seinem Weg zum Frieden Israels mit seinen arabischen Nachbarn begleiteten. Darüber hinaus enthält das Buch Exklusiv-Material über Rabins unvollendetes Werk, über seine Pläne und Strategien zur Weiterführung des Friedensprozesses im Nahen Osten, das heute aktueller denn je ist.

Das vorliegende Buch wurde von den Mitarbeitern des »Jerusalem Report« unter der Leitung von David Horovitz verfaßt. Der »Jerusalem Report« wurde vor 1991 gegründet und ist inzwischen zur renommiertesten englischsprachigen Informationsquelle über Israel, den Nahen Osten und die jüdische Welt geworden. Er erscheint zweimal im Monat und hat seine Leser in 70 verschiedenen Ländern.

Yitzhak Rabin

FELDHERR UND FRIEDENSSTIFTER

Die Biographie

Aus dem Englischen
von Helmut Ettinger

Aufbau Taschenbuch Verlag

Verfaßt von den Mitarbeitern des »Jerusalem Report«
Herausgegeben von David Horovitz

Mit 22 Abbildungen

ISBN 3-7466-1246-2

1. Auflage 1997
Aufbau Taschenbuch Verlag GmbH, Berlin

Umschlaggestaltung Torsten Lemme
unter Verwendung eines Fotos von dpa, Deutsche Presse- Agentur GmbH
Satz LVD GmbH, Berlin
Druck Clausen & Bosse, Leck
Printed in Germany

INHALT

DANKSAGUNG

Diese Biographie ist eine Gemeinschaftsarbeit von Journalisten und Redakteuren des Nachrichtenmagazins »Jerusalem Report«, Israels bedeutendster Zeitschrift in englischer Sprache. Den Prolog schrieb Chefredakteur Hirsh Goodman noch unter dem niederschmetternden Eindruck der Ermordung Yitzhak Rabins. Mit seiner tiefen Kenntnis der Vorgänge hat er das ganze Projekt stark vorangebracht. Das Schreiben teilten sich vor allem Calev Ben-David, Gershom Gorenberg, David B. Green, Peter Hirschberg, Avi Hoffmann, Isabel Kershner, Margo Lipschitz-Sugarman, Tom Sawicki, Stuart Schoffman, Hanan Sher, Eric Silver, Leslie Susser und ich selbst. Ronnie Hope und Gershom Gorenberg lasen den ersten Entwurf und reicherten den Text weiter an. Sharon Ashley sorgte für den kontinuierlichen Fortgang der gesamten Arbeit. Hilary Cemel kämpfte sich durch die Druckfahnen. Esteban Alterman fertigte einige der Fotografien selbst an und beschaffte die übrigen. Die gründliche Recherche verdanken wir vor allem Karen Finklestone, Freda Covitz, Daniel Grynberg, Gregory Lewis, Yuval Lion und Janine Zacharia. Weitere sehr wertvolle Beiträge leisteten Michael Elkins, Yossi Klein Halevi, Ze'ev Schiff, Natan Sharansky und Ehud Ya'ari. Teodor Welt hielt die Computer in Gang.

Dafür, daß sie dem Projekt so großzügig ihre Zeit und ihr Wissen zur Verfügung stellten, möchten die Verfasser sich bedanken bei Yehuda Avner, Mordechai Bar-On, Avi Bekker, Oded Ben-Ami, Gad Ben-Ari, Ohad Ben-Efrat, Yehuda Ben-Meir, Paul Berger, Lenny Davis, Uri Dromi, Rafi Edri, Amos Eiran, Yuval Elitzur, Leonard Fein, Max Fisher, Ilan Flatto, Jacob Frenkel, Jean Frydman, Yeshayahu Gavish, Kalman Gayer, Mordechai Gazit, Eitan Haber, Elyakim Haetzni, Yisrael Harel, Micha Harish, Amir Hayek, Ruhama Hermon, Avital Inbar, Niva Lanir, Dov Lautman, Orna Lebel, Moshe Levi, Amram Mitzna, Abie Moses, Alfred

Moses, Uzi Narkiss, Yossi Nitzani, Sari Nusseibeh, Dan Pattir, Abe Pollin, Dan Propper, Rachel Rabin, Aviezer Ravitzky, Seymour Reich, Nachman Shai, Neal Sher, Shimon Sheves, Avraham Shochat, Dan Shomron, Joseph Sisco, Ehud Sprinzak, Israel Tal, Shabtai Teveth, Harry Wall, Raphy Weiner, Haim Yisraeli und weiteren Gesprächspartnern, die darum baten, anonym zu bleiben. Die in Israel erscheinenden hebräischen Tageszeitungen waren von unschätzbarem Wert. Die Mitarbeiter des Archivs von Ma'ariv leisteten uns wesentliche Hilfe.

Ein besonderer Dank gilt natürlich Deborah Harris und Beth Elon, die als erste die Idee hatten, dieses Buch zu schreiben.

David Horovitz

VORWORT
Sohn Israels und Vater seiner Zukunft

Jerusalem, 5. November 1995
Die gewöhnlich völlig verstopfte Straße unter den Fenstern meines Büros ist für diese Zeit der rush hour unheimlich still. In Cafés und Restaurants gähnende Leere. Yitzhak Rabin liegt aufgebahrt, und Israel zieht an seinem Sarg vorbei – ganz Israel, eine endlose, schweigende Schlange, die noch nicht glauben mag, was geschah.

Es ist Sonntagmorgen. Gestern um diese Zeit war Yitzhak Rabin noch am Leben. Am Montagmittag sollte ich den Ministerpräsidenten gemeinsam mit David Horovitz, unserem Chef vom Dienst, für die nächste Titelgeschichte des Jerusalem Report interviewen. Rabins Verhältnis zur jüdischen Diaspora hatte sich in letzter Zeit zugespitzt. Wir und er hielten es für wichtig, die Dinge richtigzustellen, bevor er noch in diesem Monat vor der Generalversammlung des Rates jüdischer Verbände in Boston sprach.

Statt dessen wird sich morgen zu dieser Zeit Rabins Trauergemeinde auf den Weg zum Herzl-Berg machen. Seine Botschaft wird er wie so vieles andere mit sich ins Grab nehmen.

Ich habe Yitzhak Rabin seit 28 Jahren gekannt. Als junger Fallschirmjäger war ich dem damaligen Stabschef im Sechs-Tage-Krieg als Leibwächter zugeteilt, als er die noch rauchenden Schlachtfelder des Sinai in Augenschein nahm. Ich war damals kaum mehr als zwei Jahre im Lande. Diesen Mann mit der unerschütterlichen inneren Ruhe, dem zerfurchten Gesicht, dem Hebräisch der in Israel Geborenen, dem bedächtigen Redefluß und einer Stimme, die Autorität ausstrahlte und Respekt gebot, hatte ich augenblicklich zu meinem Helden erkoren. Er war Israel, er war die neue Generation von Juden – all das, was ich sein wollte. Das ist er geblieben, bleibt er und wird er immer bleiben.

Ich kann nicht behaupten, ich sei mit Yitzhak Rabin befreundet gewesen. Er hatte wenige Freunde. Aber ich kannte diesen Mann wie nur wenige andere. So wie es mein Schicksal war, ihn zu beschützen, als er durch den Sinai fuhr, so wurde es später mein Job, als Journalist über ihn zu berichten. Auf diesem Felde trafen wir uns zum ersten Mal in Washington, wo er Botschafter war. Dort lag er mit den Juden im Streit. Er meinte, sie mischten sich zu sehr in Israels internationale Politik ein. Die jüdische Lobby hielt sich selbst irrtümlich nahezu für die israelische Regierung, zumindest aber für das israelische Außenministerium. Rabin nahm es übel, wenn Leute, die niemals eine Uniform getragen hatten, ihm Lehren in Sicherheitspolitik erteilen wollten. Und wie sehr er sich auch bemühte, er fühlte sich doch niemals wohl auf diplomatischen Empfängen oder jüdischen Veranstaltungen, besonders dort, wo Geld gesammelt wurde. Dies sollte sich bis zu seiner letzten Stunde nicht ändern.

Rabin war ein Bilderstürmer, ein Soldat, der Staatsmann wurde, aber seine Uniform niemals abgelegt hat. Sein diplomatisches Denken war Strategie, seine politischen Manöver waren Taktik. Er hatte die Gabe, unter die Oberfläche zu schauen, und er war taktlos genug, offen auszusprechen, was er dort sah. Er war ein absoluter Pragmatiker, verstand aber auch, daß Deals wie der von Oslo zuweilen von Träumern zustande gebracht werden, die, wenn sie ihre Schuldigkeit getan haben, wieder auf die Erde zurückgeholt werden müssen. Er war tief überzeugt, daß auf den Sieg Frieden und nicht Eroberung folgen mußte. Aber er zögerte nie, Gewalt anzuwenden, wenn das im Interesse Israels notwendig war.

Er hatte keine Zeit für Menschen, die ihn nicht verstanden oder anders dachten als er. Solchen, die in seinen Augen Dummköpfe oder Opportunisten waren – und davon gab es viele –, begegnete er mit Ungeduld, seinen Gegnern mit Härte bis zur Verachtung. Und doch erlebte man nur selten, daß er die Stimme hob oder in Zorn geriet. Politiker und Politik behandelte er mit geringer Wertschätzung. Sie waren für ihn Mittel zum Zweck wie die Waffen, die er gegen seinen Willen benutzte, um seinen Willen durchzusetzen.

Wenn Yitzhak Rabin redete, sprach er die Gedanken vieler aus. Wortkarg bis zur Peinlichkeit bei nichtssagender Konversation, konnte er die Zeit vergessen, wenn er öffentlich oder im kleinen Kreis über Themen sprach, die ihm im Kopf herumgingen. In Interviews war er stets derselbe, zählte Punkte an seinen Fingern her und legte seine Argumente systematisch dar. Oft geschah es, daß er sechs oder sieben Mal einen letzten Satz ankündigte. Oder er erklärte, er wolle zu drei Punkten sprechen, und dann wurden es dreißig. Seine Gedanken waren stets analytisch – zusammenhängende Teile eines Mosaiks, das nur er ganz überblickte.

Während er die Schwachpunkte in den Positionen anderer unfehlbar erkannte, hatte er Probleme, seine eigenen anzuerkennen, und ließ sich nicht gern darauf hinweisen. In Washington war ich an dem Morgen bei ihm, als die Intifada ausbrach. Ich sehe ihn noch vor mir, wie verächtlich er die Meldungen über die Unruhen und Gewaltakte überall in den besetzten Gebieten aufnahm und wie ärgerlich er auf seine Mitarbeiter reagierte, die ihm sagten, Israel stehe nun vor einem schweren Problem, das sei nicht einfach einer der üblichen Protestausbrüche, sondern der Beginn eines nationalen Kampfes, der Großisrael, wie andere es nannten, von innen her verschlingen konnte.

Ich habe auch nicht vergessen, wie er einige Jahre zuvor ebenso ärgerlich geworden war, als er beschlossen hatte, Hunderte palästinensischer Häftlinge, darunter viele Terroristen, im Austausch für israelische Soldaten freizulassen, die während des Libanon-Krieges in Gefangenschaft geraten waren. Ich war dabei, als dieser Schritt im kleinen Kreise debattiert wurde, bevor man ihn öffentlich verkündete. Er wich keinen Zoll von seiner Meinung ab und wollte kein Gegenargument hören. Das gleiche geschah, als er in einem Anfall von Zorn entschied, über 400 islamische Fundamentalisten nach Libanon auszuweisen, nachdem ein Polizist im Dezember 1992 in Lod entführt und ermordet worden war. Seine Sicherheitsberater sagten exakt voraus, was geschehen werde, wenn er dies tat. Er hörte nicht auf sie. Sie waren im Recht, er im Unrecht.

Das kam nicht oft vor, und seine Fehler verblassen gegenüber seinen Erfolgen. Das müssen auch seine schlimmsten Feinde wohl oder übel zugeben. Man warf ihm vor, er habe am Vorabend des Sechs-Tage-Krieges einen Nervenzusammenbruch erlitten. Aber er war der überragende Kopf dieses Krieges, den er schließlich auch gewann. Manche erinnern daran, daß er 1977 »in Schande« zurücktreten mußte, als sich herausstellte, daß er und seine Frau Leah ein illegales Bankkonto in den USA besaßen. Aber das Israel, dessen Führung er 1977 verließ, war ein anderes Land als das, das er 1974 nach der Katastrophe des Yom-Kippur-Krieges übernommen hatte. Seine Streitkräfte beurteilte man nun nach der brillanten Rettungsaktion von Entebbe und nicht mehr nach dem Debakel jener Tage, als Israel an zwei Fronten zugleich von Gegnern angegriffen wurde, die es bislang kaum für satisfaktionsfähig gehalten hatte.

Als er 1984 als Verteidigungsminister zurückkehrte, spielte er eine Hauptrolle beim Rückzug der israelischen Truppen aus dem Libanon, wo sie wegen der Unentschlossenheit der vorherigen Regierung festsaßen. Dort hatten nach dem Ende des Krieges mehr Männer ihr Leben gelassen als während der Kampfhandlungen selbst.

In den ersten beiden Jahren dieses Jahrzehnts auf die Oppositionsbank verbannt, nutzte er sein winziges Büro in der Knesset, um den Kampf in seiner Partei zu führen, damit die israelische Politik sich wieder ihren eigentlichen Aufgaben zuwandte. Mit einem Handstreich verjüngte er die Demokratie im Lande und bereitete sein eigenes politisches Comeback vor, bei dem er auf die Unterstützung der Menschen baute, die hinter ihm standen, nicht auf die Zustimmung der Königsmacher in den rauchgeschwängerten Hinterzimmern, die er verachtete.

Endlich brachen dann die dreieinhalb Jahre an, in denen er den Frieden mit Jordanien und die Aussöhnung mit den Palästinensern erreichte. Dies war eine Zeit, in der Israels Infrastruktur zum Sprung in das 20. Jahrhundert ansetzte und seine Wirtschaft in einem Tempo vorwärtsstürmte, das selbst Rabin nicht erwartet hatte. Hunderttausende Juden aus der ehemaligen Sowjetunion fanden in Israel einen sicheren Hafen, wurden ernährt, untergebracht und zu einem kleinen Teil in die israelische Gesellschaft integriert, so gut das eben möglich war.

Wäre es ihm vergönnt gewesen, bei den nächsten Wahlen zu kandidieren, er hätte gewonnen, ohne einen Finger zu rühren. Er war ein Löwe, den man abgeschlachtet hat wie ein Schaf, weil er allen Anzeichen zum Trotz nicht glauben wollte, daß ein Jude einen anderen Juden töten könnte, wie tief die Gräben inzwischen auch klafften. Wieder einmal war er einem Irrtum erlegen. Dieser aber sollte sein Schicksal besiegeln.

Yitzhak Rabin war für Israel der rechte Mann zur rechten Zeit. Die Intifada hatte sich erschöpft. Die Sowjetunion, die Israels erbittertste Feinde unterstützt hatte, war verschwunden. Irak war im Golfkrieg als Gegner ausgeschaltet. Als General wußte er, daß seine Bataillone gesiegt hatten. Aber anders als führende Köpfe in der nicht allzu fernen Vergangenheit seines Landes erkannte er auch, daß der Sieg auf schwachen Füßen stand, solange er nicht zu einer besseren Zukunft für Israel und die Region in einem vereinbarten Frieden führte, der nicht durch Schwäche sondern durch Stärke errungen war.

Er war ein Mann, der sein Ziel nicht aus den Augen verlor. Er wußte, Frieden konnte nicht über Nacht erreicht werden. Er mußte erst sein Volk davon überzeugen, daß Frieden möglich war. Erst dann konnte er gelingen. Deshalb bestand er darauf, daß man im Oslo-Prozeß schrittweise vorging. Eine neue Etappe durfte nur in Angriff genommen werden, wenn die vorherige erfolgreich durchschritten war. Deshalb warnte er auch von Anfang an, Zeitpläne seien nicht unantastbar und nicht in Stein gemeißelt. Er wußte, besonders im Lager der Palästinenser werde es Gegner geben, die mit Ausschreitungen und Terror den Zug entgleisen lassen wollten. Er wußte, daß er den Kampf gegen sie aufnehmen mußte, und er stellte sich diesem Kampf.

Aber er wußte nicht oder wollte nicht glauben, daß Mord und Terror nicht nur bei den Palästinensern zu suchen waren, daß die Aufkleber, die ihn einen Verräter und Mörder nannten, über die er mit einer Handbewegung hinwegging, keine leeren Worte sondern Marschbefehle für jene waren, denen Land mehr bedeutete als Leben.

Yitzhak Rabin war ein Gigant unter den Menschen. Ein sehr scheuer und introvertierter Gigant, der meinte, Gift und Galle, die rechte Demonstranten gegen ihn schleuderten, könnten ihm nichts anhaben. Darin irrte er. Er gab sich den Anschein, als kümmere ihn nicht, ob die Menschen ihn liebten. Es kümmerte ihn wohl. Er sagte einmal, als General mußte er Menschen in den Kampf schikken. Im Frieden wie im Krieg, fügte er hinzu, werden diejenigen, die man führt, nicht immer voll verstehen, was man da von ihnen fordert. Der Frieden hat wie der Krieg seinen Preis, und kein Übergang wird ohne Opfer erzwungen. Ein General weiß, daß er es auf sich nehmen muß, unpopulär zu sein. Ebenso weiß ein Staatsmann, daß nicht alles, was er tut, populär sein wird, denn nicht über alles kann er offen sprechen. Aber Rabin wußte noch mehr. Er wußte, daß die Mehrheit, die große Mehrheit, selbst jene, die Zweifel beschlichen, ihm letzten Endes vertrauten. Und es war dieses Vertrauen, das ihn trug, als er diese Region für immer veränderte.

Mir wird Yitzhak Rabin fehlen – die ruhige, nachdenkliche und stolze Stimme Israels. Seine Schroffheit und Direktheit, seine Führungskunst und seine Vision. Nun liegt er hier aufgebahrt, und über eine Million Menschen, jeder fünfte Israeli, zieht an seiner Bahre vorüber. Wir haben einen Führer verloren, der mit fester Hand das Steuer hielt, der unerschütterlich war in seinem Wissen, daß er unser Land sicheren Ufern entgegenführt.

Wie tragisch, daß Yitzhak Rabin erst sterben mußte, damit die Liebe zum Vorschein kam, die sein Volk für ihn empfand, damit die absolute Mehrheit aus dem Schatten trat, die seine Politik unterstützte. Und welche Ironie des Schicksals, daß dieser Mord eines Juden an einem Juden geschehen mußte, damit Rabins letzte Botschaft, daß dieses Land keinen Brudermord ertragen kann, endlich Gehör findet.

Gesenkten Hauptes stehe ich schweigend, einen Mann zu ehren, der nicht seinesgleichen hat – den Sohn Israels und Vater seiner Zukunft.

Hirsh Goodman

ERSTES KAPITEL
Vom Triumph zur Tragödie

Yitzhak Rabin war von Anfang an nicht sehr begeistert über diese schicksalhafte Kundgebung, diesen letzten Abend seines Triumphes, der zur Katastrophe werden sollte.

Als der Gedanke an eine Friedensdemonstration Anfang Oktober 1995 zum ersten Mal erörtert wurde, reagierte er zunächst skeptisch. Hier äußerte sich ein Gefühl der Isolierung, das ihn angesichts der immer heftigeren Proteste, die die isralischen Rechten organisierten, zunehmend überkam. Seiner langjährigen Freundin und Vertrauten, der Journalistin Niva Lanir, gestand er, was er tief in seinem Inneren am meisten fürchtete: »Wenn nun niemand kommt?« fragte er sie. Gegenüber den Organisatoren der Kundgebung, dem früheren Bürgermeister von Tel Aviv Shlomo (Chich) Lahat und Jean Frydman, einem reichen französischen Industriellen und engen Freund von Shimon Peres, brachte er einen diplomatischeren Einwand vor. »Er sagte, der 4. November passe ihm nicht«, erinnert sich Frydman. »Er hatte schon etwas vor, ein Abendessen, das er nicht verschieben wollte.«

Ein anscheinend unbedeutender Zwischenfall am 10. Oktober stimmte ihn dann um. Als Rabin auf einer Messe für Israelis aus englischsprachigen Ländern im Wingate-Sportinstitut am Rande der Küstenstadt Netanyah durch eine Menschenmenge ging, stürzte ein bärtiger Mann in weißem Hemd auf ihn zu. Er wollte den Ministerpräsidenten offenbar körperlich angreifen und hatte bereits alle Hürden genommen, als er vom letzten Leibwächter gestoppt und abgedrängt wurde. Das war Natan Ophir, Rabbiner an der Hebräischen Universität, der in der Siedlung Ma'aleh Adumim im Westjordanland lebte. Als Rabin bald darauf zu den 15 000 Anwesenden sprechen wollte, empfing ihn ein Chor von Buh-Rufern und wütenden Schreihälsen, so daß er zunächst nicht das Wort nehmen konnte. Sie beherrschten über zehn Minuten lang die Szene. Als der Ministerpräsident dann seine Rede schließlich beginnen konnte, wurde er mehrfach unterbrochen. »Ihr solltet Euch schämen«, brüllte er hochrot und sichtlich nervös. »Rabin, tritt zurück«, schallte es ihm als Antwort entgegen.

Der Zwischenfall in Wingate war kein isoliertes Vorkommnis, kein einmaliger Ausbruch heftiger Gegnerschaft zu dem Friedensabkommen, das seine Regierung mit den Palästinensern geschlossen hatte. Demonstrationen, die zuweilen in Ausschreitungen endeten, hatte es in den vergangenen zwei Jahren immer wieder gegeben. In den letzten Monaten nahmen sie allerdings besonders bedrohliche Formen an. Bei einer Kundgebung verteilte man primitive Handzettel, die Rabin in Naziuniform zeigten. Überall schwenkte man Transparente, auf denen sein Gesicht im Fadenkreuz einer Waffe zu sehen war – eine unmißverständliche Aufforderung zum Mord. Ein Siedler aus dem Westjordanland hatte versucht, den Wagen des linken Umweltministers Yossi Sarid von der Straße Jerusalem – Tel Aviv abzudrängen. Polizeiminister Moshe Shahal und der Stabschef der Armee Amnon Lipkin-Shahak, die sich zum Tatort eines Bombenanschlags von Palästinensern auf einen Bus begaben, wären um ein Haar von dem brüllenden Mob aus ihren Wagen gezerrt worden. Eine Menge wütender Protestdemonstranten hatte den Wagen von Bauminister Binyamin Ben-Eliezer beschädigt und versucht, den Minister selbst anzugreifen. Das geschah am Abend des 5. Oktober, als die Knesset das Abkommen Oslo II mit knapper Mehrheit annahm, wodurch die palästinensische Selbstverwaltung im Westjordanland weiter ausgedehnt wurde.

Früher hatte Rabin argumentiert, die Demonstrationen der Rechten schadeten der Sache der Opposition mehr, als daß sie ihr nutzten. Er meinte, es sei töricht, die Befürworter der Politik der Regierung in endlose Proteste und Gegenproteste hineinzuziehen. Solche aufgeregten Demonstrationen betrachtete er als unseriös. Der Fall Gil Sharon war dafür typisch. Am 31. Oktober 1994, ein Jahr bevor Rabin ermordet wurde, kam Sozialministerin Ora Namir mit einem Aufkleber in eine Sitzung des israelischen Kabinetts. »Rabin muß getötet werden« stand darauf. Man hatte ihn ihr bei einem Besuch in der Stadt Or Akiva zugesteckt. Der Polizeichef, der bei der Sitzung anwesend war, schlug vor, zu ermitteln, woher der Aufkleber stammte. Stunden später war Sharon, ein Aktivist der extremen Rechten und ehrgeiziger Kommunalpolitiker, verhaftet. Er gab zu, daß der Sticker von ihm stammte, wurde zu drei Monaten öffentlicher Arbeit und einer kleinen Geldstrafe verurteilt. Im Sommer 1995 besuchte Rabin selbst Or Akiva. Gil Sharon trat auf ihn zu, stellte sich vor und bot ihm seine Entschuldigung an. Ohne zu zögern, nahm Rabin seine Hand. »Ihnen vergeben?« sagte der Ministerpräsident mit einem Lächeln. »Das ist doch längst erledigt. So viele Araber haben versucht, mich umzubringen. Was Sie getan haben, ist nichts dagegen.«

Nach Wingate gab Rabin jedoch der Idee zögernd seinen Segen, in Tel Aviv eine Massenkundgebung abzuhalten. Zunächst war an eine Friedenskundgebung gedacht. Dann aber faßte man eine Demonstration für den Frieden und gegen Gewalt ins Auge. Die Stoßrichtung gegen Gewalt überzeugte Rabin schließlich. In seiner Rede an diesem Abend wollte er vor allem dafür werben, daß der hysterische Ton der politischen Debatte in Israel eine Mäßigung erfahren mußte.

Als der Schicksalstag näherrückte, ließen sich auch die Organisatoren von Rabins Befürchtungen anstecken, die Sache könnte ein Flop werden. Sie meinten, selbst die 50 000 Menschen zu mobilisieren, die man brauchte, um den Platz der Könige Israels zu füllen, übersteige ihre Möglichkeiten. Es erwies sich als schwierig, Werbung dafür zu betreiben. Jean Frydman glaubt, der staatliche Rundfunk und das Fernsehen hätten von ganz oben Anordnung erhalten, keine Reklame für eine regierungsfreundliche Veranstaltung zu senden. »Und auch beim Privatkanal Zwei fanden wir keinen großen Anklang«, berichtet er. »Es gab kaum Sichtwerbung. Lediglich die Zeitungen berichteten darüber.«

Trotzdem glaubten sie, eine Trumpfkarte zu haben – Barbra Streisand. Bereits sehr früh in der Planungsphase hatte Moshe Theumim, ein führender israelischer Werbefachmann, der die Organisatoren beriet, den Gedanken geäußert, ein Superstar wie die Streisand könnte der Schlüssel zum Erfolg werden. Holt Barbra, sagte er, und der Platz wird voll sein. Ohne sie kommt ihr in Schwierigkeiten.

So erhielt Rabin, als er im Oktober zum 50. Jahrestag der UNO nach New York reiste, den Auftrag, mit der Sängerin Kontakt aufzunehmen. Allerdings war es kein Wunder, daß der Besuch bei der Streisand in der Hektik dieses viertägigen Besuches, da Rabin täglich bis zu sechzehn Gespräche mit Staatsoberhäuptern und anderen internationalen Würdenträgern führte, in Vergessenheit geriet. So bat man Peres ganze zehn Tage vor der Kundgebung noch einmal darum, die Sängerin anzusprechen. Zwei Tage später übermittelte er Lahat und Frydman: Barbra kann nicht kommen.

Gemeinsam mit einigen Armeegeneralen der Reserve, die an früheren, wesentlich kleineren Veranstaltungen zur Unterstützung der Regierung teilgenommen hatten, hielten Lahat und Frydman in Lahats Haus in Afekah, einem Vorort von Tel Aviv, eine Krisensitzung ab. Dort meinten manche, man sollte die Kundgebung am besten absagen. »Ich fragte: Seid ihr verrückt geworden?« erinnert sich Frydman. »Ich sagte: Glaubt ihr, der einzige Mensch, der den Frieden retten kann, ist Barbra Streisand? Sind wir ohne sie verloren? Sollen wir eine Demonstration, von der das ganze Land weiß, zehn Tage vorher absagen, weil wir Angst haben und Barbra Streisand nicht kommt?« Enttäuscht, aber nicht weniger entschlossen arbeiteten die Organisatoren weiter.

Die Streisand war nicht die einzige Künstlerin, die ihnen einen Korb gab. Auch einige israelische Stars, die offenbar befürchteten, ein Auftritt könnte ihrer Popularität bei rechtsgerichteten Plattenkäufern schaden, ließen sich entschuldigen. Aber irgendwie verflüchtigte sich die Krisenstimmung in den letzten Tagen. Dieser Stimmungsumschwung ging zu großen Teilen auf Rabin selbst zurück, der seine innere Ruhe offenbar wiedergefunden hatte und überzeugter denn je schien, daß die Autonomie der Palästinenser lebensfähig war. Die letzten Vorbereitungen für den Rückzug der israelischen Armee aus Jenin, der nördlichsten palästinensischen Stadt im Westjordanland, die nach Oslo II als erste an die Palästinenser übergeben werden sollte, gingen gut voran. Auch die Arbeiten an den Umgehungsstraßen, über die die Siedler ihre Häuser erreichen sollten, ohne von den Palästinensern kontrolliertes Gebiet passieren zu müssen, hielten Schritt. Der stärkste Einfluß auf Rabins Stimmung und die der Nation ging aber von der Tatsache aus, daß es den Selbstmordkommandos der islamischen Extremisten zwei Monate lang nicht gelungen war, Schläge in Israel selbst zu führen.

Am Sonntag, dem 29. Oktober, wurde Rabin auf dem Nahost-Wirtschaftsgipfel in Amman herzlich begrüßt. Dies war eine Konferenz, an der Abgesandte aus der ganzen arabischen Welt, darunter auch aus den Golfstaaten teilnahmen, was Israels aufblühende

Beziehungen zu diesen bisher feindlichen Nachbarn demonstrierte. Am darauffolgenden Dienstag bereitete man dem Ministerpräsidenten einen stürmischen Empfang, als er im Mann-Auditorium von Tel Aviv zur Verleihung des israelischen Oscars erschien. Man begrüßte ihn mit stehenden Ovationen, und Rabin selbst mußte sich erheben, um das Publikum mit seinem typischen verlegenen Lächeln wieder zu beruhigen. Später hielt er eine Rede, in der er sich dafür entschuldigte, daß er die Veranstaltung bald wieder verlassen mußte. »Ein Amerikaner erwartet mich«, sagte er leichthin. Er meinte damit Dennis Ross, den amerikanischen Koordinator der Friedensgespräche, der an diesem Tag in Tel Aviv eingetroffen war, um Möglichkeiten zur Wiederaufnahme der Verhandlungen mit Syrien zu sondieren.

Am nächsten Tag erschien Rabin locker und in Hochform bei »Moked«, dem bekanntesten Interviewprogramm des israelischen Fernsehens, wo ihn drei Spitzenjournalisten ins Verhör nahmen. Er sprach über Israels gestiegenes internationales Ansehen, verwies stolz auf die Erfolge des Friedensprozesses und spielte Andeutungen genial herunter, er könnte zu alt sein, um eine weitere Amtszeit ins Auge zu fassen. Dann wurde er ernst, und geißelte scharf den Führer der Likud-Opposition Benjamin (»Bibi«) Netanyahu, weil dieser nichts gegen den Rechtsextremismus unternahm. Er erklärte, er werde das Angebot Netanyahus, sich zusammenzusetzen und die wachsenden Spannungen auf den Straßen zu erörtern, nicht annehmen, weil Netanyahu in seinen Augen ein Heuchler sei. Bekümmert meinte er, er rechne mit noch mehr wilder Hetze, verbalen Ausfällen und Gewalt auf den Straßen. Ähnliches sagte er auch in einem Interview für eine französische Zeitschrift in derselben Woche. Aber bei aller drohenden politischen Gewalt beharrte er: »Ich glaube nicht, daß ein Jude einen Juden töten wird.«

Als das Wochenende näherrückte, stieg Rabins Stimmung. Am 26. Oktober war Fathi Shkaki, der Gründer und Führer der fanatischen palästinensischen Terrorgruppe Islamischer Dschihad von zwei Männern vor einem Hotel in Malta ermordet worden. Sie waren spurlos verschwunden. Israel hielt es nicht einmal für nötig, seine Verantwortung für den Mord zu dementieren. Man registrierte lediglich die hysterischen Racheschwüre, die Shkakis Anhänger im Gazastreifen ausstießen, und machte sich auf das Schlimmste gefaßt. Aber der Versuch, am Donnerstag, dem 2. November, zwei Schulbusse in die Luft zu sprengen, die im Gazastreifen von einer Siedlung zur anderen fuhren, schlug fehl. Die einzigen Toten waren die beiden Angehörigen des Selbstmordkommandos. Die Analytiker der israelischen Armee sagten zwar in den Zeitungen am nächsten Tag düster voraus, die Attentäter würden wieder zuschlagen, aber zumindest der erste Versuch eines Racheaktes war gescheitert. Und obwohl vor Rabins Wohnblock nach wie vor einige Dutzend rechter Demonstranten ausharrten und »Rabin ist ein Verräter«, »Rabin, tritt zurück« riefen, war es ein frohgemuter Ministerpräsident, der an diesem Freitagnachmittag seinen alten Fahrer Yehezkel Sharabi ins Wochenende verabschiedete.

Am Freitagabend trafen er und Leah sich gewöhnlich mit ihrer Tochter Dalia Pelossof und deren Familie zum Essen. Aber an jenem Freitag ließen sie es sich beide allein in ihrem Penthouse Apartment wohl sein, sahen fern und blätterten die Zeitungen mit den Wochenendbeilagen durch. Am nächsten Tag, der sein letzter sein sollte, fuhr Rabin mit Leah wie jeden Sonnabend zum Ramat Aviv Country Club, wo sie regelmäßig Tennis spielten. Rabins Partnerin war Zionah Leshem, eine Architektin aus Tel Aviv. Leah spielte mit Raphy Weiner, dem Chefmanager des Jerusalemer Sheraton Plaza Hotels. Rabin war gut gelaunt und auf das Spiel konzentriert, obwohl er an einem Tennis-Ellenbogen laborierte. Als sie sich trennten, erinnerte er Weiner daran, in der nächsten Woche seinen Schläger nach Boston mitzunehmen, wo beide an der Jahreshauptversammlung des Rates Jüdischer Verbände teilnehmen sollten.

Wieder nach Hause zurückgekehrt, rief Rabin Niva Lanir an. »Und wenn heute abend niemand kommt?« fragte er erneut, aber etwas zuversichtlicher als beim letzten Mal. Sie antwortete: »Yitzhak, der Platz wird voller Menschen sein.« Weiter erinnert sie sich: Ich sagte zu ihm: »Kümmere Du Dich um den Frieden, wir kümmern uns um die Leute. Alle, die ich kenne, wollen hingehen.« Übermütig fügte sie hinzu, wenn es zum Schlimmsten komme und die Menschen wegblieben, »dann erklären wir eben, der Ministerpräsident hat einen Frosch im Hals und kann nicht sprechen.«

Zur Mittagszeit fuhren die Rabins ins vornehme Herzliyah Pituah, wo sie an einem Essen auf dem Rasen zu Ehren des 50. Geburtstages eines Freundes teilnahmen. Rabin, der auf seine Linie achtete, aß wenig. »Ich habe viel Mühe gehabt, um fünf Kilo abzunehmen. Ich will so bleiben, wie ich bin«, meinte er. Dort traf er Dr. Ephraim Sneh, der Mitte der achtziger Jahre die Zivilverwaltung der israelischen Armee im Westjordanland geleitet hatte, als Rabin Verteidigungsminister war. Nun war er in seiner Regierung Gesundheitsminister. »Heute abend will ich vor allem darüber sprechen, daß wir die Gewalt überwinden müssen«, sagte der Ministerpräsident zu ihm. Wieder kam er auf Netanyahu und geriet dabei ein wenig in Wallung. »Wie kann Netanyahu so tun, als habe er mit den Fanatikern nichts zu tun, die bei Demonstrationen der Rechten wilde Drohungen gegen Rabin ausstoßen?« fragte er erregt. »Die Leute, die vor meinem Hause stehen und Leah anschreien: ›Nächstes Jahr hängen wir Dich auf!‹, sind vom Likud, das sind seine Aktivisten.«

Auf das Thema kam Rabin auch in einem anderen Gespräch mit dem Bürgermeister von Herzliyah, Eli Landau, zurück, einem alten Freund-Feind, der sich bei den nächsten Wahlen für Likud um einen Sitz in der Knesset bewerben wollte. »Solche Verbalangriffe muß auch Leah über sich ergehen lassen« sagte er zu Landau. »Es macht mich fassungslos, wie sehr sie uns hassen.« Am Ende der Unterhaltung flüsterte er dem Likud-Kandidaten dann aber aufgeräumt zu: »Wir werden Euch schlagen.«

Gegen halb drei fuhren die Rabins nach Hause zurück, um ein wenig Siesta zu halten. Als es dämmerte, kam Haim Ramon, der Führer der Gewerkschaft Histadrut, ein zuverlässiger politischer Verbündeter, zu Besuch. Rabin, in Pantoffeln, war sichtlich mit der Welt im reinen. Man sprach über dieses und jenes – von familiären Dingen bis zu Ramons Arbeit in der Histadrut, eine mögliche Rückkehr ins Kabinett und die Aussichten für Frieden mit Syrien. Ehe man sich's versah, war es halb acht, Zeit, aufzubrechen.

Der Fahrer Menahem Damti, der an diesem Abend bei Rabin Dienst tat, wartete draußen. Als sie zu der Kundgebung fuhren, gab der Sicherheitsdienst eine Warnung durch. Es bestehe die reale Gefahr, daß Aktivisten des Islamischen Dschihad die Gelegenheit nutzen könnten, von einem Selbstmordkommando einen Bombenanschlag oder anderen Angriff inszenieren zu lassen, um die Ermordung ihres Führers zu rächen.

In Herzliyah, kaum fünf Minuten Autofahrt von dem Haus entfernt, wo Rabin in seinem Mittagessen gestochert hatte, in einer wesentlich weniger feinen Gegend war auch für Yigal Amir, einen

25jährigen Jurastudenten an der Bar-Ilan-Universität von Tel Aviv, ein ruhiger Sabbat zu Ende gegangen. Amirs Wochenenden verliefen in der Regel sehr hektisch, wenn er mit den organisatorischen Problemen der Beförderung von Dutzenden, manchmal auch Hunderten Mitstudenten zu dieser oder jener Siedlung im Westjordanland zu kämpfen hatte, wo sie einen echten jüdischen Sabbat auf ureigenstem jüdischen Boden feierten, den der Frevler Rabin nun an Yasser Arafat übergeben wollte. Diese Sabbatfeiern mit den Siedlern waren für Amir und seine Handvoll Mitstreiter harte Arbeit. Aber sie war der Mühe wert. Er meinte, wenn er so viele Menschen mit dem Pioniergeist der engagierten Siedler des historischen Hebron im Westjordanland oder des isolierten kleinen Netzarim im Gazastreifen in Berührung brachte, dann gewann er ihre Hirne und Herzen, dann half er mit, der Opposition gegen Rabins Politik den Rücken zu stärken.

Aber für dieses Wochenende hatte Amir sich selbst frei gegeben. Er hatte andere Pläne. Ihm schwebte ein dramatischeres Szenarium vor, um die gottlose Übergabe jüdischen Landes durch Rabin und Peres zu stoppen. Am Morgen war er wie gewöhnlich mit seinem Vater Shlomo und seinem Bruder Hagai zur jemenitischen Synagoge Tiferet Tse'irim gegangen, um sich die allwöchentliche Lesung aus der Thora von Lekh Lekhah anzuhören. Dieser las die Stelle, wo Gott seinem Diener Abraham befiehlt, seinen Glauben zu beweisen, indem er seinen geliebten Sohn Isaak – Yitzhak – opfert, ihn dann aber schont. Amir aß mit der Familie zusammen Mittag und kehrte dann zum Abendgebet in die Synagoge zurück. Als es dunkel war, gegen 20.30 Uhr, schloß er die weißverkleidete Haustür in der Borochov-Straße Nr. 56, lief zehn Minuten zur nächsten Haltestelle und nahm den Bus Nr. 274 ins Zentrum von Tel Aviv.

Einige Leute meinten, sie hätten ihn mit mehreren seiner Freunde gesehen, als sie in einer Seitenstraße des Platzes der Könige Israels eine kleine, aber lautstarke Gegendemonstration zur Hauptkundgebung abhielten. Andere wollten sich erinnern, ihn bemerkt zu haben, als er die Rednertribüne zu erklimmen versuchte, bevor Rabin eintraf. Sicherheitskräfte hätten ihn zurückgestoßen. Aber was immer Amir auch getrieben haben mag, als er den Platz erreichte, er fand bald seinen Weg zu einem spärlich beleuchteten Parkplatz, der mit dem hinteren Rand der Bühne durch eine Treppe verbunden war. Dort wartete Rabins Wagen, um ihn und Leah nach dem Ende der Kundgebung wieder aufzunehmen.

Eigentlich hätte Amir sich dort nicht aufhalten dürfen. Aber er wirkte so harmlos. Klein, schmal und lockenköpfig. In einem unauffälligen blauen Hemd und beigefarbenen Hosen. Offensichtlich ein Israeli, kein Araber. Und er hatte sogar sein schwarzes Käppchen in die Tasche gesteckt, damit er niemandem als ein Siedler oder Sympathisant der Rechten erschien. Bald lehnte er lässig an einem schwarzen Übertragungswagen des israelischen Fernsehens, dann wieder sah man ihn auf einer der umherstehenden Pflanzschalen hocken. Er schwatzte sogar mit einigen der jungen Polizisten, die von ihren Vorgesetzten eilig herbeikommandiert worden waren, um die Sicherheit im Umfeld des Parkplatzes zu verstärken. »Er war schon dort, als ich hinkam«, sagte einer von ihnen, Motti Serchi, später. »Ich stand neben der Treppe bei den Telefonzellen, um die Menge zurückzuhalten.« Als der Stargast des Abends, das zottige Teenager-Idol Aviv Geffen in seinem Wagen anrollte, bemerkte Amir verächtlich zu dem jungen Polizisten: »Wie kann man so einen hierherholen?« – »Recht hast Du«, antwortete Serchi.

Auf der Bühne über ihnen erwiesen sich inzwischen alle Befürchtungen Rabins als grundlos. Er war gegen 20.00 Uhr eingetroffen und von Frydman sofort zur Bühne geleitet worden. Als er der riesigen Menschenmenge ansichtig wurde, die den Platz und die Seitenstraßen füllte, so weit das Auge reichte, verschlug es Rabin nach Frydmans Bericht regelrecht den Atem. Er wandte sich ihm zu: »Du hast recht behalten«, sagte er. Und dann, fährt der Initiator der Kundgebung fort, erblickten ihn die Menschen und begannen zu rufen: »Rabin, Rabin, Rabin!« Er fühlte sich wie im siebenten Himmel. Noch niemals hatte er eine solche Menschenmenge gesehen. Später wechselte Rabin einen Blick mit Niva Lanir. »Er sah mich und hielt die Daumen hoch. Ihm war wirklich ein Stein vom Herzen gefallen.«

Dann nahm Rabin das Wort. Es war eine eindringliche, emotionale Ansprache an eine Menge, die, das sah er nun endlich, seine Politik unterstützte und seine Führung würdigte. Nachdem er monatelang so viel Gift hatte schlucken müssen, sein Bild auf rechten Demonstrationen brennen sah und die wilden Schreie »Rabin ist ein Mörder« hörte, erschallte seine Generalsstimme nun über Hunderttausenden von Köpfen, deren Gesichter sich ihm zuwandten. Wie vorausgesagt, sprach er davon, wie brennend notwendig es war, der steigenden Flut der Gewalt entgegenzutreten. Aber er sagte viel mehr. Dies war ein zündendes Bekenntnis zum Friedensprozeß. Er sprach von seiner leidenschaftlichen Überzeugung, daß dies der einzige Weg sei, um Israels Sicherheit auch künftig zu gewährleisten. Vor allem aber bedankte er sich bei den Menschen, an deren Unterstützung er gezweifelt hatte und deren Anwesenheit ihm nun solche Sicherheit gab. »Ich möchte Euch sagen, daß ich tief bewegt bin«, begann er. »Ich möchte jedem einzelnen von Euch danken, die Ihr heute hierher gekommen seid, um gegen Gewalt und für den Frieden zu demonstrieren.«

»Ich war 27 Jahre lang ein Mann des Militärs«, fuhr er fort. »Ich habe Kriege geführt, solange es keine Aussicht für Frieden gab. Ich glaube, jetzt gibt es diese Chance, eine große Chance. Wir müssen sie nutzen.« Seine Linke am Rednerpult, durchschnitt er mit der Rechten die warme Abendluft Tel Avivs, um seinen Worten Nachdruck zu verleihen, als er zu seinem eigentlichen Thema kam. »Gewalt untergräbt das Fundament der israelischen Demokratie«, dröhnte er. »Sie ist abzulehnen und zu verurteilen. Sie muß aufgehalten werden. Das ist nicht die Art des Staates Israel. Demokratie ist unsere Art. Differenzen kann es geben, aber sie werden in demokratischen Wahlen gelöst werden wie 1992, als wir das Mandat erhielten, das zu tun, was wir heute tun und weiter tun werden.«

Er sprach davon, wie sehr er sich freue, die diplomatischen Vertreter Ägyptens, Jordaniens und Marokkos in der ersten Reihe zu sehen – »Vertreter von Ländern, mit denen wir in Frieden leben«. Er lobte die PLO – »einen Friedenspartner unter den Palästinensern ... der unser Feind war und nun dem Terrorismus abgeschworen hat«. Und er zeigte mögliche Hindernisse auf dem Weg in die Zukunft auf. »Es gibt für Israel keinen Weg nach vorn ohne Schmerz«,sagte er, »aber der Weg des Friedens ist dem Weg des Krieges vorzuziehen. Ich sage das als Militär, als Verteidigungsminister, der den Schmerz der Familien der Soldaten der israelischen Verteidigungskräfte kennt. Um ihretwillen, um unserer Kinder und Enkel willen, setze ich mich dafür ein, daß diese Regierung auch die winzigste Gelegenheit ergreift, um vorwärtszugehen und einen umfassenden Frieden zu erreichen.« »Diese Kundgebung«, schloß er, »muß eine Botschaft an das israelische Volk senden, an die Juden in aller Welt, an die vielen Menschen in den arabischen Staaten und an die ganze Welt; die Botschaft, daß das israelische Volk den Frieden will und den Frieden unterstützt. Dafür danke ich Euch.«

Die Reaktion war überwältigend – kein Brüllen und Stoßen, nur eine riesige rollende Welle jubelnden Beifalls, ein Applaus, der Rabin mit seinen Zuhörern zu vereinigen schien, ein fast körperlich spürbares Band zwischen dem Ministerpräsidenten und seinen Wählern. Rabin war so erregt, ließ sich so mitreißen, daß er, der harte Ex-General, der noch niemals in der Öffentlichkeit Erregung gezeigt hatte, vor dem jubelnden Platz Peres auf offener Bühne in die Arme fiel. Damit wurde eine Partnerschaft besiegelt, die im gemeinsamen Streben nach Frieden viele Jahre der Rivalität und der gegenseitigen Mißachtung überwand. Als ein Reporter sein Erstaunen über diesen nie dagewesenen Anblick äußerte, spielte Rabin den Ungerührten. »Das haben wir auch früher getan« sagte er. Das hatten sie natürlich nicht. Jedenfalls nicht so.

Und dann machte Rabin etwas, das kaum weniger aus dem Rahmen fiel. Die Sängerin Miri Aloni stand nun mitten auf der Bühne, um den »Song für den Frieden« anzustimmen, ein Lied, das als defätistisch verunglimpft worden war, als es Ende der sechziger Jahre entstand, und das seitdem die Hymne der Friedensbewegung ist. Etwas widerwillig nahm Rabin ein Blatt mit dem Text aus Frydmans Hand und ließ sich an die linke Seite der Sängerin dirigieren, während Peres rechts von ihr Aufstellung nahm. Beide stimmten in den Gesang ein. Rabin wußte, wie schwer es ihm fiel, eine Melodie zu halten, und er versuchte das Mikrofon immer wieder wegzuschieben, wenn die Sängerin es ihm unter die Nase hielt. Aber er überwand sich und kämpfte tapfer mit dem Text:

»Laßt die Sonne aufgehen,
Laßt den Morgen erstrahlen,
auch das innigste Gebet
wird uns nicht wieder lebendig machen …

Singt deshalb laut das Lied des Friedens,
beten ist nicht genug!
Am besten ist es, das Lied des Friedens
mit voller Inbrunst zu singen.«

Als das Lied zu Ende war, faltete Rabin das Blatt mit dem Text in seiner exakten, methodischen Art zweimal zusammen und steckte es in die Innentasche seines Jackets. Nun war Aviv Geffen mit dem Lied »Ich weine für Euch« an der Reihe, das er all jenen widmete, »die nicht mehr das Glück haben, den Frieden zu erleben«. »Ich weine für Euch«, heißt es dort. »Seid stark dort oben«. Miri Aloni, die an der Seite stand und zuhörte, sagte zu Leah Rabin: »Leah, passen Sie auf ihn auf.« Die Frau des Ministerpräsidenten erwiderte lächelnd: »Ich werde tun, was ich kann.« Als die letzten klagenden Töne verklungen waren, ging Geffen, der Rabin einmal in einem Song als Säufer bezeichnet hatte und stolz darauf war, aus gesundheitlichen Gründen vom Militärdienst befreit zu sein, mit ausgebreiteten Armen auf Rabin zu. Der Ministerpräsident schloß den langhaarigen Sänger in seine Arme. »Ihr Lied war wunderbar«, sagte er.

Frydman, vom Erfolg des Abends überwältigt, schlug vor, Rabin und Peres sollten vom festgelegten Protokoll abweichen und ein Bad in der Menge nehmen. Gaby Last, der Polizeichef von Tel Aviv, brachte zunächst aus Sicherheitsgründen Einwände vor, ließ sich dann jedoch umstimmen. Als aber die Nationalhymne »Hatikvah« (Die Hoffnung) verklungen und die Kundgebung offiziell beendet war, gingen Rabin und Peres dann doch in Richtung der Treppe, die zu dem Parkplatz mit ihren wartenden Wagen führte. Sie blieben noch einen Augenblick stehen, um mit Gidi Gov, dessen Frau und Kindern zu sprechen, einem beliebten Rockstar, der nun eine Talkshow leitete. »Ich sagte Shalom zu Peres und Rabin. Ich sagte Rabin, wie sehr wir ihn bewundern und unterstützen«, berichtet Gov. »Er sollte den Friedensprozeß fortsetzen. Er hat mit meinem Vater zusammen an der Landwirtschaftsschule von Kadoorie studiert. Sie waren Freunde, und Rabin sagte etwas über meinen Vater. Er war sehr glücklich und bewegt von der Kundgebung. Er meinte, er habe ein gutes Gefühl. Dann sagte er uns Shalom und ging weiter.«

Rabin und Peres nahmen die ersten Stufen hinunter zum Parkplatz gemeinsam. Dann blieb Rabin stehen und wandte sich um, um Lahat und Frydman einige Worte des Dankes zu sagen. »Wir umarmten uns«, berichtet Lahat. »Rabin sagte mir, dies sei einer der glücklichsten Tage seines Lebens.« Dann erinnerten Rabin und Leah sich daran, daß sie noch auf eine Party zu Ido Dissenchik, dem früheren Chefredakteur der Zeitung Ma'ariv zu Ehren des neuen israelischen Botschafters in Frankreich, Avi Pazner, zu gehen hatten. Sie tauschten letzte Abschiedsworte.

Peres und seine Leibwächter waren allein weitergegangen. Im Schatten links von der Treppe stand Yigal Amir im Halbdunkel, die Hände in den Hosentaschen, und ließ den Außenminister an sich vorübergehen.

Der Fahrer Menahem Damti wartete am Wagen des Ministerpräsidenten. »Plötzlich sah ich, daß der Außenminister auf mich zukam«, sagte er später. »Er fragte, wann der Ministerpräsident herunterkomme. Ich antwortete, über Funk habe man mir gesagt, er müsse jede Minute bei uns sein. Peres meinte, er werde noch ein paar Sekunden warten. Dann aber sagte er: ›Wissen Sie was, ich werde gehen.‹«

Oben auf der Bühne gratulierten der örtliche Polizeichef Last und einer der Chefs der Sicherheitspolizei Shin Bet einander, daß diese schwierige Operation erfolgreich abgeschlossen war. Sie waren erleichtert, daß die radikalen Moslems nicht zugeschlagen hatten. »Das wäre geschafft«, sagte der Geheimdienstmann, und beide drückten sich die Hand. Die Gruppe bewegte sich wieder auf die Treppe zu. Oben schaute Rabin noch einmal nach rechts zur Ibn-Gvirol-Straße hinüber, wo Hunderte Menschen, vor allem Jugendliche, ihm zuriefen: »Frieden, Frieden!« und »Wir sind mit dir!« Rabin winkte und stieg dann, von vier Leibwächtern umgeben, die sechsundzwanzig Stufen hinab. Ein weiterer Mann ging vor ihm. Hinter seiner rechten Schulter hielt sich Yigal Rubin, der Chef seiner persönlichen Schutztruppe, und beobachtete gespannt die auseinanderströmende Menge. Ein paar Schritte hinter ihnen stieg Leah etwas langsamer die Treppe hinab. Als Rabin die letzten Schritte zur geöffneten Tür seines Wagens tat, stand Amir links kaum drei Schritte von ihm entfernt.

Nun hatte Rabin den Wagen erreicht und wollte einsteigen. Amir stürzte auf seinen ungeschützten Rücken zu, zog eine Pistole aus der Hosentasche und schoß einmal, dann ein zweites und ein drittes Mal aus kürzester Entfernung. Laut Damti und einigen Polizisten, die in unmittelbarer Nähe standen, schrie Amir dabei: »Es ist nichts! Das sind keine richtigen Kugeln, nur Platzpatronen!« Der Mörder bestritt dies später und sagte aus, ein anderer habe gerufen. Rabin wandte sich seinem Angreifer halb zu, fiel dann nach vorn und kippte nach links ab. Selbst blutend, drängte der Leibwächter Rubin den Ministerpräsidenten in den Cadillac und sprang nach ihm hinein. Damti warf sich hinter das Steuer und raste mit quietschenden Reifen davon. Hinter ihnen war Amir bereits von einigen Polizeibeamten zu Boden gezwungen und dann an eine Mauer gedrängt worden. Einer der Polizisten preßte seinen linken Arm fest gegen Amirs Kehle. Auf den Fotos, die die Zeitungen des nächsten Tages brachten, erschien inmitten von Schrecken und Panik nur ein Mann völlig ungerührt – Amir.

Damti sagte aus, er wollte den Rufen glauben, daß es nur Platzpatronen waren und Rabin nichts geschehen sei. Als sie den Parkplatz hinter sich gelassen hatten, rief er seinem Fahrgast zu: »Herr Ministerpräsident, sind Sie verletzt?« Rabin stöhnte und murmelte: »Ja, ja.« – »Wo haben Sie Schmerzen?« fragte der Fahrer, als die schreckliche Tragweite von Rabins Antwort ihm ins Bewußtsein drang. »Im Rücken«, stöhnte Rabin. »Es ist nicht so schlimm.« Das sollten seine letzten Worte sein. Der Ministerpräsident verlor das Bewußtsein, sein Kopf sank nach vorn. Während Rubin versuchte, dem sterbenden Ministerpräsidenten irgendwie erste Hilfe zu leisten, versuchte Damti, den man nicht, wie sonst üblich, über den kürzesten Fluchtweg informiert hatte, das nahegelegene Ichilov-Krankenhaus zu erreichen. Behindert durch die Menschen, die von der Kundgebung kamen, mußte er, statt den kürzesten Weg – kaum 700 Meter – zu nehmen, einen Umweg von 1,7 km fahren, wofür er, wie er später aussagte, 90 Sekunden brauchte. Als er schließlich direkt zum Krankenhaus nach rechts einbiegen wollte, stieß er auf eine Straßensperre der Polizei, stoppte und schrie einen Polizisten an, er solle einsteigen und ihn durch die Sperre lotsen. Als Damti vor dem Krankenhaus stoppte, war weit und breit nur ein Wachmann zu sehen. »Ich rief ihm zu, rasch eine Trage zu holen.« Als der Pförtner zurückkam, hoben er, Rubin und Damti Rabin aus dem Wagen, legten ihn auf die Trage und brachten ihn ins Haus. Immer noch war kein medizinisches Personal zu sehen. »Der Ministerpräsident ist verletzt«, rief Damti verzweifelt. »Kümmert Euch um ihn.« Erst dann stürzten Ärzte herbei. Auf dem Platz der Kundgebung herrschte inzwischen totales Durcheinander. Noch wußte niemand genau, ob Rabin getroffen war. Einige Polizisten meinten, es seien Platzpatronen gewesen. Aber einer, der sich bückte und die Hülsen vom Parkplatz aufhob, sagte, das sei scharfe Munition. Leah war gegen ihren Willen zu einem Sicherheitsobjekt der Shin Bet gebracht worden. Auch Peres' Wagen hatte man rasch dorthin gefahren – eine Routinemaßnahme. »Sie sagten mir, ihm sei nichts geschehen«, berichtete Leah später. »Jemand sprach von einer Spielzeugpistole. Sie stießen mich in einen anderen Wagen und brachten mich fort mit Martinshorn und rotem Blinklicht, bis wir am Sitz der Shin Bet angekommen waren. Ich fragte: ›Wo ist Yitzhak? Wenn nichts passiert ist, wo ist Yitzhak?‹ Sie sagten mir stets aufs neue: ›Wir wissen es nicht. Wenn wir es erfahren, sagen wir es Ihnen.‹ So ging das eine lange Zeit. Ich saß allein in einem Raum. Ich rief meine Tochter an. Ich sagte ihr: ›Man hat auf Daddy geschossen.‹ Allmählich wurde mir klar, daß doch etwas passiert sein mußte. Etwas Schreckliches. Aber wie schrecklich, das ahnte ich noch nicht.«

Die Polizei hatte Amir fortgebracht, um ein erstes Verhör vorzunehmen. Mechanisch und völlig gleichgültig bekannte er schon unterwegs, ja, er habe abgedrückt. »Ich habe es getan, um den Staat zu retten«, sagte er. »Wer das jüdische Volk in Gefahr bringt, endet so. Er hat den Tod verdient, und ich habe es für das jüdische Volk getan.« Mehr noch, sagte Amir, er habe nicht erwartet, daß er den Mordanschlag überleben werde. »Ich kam dorthin in dem vollen Bewußtsein, daß ich für den Erfolg dieser heiligen Mission mein Leben opfern müßte«, sagte er. »Ich hatte keinen Fluchtplan.«

Rabins Sprecherin Aliza Goren wählte hektisch alle Kontaktnummern Rabins auf ihrem Handy, erhielt aber keine Antwort. Die meisten Menschen hatten den Platz bei den Klängen der Tanzmusik verlassen, die aus den Lautsprechern kam. Sie ahnten nicht, was geschehen war.

Als sich dann die Nachricht über Rundfunk und Fernsehen verbreitete, strömten die Menschen vor dem Ichilov-Krankenhaus zusammen. Eine Handvoll Mitglieder der Kach, die zu den bösartigsten rechten Gegnern der Regierung zählen, stieß den widerwärtigen Jubelschrei aus: »Rabin ist tot!«

Eitan Haber, Rabins Bürochef, sein Redenschreiber und seine rechte Hand, hatte sich die Kundgebung gemeinsam mit Haim Ramon angesehen. Kurz vor dem Ende fuhr er zur selben Party, wo man auch Rabin erwartete. »Ich hatte mich kaum gesetzt«, berichtet er, »als das Telefon klingelte. Es war Professor Gabi Barabash, der Direktor des Ichilov-Krankenhauses, der mitteilte, daß auf Rabin geschossen worden sei. Ich raste wie ein Wahnsinniger durch die Stadt, fuhr bei Rot über Kreuzungen und war Minuten später im Krankenhaus, wo ich den Operationssaal suchte. Auf dem Gang sah ich seine blutgetränkten Sachen.« Haber nahm sie unter Tränen an sich.

Leah und Peres konnten sich schließlich aus der Obhut der Shin Bet befreien und kamen zum Krankenhaus gemeinsam mit den meisten Ministern der Regierung, mit Präsident Ezer Weizman, dem Stabschef der Armee und weiteren Persönlichkeiten. US-Botschafter Martin Indyk, den Haber informiert hatte, war als einer der ersten zur Stelle.

»Als ich dort eintraf«, sagte Leah, »wußte ich noch nichts. Aber bereits an den Gesichtern der Anwesenden konnte ich sehen, daß es ernst war. Man erklärte mir, er sei schwer verletzt, aber es gebe Hoffnung. Diese verflüchtigte sich bald. Eine dreiviertel Stunde verging, während der wir spürten, wie sein Leben Minute für Minute verrann.« Haber erinnert sich: »Wir schöpften wieder etwas mehr Hoffnung, als ein Arzt sagte, sein Blutdruck sei auf 90 gestiegen. Wir hofften immer noch, sein Zustand sei nicht kritisch, aber in meinem Inneren wußte ich, daß er keine Chance hatte.«

Vor dem Eingang des Krankenhauses das übliche Mediengerangel, Journalisten, die darum kämpften, das Neueste über den Zustand des Ministerpräsidenten zu erfahren. Jeder örtliche Fernseh- und Rundfunksender wußte etwas anderes: Der Ministerpräsident sei schwer verletzt, aber sein Zustand nicht kritisch. Der Zustand des Ministerpräsidenten sei stabil. Der Ministerpräsident sei zunächst in einem kritischen Zustand, der sich aber stabilisiert habe. Drinnen kämpften die Ärzte um Rabins Leben. Sie versuchten einen Mann zu retten, dessen Lungenflügel auf beiden Seiten von Dumdum-Geschossen durchbohrt waren, die so geformt sind, daß sie möglichst schwere Wunden reißen. In der Unfallchirurgie führten Dr. Motti Gutman und sein Team einen Beatmungsschlauch ein, beatmeten Rabin, legten eine Brustkorbdrainage und verabreichten verschiedene Medikamente. Für kurze Zeit konnte man einen schwachen Puls tasten, und Rabin wurde rasch in den Operationssaal gebracht. Aber der Puls erstarb wieder. »Bei anderen Unfällen«, sagte Dr. Yoram Kugler, der Chef der Unfallaufnahme, später, »schaue ich das Opfer an und denke bei mir, was aus der Familie wird, wenn er mir unter den Händen stirbt. Diesmal sah ich den Führer, den ich schon so viele Jahre verehrte, auf meinem Operationstisch liegen. Unwillkürlich mußte ich denken: Was wird aus dem Staat, aus dem Volk Israels werden, wenn er stirbt? Dann verscheuchte ich diese Gedanken und hörte mir die Angaben über seinen Zustand an.«

»Rabin war lebensgefährlich verletzt«, sagte Kugler. »Ich wußte sofort, daß es nur eine geringe Chance gab, ihn zu retten. Trotzdem führten wir 50 Minuten lang eine Herzmassage durch. Zugleich gaben wir ihm 22 Transfusionseinheiten Blut und leiteten andere Behandlungsmaßnahmen ein. Das waren 50 endlose Minuten. Die ganze Last des Staates lag auf unseren Schultern.« Aber wie Gabi Barabash später berichtete, hatte das Herz bereits mehr Luft als Blut zum Hirn gepumpt, was dort Schädigungen hervorrief. Und obwohl das Team alle nur möglichen Wiederbelebungsversuche unternahm, war Rabin spätestens neun Minuten nach seiner Ankunft im Krankenhaus bereits tot.

Um 23.10 Uhr verließ Barabash den Operationssaal und ging in das Zimmer, wo Leah und ihre Familie auf Nachricht warteten. Er sagte ihr, was geschehen war. Sie schluchzte tief auf. »Ich wollte ihn sehen«, berichtete Leah am nächsten Tag. »Sie sagten mir, es werde nicht leicht für mich sein, aber sie wollten es mir gestatten. Und obwohl es nicht leicht war, fühlte ich Dankbarkeit. Dafür, daß sie mir erlaubten, ihn noch einmal zu berühren und ihm einen Kuß zu geben.« Auch Peres trat mit der Familie ein, küßte Rabin sacht auf die Stirn und nahm Leah in seinen Arm.

Nun aber begannen draußen wilde Gerüchte zu kursieren. Haber erschien an der Tür des Krankenhauses mit einer Verlautbarung in der rechten Hand, die er rasch hingekritzelt hatte. Zunächst ging er in der Menge unter. Lange Zeit versuchte er, sich Gehör zu verschaffen, das Geschiebe und Gedränge der Reporter ringsum zu beruhigen, aber ohne Erfolg. Schließlich schrie er die vorbereiteten Worte verzweifelt heraus. Er bestätigte die schreckliche und unwiderrufliche Nachricht, daß Yitzhak Rabin, der Militär, der Israels glorreichste Siege erfochten, der Friedensbringer, der sein Land an den Rand eines umfassenden Friedens geführt hatte, von einem seiner eigenen Bürger ermordet worden war. »Mit Abscheu, großem Kummer und tiefer Trauer«, sagte Haber, »gibt die Regierung Israels den Tod von Ministerpräsident und Verteidigungsminister Yitzhak Rabin bekannt, der von einem Mörder hingemeuchelt wurde.« Ihm antwortete ein Schrei der Verzweiflung, der bald im ganzen Lande wiederhallte.

ZWEITES KAPITEL
Eine Schule des Kampfes

Yitzhak Rabin wurde im Jahre 1922 in einer Familie von zionistischem Arbeiteradel geboren, keiner Aristokratie von Reichtum oder Vermögen, sondern einer Elite von Vorkämpfern, geadelt durch ihre Taten und ihre Opfer.

Als Yitzhak Rabin in den zwanziger und dreißiger Jahren in Tel Aviv aufwuchs, war seine Mutter Rosa eine Aktivistin, die in der zionistischen Hierarchie – und nicht nur dort – über Golda Meir stand. Rabin erwähnte später einmal gegenüber Golda Meir, seine Mutter sei in den frühen Jahren als Kassenangestellte für eine Baufirma tätig gewesen, die der Gewerkschaft Histadrut gehörte. »Nein«, korrigierte ihn Israels einzige Ministerpräsidentin. »Die Kassiererin war ich. Deine Mutter führte die Bücher.«

Sein Vater Nehemiah war zwar weniger in der Öffentlichkeit präsent, aber der Sache ebenso ergeben wie Rosa. David Ben-Gurion erzählte Rabin einmal: »Ich habe deinen Vater für die Jüdische Legion geworben. Deshalb bist du in Palästina geboren.« Diese Legion mobilisierte im ersten Weltkrieg jüdische Soldaten aus Großbritannien und den USA, um die Türken aus dem Nahen Osten zu vertreiben. Nehemiah war einer der amerikanischen Legionäre, die in Palästina blieben und den entstehenden jüdischen Selbstverteidigungskräften einen Hauch von Professionalität verliehen.

Nehemiah Rubitzov war 1886 in Smidowitsch bei Kiew in der Ukraine geboren. (Als Ministerpräsident Rabin im September 1995 die Ukraine offiziell besuchte, bemühten sich die Behörden vergeblich, die Heimatstadt seines Vaters ausfindig zu machen.) Nehemiahs Vater starb, als er noch klein war. Der Junge mußte sich im Alter von zehn Jahren in einer Mühle verdingen, um gemeinsam mit der Mutter die Familie zu ernähren. Acht Jahre später ging er nach Amerika. Er ließ sich in Chicago nieder, wo er Arbeit als Schneider fand. Er trat der Bewegung Poalei Zion (Zionistische Arbeiter) bei und besuchte Abendkurse an der Universität von Chicago.

»Ich bin mit den Geschichten meines Vaters über die Vereinigten Staaten aufgewachsen«, berichtete Yitzhak Rabin Robert Slater, der 1977 seine Biographie schrieb. »Er sagte immer, dies sei das Land, wo er gelernt habe, was Freiheit bedeutet, wie wichtig Bildung sei, und wo es Organisationen gab, die für die Rechte der Arbeiter kämpften.« Yitzhak, der nach seinem Abschied aus der Armee im Jahre 1968 fünf Jahre lang Israels Botschafter in Washington war, teilte diese Bewunderung bald. Nehemiah lebte zwölf Jahre in den Vereinigten Staaten. Als er 1917 nach Palästina ging, war er entschlossen, im Gelobten Land heimisch zu werden. 1917 hatte er auch den Namen Rabin angenommen, nachdem man seinen ersten Antrag um Aufnahme in die Jüdische Legion aus gesundheitlichen Gründen abgelehnt hatte. Ein anderes Werbebüro nahm ihn dann unter seinem neuen Namen auf.

Nehemiahs künftige Frau war Rosa Cohen, geboren 1890 in Rußland. Ihr Vater war Rabbiner, Forstverwalter und Zionistengegner. Rosa, die ihren Mädchennamen bis zu ihrem Tode im Jahre 1937 trug, teilte zunächst seine Abneigung für die neue weltliche Religion. Da sie aber in einer christlichen Schule erzogen wurde, öffnete sich ihr die Welt außerhalb des Ghettos. Bald war sie von der sozialen Gärung erfaßt, die der russischen Revolution von 1917 vorausging. Sie pflegte jüdische Opfer eines Pogroms in Gomel und sprach zu russischen Arbeitern von einem besseren Leben. Als die Revolution dann kam, war Rosa zu sehr Individualistin, um deren Regeln zu akzeptieren. Sie geriet bald in Konflikt mit den Kommunisten. 1919 entschloß sie sich, das Land zu verlassen, und floh nach Odessa, die Geheimpolizei stets nur einen Schritt hinter sich.

Daß sie sich dann doch für den Zionismus entschied, geschah fast zufällig. Das einzige Schiff im Hafen nahm Kurs auf Palästina, und sie schloß sich einer Gruppe begeisterter Pioniere an. Angesteckt von deren Enthusiasmus, zog sie mit ihnen und legte Sümpfe für eine Siedlung am See Genezareth trocken. Als sie sich dort Malaria zuzog, ging sie auf Anraten eines Arztes nach Jerusalem, wo sie bei ihrem wohlhabenden zionistischen Onkel Mordechai Ben-Hillel Hacohen, einem Geschäftsmann und Schriftsteller, lebte.

Yitzhak Rabins Eltern begegneten sich unter widrigen Umständen in der Altstadt von Jerusalem bei nationalistischen Araberunruhen im Frühjahr 1920. Beide hatten sich verkleidet, um eine von den Briten verhängte Ausgangssperre zu umgehen – Nehemiah als Krankenpfleger und Rosa als Schwester. Nehemiah, der aus Familientradition heimlich Mitglied des jüdischen Verteidigungskomitees war, während er noch als britischer Soldat diente, entdeckte sie und wollte von ihr wissen, was ein jüdisches Mädchen allein auf der Straße zu suchen hatte. »Was geht Sie das an?« gab sie zurück, und beide begannen einander auf Jiddisch zu beschimpfen. Sie versuchte ihm die Waffe abzunehmen, er wehrte sich. Schließlich trennten britische Soldaten die beiden Kampfhähne.

Ein Jahr später trafen sie sich in Haifa wieder. Rosa hatte dort als Buchhalterin in einer Baufirma Arbeit gefunden. Neremiah, nun bereits in Zivil, hatte sich einer Brigade jüdischer Arbeiter angeschlossen. Diese legten neue Telefonleitungen für die Briten, die jetzt Palästina mit einem Mandat des Völkerbundes regierten. Einige Monate später heiratete das Paar. Als ihr erstes Kind unterwegs war, kehrte Rosa in das Haus ihres Onkels nach Jerusalem zurück. Dort wurde Yitzhak am 1. März 1922 im Shaare Zedek Hospital geboren. Er war stets stolz darauf, ein echter Jerusalemer zu sein. Aber erst als er 1974 zum ersten Mal Ministerpräsident wurde, wohnte er dort in einer offiziellen Residenz, und selbst dann blieb das Heim seiner Familie in Tel Aviv.

Rosa ging mit ihrem Baby nach Haifa zurück, wo sie bald zur Leiterin der Einheit der Verteidigungsorganisation Haganah avancierte, die die jüdische Gemeinde der Hafenstadt zu schützen hatte. Nehemiah fand Anstellung bei der Palestine Electric Corporation, einem zionistischen Unternehmen, das von den Briten die Konzession erhalten hatte, bei Naharayim am Jordanfluß ein Wasserkraftwerk zu bauen. 1923 erhielt er einen Job als Arbeiter in einem neuen Kraftwerk bei Tel Aviv. Die Familie zog nun in diese junge, pulsierende und rein jüdische Stadt. Rosa fand Arbeit in einer Bank. 1925 wurde Rachel, das zweite und letzte Kind der Rabins geboren.

Beide Eltern waren weiterhin voll berufstätig, gleichzeitig aber aktiv in jüdischen Verteidigungs- und Arbeiterorganisationen engagiert. 1929 hatte sich Rosa bis in die Landeszentrale der Haganah hinaufgearbeitet, war aber immer noch ehrenamtlich tätig. Später wählte man sie in den Stadtrat von Tel Aviv. Nehemiah, ein begeisterter Pfeifenraucher, lehnte es aus sozialistischen Prinzipien ab, Beförderungen oder Büroarbeit anzunehmen. »Er wollte ein jüdischer Arbeiter sein«, erläutert Rachel, heute pensionierte Lehrerin, in ihrem Heim in Menarah, einem isolierten Kibbutz, den sie 1943 hoch oben im Hulah-Tal an der unruhigen libanesischen Grenze mitgegründet hatte. Ihr Vater lehnte es auch ab, bezahlter Gewerkschaftsfunktionär zu werden. »Er schätzte seine Unabhängigkeit«, erklärt Rachel.

Statt dessen wurde Nehemiah ehrenamtlicher Führer seiner örtlichen Gewerkschaftsorganisation. Sein Gewerkschaftskomitee traf sich in der Dreizimmerwohnung an der Hamagid-Straße in der Nähe des Rothschild-Boulevards, die die Rabins mit einer weiteren Familie teilten. Auch Rosas politisches Verteidigungskomitee traf sich dort. »Es gab keine Trennung von privatem und gesellschaftlichem Leben«, erinnert sich Shabtai Teveth, ein Schriftsteller und Journalist, der gemeinsam mit Yitzhak die Grundschule besuchte. Wohnung und Büro waren eins.

Rosa war zwar wenig zu Hause; Job und gesellschaftliche Tätigkeit nahmen sie voll in Anspruch. Und doch prägte vor allem sie die Persönlichkeit ihrer Kinder. »Ich glaube, meinen Charakter habe ich von ihr«, berichtete Rabin 1979 in seinen Memoiren. An anderer Stelle beschrieb er sie als eine sehr herbe, außergewöhnliche Persönlichkeit, die sich für ihre Überzeugung bedingungslos einsetzte. Rachel nennt sie »autoritär«. »Es war nicht lustig mit ihr«, sagt Teveth. »Sie hatte keinen Humor. Sie war eine sehr engagierte Frau, und dies rund um die Uhr. Sie war keine gute Mutter im herkömmlichen Sinne. Aber wer war das damals schon? Meine Eltern gingen um 6.30 Uhr morgens zur Arbeit. Ich mußte selbst für mich sorgen. Auch Yitzhak mußte das.«

Rachel besteht darauf, daß beide Eltern starke Persönlichkeiten waren. »Mein Vater war sensibel und mitfühlend, aber auch sehr mutig«, berichtet sie. »1968 zog er zu uns nach Menarah. Als die Katjuscha-Raketen rundherum einschlugen, wollte er nicht in den Luftschutzraum gehen. Es war für ihn nicht wichtig, was andere Leute dachten. Als er in Tel Aviv allein lebte, mußten wir ihn lange bedrängen, sich ein Telefon legen zu lassen. ›Ich brauche es nicht für meine Arbeit‹, pflegte er zu sagen. Er sagte und tat stets das, was er für richtig hielt. Das ist übrigens für Yitzhak ebenfalls typisch gewesen.«

Rabin hat auch die Zurückhaltung von seinem Vater geerbt. »Wie mein Vater«, sagt Rachel, »machte Yitzhak oft den Eindruck, als sei er abwesend oder als interessierten ihn die Probleme der Menschen nicht. Das war zum größten Teil Schüchternheit. Yitzhak war bescheiden. Er wollte andere Menschen nicht behelligen. Er meinte, jeder sollte seine Probleme selbst lösen. Man sollte andere nicht zu viel damit belasten. So hielten sich viele Leute von ihm fern. Sie wußten nicht, wie er reagieren würde. Andererseits konnte er zu seinen Kindern und Enkeln, zu seiner Familie und seinen Freunden sehr herzlich sein. Er verbrachte viel Zeit bei Familien, wo Söhne oder Männer im Krieg geblieben waren.«

Die Wohnung in der Hamagid-Straße, wo die Familie wohnte, bis Rosa im November 1937 starb, beschreibt die Schwester »als sehr puritanisch«, mit wenigen Möbeln und ganz ohne Teppiche. »Uns hat es nie an etwas gefehlt, aber unsere Eltern kümmerten materielle Dinge wenig. Wichtiger war, was einer leistete. Mein Vater achtete jeden, der arbeitete. Er respektierte Menschen als Menschen, gleichgültig ob sie reich oder arm, weise oder dumm waren. Für uns Kinder war die spartanische Wohnung von Vorteil. Unser Haus war immer offen«, sagt Rachel. »Unsere Freunde kamen gern zu uns zum Spielen. Niemand schrieb ihnen vor, was sie durften und was nicht.«

Als nach Hitlers Machtantritt die ersten deutschen Juden in den dreißiger Jahren nach Palästina flüchteten, traten die Rabins ein Zimmer an Neuankömmlinge ab und richteten sich in den anderen beiden ein. Sie teilten auch ihre Küche mit den Flüchtlingen. Als Rosa starb, behielten die Rabins lediglich ein Zimmer für sich. Damals war Yitzhak allerdings schon aus dem Haus und lernte in der Kadoorie-Schule am biblischen Berg Tabor in Untergaliläa.

Rabins erste Schule, Beit Hinuch, war wie Kadoorie darauf angelegt, Juden aus der Stadt die Liebe zum Boden zu vermitteln und Bauern für die Kooperativen in den jüdischen Siedlungen zu gewinnen. Beit Hinuch (wörtlich – Haus der Bildung) war 1924 von Arbeiterorganisationen in Tel Aviv gegründet worden und lag in der Tschernichowski-Straße in der Nähe eines Stadtparks, wo die Schüler die Möglichkeit hatten, Gemüse anzubauen. Das bot den zusätzlichen Vorteil, daß die Kinder aus Arbeiterfamilien ein warmes Mittagessen erhalten konnten. Rabin kam 1928 dorthin, als er sechs war, und verbrachte an dieser Schule sieben schöne Jahre, in denen er sich für Tischtennis und Fußball begeisterte. In Beit

Hinuch war er nach Aussagen seiner Schwester der Torwart. Als er nach Kadoorie kam, war er bereits Mittelstürmer. Später avancierte er zum Kapitän der Schulmannschaft.

»Heute bin ich sicher«, schrieb Rabin 1965 in der Zeitung Ha'aretz, »daß ich in diesen Kinderjahren das Bewußtsein der Verantwortung für eine Aufgabe, meine Liebe zur Natur und zum Boden, den Sinn für Kameradschaft erwarb.«

Shabtai Teveth, der vier Jahre jünger als Rabin war, geht ins einzelne: In Beit Hinuch lernten wir nicht viel. Bevor wir reif für die Oberschule waren, mußten wir alle die letzte Klasse wiederholen. Akademisches Wissen war nicht das Wichtigste. Hier kam es vor allem auf Verantwortungsbewußtsein, Engagement, gegenseitige Hilfe und körperliche Arbeit an. Wir hatten Gemüsegärten und pflanzten Bäume. Jeder mußte zwei Tage pro Woche in der Küche arbeiten. Die älteren Schüler erledigten alles gemeinsam mit den jüngeren. Das nannte man »hevrat hayeladim«, die Kindergemeinschaft. Alles wurde gemeinsam erledigt. Die Aufgaben mußten gleich verteilt werden.

Rabin hatte den Schulesel in seiner Obhut. »Er liebte ihn sehr«, berichtet Teveth. »Er war stets gut gefüttert und geputzt.« Einmal spannte Rabin seinen Esel vor einen Karren und fuhr mit Teveth und einem weiteren Jungen zum Einkaufen auf den Markt. »Wir luden alles auf den Karren«, sagt Teveth. »Die beiden größeren Jungen saßen vorn und hielten die Zügel. Ich hatte es mir hinten zwischen dem Gemüse und den Kannen bequem gemacht. Yitzhak schaute nach hinten und sagte dem anderen Jungen, er solle seinen Platz mit mir tauschen. Er gab mir die Zügel. Manche Leute sagen, Rabin sei kalt gewesen. Ich weiß das besser. Er hatte ein warmes Herz, aber er zeigte es nicht. Es war ihm immer peinlich, wenn ihm jemand dankte.«

Als Rosa mit 47 Jahren an einem Herzleiden und Krebs starb, war Rabin bereits an der Kadoorie-Schule. Man holte ihn nach Hause, als seine Mutter bereits im Koma lag. Sie reagierte nicht mehr, als er ihr Lebewohl sagen wollte. Später schrieb er, er habe niemals wieder so viel geweint. Nach außen hin verbarg er jedoch seinen Schmerz. Rosa erhielt ein offizielles Begräbnis in Tel Aviv, an dem über tausend Menschen teilnahmen. Teveth ging hinter ihrem Sarg mit einer Gruppe Schüler aus Beit Hinuch, wo Rachel noch lernte. »Als wir an Rachel und Yitzhak mit ihrem Vater vorbeikamen«, erinnert er sich, »weinte Rachel. Yitzhak hatte ganz trockene Augen. Er schaute drein, als sei nichts geschehen. Das war nicht so sehr Selbstkontrolle. Er konnte seine Gefühle tief in sich vergraben.«

Wenn Rabins Persönlichkeit in früher Kindheit von Familie und Schule geprägt wurde, dann vollendete die Palmah diesen Prozeß. Obwohl seine Eltern in der Verteidigung engagiert waren, wollte er nicht Soldat werden. Unter friedlicheren Umständen hätte er sicher ebenso den Weg in einen Kibbutz gefunden wie seine Schwester, wenn ihm auch die Enge des Gemeinschaftslebens zuwider war. An der Kadoorie-Schule, die die Ziele von Beit Hinuch teilte, wo es aber disziplinierter und akademischer zuging, zeigte er Begabung für die Wissenschaft. Er wollte Wasserbau studieren. Die Universität von Kalifornien in Berkeley bot ihm ein Stipendium an. Aber im Schatten des Berges Tabor wurde Rabin Soldat, ob ihm das gefiel oder nicht. In den späten dreißiger Jahren war Kadoorie von feindlichen Araberdörfern umgeben, von denen aus die Schule ständig angegriffen wurde. Sie mußte für ihren eigenen Schutz sorgen. Rabins Schulzeit wurde immer wieder von militärischen Übungen und Wachestehen unterbrochen.

Sein Ausbilder war Yigal Allon, ein Galiläer, Absolvent von Kadoorie und vier Jahre älter als Rabin. Mehr als 50 Jahre später war Allons Bild eines der wenigen, das die Wände des Büros des Ministerpräsidenten zierte. Allon, der zum Kommandeur der Palmah avancierte und später Außenminister in Rabins erster Regierung war, nahm stets für sich in Anspruch, die Begabung des jungen Rabin zum Kommandeur entdeckt zu haben – Analyse, Entschluß und Ausführung. Als die Briten Kadoorie während der Araberunruhen des Jahres 1938 sechs Monate lang schlossen, schickte Allon seinen Meisterschüler zu einer Intensivausbildung in den Kibbutz Ginossar am See Genezareth. Rabin kehrte zwar nach Kadoorie zurück, aber die Forderungen, die die Haganah an ihn stellte, drängten seine Studien immer mehr in den Hintergrund. In Europa brach ein Weltkrieg aus, der bald auch den Nahen Osten erfaßte. Berkeley verschwand am Horizont.

Als 1941 eine deutsche Invasion in Palästina drohte, baute die Haganah die Palmah auf, den Kern einer regulären jüdischen Armee. Ihr Kommandeur war Yitzhak Sadeh, dem Yigal Allon und Moshe Dayan zur Seite standen. Zu dieser Zeit hatte Rabin Kadoorie bereits verlassen und sich einer Gruppe angeschlossen, die einen neuen Kibbutz aufbauen wollte. Diese trainierte im Kibbutz Ramat Yohanan östlich von Haifa. Eines Abends forderte ein örtlicher Kommandeur der Haganah Rabin im Speisesaal auf, in die Palmah einzutreten. »Das tat ich ohne Zögern«, schrieb Rabin in seinen Memoiren. »Ich werde wohl niemals erfahren, warum er gerade mich ansprach, aber es bleibt eine Tatsache, daß die Aufforderung, der Palmah beizutreten, mein ganzes weiteres Leben veränderte.«

Dayan gab ihm bald Gelegenheit, den Krieg aus nächster Nähe kennenzulernen. Er nahm ihn zu einer Aufklärungsmission für die australischen Verbündeten Großbritanniens über die libanesische Grenze mit. Libanon, das damals unter der Kontrolle der französischen Vichy-Regierung von Hitlers Gnaden stand, war feindliches Gebiet. Die Briten planten eine Invasion, um Deutschland daran zu hindern, Syrien und den Libanon als Sprungbrett für ihren Angriff auf Palästina zu nutzen. Rabin und seine Kameraden waren gewarnt, daß die Genfer Kriegsgefangenenkonvention sie nicht schützte, weil sie keine Soldaten einer regulären Armee waren. Aber der Offizier, der sie einwies, meinte, das sollte sie nicht kümmern. Die Gegend war von französischen Kolonialtruppen aus Senegal besetzt, die ohnehin keine Gefangenen machten.

Rabins Gruppe hatte bei dieser Mission keine Feindberührung. Sie schlüpfte in der Dunkelheit über die Grenze und marschierte 30 Meilen bis zu ihrem Ziel. Rabin als der jüngste Soldat mußte einige Telegraphenmasten erklettern und dort die Telefondrähte kappen, um die Garnison daran zu hindern, Verstärkung herbeizurufen. Die Mission wurde erfüllt. »Niemand würde sich daran erinnern, daß die Haganah an der Invasion von Syrien beteiligt war, hätte nicht Moshe Dayan bei einem Scharmützel mit einer Vichy-Einheit ein Auge verloren.«

Als am Ende des zweiten Weltkrieges klar wurde, daß Großbritannien keine Neigung zeigte, einen jüdischen Staat aufzubauen, schaltete die Haganah von Zusammenarbeit auf Widerstand um. Rabin diente sich in der Palmah allmählich nach oben – vom Zugführer über den Bataillonskommandeur bis zum Befehlshaber einer Brigade. Im israelischen Unabhängigkeitskrieg von 1948 gegen palästinensische Kampfgruppen und fünf eindringende arabische Armeen diente er als stellvertretender Chef der Palmah unter seinem alten Mentor Yigal Allon.

Als junger Offizier führte Rabin im Oktober 1945 ein Kommandounternehmen, bei dem 200 »illegale« Einwanderer – jüdische Überlebende des Holocaust – aus einem britischen Gefangenenlager bei Atlit an der Küste des Mittelmeeres gerettet wurden. Sein nächstes Ziel war im Juni 1946 eine britische Polizeistation in Jenin. Dort kam er jedoch niemals an. Während einer Erkundungsfahrt auf einem Motorrad stieß er mit einem Lastwagen zusammen, der seinen Weg kreuzte. Dabei zog er sich einen doppelten Beinbruch zu. Bevor Rabin wieder genesen war, rächten sich die Briten an der Palmah für die spektakuläre Sprengung von zehn Brücken, die Palästina mit dem übrigen Nahen Osten verbanden. Fast die gesamte jüdische Führung wurde am 29. Juni 1946 festgesetzt, darunter auch Rabin und sein Vater. Man hielt Yitzhak fünf Monate lang fest, eine Zeit, in der er doppelt bewegungsunfähig war. Nehemiah, den man nur verhaftet hatte, weil er gerade anwesend war, wurde zwei Wochen später wieder freigelassen. Yitzhak erinnert sich in seinen Memoiren, daß sein Vater, damals ein sechzigjähriger Witwer, nur über eines klagte: Die britischen Fallschirmjäger hatten ihm keine Zeit gelassen, sein Gebiß einzusetzen, bevor sie ihn mitnahmen.

Von November 1947, als die UNO beschloß, Palästina zwischen Juden und Arabern aufzuteilen, bis zum Juli des folgenden Jahres stand Rabin im Kampf um Jerusalem – zunächst um die lebenswichtige Straße nach Tel Aviv und zur Küste, dann um die heilige Stadt selbst, wo 90 000 bedrängte jüdische Einwohner lebten. Am 15. April, exakt einen Monat bevor die Briten abzogen, wurde er zum Kommandeur der neuen Harel-Brigade der Palmah ernannt, die an der Jerusalemer Front Stellung bezog.

Dies war ein hin- und herwogender, frustrierender Krieg, in dem Rabin sich nicht nur mit dem arabischen Gegner sondern oft genug auch mit seinen eigenen politischen Lehrern und dem regulären Kommando der Haganah in der bergigen Stadt konfrontiert sah. Jerusalem war viel zu wichtig, um es den Generalen zu überlassen, aber Rabin rieb sich an Befehlen, die er für falsch hielt. Die drei Schlüsselpositionen längs der Straße nach Jerusalem – Latrun in der Ebene, Bab al-Wad (Sha'ar Hagai), der bewaldete Engpaß am ersten Anstieg der Straße und das Kastell, die Ruinen des Römerforts, das den höchsten Punkt der Straße beherrschte, wurden eingenommen, verloren und wieder zurückerobert. Manchmal kamen die Versorgungskonvois durch, manchmal nicht.

Einmal war Rabin so knapp an Leuten, daß er einen Zug Kadetten aus Gadna, 15–16jährige Schüler in die Schlacht um Latrun schicken mußte. »Wir zahlten nun mit unserem Blut für jahrelange Versäumnisse«, schrieb er dreißig Jahre später, immer noch in hellem Zorn. »Nun wußte ich genau, daß meine Einschätzung vor dem Unabhängigkeitskrieg richtig gewesen war: Die Führung der Yishuv (der jüdischen Gemeinde in Palästina) hatte nicht ausreichend Waffen der notwendigen Qualität gesammelt, die Kampftruppen waren nicht genügend ausgebildet. Kein anderes Volk hatte so wenigen schlecht bewaffneten Menschen den Auftrag erteilt, seine Unabhängigkeit zu erkämpfen und zu sichern.« Nach Rabins Tod nannte Rabins Vertraute Niva Lanir seine Erlebnisse an der Straße nach Jerusalem »die entscheidenden Erfahrungen seines Lebens, was er selbst bestätigte«. Über 200 Soldaten der Harel kamen ums Leben und über 600 wurden verwundet. »Er war erst 26 Jahre alt, trug aber schon Verantwortung für die Straße nach Jerusalem und den Aufbau des Staates.«

Gleichermaßen entsetzt war Rabin auch über den örtlichen Befehlshaber der Haganah, David Shaltiel, der die gesamte Jerusalemer Front kontrollierte. Rabin und Shaltiel legten unterschiedliche Pläne für die Einnahme der Altstadt vor. Schließlich setzte sich der Palmah-Kommandeur durch. Selbst nach dreißig Jahren schmerzte Rabin dies noch. »Shaltiel«, schrieb er, »wies meinen Vorschlag zurück und ließ sich nicht davon abbringen, seinen eigenen zu realisieren. Ich war wütend und sagte ihm ins Gesicht, sein Plan sei idiotisch und werde mit einem Fehlschlag enden. Aber Jerusalem war mir viel zu teuer, als daß ich nicht doch wenigstens einen Versuch wagen mußte.«

Die Israelis nahmen diesmal die Altstadt nicht ein. Eine Palmah-Einheit eroberte den Berg Zion außerhalb der Stadtmauern, hatte aber nicht genügend Männer und Material, um das jüdische Viertel innerhalb des Zion-Tores einzunehmen und zu halten, bevor die hungernden und vor Furcht gelähmten Einwohner sich der jordanisch-arabischen Legion ergaben. Mehr Erfolg hatte Rabin in der Neustadt, wo seine Truppen das Katamon-Viertel eroberten und die ungeteilte jüdische Kontrolle über Westjerusalem sicherten. Aber die Verluste waren hoch, und Rabin drohte der Zusammenbruch von Moral und Vertrauen seiner Männer.

Am Ende des Krieges war die Straße nach Jerusalem gesichert.

Es war wie ein Akt später Gerechtigkeit, daß Rabin nach neunzehn Jahren und zwei Kriegen als Stabschef in die Altstadt einzog, nachdem Ostjerusalem endlich eingenommen war.

Wie seine Eltern hatte auch Yitzhak Rabin wenig Zeit für sein Privatleben. Aber er nutzte den zweiten Waffenstillstand im Sommer 1948, um Leah Schlossberg, die dunkelhaarige Tochter gebildeter deutscher Einwanderer zu heiraten, die er heimlich anbetete, seit er sie 1944 als 15jährige Schülerin zum ersten Mal erblickt hatte. »Es begann mit einer zufälligen Begegnung in einer Straße von Tel Aviv«, schrieb Rabin in seinen Memoiren. »Ein Blick, ein Wort, ein inneres Erschrecken und dann ein weiteres Treffen ...«

Ein romantischer Dichter hätte es nicht besser sagen können. Aber Shabtai Teveth, der Rabin aus der Schule und Leah aus der linken Jugendbewegung Hashomer Hatzair kannte, hat es anders in Erinnerung. »Leah galt als eine der Schönheiten von Hashomer Hatzair. Ich weiß noch, wie Yitzhak ihr den Hof machte. Er folgte ihr überallhin, ohne ein Wort zu sagen. Er pirschte sich an sie heran, so daß sie auf ihn aufmerksam werden mußte. Er wohnte in ihrer Nähe, aber sie hatten keine Möglichkeit gehabt, sich kennenzulernen. Sie kam aus einer wohlhabenden deutschsprechenden Familie, die in Tel Aviv ein bürgerliches Leben führte. Alles war anders. Er folgte einfach jedem ihrer Schritte, bis er genug Mut gefaßt hatte, um sich mit ihr bekanntzumachen. Inzwischen hatte sie herausbekommen, wer er war. Es war ein eigenartiges Werben, sehr typisch für Yitzhak. Einerseits war er zäh und ausdauernd, andererseits aber sehr schüchtern. Ich denke, Leah war das erste Mädchen, auf das er ein Auge warf.«

Rabin mit seinem kantigen Gesicht und seinem hellbraunen Haar war ein gutaussehender junger Mann. Da ihn die heroische Aura der Palmah umgab, mußte Leah nicht lange überredet werden. Aber er trug Uniform und hatte selten Urlaub. »1945 kamen wir uns näher«, schrieb er, »als Leah in die Palmah eintrat und in dem Bataillon diente, dessen stellvertretender Kommandeur ich war. Hier ergab sich eine der seltenen Gelegenheiten in unserem gemeinsamen Leben, da ich sie unter meinem Befehl hatte.«

Rabin hätte eine Hochzeit in aller Stille vorgezogen, aber das sollte nicht sein. Sie heirateten am 23. August 1948 in Tel Aviv. Anwesend waren alle hohen Chargen der Palmah und die ganze »gute

Gesellschaft« von Tel Aviv. Der Rabbi kam eine halbe Stunde zu spät. Rabin ärgerte sich über die Zeremonie. Das war nicht seine Welt. Unvermittelt hörten die Gäste, wie die bekannte Baßstimme außerhalb jedes Protokolls der Braut versicherte: »Das ist das letzte Mal, daß ich heirate!«

Zuvor war Rabin in jenem Sommer in eine der schmerzhaftesten und umstrittensten Episoden des Unabhängigkeitskrieges verwikkelt gewesen – den Untergang der Altalena, die aus Frankreich Waffen für die oppositionelle Organisation Irgun Zvai Leumi unter Menachem Begin an Bord hatte. Anfang Juni hatte Begin zugestimmt, seine Kämpfer in die neue nationale Armee einzugliedern. Der Staat, den man in der Nacht des 14. Mai 1948 proklamiert hatte, steckte noch in den Kinderschuhen. Begin agitierte gegen Ben-Gurions Einwilligung in die Teilung Palästinas. Ob nun zu Recht oder Unrecht – der Ministerpräsident befürchtete einen Putsch der rechten Nationalisten. Seine Sorge verstärkte sich noch, als Begin es am 20. Juni ablehnte, die wertvolle Ladung der Altalena an die Armee zu übergeben. Das Schiff ankerte zunächst vor Kfar Vitkin, nördlich von Netanyah. Nach einem Feuergefecht mit der Armee nahm es Kurs die Küste entlang nach Tel Aviv. Begin hoffte, die Armee werde dort keinen Angriff wagen.

Die Palmah agierte unter dem Oberkommando der Armee, und Ben-Gurion befahl Yigal Allon, die Altalena aufzubringen, wenn nötig, mit Gewalt. Rabin war zum Hauptquartier der Palmah im Strandhotel Ritz zu einer Besprechung gekommen. Er traf etwas früher ein, um Leah zu sehen, die dort arbeitete. Er wußte nichts über die Hintergründe, erhielt aber unvermittelt den Befehl, das Kommando am Strand zu übernehmen. Die Altalena wurde von Maschinengewehr- und Artilleriegeschossen durchlöchert und schließlich von einer Granate getroffen. Nach demonstrativem Widerstand gab die Irgun auf und stellte damit ihre Existenz als unabhängige Kraft ein, jedoch erst, nachdem vierzehn von Begins Kämpfern und ein Mann aus Rabins Einheit den Streit mit ihrem Leben bezahlt hatten.

Rabin gestand 1994 Ilana Tsur, der Produzentin einer Fernsehdokumentation über den Fall der Altalena außerhalb des Protokolls, dies sei einer der schwierigsten Augenblicke seines Lebens gewesen. Aber er billigte die Entscheidung des Ministerpräsidenten. »Wehe dem Staat Israel, wenn Ben-Gurion das nicht getan hätte. Es gibt nur eine Armee, und das sind die Israelischen Verteidigungskräfte.«

Ein anderes Vorkommnis, das Rabin noch Jahre später bewegte, war die Ausweisung von 50000 arabischen Zivilisten aus den Schwesterstädten Lydda (heute Lod) und Ramlah südöstlich von Tel Aviv. Nach der offiziellen israelischen Version hatten die Einwohner die Städte geordnet und aus eigenem Antrieb verlassen. Als Rabin dreißig Jahre später seine Memoiren schrieb, brach er das Tabu und bekannte, sie seien damals mit vorgehaltener Waffe vertrieben worden. Ein Kabinettsausschuß, der Memoiren der Minister auf sicherheitsrelevante Bekenntnisse kontrollierte, ordnete an, die Passage sei zu streichen. Nach Rabins Ghostwriter Dov Goldstein ließ der Ausschußvorsitzende Rabin zu sich rufen und erklärte ihm: »Ja, die Geschichte ist freigegeben und hat sich tatsächlich so zugetragen. Aber es geht nicht an, daß sie von einem unserer Helden kommt, der persönlich beteiligt und später Ministerpräsident Israels war. Das könnte unseren Anspruch Lügen strafen, daß wir human gehandelt haben.« Rabin stimmte der Streichung zähneknirschend zu und instruierte auch seinen Englisch-Übersetzer entsprechend, der das Manuskript bereits in der Hand hatte. Jedoch unmittelbar vor Erscheinen des Buches spielte dieser, der nach Goldstein politisch »links von der Kommunistischen Partei« stand, die Story der New York Times zu.

Die Vertreibung, so enthüllte Rabin, war von Ben-Gurion angeordnet und von Allon und ihm selbst ausgeführt worden. »Wir konnten die feindselige und bewaffnete Bevölkerung von Lod nicht in unserem Rücken belassen, wo sie die Versorgungslinien für Yiftah (eine weitere Brigade), die nach Osten vorstieß, in Gefahr bringen konnte«, argumentierte Rabin. Ben-Gurion empfahl, die Palmah sollte die Einwohner in Richtung der Frontlinie der arabischen Armeen in der Nähe von Latrun abdrängen.

»Vertreibung ist ein Wort, das sehr hart klingt«, schrieb Rabin. »Psychologisch war dies eine der schwierigsten Aktionen, die wir durchzuführen hatten. Die Bevölkerung von Lod ging nicht freiwillig. Wir konnten nicht anders, als unsere Waffen zu benutzen und Warnschüsse abzugeben, um die Bewohner zu dem Marsch von etwa 20–25 km zu zwingen, bis sie die arabischen Armeen erreicht hatten. Die Bewohner von Ramlah beobachteten dies und zogen ihre Schlüsse. Ihre Führer stimmten einer freiwilligen Evakuierung zu.«

Nach dem Buch von Larry Collins und Dominique Lapierre »O Jerusalem!« kamen viele Kleinkinder und ältere Menschen wegen des Wassermangels auf dem Gewaltmarsch ums Leben. Rabin erwähnte das in seinem Bericht nicht, berichtete aber, diese Vertreibung sei für viele Soldaten, die den Befehl ausführen mußten, ein schweres Trauma gewesen. Auch Rabin ließ es nicht unbeeindruckt.

Shabtai Teveth interviewte Rabin deswegen. »Er sagte mir«, berichtet Teveth, »daß es schrecklich war. ›Es geschah an einem sehr heißen Tag. Sie mußten laufen und dabei ihre Kinder und ihre Habe mit sich schleppen‹, erzählte Rabin. Er wußte, was solche Leiden bedeuteten. Aber er war Soldat. Er begriff, warum die Vertreibung notwendig war. Doch er sah die Leiden, und er konnte sie nicht aus seinem Kopf verbannen.«

In der letzten Phase des Unabhängigkeitskrieges nach den Feuerpausen des Sommers war Rabin Operationschef an der Südfront, wo er die eingedrungenen ägyptischen Truppen aus der Negev-Wüste vertrieb und die Straße nach Eilat, dem Hafen und Kurort am Roten Meer, absicherte. Ende Dezember stieß eine israelische Streitmacht über die internationale Grenze hinweg nach Nordsinai vor und eroberte das stretegisch wichtige Dorf Abu Ageila. Dann zog sie, ohne den Befehl dazu zu haben, bis zur Regionshauptstadt El Arish weiter. »Wenn El Arish uns in die Hand gefallen wäre«, schrieb Rabin, »dann wäre die ägyptische Armee im Gazastreifen abgeschnitten gewesen. Der wichtigste Teil des Sinai hätte uns gehört und die Militärgeschichte Israels hätte einen ganz anderen Verlauf genommen.« Aber es sollte nicht sein. Unter dem enormen Druck Großbritanniens und der Vereinigten Staaten setzte sich Ben-Gurion über die Vorhaltungen Allons und Rabins hinweg und rief die Truppen zurück.

Eine eingekesselte ägyptische Einheit hielt jedoch hartnäckig ihre Position an der Faluja-Kreuzung südöstlich von Ashdod. Allon verhandelte in Begleitung von Rabin und anderen hohen Offizieren über die Kapitulation. Ein junger ägyptischer Offizier, Gamal Abdel Nasser, fragte Rabin, wie die Israelis es fertiggebracht hätten, die Briten, deren imperialer Schatten immer noch über Ägypten lag, aus Palästina zu vertreiben. Rabin erklärte es geduldig. »Wissen Sie«, entgegnete der künftige revolutionäre Präsident nachdenklich, »wir kämpfen hier wohl zur falschen Zeit am falschen Ort gegen den falschen Feind.«

Der Unabhängigkeitskrieg stärkte Rabins Ruf als Militär mit eigenem Kopf, als Kommandeur, der imstande war, schwierige Entschlüsse zu fassen und durchzusetzen. Aber in der kollektiven Welt der Palmah, einer Art bewaffnetem Kibbutz mit seiner Kameradschaft, seinen eigenen Liedern, Volkstänzen und Hauspoeten blieb er ein Einzelgänger. Der Prototyp des populären Helden der Palmah war Yigal Allon. Rabin wollte es niemals sein.

»Yigal Allon«, sagt der General im Ruhestand Uzi Narkiss, der unter beiden diente, »war ein Führer, ein Freund, auf den man sich bis zum letzten Atemzug verlassen konnte. Wir alle bewunderten ihn. Er lebte alle seine Gefühle offen aus. Er umarmte dich, wenn ihm so war. Yitzhak Rabin tat das niemals. Wenn der dir eins auf die Nase geben wollte, dann tat er es, ohne dich vorher zu umarmen oder sich dafür zu entschuldigen. Allon wurde von seinen Anhängern geliebt, Rabin wurde respektiert. Rabin ließ sich selten an Lagerfeuern sehen. Er konnte nicht singen. Allon pflegte zu sagen: ›Mein einziger Reichtum im Leben sind meine Freunde.‹ Ich glaube nicht, daß Rabin dies von sich behaupten konnte.«

»Allon verstand es zu manövrieren, um die Dinge herumzureden«, berichtet Narkiss weiter. »Er sagte, das habe er von den Arabern in Galiläa gelernt. Rabin hatte damit nichts im Sinn. In der Politik muß man die Menschen zu manipulieren verstehen. Das hat Rabin niemals gelernt. Selbst in seinen Palmah-Tagen war er sehr hart und geradlinig. Wenn er sich für etwas entschieden hatte, dann setzte er es durch – stur und hartnäckig. Er war gegenüber anderen sehr direkt und schonungslos. Man schätzte ihn vor allem wegen seiner Klugheit. Das war sein wichtigstes Kapital. Er war ein Analytiker. Er ließ sich auf Details ein. Er hatte ein phantastisches Gedächtnis. Er legte viel Wert auf Ausbildung. Er wollte, daß jeder Feldwebel so dachte wie ein Offizier und das ganze Bild kannte. Rabin verließ sich jedoch viel weniger auf Improvisation als andere israelische Kommandeure wie Moshe Dayan, der dies als unsere wichtigste Waffe ansah. Rabin sagte dazu: ›Ja, aber nur nach gründlicher Planung. Auf Improvisation lassen wir uns nur ein, wenn der Plan nicht funktioniert.‹«

Die wichtigste Lehre, die Rabin 1948 zog, bestand nach Narkiss' Meinung darin, daß die großen Entscheidungen auf politischer Ebene getroffen werden mußten. »Es war Rabin, der uns in einer Diskussion, die eine lange, frostige Nacht hindurch dauerte, davon überzeugte, dem Befehl zu gehorchen und aus Abu Ageila abzuziehen. ›Die Regierung faßt die Beschlüsse‹, sagte er uns. Als er im Range des Ministerpräsidenten die Friedensverhandlungen mit den Palästinensern führte, sagte Rabin dasselbe: ›Die politische Ebene entscheidet, die Armee führt aus.‹«

Das Primat der Politik zu akzeptieren fiel Rabin leichter als Beamter, denn als Militär. Im Januar 1949 sandte Allon Rabin als Vertreter der Südfront zu den Waffenstillstandsverhandlungen mit Ägypten auf die griechische Insel Rhodos. Er fühlte sich wie ein Fisch auf dem Trockenen und hatte so große Differenzen mit seinen Kollegen in Zivil, daß er bald wieder abreiste, ohne die ausgehandelte Vereinbarung zu unterzeichnen. »Ich habe genug von Diplomatie und Politik«, erklärte er Allon.

Auf der Konferenz von Rhodos hatte Rabin zum ersten Mal einen Schlips tragen müssen. Ein weltgewandter Kamerad aus der Palmah hatte ihn für Rabin gebunden, bevor dieser aus Israel abreiste. Rabin ließ den Knoten lose gebunden, so daß er die Krawatte über den Kopf streifen konnte. Aber ein fürsorglicher Hausdiener im Hotel des Roses löste den Knoten fürsorglich und bügelte den Schlips für Rabin. Der israelische Delegationsleiter Yigael Yadin fand den wütenden Rabin in seinem Zimmer und band den Knoten für ihn. Es war Bill Clinton, der bei Rabins Begräbnis im November 1995 auf diese Geschichte zurückkam. »Als wir uns das letzte Mal sahen«, sagte der amerikanische Präsident der Trauergemeinde auf dem Herzl-Berg, »erschien er pünktlich zu einer Veranstaltung, wo Smoking vorgeschrieben war, aber ohne schwarze Fliege. Er mußte sich eine borgen, und ich hatte das Glück, sie ihm richten zu dürfen.« Einmal ein Palmahnik, immer ein Palmahnik.

DRITTES KAPITEL
Der Weg zum Sieg

Yitzhak Rabin ist zu Recht als der Stabschef bekannt geworden, der Israels größte siegreiche Militäraktion plante und leitete – die Vernichtung der arabischen Luftwaffen und die brillanten Vorstöße israelischer Panzertruppen im Sechs-Tage-Krieg von 1967. Aber Rabins Weg vom Brigadekommandeur der Palmah am Ende des Unabhängigkeitskrieges 1949 bis zum Stabschef der Israelischen Verteidigungskräfte (IDF) 1964 verlief nicht ohne Rückschläge. Mindestens bei zwei Gelegenheiten dachte Rabin, frustriert darüber, daß man ihn nicht nach seinen Verdiensten beförderte, ernsthaft daran, die Uniform an den Nagel zu hängen.

Sein entscheidender Beitrag zum Sieg von 1967 fand erst im Nachhinein volle Anerkennung. Die Öffentlichkeit jubelte damals vor allem Moshe Dayan zu, der erst Tage vor Kriegsbeginn zum Verteidigungsminister ernannt wurde. Es war aber Rabin, der die Militärdoktrin geschaffen, die Ausbildungsmethoden entwickelt, die Strategien entworfen, die neuen Waffen eingeführt und die begrenzten Streitkräfte des Landes bestens reorganisiert hatte, so daß sie für diesen Krieg gerüstet waren.

Rabins erste Schritte in den Israelischen Verteidigungskräften, die sich 1949 noch im Embryonalzustand befanden, standen unter einem schlechten Stern. Dabei hatte David Ben-Gurion, beeindruckt von Rabins Führungsqualitäten während des Krieges, ihn für eine Schlüsselrolle in der Armee vorgesehen. Rabin zog sich den Zorn des Ministerpräsidenten zu, als er am 14. Oktober 1949 an einer Verabschiedungskundgebung für Palmah-Veteranen teilnahm, wo gegen Ben-Gurions Dekret zur Auflösung dieser Organisation Protest eingelegt werden sollte. Offizieren wie Rabin, die nun in den neuen Verteidigungskräften dienten, war es verboten worden, dort zu erscheinen. Ben-Gurion, der Rabins Dilemma verstand und ihm das Fernbleiben erleichtern wollte, lud ihn am Nachmittag des 14. Oktober in sein Haus ein, wo Rabin über einige Schußwechsel im Süden berichten sollte.

Rabin sprach statt dessen die Kundgebung an und bat Ben-Gurion um eine Erklärung für das Palmah-Verbot. Ben-Gurion antwortete kurz, die neue Armee müsse eine geschlossene Einheit bilden, da sei kein Platz für separate Kommandostrukturen. Ben-Gurion wollte außerdem auch den Chef der Palmah, Yigal Allon, und andere Palmah-Kommandeure kaltstellen, die politisch mit der Mapam-Partei verbunden waren. Diese stand nach dem Geschmack des Ministerpräsidenten politisch zu weit links. Rabin kam jedoch zu dem Schluß, daß in diesem Falle die Armeedisziplin hinter der Treue zu seinen Kameraden zurückzustehen hatte. Er entschuldigte sich höflich, eilte nach Hause, tauschte die Armeeuniform gegen das weiße Hemd der Palmah und eilte zu der Kundgebung.

Rabin und andere, die, wie er, das Verbot mißachteten, wurden vor ein Militärgericht gestellt. Einige erhielten sofort ihren Abschied aus der Armee. Rabin kam mit einer Standpauke des Stabschefs und einem Verweis in seiner Personalakte davon. Längerfristig mag diese Brüskierung Ben-Gurions seine militärische Karriere durchaus beeinträchtigt haben. Wenn dies der Fall war, dann ist es eine Ironie des Schicksals, daß er auf diese Weise den höchsten militärischen Posten erst in der Zeit vor dem Sechs-Tage-Krieg erhielt und damit in die Lage kam, den Sieg zu organisieren. Dies aber wurde die Visitenkarte für sein ganzes weiteres politisches Leben.

Als die Negev-Brigade der Palmah, die er kommandierte, im Herbst 1949 aufgelöst wurde, war Rabin praktisch arbeitslos. Viele seiner Kameraden, darunter auch sein Mentor Allon, verließen das Militär oder wurden von Ben-Gurion dazu gezwungen. Dieser gab Veteranen der britischen Armee gegenüber den Palmah-Offizieren den Vorzug, die nur eine Ausbildung im Lande genossen hatten. Rabin selbst liebäugelte mit dem Gedanken, ins zivile Leben zurückzukehren und Wasserbau zu studieren.

Aber die unsichere Lage des Staates – die Araber hatten eine Wirtschaftsblockade errichtet und begannen sofort nach dem Kriege den Terrorismus zu schüren – überzeugte ihn davon, daß sein Platz in der Armee war. Er wollte mithelfen, eine Streitmacht aufzubauen, die in der Lage war, die Grenzen des Landes zu schützen.

Er wählte einen Lehrgang für Bataillonskommandeure, den Haim Laskov, ein in der britischen Armee ausgebildeter Veteran der Haganah, aufbaute. Dieser Lehrgang bot die ideale Gelegenheit, die Erfahrungen, die verschiedene Offiziere in der Palmah, der Haganah und der britischen Armee gesammelt hatten, zu einer neuen Doktrin zusammenzuführen. Laskov hielt anfangs von Rabins Palmah-Herkunft überhaupt nichts und stellte klar, er wünsche nicht, daß dieser in der Politik mitmische. Rabin zeigte jedoch bald, was in ihm steckte und daß ihm politische Ambitionen fern lagen. Er beeindruckte Laskov so sehr, daß der Haganah-Veteran es ihm gestattete, so viele seiner Palmah-Kameraden mitzubringen, wie er nur wollte. Obwohl Rabin Allon persönlich nahestand und Mitglied der Palmah gewesen war, identifizierte er sich niemals eindeutig mit dessen oder einer anderen politischen Partei. »Er hielt seinem Freund Allon und der Palmah die Treue«, sagt Mordechai Bar-On, der unter dem Stabschef Rabin als Leiter der militärischen Ausbildung diente. Ihn interessierten Strategie und Taktik, nicht Politik. Er wollte Militär sein.

Bald nach der Geburt seines ersten Kindes, Dalia, im März 1950 wurde Rabin, nun bereits Oberst, von Laskov mit der Führung des Lehrgangs betraut. Dies nutzte er, um Strategie und Taktik, neue Planungstechniken und Methoden der Stabsarbeit zu entwickeln. Jedoch nach wenigen Monaten wurde er versetzt. Stabschef Yigal Yadin ernannte ihn zum Leiter der Operativen Abteilung der IDF. Das war sein erster Posten im Generalstab.

Als Verantwortlicher für operative Planung und Reserven arbeitete Rabin nun bis zu zwanzig Stunden täglich, um die Schlagkraft der Kampfeinheiten zu verbessern und die Reserven effektiver zu organisieren. In den frühen fünfziger Jahren hatte die Armee jedoch weit mehr zu bewältigen als nur ihre militärischen Aufgaben. Zehntausende Einwanderer strömten aus Nordafrika ins Land und mußten in überfüllten Zeltlagern untergebracht werden, wo es oft an den einfachsten sanitären Anlagen fehlte. Die Armee war die einzige landesweite Einrichtung, die mit dieser massiven Einwanderung fertigwerden konnte. Die Verantwortung dafür übertrug man Rabin.

Die Armee tat alles, um die Bedingungen in den Lagern zu verbessern. Der medizinische Dienst der IDF übernahm die gesundheitliche Betreuung. Soldaten wurden als Lehrer und Sozialarbeiter eingesetzt. Das war eine Zeit, an die Rabin mit Stolz zurückdachte, den allerdings nur wenige der Einwanderer teilten. »Keine andere

Organisation im Lande wäre in der Lage gewesen, diese Herausforderung zu bewältigen«, schrieb er später. Die »Schlacht in den Durchgangslagern«, wie er es nannte, wird »als einer der glänzendsten Erfolge (der Armee) in die Geschichte eingehen«.

Rabin verfügte für seine jungen Jahre über enorme Kampferfahrung, aber wie die meisten seiner Kameraden wußte er wenig davon, was außerhalb Israels geschah. Die erste Gelegenheit für eine Auslandsreise, abgesehen von den Waffenstillstandsverhandlungen auf Rhodos im Jahre 1949, ergab sich Ende 1952, als man ihn zum Studium an das Royal Staff College der britischen Armee nach Camberley in England sandte. Leah und die zweieinhalbjährige Dalia begleiteten ihn. Zunächst fand er den Lehrgang ziemlich öde. »Im ersten Teil ging es viel um technische Stabsarbeit«, schrieb er. »Zum Beispiel sollte ich den Transportplan für eine ganze Division ausarbeiten. Das fand ich langweilig und außerdem recht merkwürdig. Wo gab es in den Israelischen Verteidigungskräften schon eine Einheit von der Größe einer Division?«

Rabins schlechtes Englisch und seine Herkunft aus der Palmah, die die Kampfmethoden der Briten verachtete, können durchaus zu diesem Eindruck beigetragen haben. »Wir lebten in einer anderen Welt«, erklärt Yeshayahu (Shaike) Gavish, ein Weggefährte Rabins aus der Palmah, der im Krieg von 1967 das Kommando ›Süd‹ übernehmen sollte. »Wir hatten weniger Soldaten und Waffen als unsere Gegner und agierten auf einem winzigen Territorium. Deshalb mußte auch unsere Strategie anders sein. Wir konnten uns nicht auf Frontalangriffe einlassen. Unsere Sache waren Überraschungsangriffe, Umgehung des Feindes und Operationen bei Nacht.«

Es war deshalb kein Wunder, daß die politischen Ausbilder nach Abschluß des Lehrgangs empfahlen, Rabin sollte als Quartiermeister eingesetzt werden. Zum Glück hatte man in den Israelischen Verteidigungskräften eine höhere Meinung von ihm und erkannte den hochbegabten Planer. »Er hatte eine hohe Stirn«, sagt Uzi Narkiss, ein weiterer Palmah-Kamerad Rabins, der 1967 das Kommando ›Zentrum‹ führte, »wenn man ihn anschaute, glaubte man zu sehen, wie es dahinter unablässig arbeitete.«

Auf diesem Lehrgang in England begegnete Rabin auch Faez Maher, der später jordanischer Stabschef werden sollte. Als Rabin während seiner zweiten Amtszeit als Ministerpräsident König Hussein in Jordanien zum ersten Mal einen Besuch abstattete, fragte er diesen, was aus seinem damaligen Lehrgangskollegen geworden sei. Eine halbe Stunde später war Maher im Palast, wo es ein herzliches Wiedersehen gab. Als Rabin am Unabhängigkeitstag 1995 durch Petra fuhr, war Maher sein Begleiter und Führer. Bald danach erlitt er einen Schlaganfall, und Rabin ordnete persönlich an, ihn ins Hadassah-Krankenhaus von Jerusalem zu bringen.

Als Rabin aus Camberley zurückkehrte, ernannte ihn der neue Stabschef Moshe Dayan zum Chef der militärischen Ausbildung. Nun zum Generalmajor befördert, reiste Rabin als Gast des amerikanischen Militärs zum ersten Mal in die Vereinigten Staaten. Von dieser Reise kehrte er sehr nachdenklich zurück. Die erste Veränderung, die er unverzüglich einführte, war der Befehl, daß jeder Truppenoffizier nach der Offiziersschule einen Lehrgang im Fallschirmspringen oder im Führen von Kommandoeinheiten zu absolvieren hatte. Als erste sollten die Mitglieder des Generalstabs springen lernen. Rabin wollte Leah nicht beunruhigen, die damals zum zweiten Mal schwanger war, und hielt deshalb diesen Beschluß vor ihr geheim. Nach der Geburt ihres Sohnes Yuval gab Rabin die Leitung des Ausbildungsressorts ab und kehrte zur Truppe zurück. Im April 1956 übernahm er die Führung des Kommandos »Nord«.

Damals gab es Spannungen mit Syrien wegen der Grenzen der entmilitarisierten Zone. Viel schwieriger war die Lage allerdings in anderen Regionen – an der jordanischen und besonders an der ägyptischen Front, wo es ständig zu Terroranschlägen kam. Im relativ ruhigen Norden hatte Rabin mit dem Sinai-Feldzug von 1956 kaum etwas zu tun.

Israel wehrte sich zwar mit ständigen Vergeltungsschlägen gegen die schmerzhaften Überfälle der Terrorkommandos auf seine südlichen Gebiete, die von Ägypten unterstützt wurden, jedoch die Verluste stiegen, und die Regierung war entschlossen, diesem Treiben ein Ende zu bereiten. Nach geheimer Abstimmung mit Großbritannien und Frankreich setzte Israel am 29. Oktober zum Sturm auf den Gazastreifen und den Sinai an. Das begrenzte Ziel der Aktion bestand darin, dem Terror einen Riegel vorzuschieben und die Straße von Tiran am Eingang des Golfes von Akaba wieder zu öffnen, die Präsident Gamal Abdel Nasser im September 1955 geschlossen hatte. In wenigen Tagen marschierten die israelischen Truppen durch den Sinai, erreichten den Suezkanal und die Straße von Tiran. Als Rußland mit dem Eingreifen drohte, falls sich

Israel nicht zurückzog, zwangen es die USA, teilweise einzulenken. Im März 1957 hatte sich Israel wieder zurückgezogen, und eine UN-Friedenstruppe wurde auf dem Sinai stationiert. Israel hatte sein Ziel erreicht. Die Straße von Tiran war wieder offen und die Südgrenze befriedet.

Rabins Rolle fernab von diesem Geschehen an der Nordfront lief im wesentlichen darauf hinaus, einige seiner Truppen in den Süden zu schicken und für den Fall eines syrischen Angriffs Verteidigungsbereitschaft zu demonstrieren. Es irritierte ihn schon, daß man ihn bei dieser Aktion übergangen hatte. Jedoch die Feindseligkeiten an der Hauptfront waren kaum vorüber, als auch er seinen kleinen Konflikt bekam. Die Syrer, die auf den Golanhöhen saßen, beschossen von Zeit zu Zeit die israelischen Siedlungen im Tal und israelische Fischerboote auf dem See Genezareth. Als Vergeltung führten die IDF Schläge gegen das Ostufer des Sees und zerstörten dort syrische Boote, die in israelischen Gewässern fischten.

Ende 1957 ging Moshe Dayans Zeit als Stabschef zu Ende, und man erwartete Neuernennungen im Generalstab. Eines Tages lud Dayan einige hohe Offiziere, darunter Rabin, zu einem Gespräch ein. Dort teilte er ihnen mit, er habe Ben-Gurion vorgeschlagen, der Chef des Hauptstabes, Meir Amit, sollte seinen Posten übernehmen und Tzvi Tzur, bisher Chef des Kommandos »Zentrum«, dessen Stellvertreter werden. Rabin schlug er vor, einen Studienurlaub zu nehmen. Wie man verstehen kann, war dieser davon nicht sehr angetan. Wieder fragte er sich, ob er in der Armee bleiben sollte. Aber Ben-Gurion folgte Dayans Empfehlungen nicht. Dessen Nachfolger wurde Laskov, nicht Amit. Rabin blieb weiter im Norden.

Sein Verhältnis zu Moshe Dayan war niemals besonders freundschaftlich gewesen. Dayan war extravagant, stets auf der Jagd nach Neuem und sehr impulsiv. Rabin dagegen galt als umsichtig, pedantisch und von analytischem Geist. Nach Shimon Peres, der damals Generaldirektor im Verteidigungsministerium war, hatte Dayan Rabin lediglich das Kommando »Nord« übertragen, damit er ihm nicht im Wege war. Ihr kühles Verhältnis hatte sich bereits 1949 gezeigt, als Rabin das Kommando »Süd« an Dayan zu übergeben hatte, der auf diesen Posten ernannt worden war. In seinen Memoiren beschreibt Rabin die Atmosphäre so: »Alle waren still und verschlossen, als er eintraf. Dayan fühlte sich sicher nicht wohl in der Gesellschaft aller dieser Palmah-Männer. Ich übergab das Kommando ohne jede Formalität. Mein Gefühl, Dayan wollte mich rasch loswerden, bestätigte sich in unserem ersten Gespräch. Er war kalt, reserviert und lakonisch. Mehr noch, er war ganz offen. ›Ich danke Ihnen‹, sagte er. ›Ich brauche Sie nicht mehr.‹«

Als Rabin 1959 weitere zwei Jahre an der Nordfront verbracht hatte, gewann er allmählich den Eindruck, seine militärische Laufbahn sei in eine Sackgasse geraten. Mit Laskovs Zustimmung bewarb er sich für einen Zweijahreslehrgang an der Harvard Business School. Aber eine kuriose Wendung der Ereignisse bewirkte, daß er der Armee nicht Lebewohl sagte. Im April führten die IDF eine große Mobilisierungsübung durch. Man stellte jedoch nicht eindeutig klar, daß es sich lediglich um eine Übung handelte. Als die Mobilisierungsparole, die die Männer zu ihren Einheiten rief, über den Rundfunk ertönte, fragten sich die Israelis wie auch die ganze Welt, ob ein Krieg bevorstand.

Es folgte eine staatliche Untersuchung dieses Vorfalls, die vor allem Rabin zum Nutzen gereichte. Die Empfehlung lautete nämlich, zwei Generale – Meir Zorea, den Chef des Hauptstabes, und Yehoshafat Harkabi, den Chef der Militäraufklärung, abzulösen. Rabin, der seit langem befürchtete, Ben-Gurion verhindere seine Beförderung, weil er sich vor Jahren undiszipliniert gezeigt hatte, war hocherfreut, als man ihn zu Zoreas Nachfolger ernannte.

Jedoch bereits nach wenigen Monaten wurde ihm klar, daß der Ministerpräsident die Affäre mit der Palmah noch nicht ganz vergessen hatte. Obwohl Rabin ein sehr guter Kandidat für den Posten des Stabschefs nach Laskov war, zog Ben-Gurion dessen Stellvertreter Tzur vor. »Ich will Ihnen sagen, warum ich mich für Tzur entschieden habe«, erklärte er Rabin. »Es stimmt, Sie haben einmal einen Befehl mißachtet. Und Sie sind vorsichtig (Rabin verstand das als ›übervorsichtig‹). Aber all das hatte auf meine Entscheidung keinen Einfluß. Tzur steht in der militärischen Rangfolge einfach über Ihnen.« Ben-Gurion versprach Rabin jedoch, daß er Tzur einmal als Stabschef folgen werde. Am 24. Janur 1961 wurde Rabin zu dessen Stellvertreter ernannt.

Rabin war ein praktisch veranlagter Kommandeur, der in jede Einzelheit einer Operation eindrang. Seine Kollegen bewunderten sein präzises Gedächtnis. »Er verblüffte uns immer wieder«, schrieb der ehemalige Präsident Chaim Herzog, der gemeinsam mit Rabin im Generalstab diente. »Ich erinnere mich, daß er selbst die Zahl der Stunden angab, die die Panzer der einzelnen Bataillone fahren konnten. Dabei verlor er allerdings nie das Gesamtbild aus dem Auge.« Im Generalstab witzelte man, die Armee brauche nicht zu fürchten, daß ihr Computer abstürze, sie habe ja Yitzhak Rabin.

Was Rabin völlig abging, war Spontanität. Bei den Jahresempfängen im Hauptstab stand er abseits und schaute den anderen zu. »Seine Sprache war ziemlich einförmig«, erinnert sich Mordechai Bar-On. »Er benutzte kaum bildhafte Vergleiche oder Anspielungen. Wenn man ihm zuhörte, spürte man, daß er viele militärische Berichte und Informationen gelesen hatte.«

Als Chef des Hauptstabes setzte sich Rabin sehr dafür ein, daß Israel seine Abhängigkeit von französischen Waffen – ein Ergebnis von Peres' Wirken als stellvertrender Verteidigungsminister – abbauen und sich auf die nach seiner Meinung qualitativ besseren amerikanischen Waffen umorientieren sollte. In dieser Frage wie auch in vielen anderen hatte Rabin mit Peres scharfe Auseinandersetzungen. Damit begann eine persönliche Feindschaft, die beide begleiten sollte, bis sie sich in Rabins letzten Amtsjahren überraschend versöhnten. Als Rabin stellvertretender Stabschef war, warf er Peres sogar vor, dieser betreibe seine Absetzung. »Ich war ihm ein Dorn im Auge«, schrieb Rabin, »und er wollte mich von diesem Schlüsselposten entfernen ... Peres sah meine Ansichten als gefährlich für seine Position an, und der Kampf wurde erbittert geführt. Mir ist es nie in den Sinn gekommen, bei solchen schwerwiegenden Angelegenheiten persönliche Dinge ins Spiel zu bringen. Aber ich hatte den Eindruck, daß Peres persönliche Konflikte schürte, um seine Gegner unter Druck zu setzen.«

In seinen Memoiren behauptet Rabin, Peres sei deutlich »erbleicht«, als er ihm im März 1963 sagte, Ben-Gurion habe ihm den Posten des Stabschefs versprochen. Peres bestreitet dies mit der Bemerkung, Ben-Gurion habe ihm dies bereits früher mitgeteilt. Zu Rabins Version äußerte er: »Ich war von dieser Nachricht weder überrascht noch schokkiert. Daß er mir sechzehn Jahre später eine solche Reaktion zuschreibt, ist wohl Frucht grundloser Vermutungen.«

Am 1. Januar 1964 wurde Yitzhak Rabin mit 41 Jahren Stabschef. Ben-Gurion war sieben Monate zuvor zurückgetreten, aber der neue Ministerpräsident Levi Eshkol respektierte die Entscheidung seines Vorgängers. Ohnehin war Rabin der naheliegendste Kandidat. Er hatte nahezu in allen Spitzenpositionen gedient und war der angesehenste militärische Planer der Armee. Generale, die in Rabins Vorzimmer warteten, brüteten angespannt über ihren Akten, weil sie wußten, der Stabschef konnte sie Minuten später nach den kleinsten Einzelheiten fragen, die er unter Umständen selbst bereits wußte. »Von ihm hatte man keine Komplimente zu erwarten«, sagt Yeshayahu Gavish. »Aber man spürte es, wenn er einen schätzte. Zu ihm konnte man mit jedem Problem kommen.«

Als Rabin sein Amt antrat, bestand keine akute Kriegsgefahr. Syrien beschoß zwar weiterhin israelische Siedlungen, aber allein konnte sich Damaskus auf kein militärisches Abenteuer einlassen. Und Ägypten, Israels Hauptgegner, lag im Streit mit Jemen. Größere Sorge bereitete Rabin indessen, daß Ägypten sich mit modernen sowjetischen Waffen ausgerüstet hatte. Anfang der sechziger Jahre verfügte es bereits über 1200 Panzer und 350 Düsenflugzeuge.

Rabin war klar, daß ein künftiger Krieg gegen Armeen mit sowjetischer Ausbildung und großen Mengen von sowjetischer Artillerie, Panzern und Flugzeugen zu führen war. Die IDF mußten in ihrer Ausbildung damit beginnen, sich mit der sowjetischen Militärdoktrin auseinanderzusetzen. Unter Rabins Führung wurden genaue Nachbildungen sowjetischer Befestigungsanlagen gebaut – mit Schützengräben, Hindernissen, Verteidigungslinien und Minenattrappen. Daran übten die Soldaten.

Aber Rabin blieb nicht viel Zeit, sich in seine Aufgabe einzuarbeiten. In seinen ersten Monaten als Stabschef begann Israel, sein landesweites Bewässerungssystem zu bauen. Es plante, 300 Millionen Kubikmeter Wasser jährlich vom See Genezareth im Norden über Rohrleitungen und Kanäle in den trockenen Süden zu bringen. Die Führer der arabischen Welt befürchteten, dieses Projekt werde Israels Wirtschaftskraft stärken. Auf mehreren Gipfeltreffen in Ägypten kamen sie überein, daß jeder Schritt bis zum Rande eines offenen Krieges gegangen werden mußte, um dies zu verhindern. Zunächst nahmen die Terrorangriffe der Palästinenser wieder zu, die sich zum Teil direkt gegen die Wasserbauten richteten. Dann versuchten die Syrer Ende 1964 auf den Golanhöhen, das Wasser des Hatzbani, eines Nebenflusses des Jordans, der in den See Genezareth mündet, abzuleiten und so das ganze Projekt zum Scheitern zu bringen. Syrien plante auch, das Wasser des Banias, eines weiteren Jordan-Nebenflusses, in ein anderes Bett zu lenken. Damit wollte man Israel vor die Wahl stellen, entweder die Ableitung des Wassers zu akzeptieren oder in den Krieg zu ziehen. Die arabischen Staaten glaubten zwar nicht, daß sie imstande waren, Israel erfolgreich anzugreifen, fühlten sich aber in der Lage, einen Angriff zurückzuschlagen.

Jedoch Rabin suchte nach einem dritten Weg, wie er diese Pläne zunichte machen und zugleich einen Kriegsbrand vermeiden konnte. Nach einer Beratung mit dem Ministerpräsidenten und Verteidigungsminister Eshkol bat Rabin den Chef der Panzertruppen der IDF, Israel (Talik) Tal, um praktische Unterstützung. Tal informierte, seine Panzer könnten die syrischen Baumaschinen von israelischem Boden aus zerstören. »Niemand wollte glauben, daß das möglich sei«, berichtet Tal. Eine Ausnahme war Rabin, den Tal mit einer praktischen Vorführung im Gelände überzeugt hatte. Von einer Besprechung mit Eshkol in seinem Büro rief Rabin Tal an und forderte ihn auf, seinen Plan darzulegen. »Ich erkläre gerade, daß Sie das Projekt der Wasserableitung ohne Krieg zu Fall bringen wollen«, sagte Rabin zu Tal, »aber Eshkol will wissen, welche Garantien Sie geben können.«

»Sagen Sie ihm, ich werde selbst schießen«, antwortete Tal keck. Das tat er auch. Am nächsten Tag fuhr Tal mit zwei Panzern nach Tel Dan nördlich des Kibbutz Dan und zerschoß mit einer Panzerkanone acht syrische Baumaschinen in zwei Kilometer Entfernung. Diese Operation und weitere, die darauf folgten, waren ein großer Erfolg. Jedes Mal, wenn israelische Panzer syrische Maschinen zerstörten, mußten die Erdarbeiten in größere Entfernung von der Grenze verlegt werden. Wenn die Syrer außerhalb der Reichweite der Panzer waren, benutzten die IDF einfach die Artillerie. Und als man die Syrer dazu gezwungen hatte, die Arbeiten nur noch in zwanzig Kilometer Entfernung von der Grenze fortzuführen, sandte Israel Flugzeuge. Syrien beschoß als Vergeltung israelische Siedlungen und zwang die Bewohner in die Luftschutzkeller. Aber der Plan, die Flüsse umzuleiten, wurde schließlich aufgegeben. »Rabin strafte die Skeptiker Lügen«, sagt Tal, »weil er begriff, daß man nicht nach der Pfeife des Gegners tanzen darf. Er suchte nach einer Lösung, die nicht von der gegnerischen Strategie diktiert war.« Allerdings war der Sieg nur von kurzer Dauer. Der Streit um das Wasser trug wesentlich zur Eskalation vor dem Krieg von 1967 bei.

Aber auch zu jener Zeit war es im Norden alles andere als ruhig. Es gab zahllose Schießereien über die Grenze hinweg und eine Welle eindringender palästinensischer Terrorgruppen, die mit syrischer Unterstützung vom Libanon aus agierten. Etwas undiplomatisch sagte Rabin einer Armeezeitschrift im September 1966, es sei möglich, daß Israel der syrischen Aggression nicht nur durch die Ausschaltung der Terroristen sondern auch durch Schritte gegen das Regime begegne, das diese Angriffe unterstütze. Das war einer der Schüsse aus der Hüfte, für die er bald berüchtigt werden sollte.

Insgesamt war allerdings das Säbelrasseln nicht Rabins Sache. »Von ihm war niemals zu hören, wir könnten den Gegner in Grund und Boden stampfen«, erinnert sich Gavish. »Das hielt er für überheblich.« Gewöhnlich sparte der Stabschef mit jedem Wort. Viele hielten ihn für verschlossen und in sich gekehrt. Aber hinter diesem undurchdringlichen Äußeren ließ er durchaus Gefühle erkennen. Tal brachte einmal seinen zwölfjährigen Sohn zu einem Großmanöver mit. Dieses zog sich jedoch bis in die Nacht hin. »Yitzhak sah«, erinnert sich Tal, »daß ich nicht wußte, was ich mit dem Jungen anfangen sollte. Er nahm ihn mit, rollte einen Schlafsack aus, und sie schliefen beide Seite an Seite.«

Tal berichtet von einer anderen Begebenheit, die Rabins zurückhaltende Art zeigt. Im Armeehauptquartier in Tel Aviv begegneten beide eines Tages einem auffallend hübschen Mädchen in Uniform. »Ich schaute ihr begeistert nach«, erinnert sich Tal grinsend. »Rabin riskierte dagegen nur einen Blick aus den Augenwinkeln. ›Yitzhak‹, rief ich, ›genieße den Anblick, das ist doch nicht verboten!‹«

Anfang 1967 häuften sich die Scharmützel an der Nordgrenze. Im April schossen israelische Flugzeuge sechs syrische MIGs ab. Aber selbst Anfang Mai schätzte die Militäraufklärung ein – und Rabin teilte ihre Auffassung –, daß Ägypten nach wie vor im Streit mit dem Jemen lag und ein Krieg deshalb unwahrscheinlich war. Bis zu einem der größten militärischen Konflikte Israels blieb kaum ein Monat Zeit.

Irgendwann zwischen dem 11. und dem 13. Mai spielten die Sowjets Ägypten Falschinformationen darüber zu, daß Israel Truppen an der Nordgrenze konzentriere und einen Großangriff plane. Syrien, das einen Verteidigungspakt mit Ägypten geschlossen hatte, forderte Nasser auf, die Herausforderung anzunehmen. Rabin befahl dem Kommando »Nord«, alle unnötigen Truppenbewegungen zu vermeiden, die als Provokation aufgefaßt werden konnten.

Rabin war noch relativ unbesorgt, als er am 14. Mai in Jerusalem an einem Empfang zum Unabhängigkeitstag im Hause von Miles Sherover, einem reichen jüdischen Geschäftsmann und Philanthropen aus Venezuela, teilnahm. Im Verlaufe des Abends erhielt er jedoch eine Nachricht. »Sein Gesicht wurde lang und hart«, erinnert sich der Chef des Kommandos »Zentrum«, Uzi Narkiss, der ebenfalls anwesend war. Der Chef der Militäraufklärung, Aharon Yariv, meldete, die ägyptische Armee sei in Alarmzustand versetzt worden. Während der Militärparade zum Unabhängigkeitstag in Jerusalem am nächsten Tag informierte man Rabin, die ägyptische Armee marschiere durch die Straßen von Kairo und von dort in Richtung Suezkanal. Er gab die Berichte an Eshkol weiter, der in der Nähe stand. Man sandte Verstärkung an die Südgrenze und bereitete einige Reserveeinheiten der Panzertruppen für die Mobilisierung vor.

Am 18. Mai ordnete der ägyptische Präsident an, daß alle UN-Truppen den Sinai zu verlassen hatten. UNO-Generalsekretär U Thant stimmte bereitwillig zu. In den Tagen danach verfolgte Israel gespannt, wie Nasser seine Streitkräfte aus dem Jemen abzog und auf den Sinai verlegte. Bis zum 21. Mai waren sieben ägyptische Divisionen an Israels Südgrenze konzentriert. Israel standen dort nun 80 000 ägyptische Soldaten gegenüber. Als nächstes schloß Nasser am 23. Mai die Straße von Tiran zwischen dem Sinai und Saudi-Arabien für israelische Schiffe.

Die politische Führung Israels schwankte und hoffte auf das Eingreifen der USA, nachdem Präsident Lyndon Johnson die Möglichkeit angedeutet hatte, amerikanische Schiffe könnten entsandt werden, um die Straße von Tiran wieder zu öffnen. Eshkol, der selbst keinerlei militärische Kenntnisse besaß, mußte sich voll auf das Urteil des Stabschefs verlassen. Rabin stand nun zwischen den Politikern, die lieber eine diplomatische Lösung suchen wollten, und seinen Generalen, die darauf drängten zu handeln, bevor der Überraschungseffekt verlorenging und die Ägypter sich in ihren

Stellungen eingraben konnten. »Wir sagten der Regierung«, erinnert sich der Chef des Kommandos »Süd«, Gavish, »daß damit den Ägyptern gestattet werde, sich zu organisieren, Artillerie heranzuführen und die Stellungen zu verminen. Und all das fünfzig Kilometer von Beersheba entfernt.«

Rabin zog zunächst eine begrenzte militärische Operation vor. Er wollte einen Schlag gegen El Arish führen, das auf einem Viertel der Strecke entlang der Küste von Rafah nach Port Said am Suezkanal liegt. Danach wollte er versuchen, einen gegenseitigen Truppenrückzug auszuhandeln. Gavish sprach sich für ein viel offensiveres Vorgehen aus. Er wollte versuchen, die ägyptische Armee zu zerschlagen und bis zum Suezkanal durchzumarschieren – ein Vorgehen, dem sich Rabin in der Folgezeit ebenfalls anschloß. »Israel sah sich einer der kritischsten Situationen in seiner Geschichte gegenüber«, schrieb Rabin in seinen Memoiren. »Ich fühlte, daß das Kabinett in seiner Bestürzung von mir erwartete, nicht nur die militärischen Optionen vorzulegen und zu analysieren – was die Aufgabe eines Stabschefs ist –, sondern gleichzeitig alle seine Zweifel zu zerstreuen und ihm eindeutig zu sagen, für welche Option es sich zu entscheiden habe ... Ich fühlte mich sehr allein gelassen ...«

Als immer deutlicher wurde, daß ein großer Konflikt bevorstand, breitete sich in der Öffentlichkeit Untergangsstimmung aus. Vergleiche mit dem Holocaust waren überall zu hören. An einigen Orten wurden Grundstücke für Friedhöfe bereitgestellt und in Erwartung großer Verluste Massengräber ausgehoben. Rabin, der sich zunehmend isoliert fühlte, wandte sich an Ben-Gurion um Unterstützung. Am 22. Mai suchte er den ehemaligen Ministerpräsidenten auf. Aber Ben-Gurion machte die Sache nur noch schlimmer. Zuerst schimpfte er wütend auf die politische Führung, dann beschuldigte er Rabin persönlich wegen Israels mißlicher Lage. »Sie haben das Land in eine kritische Situation gebracht«, sagte Ben-Gurion. »Wir dürfen keinen Krieg führen. Wir sind isoliert. Die Verantwortung tragen Sie.«

Rabin war am Boden zerstört. In der Nacht darauf erlitt er einen Zusammenbruch, wie es viele nannten, und verschwand für einen Tag von der Bildfläche. Rabin selbst glaubt, daß es eine Kombination mehrerer Faktoren war, darunter auch übermäßiger Nikotingenuß, die ihn in diesen Zustand brachte. »An jenem Abend ... kam ich geistig und körperlich völlig ausgelaugt nach Hause«, schrieb er in seinen Memoiren. »Seitdem habe ich mich oft gefragt, was damals mit mir geschah ... Es kann kein Zweifel daran bestehen, daß eine Kombination von Anspannung, Erschöpfung und der enormen Menge von Nikotin mir zu schaffen machte, die ich in den Tagen zuvor in mich aufgenommen hatte. Diese Tage waren mir endlos erschienen. Ich aß nur noch im Laufen und wenn sich die Gelegenheit dazu bot. Ich schlief kaum und rauchte dabei wie eine Dampflokomotive. Aber es war mehr als das Nikotin, was mich zu Fall brachte. Das schwere Schuldgefühl, das mich seit längerem quälte, war am 23. Mai schier unerträglich geworden. Ich konnte Ben-Gurions Worte nicht vergessen: ›Die Verantwortung tragen Sie.‹«

Ruhama Hermon, die damals sein Büro leitete, sieht die Dinge einfacher. »Er brach zusammen«, sagt sie. »Mir schien das sehr menschlich zu sein. Er war allein. Die Politiker waren schreckliche Zauderer. Die Generale dagegen strotzten vor Selbstvertrauen und Entschlossenheit. Rabin mußte zwischen beiden einen Weg finden. Als er von dem Gespräch mit Ben-Gurion zurückkam, war es, als hätte ihm jemand noch einen weiteren Steinblock aufgeladen. Seine Schultern sanken von Tag zu Tag mehr ein. Er schickte junge Männer in den Krieg und wußte nicht, wie viele zurückkehren würden. Schließlich war auch er nur ein Mensch aus Fleisch und Blut. Daß er das alles so rasch überwand, zeigt, aus welchem Holz er geschnitzt war.«

Als es ihm persönlich so schlecht ging, suchte Rabin Ezer Weizman, den früheren Kommandeur der Luftwaffe, nun stellvertretender Stabschef, in seinem Hause auf. Es gibt zwei Versionen darüber, wie diese Begegnung verlief. Wie Rabin schreibt, fragte er Weizman: »Kann man mir Vorwürfe machen? Soll ich von meinem Posten zurücktreten?« Weizman behauptet, Rabin habe ihn direkt aufgefordert, den Posten des Stabschefs zu übernehmen, was er jedoch ablehnte. »Ich habe ihm kein solches Angebot gemacht«, behauptete Rabin, »ich war gar nicht berechtigt, ihm oder einem anderen den Job zu ›vermachen‹.«

Beide stimmen aber darin überein, daß Weizman Rabin überzeugte, nicht aufzugeben. Er ließ einen Militärarzt kommen, der Rabin ein Beruhigungsmittel gab. Rabin schlief am 24. Mai fast den ganzen Tag durch. Weizman sprang in die Bresche, leitete eine Beratung im Generalstab und begab sich später zu Eshkol, um diesem über die jüngsten Entwicklungen zu berichten. Weizman informierte die Öffentlichkeit nicht über den Zustand, in dem sich der Stabschef befand. Jedoch bald nach Rabins Ermordung enthüllte dessen Ghostwriter Dov Goldstein, als Rabin 1968 offiziell zur Übernahme des Botschafterpostens in Washington verabschiedet wurde, habe Weizman ihn unter vier Augen gewarnt: »Wenn Sie nach Ihrer Rückkehr aus Washington eine politische Karriere anstreben, dann vergessen Sie nicht, daß ich immer noch hier bin und auspacken werde.« Als Rabin vor den Wahlen von 1974 mit Peres um die Führung der Arbeitspartei stritt, machte Weizman, der sich inzwischen dem Likud angeschlossen hatte, diese düstere Prophezeihung wahr.

Am 25. Mai kehrte Rabin auf seinen Posten zurück und nahm die Zügel wieder in die Hand. Er ordnete die volle Mobilisierung aller Reserven – 80 Prozent der israelischen Streitkräfte – an. Er wußte, daß Israel es sich wirtschaftlich nicht leisten konnte, diesen Mobilisierungsgrad lange Zeit aufrechtzuerhalten. Israel wollte nicht losschlagen, wenn Johnson sich zum Eingreifen entschloß. Deshalb drängte Rabin darauf, daß Außenminister Abba Eban, der sich gerade in den USA aufhielt, per Telegramm beauftragt wurde, sich über die amerikanische Position Klarheit zu verschaffen. Rabin spürte, wenn Washington nicht eingriff, um die Blockade zu brechen, würde sich Eshkols Kabinett für den Krieg entscheiden.

Da der Krieg immer näher rückte und die Öffentlichkeit zunehmend das Vertrauen in die politischen Führer verlor, stieg der Druck auf Eshkol, den Helden des Sinai-Feldzuges von 1956, Moshe Dayan, in die Regierung zu holen. Am 1. Juni wurde Dayan zum Verteidigungsminister ernannt. Zugleich trat Oppositionsführer Menachem Begin als Minister ohne Amtsbereich dem Kabinett bei, das nun zu einer Regierung der Nationalen Einheit erklärt wurde. Bis Kriegsbeginn blieben nur noch wenige Tage. Als die Antwort der Amerikaner eintraf, die klar besagte, Johnson werde keine internationale Flotte zur Aufhebung der Blockade in die Straße von Tiran schicken, ging es nur noch darum, den Zeitpunkt für einen Präventivschlag festzulegen. Unmittelbar nach Dayans Ernennung trafen Rabin und Gavish mit ihm zur entscheidenden Besprechung zusammen. Gavish berichtet, bevor sie eintraten, habe er Rabin gefragt, welchen Plan er vorlegen sollte – den für eine begrenzte Aktion oder den für einen Generalangriff. Nach

Gavishs Erinnerung sagte Rabin: »Ihren Plan.« Er hatte sich davon überzeugt, daß es zum Krieg keine Alternative mehr gab.

Am 4. Juni entschied sich das Kabinett für den Krieg. Israel sah sich einer enormen Streitmacht gegenüber. Die ägyptischen Truppen auf dem Sinai waren mit 800 Panzern sowie 242 Jagd- und Bombenflugzeugen ausgerüstet, die Hälfte davon auf dem Niveau der MIG-21. Jedoch keines dieser Flugzeuge hob je vom Boden ab. Ein Kampfplan, den Weizman gemeinsam mit dem Chef der Luftwaffe, Mordechai Hod, ausgearbeitet und den Rabin abgesegnet hatte, kam zur Anwendung. Am 5. Juni um 7.45 Uhr – die ägyptischen Piloten saßen gerade beim Frühstück – starteten die israelischen Maschinen. Sie rasten über die ägyptischen Flugplätze hinweg, zerstörten Rollbahnen und Radarstationen, vernichteten Kampf- und Transportflugzeuge. In drei Stunden war die gesamte ägyptische Luftwaffe am Boden zerstört. Das war eine tollkühne Aktion. Fast alle 200 Kampfflugzeuge, die Israel besaß, einschließlich Schulmaschinen, die man für den Luftkampf umgerüstet hatte, wurden in die Schlacht geworfen. Lediglich zwölf blieben zurück, um den Himmel über dem Lande zu schützen. Aber der Plan ging auf, und am Ende des ersten Tages war der Krieg im Grunde genommen schon gewonnen. Als Syrien und Jordanien später an diesem Vormittag in die Kampfhandlungen eingriffen, erging es ihnen ähnlich. Auch die jordanische und syrische Luftwaffe wurde von israelischen Piloten vernichtet. Innerhalb von sechzehn Stunden waren 400 feindliche Flugzeuge zerstört. Israel hatte ganze neunzehn verloren.

Mit dieser Luftüberlegenheit im Rücken rollte die Landoffensive der IDF durch den Sinai. Tals Panzerkräfte erreichten El Arish am Abend des ersten Tages. Am zweiten Tag fiel Sharm al-Sheikh, der südlichste Punkt des Sinai, ohne daß ein einziger Schuß abgefeuert wurde. Mordechai Gurs Luftlandebrigade wurde inzwischen nach Jerusalem geworfen, um dort die arabischen Vorstädte im Norden der Stadt einzunehmen, während die Jerusalem-Brigade im Süden der Stadt kämpfte. Dayan war zunächst dagegen, die Altstadt mit dem Tempelberg, den Moscheen und der Klagemauer – der heiligsten Stätte des Judentums – zu erobern, änderte aber dann seinen Entschluß. Am Morgen des 7. Juni drangen Gurs Fallschirmjäger durch das Löwentor in die Altstadt ein. Nach hartem Widerstand im moslemischen Viertel erreichten sie kurz vor Mittag die Klagemauer, den letzten Überrest des Zweiten Tempels. Damit war die Altstadt in israelischer Hand. Zum ersten Mal seit 2000 Jahren war Jerusalem unter jüdischer Kontrolle wieder vereint.

Als Dayan und Rabin die Nachricht erhielten, israelische Soldaten hätten die Klagemauer erreicht, machten sie sich sofort auf den Weg in die Hauptstadt. Dayan, der einen Sinn für historische Auftritte hatte, erschien mit einem Schwarm von Fotografen, die festhalten sollten, wie er durch das Löwentor Einzug hielt. »Zunächst«, erinnert sich Uzi Narkiss, damals Chef des Kommandos »Zentrum«, »setzte sich Dayan allein in Bewegung. Dann wandte er sich um und sagte: ›Yitzhak, Du auch. Und Uzi, Du auch.‹« Zu dritt marschierten sie gemeinsam ein.

Rabin erinnerte sich später, wie überwältigt er von diesem Einzug in die Altstadt war: »1948 waren wir gezwungen, Ostjerusalem dem Feind zu überlassen. Seit dieser Krieg ausgebrochen war, verfolgte uns der Gedanke, daß wir die historische Gelegenheit nicht noch einmal verpassen durften«, schrieb er. »Als wir durch die Straßen zogen, die ich aus der Kindheit kannte, wühlten die Erinnerungen mich im Innersten auf ... Jahrelang hatte ich insgeheim davon geträumt, es möge mir beschieden sein, nicht nur an Israels Unabhängigkeit mitzuwirken, sondern auch daran, dem jüdischen Volk die Klagemauer zurückzugeben ... Ich wußte, daß ich niemals wieder im Leben eine so gewaltige Begeisterung empfinden werde.«

Zugleich stürmten israelische Truppen durch das Westjordanland, eroberten die wichtigsten Städte und nahmen damit Hunderttausende von Palästinensern unter eine Besatzung, die fast drei Jahrzehnte lang andauern sollte. Nach dem Krieg erklärte Rabin, Israel habe nun seine militärishe Überlegenheit zu demonstrieren, müsse zugleich aber auch bereit sein, die neueroberten Territorien gegen Frieden einzutauschen. Wegen seiner Absicht, diesen Kreis zu schließen und die israelische Armee nach dem Friedensabkommen mit den Palästinensern aus dem Westjordanland zurückzuziehen, wurde Rabin 28 Jahre später von einem israelischen Extremisten niedergeschossen.

Die Bewohner der nördlichen Grenzgebiete drängten nun auf einen Angriff gegen den Golan. Rabin und auch General David (Dado) Elazar, der die Nordfront kommandierte, wollten zustimmen. Aber Dayan, der für diesen Fall ein sowjetisches Eingreifen befürchtete, weigerte sich, dafür grünes Licht zu geben. Erst unter dem Druck Rabins und Elazars stimmte Dayan schließlich einer begrenzten Aktion zu. Die IDF sollten den Randstreifen des Gebietes einnehmen, von dem aus man Galiläa beherrschte, aber nicht weiter als drei Kilometer über die Grenze vorrücken. Rabin sprach sich dagegen aus. Er glaubte, die schweren Verluste, die in einer Schlacht um den Golan zu erwarten waren, seien nicht gerechtfertigt, wenn die Armee nicht den gesamten Höhenzug eroberte.

Am 8. Juni schlief Rabin zum ersten Mal seit Ausbruch des Krieges wieder zu Hause. Als er am nächsten Morgen in seinen Kommandobunker zurückkehrte, wurde er mit der Nachricht begrüßt, Dayan habe seine Meinung geändert und Elazar die Genehmigung für einen Großangriff auf die Golanhöhen erteilt. Rabin sprang in einen Hubschrauber und flog in den Norden. Dort tobten bereits harte, verlustreiche Kämpfe. Die israelischen Soldaten kämpften sich Meter um Meter die felsigen Pfade hinauf, häufig Mann gegen Mann. In seinen Kommandobunker nach Tel Aviv zurückgekehrt, befahl Rabin Elazar nun, starke Kräfte nach Quneitra, der wichtigsten Stadt der Region zu entsenden, die kaum 60 Kilometer von Damaskus entfernt liegt. Von Dayan aber kam die Anordnung, alle Militäroperationen müßten am nächsten Morgen beendet sein, um den Termin für einen Waffenstillstand einzuhalten, den der UN-Sicherheitsrat gesetzt hatte. Als Rabin Verbindung zu Elazar hatte, teilte der General mit, die Truppen seien bereits unterwegs nach Quneitra. »Etwas an Dados Ton machte mich stutzig«, schrieb Rabin später in seinen Memoiren. »Aber ich hielt mich nicht lange dabei auf, diesen Zweifeln nachzugehen. Erst nach dem Kriege erfuhr ich, daß die Brigade, während ich mit Dado sprach, noch Meilen von der syrischen Grenze entfernt auf Befehle wartete.« Die IDF besetzten Quneitra am 10. Juni. An jenem Abend trat der Waffenstillstand in Kraft. Zwei Tage später, am 12. Juni, kontrollierten israelische Soldaten auch den strategischen Punkt am Berg Hermon, den die Syrer verlassen hatten.

»Wir hätten das Gebiet, das wir kontrollierten, auch weiter ausdehnen können«, schrieb Rabin später. »Wäre es unsere Absicht gewesen, Kairo zu besetzen, es hätte sich keine ägyptische Streitmacht gefunden, die die IDF aufhalten konnte. Dasselbe gilt für Amman. Am 11. Juni wäre es auch nicht zu schwierig gewesen, Damaskus zu erobern. Aber wir waren nicht in den Krieg gezogen, um Gebiete zu erobern. Die, die wir bereits besetzt hatten, waren uns Last genug.«

Als der Krieg vorüber war, befand sich Israel in einer beispiellosen strategischen Position. Durch die Besetzung des Golan, des Westjordanlandes und Ostjerusalems, des Gazastreifens und der Halbinsel Sinai war das Land nun mehr als dreimal so groß als kaum eine Woche zuvor. Israel kontrollierte eine Millionenbevölkerung, die ihm feindlich gesinnt war. Statt der massiven Verluste, die die Grabschaufler erwartet hatten, waren ganze 777 israelische Soldaten gefallen. Im Unabhängigkeitskrieg waren es 6000 gewesen.

Am 29. Juli verlieh die Hebräische Universität Jerusalem Rabin den Ehrendoktor. Dies war eine Würdigung der IDF, zugleich aber auch ein Versuch, die Ungerechtigkeit zu korrigieren, die viele empfunden hatten, als man – besonders in den internationalen Medien – vor allem Dayan für den Sieg feierte. Der schneidige, einäugige Dayan hatte in der Tat die Moral der Israelis gestärkt, als diese ihre Vernichtung fürchteten, aber es war Rabin gewesen, der die Streitkräfte für den Sieg vorbereitet hatte. »Das gesamte Verdienst gebührt Rabin«, sagt Mordechai Bar-On. »Er hat die Armee aufgebaut. Sie stand bereit wie eine gespannte Feder. Selbst während des Krieges nahm Dayan nur geringfügige Veränderungen vor.«

Bar-On arbeitete auch Rabins Rede aus, die dieser bei der Entgegennahme des Doktortitels in der Universität hielt. Er sprach nicht nur vom Sieg, sondern auch von dem Preis, den dieser gekostet hatte, von der Kameradschaft der Soldaten und selbst von den Leiden des Feindes. »Die Universität«, sagte Rabin, »hat uns diesen Titel verliehen in Anerkennung der geistigen und moralischen Überlegenheit unserer Armee, die sie in der Glut des Krieges bewies. Denn wir stehen hier nach einer Schlacht, die uns zwar aufgezwungen wurde, aber dann zu einem Sieg geriet, der die Welt in Erstaunen versetzte. Jeder Krieg ist hart und grausam, blutig und tränenreich. Aber dieser Krieg, den wir gerade hinter uns haben, kennt seltene und großartige Augenblicke des Heroismus und der Kühnheit, menschliche Beweise von Bruderschaft, Kameradschaft und moralischer Größe ... Unter unseren Kämpfern zeigt sich immer öfter ein merkwürdiges Phänomen. Ihre Freude ist nicht vollkommen, und bei ihren Festen sind auch Kummer und Schrecken zugegen. Es gibt solche, die gar nicht feiern wollen. Die Kämpfer an der Front haben nicht nur den Ruhm des Sieges mit eigenen

Augen gesehen, sondern auch den Preis, den dieser Sieg gekostet hat – ihre Kameraden, die an ihrer Seite blutend zu Boden sanken. Und ich weiß, daß selbst der schreckliche Preis, den unsere Feinde zahlen mußten, manchen unserer Männer betroffen macht. Vielleicht hat es das jüdische Volk nicht gelernt, den Triumph von Sieg und Eroberung auszukosten, vielleicht bewegen es deshalb so gemischte Gefühle.«

Weit entfernt von jeder Siegeseuphorie, wandte sich Rabin hier an seine Zuhörer mit einem hohen moralischen und sittlichen Anspruch. Der Ton, den er an diesem Tag anschlug, konnte als deutlicher Hinweis darauf gelten, daß der Stabschef für eine andere – eine zivile – Laufbahn bestimmt war, die in der Geschichte seines Landes ebenso entscheidende Bedeutung erlangen sollte.

VIERTES KAPITEL
Ein ungewöhnlicher Botschafter

»Halten Sie mich fest, oder ich falle vom Stuhl.« So reagierte Ministerpräsident Levi Eshkol, als Yitzhak Rabin vorschlug, ihn als den nächsten Botschafter Israels in die Vereinigten Staaten zu schicken. Das war im März 1967, drei Monate bevor der Sechs-Tage-Krieg ihn zu einem internationalen Helden machte. Aber Rabin hatte mindestens seit 1963 ein Auge auf den Job geworfen, als er Leah auf einer Reise in die US-Hauptstadt seinen Wunsch gestand, den weltmännischen Abe Harman als israelischen Botschafter abzulösen.

Das Thema trat in den Hintergrund, als im Mai Krieg drohte. Doch auch als Rabin sich nach dem Krieg erneut um diesen Posten bewarb, schien er durchaus nicht der erste Kandidat zu sein, der Israel in der wichtigsten Hauptstadt der Welt vertreten konnte. Schließlich war der gestandene Soldat bekannt dafür, daß er sagte, was er dachte. Für Klatsch und Tratsch war er nicht geeignet und nicht zu haben. Außerdem meinte Yehuda Avner, ein Diplomat britischer Herkunft, der unter Rabin in der Botschaft in leitender Funktion tätig war, dieser sei »zu keiner Lüge fähig« – alles Eigenschaften, die kaum zu einem Diplomaten paßten.

Als aber Eshkol Rabins Qualifikation in Frage stellte, wischte der General seinen Mangel an diplomatischen Tugenden als unwesentlich beiseite und hielt dem Ministerpräsidenten einen Vortrag darüber, wie notwendig es sei, Israels Bande zu den Vereinigten Staaten zu stärken. Zwar stand das französische Waffenembargo nach dem Junikrieg noch bevor, aber als der höchste Soldat des Landes sah Rabin bereits voraus, daß Israels wichtigste Quelle für militärische Güter bald versiegen werde. Er war überzeugt, Washington sei der geeignete Ort, wo Israel militärische und politische Unterstützung finden konnte. Rabin sollte zum 31. Dezember seinen Abschied aus der Armee nehmen. Er berichtet, daß Eshkol ungeachtet der anfänglichen Zurückhaltung seinen Antrag dann relativ rasch unterstützte, jedoch darauf bestand, auch der Außenminister müsse seine Zustimmung geben. In seinen Memoiren schreibt Rabin, Abba Ebans Gegnerschaft habe seine Ernennung um einige Wochen verzögert. Eban schreibt allerdings in seinem 1990 erschienenen Buch »Persönliches Zeugnis«, er sei es gewesen, der dem Ministerpräsidenten zuriet, Rabin nach Washington zu entsenden. Lassen wir es dahingestellt, wie es wirklich war, aber als Rabin den Posten schließlich übernahm, hatten er und Eban Differenzen in wichtigen politischen Fragen. Außerdem wetteiferten sie permanent miteinander um ihr politisches Ansehen beim Ministerpräsidenten.

Rabin traf im Februar 1968 mit Leah und dem zwölfjährigen Yuval in Washington ein, um seinen Posten anzutreten. Dalia blieb in Israel, wo sie die Schule beendete und dann in die Armee eintrat. »Rabin galt als ungeschliffener Diamant«, erinnert sich Joseph Sisco, damals stellvertretender Außenminister, der mit Rabin als Botschafter und später auch in dessen erster Amtszeit als Ministerpräsident eng zusammenarbeitete. Sie blieben Freunde bis zu Rabins Tod. »Als er eintraf, sprach er Englisch, aber nicht besonders gut. Den USA war er jedoch aus zwei Gründen besonders zugetan. Zum einen, weil sein Vater etwa zwölf Jahre lang in Chicago gelebt hatte. Yitzhak sprach viel von dieser Stadt. Zum anderen war er fest davon überzeugt – und darin stimmten wir voll überein –, daß Israels Sicherheit und sein Überleben in erster Linie von den USA abhing.«

Nachman Shai begleitete Rabin Mitte der achtziger Jahre als Medienberater des damaligen Verteidigungsministers auf mehreren Reisen in die USA. Er beschreibt das starke Gefühl, das Rabin für dieses Land empfand. Er führt es vor allem auf dessen Jahre als Botschafter zurück: »Rabin verliebte sich in Amerika, als er dort eintraf, und er studierte das Land gründlich. Zunächst tat er das auf die einfachste und oberflächlichste Weise. Er befaßte sich mit Sport, Politik und Reichtum.« (Ein Amerikaner, der viele Jahre eng mit Rabin zusammenarbeitete, sagte etwas weniger delikat: »Er mochte reiche Männer.« Und in der Tat, viele Freunde, die er erwarb und sonnabends beim Tennis traf, waren Juden von großem Reichtum und Einfluß.)

Shai zählt weitere Vorzüge der amerikanischen Lebensweise auf, die Rabin gefielen: Baseball, die enormen Entfernungen, die

Offenheit. Mehrmals sagte er mir: »Über Europa fliege ich hinweg. Dort lande ich nicht.« Wahrscheinlich fühlte er sich in Amerika auch wohl, weil er keinen Dolmetscher brauchte. Aber die Briten haßte er und die Franzosen ebenfalls.

Ruhama Hermon, die Rabin vom Generalstab in Tel Aviv nach Washington folgte und auch dort sein Büro in der Botschaft leitete, berichtet von einigen Fauxpas des noch unerfahrenen Botschafters am Anfang seiner Mission: »Als er einmal in seiner Residenz Gäste begrüßte, fiel ihm plötzlich auf, daß er verschiedene Schuhe anhatte. Bei anderer Gelegenheit bat eine Dame um Whisky mit Eis. Er goß ihr erst Whisky mit Soda ein und erinnerte sich erst dann an das Eis. Sie hielt das Glas schon in der Hand, er warf die Eiswürfel mit einer Entschuldigung hinein, und der Drink spritzte auf ihr Kleid.«

Rabins eigene Vorliebe für Whisky, die viel später in seiner Laufbahn zu dem unbegründeten Vorwurf führte, er habe ein Alkoholproblem, geht wohl auf diese Zeit zurück. Jahre nachdem er Washington wieder verlassen hatte, erzählte er einem Journalisten, er habe dort entdeckt, wie ein Glas Scotch einem helfen kann, so manche lästige gesellschaftliche Verpflichtung leichter zu überstehen.

Rabin mag zwar bei Partys und auf dem Tanzparkett unsicher gewesen sein (Ruhama Hermon erinnert sich daran, wie sein Büro mit Angeboten überschwemmt wurde, ihn Tango tanzen zu lehren, nachdem seine Ernennung bekannt geworden war), als Botschafter hatte er aber bereits klare Vorstellungen, bevor er in die Hauptstadt der USA aufbrach. In einem Memorandum, das er kurz vor seiner Abreise für das Außenministerium ausarbeitete, legte er dar, wie er Israels Ziele gegenüber den USA verstand. Vor allem handelte dieses Papier von den Erfordernissen der Landesverteidigung. Angesichts der Flut sowjetischer Waffen, die nach dem Desaster vom Juni 1967 in die arabischen Länder strömte, mußte Israel seine Luftwaffe und seine anderen Waffensysteme dringend auf den neuesten Stand bringen. Weiter forderte Rabin, Israel müsse sein Vorgehen bei eventuellen Friedensverhandlungen mit den USA koordinieren, Israel sollte seine Haltung modifizieren und amerikanische Interessen stärker berücksichtigen, insbesondere die Sorge um ein ungehindertes Fließen des arabischen Öls, und schließlich – Israel müsse sich um Finanzhilfe aus den USA bemühen – zu jener Zeit ein ziemlich fernliegender Gedanke. Es ist Rabins brillantem Geist zu verdanken, daß er schließlich erkannte, wie man die unvermeidlichen Interessenkonflikte zwischen beiden Ländern nutzen konnte, um den Amerikanern Zugeständnisse abzuringen. Davon berichtet Amos Eiran, der in der Botschaft unter Rabin für die Kontakte zum Capitol Hill verantwortlich war: »Rabin wandte sich nicht automatisch gegen Waffenverkäufe an arabische Staaten. Wir wußten, daß wir das nicht immer verhindern konnten. Deshalb bemühten wir uns, einen Ausgleich dafür zu erhalten.«

Einen Monat bevor Rabin in Washington eintraf, hatte Ministerpräsident Eshkol die USA besucht und von Präsident Johnson die Zusage erhalten, daß man 50 Düsenjäger vom Typ Phantom F-4, die damals als die besten Kampfflugzeuge der Welt galten, an Israel verkaufen würde. Von diesem mündlichen Versprechen bis zur tatsächlichen Lieferung der Maschinen vergingen allerdings fast zwei Jahre. Einige Vertreter der US-Administration wollten dieses Geschäft an israelische Zugeständnisse binden. Israel sollte bei einer Friedensregelung seine Truppen von den im Sechs-Tage-Krieg besetzten Territorien zurückziehen oder es sollte zustimmen, den Vertrag über die Nichtweiterverbreitung von Atomwaffen zu unterzeichnen.

Über letztere Forderung hatte Rabin seinen ersten Streit mit der US-Regierung. Aber bevor es zu einem tieferen politischen Zerwürfnis kommen konnte, wies Johnson nach reiflicher Überlegung seine Administration an, die Versuche einzustellen, das Phantom-Geschäft an ein besonderes Zugeständnis Israels zu binden. Kurz vor der Präsidentschaftswahl im Oktober sprach er sich öffentlich für den Verkauf aus. Allerdings ging ein weiteres Jahr ins Land, bevor die ersten 16 Maschinen geliefert wurden.

Wenn Johnsons Entscheidung auch dem Präsidentschaftskandidaten der Demokraten, Hubert Humphrey, geholfen haben mag, die Stimmen der Juden zu gewinnen, so reichte dies nicht aus: Im Januar 1969 wurde Richard Nixon amerikanischer Präsident. Zum Glück hatte Rabin auch zu ihm bereits ein gutes Vehältnis aufgebaut. Drei Jahre zuvor hatte Nixon, damals Rechtsanwalt mit einer Privatpraxis in New York, die wichtigsten Konfliktherde der Welt bereist, um die Grundlage für seine Rückkehr in die nationale Politik zu legen. Die amerikanische Botschaft in Tel Aviv gab ein Essen zu seinen Ehren. Jedoch die israelische Prominenz hielt Nixon damals wohl für einen Nobody. Der einzige Offizielle von einigem Gewicht, der bei dieser Gelegenheit erschien, war Stabschef Rabin. (Als Begründung, warum er diese Einladung wahrnahm, schrieb Rabin später: »Nixon kam nach Israel von einem Vietnambesuch, und ich war natürlich daran interessiert, zu hören, wie er die Lage dort einschätzte«.) Aber nicht nur das, Rabin bot Nixon an, ihn herumzuführen, berichtet Eiran. »Dabei befaßte er sich nicht mit Kleinigkeiten. Er holte Nixon von seinem Hotel ab und flog mit ihm im Hubschrauber über Israels militärische Einrichtungen. Nixon war begeistert.«

Sisco erläutert, Rabin habe Richard Nixons Sicht auf den Nahen Osten sehr gut verstanden. »Nixon sah die Region in zwei Dimensionen. Zum einen war sie für ihn ein Teil des Ost-West-Konfliktes, das heißt, des kalten Krieges. Zum anderen hatte Nixon psychologisch stets Mitgefühl mit Benachteiligten, als die er in diesem Falle die Israelis sah. Ich hörte ihn einmal sagen: ›Bei Gott, diese Israelis sind harte Burschen, sie werden mit den Arabern fertig werden.‹«

In der Nixon-Administration gab es einen zweiten Mann, dessen Verhältnis zu Rabin kritisches Gewicht erlangte – Henry Kissinger. Über Kissingers tatsächliche Haltung zu Israel und zum jüdischen Volk wird viel spekuliert. Manche behaupten, als Emigrant aus Nazideutschland habe er alles getan, um seine jüdische Herkunft herunterzuspielen und jede Sympathie für Israel zu vermeiden, um Vorwürfen aus dem Weg zu gehen, er könnte ein Diener zweier Herren sein. Es gibt aber kaum Beweise für die Behauptung, Kissinger sei ein Jude, der sich selbst haßt. Max Fisher, Millionär aus Detroit, der fast ein halbes Jahrhundert lang in jüdischen Kreisen der Republikaner und der Welt eine wichtige Rolle gespielt hat, meint, viele betonten zu sehr, Kissinger sei unglücklich darüber, ein Jude zu sein. »Ich hatte viel mit ihm zu tun und konnte dabei niemals gegen Israel gerichtete Tendenzen feststellen.« Er fügt allerdings hinzu, Kissinger sei »ein sehr komplizierter Mann«. Als Golda Meir nach dem unerwarteten Tod von Levi Eshkol im Februar 1968 Ministerpräsidentin wurde, bestand sie darauf, Kissinger »als einen netten jüdischen Jungen zu behandeln, der zu tun hatte, was sie verlangte«. Der Amerikaner dachte natürlich gar nicht daran, sich darauf einzulassen.

Rabin vertiefte das Verhältnis zu Kissinger. Als nationaler Sicherheitsberater und nach Nixons Wiederwahl im Jahre 1972 auch als Außenminister sah Kissinger die Welt vor allem durch das Prisma des kalten Krieges. Rabin, der ihm in seinen Memoiren ein Kompliment machen wollte, nannte ihn dort »einen großen Manipulator von Ereignissen und Menschen«. Aber vor allem wohl unter Rabins Einfluß erkannte Kissinger schließlich, daß Israel eigenes Gewicht besaß und nicht nur als wichtige Schachfigur im globalen Spiel der Supermächte zu betrachten war. Nach Yehuda Avner sah Rabin in Kissinger den einzigen amerikanischen Außenminister, der den arabisch-israelischen Konflikt verstand. Beide führten einen sehr intensiven Dialog. Max Fisher berichtet, daß Kissinger während der angespannten Verhandlungen um Israels Unterstützung für Jordanien während des »Schwarzen September« von 1970 ihn einmal zu sich rief und darüber klagte, daß Yitzhak Rabin und Golda Meir zu hart zu ihm seien.

Rabin und er begegneten sich zum ersten Mal 1966 in Tel Aviv, als Rabin den damaligen Professor der Harvard-Universität einlud, am israelischen National Defense College Vorträge zu halten. Zwei Jahre später, kurz vor Rabins Abreise in die USA, trafen sie sich noch einmal in Israel und diskutierten ausführlich über ihre Auffassungen zu regionalen und globalen Fragen. Während des ganzen Aufenthaltes Rabins in Washington und bis zu seinem Tode standen sie in offiziellem und inoffiziellem Kontakt.

Nachman Shai nennt Nixon und Kissinger Rabins »zwei Gurus«. Wenn er in seiner Zeit als Verteidigungsminister in den achtziger Jahren ein Programm für einen USA-Besuch aufstellte, »war ein Besuch bei beiden immer dabei. Nixon wollte er wohl vor allem demonstrieren«, meint Shai, »daß er es wieder geschafft hatte.« Das war die Zeit nach 1977, da Rabin als Ministerpräsident wegen finanzieller Unregelmäßigkeiten unehrenhaft zurücktreten mußte, eine Affäre, die oberflächlich an Nixons Rücktritt 1974 erinnerte.

Das enge Verhältnis zu beiden führt Shai jedoch hauptsächlich auf Rabins Jahre als Botschafter zurück. Nixon und Kissinger, stellt er fest, »waren Falken, aber von der flexiblen Sorte. Sie blieben hart bis zu einem gewissen Punkt. Wenn es keine andere Wahl gab, erkannten sie an, daß man miteinander sprechen mußte. Das gleiche tat Rabin«, bemerkt er und meint damit dessen schließliche Einwilligung, mit der PLO zu sprechen.

Zwei Themen, die sich durch Rabins gesamte Washingtoner Zeit ziehen, waren der Friedensprozeß mit den Arabern, der sich noch im Embryonalzustand befand, und die amerikanischen Waffenverkäufe an Israel. Er war weitsichtig genug, beide Fragen zum Nutzen Israels miteinander zu verknüpfen.

Als Strafe für Israels Präventivschlag im Sechs-Tage-Krieg ließ Präsident Johnson den Transport von Waffen nach Israel für fünf Monate einfrieren. Das betraf selbst Lieferungen, über die bereits Verträge vorlagen. Rabin war der Meinung, daß dies die Araber in ihrem Glauben bestärkte, Israel könne militärisch ausgeschaltet werden. Es ermutigte zugleich die Russen, den arabischen Staaten für immer neue Versuche die Waffen zu liefern. Gestützt auf Entwicklungen wie den faktischen Bürgerkrieg in Jordanien im Jahre 1970, als König Hussein die Israelis tatsächlich um militärische Hilfe bat, hatte der Botschafter enormen Erfolg darin, die Amerikaner zu überzeugen, daß es in ihrem eigenen Interesse lag, Israel in die Lage zu versetzen, sich selbst zu schützen. Während Israel in den Jahren 1968, 1969 und 1970 Waffenkredite in Höhe von 25 Millionen, 85 Millionen und 30 Millionen US-Dollar erhielt, sprang diese Zahl von 1971–1973 auf 540 Millionen, 300 Millionen und 307,5 Millionen US-Dollar.

Aber das Verhältnis blieb gespannt, und dies vor allem wegen zweier Ziele, die die USA verfolgten, nämlich, den Nahen Osten zu »befrieden« und eine Vorherrschaft der Sowjetunion in dieser Region zu verhindern. Es ist eine Ironie des Schicksals, daß es das israelische Kabinett war, das einige Tage nach Ende des Sechs-Tage-Krieges am 19. Juni 1967 eine Resolution annahm, in der es den Rückzug bis auf Israels internationale Grenzen mit Ägypten und Syrien als Preis für Frieden und volle diplomatische Beziehungen anbot. Westjordanien und der Gazastreifen sowie die Lage der palästinensischen Flüchtlinge sollten späteren Gesprächen vorbehalten bleiben. Außenminister Eban übermittelte diesen Plan nur Tage später an die amerikanische Regierung. Zwei Monate danach modifizierte die israelische Regierung jedoch ihre Haltung. Die USA waren allerdings über diese Veränderung nicht informiert, und auch Botschafter Rabin teilte man von dem ursprünglichen Beschluß und der Kursänderung nichts mit, als er seinen Posten antrat.

Im November 1967 beschloß der Sicherheitsrat Resolution Nr. 242, die unter anderem den Rückzug Israels aus den besetzten Gebieten, eine Einstellung der Feindseligkeiten zwischen allen Staaten der Region und die Anerkennung sicherer Grenzen forderte. Der Nahost-Experte William Quandt sagt dazu in seinem 1977 erschienenen Buch »Jahrzehnt der Entscheidungen«: »Es hätte nicht viel gefehlt, und die Resolution hätte Israel aufgefordert, aus allen Gebieten abzuziehen, von den Arabern aber verlangt, mit Israel vollständig Frieden zu schließen.«

Ab 1968 hatte Israel es auch mit den seperaten Friedensbemühungen von UN-Unterhändler Gunnar Jarring und von US-Außenminister William Rogers zu tun. Der Plan des letzteren vom Oktober 1969 forderte einen israelischen Rückzug aus allen besetzten Territorien als Gegenleistung für die Anerkennung und die Garantie sicherer Grenzen seitens der Araber. Jarrings Bemühungen basierten auf den Bedingungen der Resolution 242, die die arabischen Staaten sämtlich abgelehnt hatten. Aber er schien anzunehmen, es sei vernünftig, von Israel vor Verhandlungen mit den Arabarn den Rückzug aus den besetzten Gebieten zu erwarten.

Als Botschafter galt Rabins Hauptsorge jedoch der Tatsache, daß die USA in aller Stille versuchten, Unterstützung für den Rogers-Plan zu finden. Er reagierte darauf mit einem »rosa Blatt«, in dem er Nixons Außenminister vorwarf, er versuche, Israel eine Lösung aufzuzwingen und Verhandlungen zwischen ihm und seinen Nachbarn zu unterlaufen. Rogers war außer sich, daß ein ausländischer Diplomat die Frechheit besaß, die US-Regierung zu kritisieren. Sein Verhältnis zu Israel verschlechterte sich auf Dauer.

Rabins »rosa Blätter« waren ein Kanal, den er dazu benutzte, der Presse und auch offiziellen Stellen seine Ansichten zu kritischen Themen formlos mitzuteilen. Ihren Ursprung erklärt Yehuda Avner: »Eines Tages hatte Rabin mit Kissinger einen Streit über die Lieferung von Flugzeugen. Wir glaubten, er wolle sie an Zugeständnisse binden, was er später bestritt, und ich schlug vor, der Presse die Geschichte zuzuspielen. Aber als wir zur Botschaft zurückkamen, war es bereits Abend, und alle Türen waren verschlossen. Meine Sekretärin fand nur noch rosa Papier, und wir schrieben unsere Meldung darauf. Ich rief Hedrick Smith von der New York Times an und sagte: ›Ich habe hier eine interessante Story für Sie.‹ So erblickten die ›rosa Blätter‹ das Licht der Welt.« Diese Praxis versetzte Abba Eban in hellen Zorn, wie auch der direkte Verbindungskanal, den Rabin zur Ministerpräsidentin hergestellt hatte.

Der Außenminister forderte Golda Meir auf, Rabin anzuweisen, derartige Praktiken einzustellen. Das tat sie, aber »rosa Blätter« gab es auch weiterhin.

Der Jarring- und auch der Rogers-Plan hatten keine Chance, realisiert zu werden. Die arabischen Staaten waren noch weit davon entfernt, Frieden mit Israel zu schließen, und Israel dachte nicht daran, sich von den Waffenstillstandslinien zurückzuziehen, solange seine Feinde nicht wenigstens den Willen erkennen ließen, in direkte Verhandlungen einzutreten. Eines der wichtigsten Ziele, das sich Rabin als Botschafter in Washington stellte, bestand darin, die USA zur Annahme dieser Position zu bewegen. Die meisten amerikanischen Diplomaten hielten das für unrealistisch.

Im Jahre 1970 kam es zwischen Israel und seinen Nachbarn zu zwei wichtigen Entwicklungen, die beide sein Verhältnis zu den USA und Rabins Position in Washington wesentlich beeinflussen sollten. Die erste war eine Eskalation mit nachfolgendem Waffenstillstand im Zermürbungskrieg, dem Dauerkonflikt mit Ägypten (zu dem auch eine Front längs der jordanischen Grenze gehörte), der 1968 begann und erst zwei Jahre später endete. Er kostete insgesamt etwa 600 israelischen Militärangehörigen das Leben. Ägypten mit seiner riesigen Bevölkerung und seinem ständigen Nachschub an Waffen aus der Sowjetunion konnte es sich leisten, den militärischen Druck auf Israel durch Artilleriebeschuß über den Suezkanal ständig aufrechtzuerhalten. Vor allem auf Rabins Betreiben begannen die Israelis das Niveau ihrer Reaktionen anzuheben und Bombenangriffe gegen militärische und industrielle Ziele tief im ägyptischen Hinterland zu fliegen. Rabin hatte dem Kabinett bei einem Besuch in der Heimat im Dezember 1969 versichert, die USA hätten gegen solche Angriffe nichts einzuwenden, was sich dann auch bestätigte. Die wichtigste Folge dieser aggressiveren Haltung Israels war ein wesentlich stärkeres Eingreifen der Sowjetunion, die SAM-3 Raketen um wichtige ägyptische Städte postierte und Piloten schickte, die die sowjetischen Maschinen bei Einsätzen gegen Israel flogen.

Als die Sowjets so weit gingen, Raketenwerfer in das Gebiet um den Suezkanal zu verlegen, richteten die USA eine scharfe Warnung an Moskau. Nixon riet der Sowjetunion in einer Note, die beiden Supermächte sollten »bei ihrem Vorgehen große Umsicht walten lassen, um eine Konfrontation zu verhindern, die niemand wünscht«. Von allen Seiten bemühte man sich nun, ein Ende der Kämpfe zu erwirken. Im August 1970 trat ein Waffenstillstand in Kraft, begleitet von amerikanischen Garantien, man werde Israel genügend Waffen und Ausrüstungen liefern, um das Kräftegleichgewicht in der Region aufrechtzuerhalten.

Die zweite wichtige politische und militärische Entwicklung, die die USA und Israel noch enger miteinander verband, setzte im September 1970 in Jordanien ein. Palästinensische Terroristen, die in dem Königreich immer ungenierter agierten, entführten vier westliche Passagierflugzeuge in die jordanische Wüste und sprengten sie dort in die Luft. König Hussein ging nun zur Offensive über und tötete Tausende Palästinenser in ihren Flüchtlingslagern. Syrien eilte den Palästinensern in Jordanien mit 250–300 Panzern zu Hilfe.

Ministerpräsidentin Golda Meir befand sich gerade auf einem Staatsbesuch in den Vereinigten Staaten. Botschafter Rabin, der sie in New York begleitete, erhielt einen dringenden Anruf von Nixon. Der damalige Mitarbeiter der Botschaft Amos Eiran erinnert sich: »Nixon wollte Rabin sofort sehen. Er sandte sogar ein Flugzeug, das ihn von New York nach Washington brachte. Anhand von Karten legte Rabin den Amerikanern die Lage dar. Schließlich war er einmal Chef des Kommandos ›Nord‹ der IDF gewesen, bevor er zum Stabschef aufstieg.«

Die Amerikaner übermittelten auch eine Bitte König Husseins, Israel möge die syrischen Streitkräfte in Nordjordanien mit Bomben angreifen. Es folgten hektische Beratungen, in deren Ergebnis Israel schließlich zustimmte, die syrischen Panzer zu bombardieren, wenn die USA ihm den Schutz ihrer im Mittelmeer stationierten 6. Flotte garantierten, falls Ägypten reagierte. Dem stimmten die USA zu. Bevor Israel handeln konnte, griff Hussein jedoch die syrischen Panzer selbst aus der Luft an. Die Syrer und ihre sowjetischen Hintermänner wußten von der amerikanisch-israelischen Zusammenarbeit. Durch Druck von verschiedenen Seiten wurde so erreicht, daß sich die Syrer hinter ihre Grenze zurückzogen. Israel feuerte keinen einzigen Schuß ab. Aber Rabin konnte später in seinen Memoiren schreiben: »Israels Bereitschaft, mit den USA zum Schutze der amerikanischen Interessen in der Region eng zusammenzuarbeiten, veränderte sein Image in den Augen vieler Washingtoner Offizieller. Man sah in uns nun Partner.«

Kissinger rief einige Tage später den Botschafter an und bat ihn, wie Rabin berichtet, Ministerpräsidentin Meir vom Präsidenten mitzuteilen, daß »die Vereinigten Staaten sich glücklich schätzen, im Nahen Osten einen Verbündeten wie Israel zu haben. Diese Ereignisse werden bei allen künftigen Entwicklungen in Betracht gezogen werden.«

In dem Maße, in dem sich Israels Stellung bei der amerikanischen Regierung festigte, vollzog sich unterschwellig auch eine Veränderung im Verhältnis der Botschaft zur Führung der jüdischen Gemeinde in den USA. In den Tagen, da Israel noch die meisten Waffen aus Frankreich erhielt und die Arabisten des State Department die amerikanische Politik bestimmten, hatte Ministerpräsident David Ben-Gurion keinen Zutritt zum Weißen Haus und mußte sich damit abfinden, daß John F. Kennedy in einem New Yorker Hotel mit ihm zusammentraf. Damals waren die israelischen Diplomaten glücklich über jede Unterstützung, die sie von Juden mit großem Vermögen oder guten Verbindungen in Washington erhalten konnten. Auch heute spielt das American Israel Public Affairs Committee (AIPAC), die wichtigste israelische Lobby-Organisation in den USA, eine entscheidende Rolle bei der Vertretung der Interessen Israels im Kongreß. Aber Rabin war stets der Meinung, daß die Beziehungen zum Weißen Haus eine andere Sache seien. Es ist der Wirkung seiner Persönlichkeit und der veränderten Stellung Israels in Washington zu danken, daß er nun direkten Zugang zum Präsidenten und dessen höchsten Mitarbeitern hatte. Sowohl als Botschafter als auch in seinen beiden Amtszeiten als israelischer Ministerpräsident war Rabin niemals von dem Gedanken angetan, Vermittler könnten seine Regierung gegenüber der amerikanischen Administration vertreten. Nachman Shai erklärt dies unumwunden: »Er war bereit, die drei Milliarden Dollar im Jahr anzunehmen, die dieses System erbrachte, aber er war nicht bereit, die damit verbundenen Methoden und Organisationen zu akzeptieren.«

Was das komplizierte Problem der sowjetischen Juden betraf, so geriet Rabin hier zwischen alle Stühle. Er war sowohl gegen die Schritte der Administration, die eine Gegenposition zu der der amerikanischen Juden bedeuteten, versuchte zugleich aber auch zu vermeiden, daß man ihn zu sehr mit deren Sache identifizierte. Mit voller Unterstützung der amerikanischen Juden brachten Senator Henry Jackson und sein Abgeordnetenkollege Charles Vanik eine Gesetzesergänzung ein, die 1975 angenommen wurde. Diese stellte die Gewährung der Meistbegünstigung an die UdSSR in Abhängigkeit davon, daß diese ihre drakonischen Beschränkungen für die Auswanderung von Juden fallenließ. In seinen Memoiren läßt Rabin einerseits tiefe Bewunderung für Jackson erkennen. Yehuda Avner meint, Rabin habe in Jackson die Verkörperung der Tugend gesehen. Zugleich betrachtete er den Gesetzentwurf, der Jacksons Namen trug, mit gemischten Gefühlen: »Israel hatte die Jackson-Ergänzung nicht formuliert. Da sie aber nun einmal von der amerikanischen Öffentlichkeit auf die Tagesordnung gesetzt war, konnte sich Israel nicht dagegen wenden.«

Rabin stand vor dem Problem, daß die amerikanische Administration, die sich damals tief in den Entspannungsprozeß eingelassen hatte, ihn drängte, im Kongreß gegen den Jackson-Vanik-Antrag zu arbeiten. Nach seiner Aussage lehnte er dies ab, stellte aber zugleich klar, daß er nicht die Absicht hatte, sich sonderlich aktiv für die sowjetischen Juden einzusetzen.

Die amerikanischen Juden unterstützten traditionell den demokratischen Präsidentschaftskandidaten und alle liberalen Bestrebungen in der Tagespolitik. Viele waren an der organisierten Opposition gegen den Vietnamkrieg führend beteiligt. Obwohl Richard Nixon 1968 mit der Forderung antrat, den Vietnamkrieg zu beenden, lief seine Taktik auf eine Ausweitung der Kriegshandlungen hinaus. Lange bevor Rabin in Washington eintraf, war ihm klar, daß er besser daran tat, seine Ansichten zu diesem Krieg für sich zu behalten. Dies war ein Thema, das Amerika spaltete, und er konnte kein Interesse daran haben, sich auf eine Seite zu schlagen. Aber die Anwesenheit eines ehemaligen Stabschefs, der mit der Armee seines Landes einen glänzenden Sieg an drei getrennten Fronten erfochten hatte, war eine Versuchung, der viele Amerikaner nicht widerstehen konnten.

Während seiner fünf Jahre in Washington erhielt Rabin zahlreiche Einladungen, in verschiedenen Militärakademien Amerikas und an anderen Orten Vorträge zu halten. (Als er danach nach Israel zurückkehrte und für die Knesset kandidierte, wurde er angegriffen, weil er, wie Robert Slater in seinem Buch »Rabin of Israel« schreibt, als Botschafter für seine Vorträge Honorare – insgesamt 90 000 Dollar – angenommen hatte. Er nahm sogar Geld, wenn er auf Veranstaltungen sprach, wo Spenden für Israel gesammelt wurden.) Obwohl das offizielle Thema jeweils den Nahen Osten betraf, fragte das Publikum regelmäßig danach, wie er das Verhalten der USA in dem Krieg in Südostasien einschätze. Zugleich hatte Rabin wie kein anderer Zugang zum Pentagon und zu zahlreichen militärischen Einrichtungen. Viele Militärs suchten ihn auf, um ihn nach seiner Einschätzung und seinem Rat zu fragen.

In seinen Memoiren beschreibt Rabin ein aufschlußreiches Gespräch, das er mit dem bekannten Washingtoner Experten Joseph Alsop führte. Er fragte diesen, ob die Amerikaner in Vietnam klare militärische und politische Ziele verfolgten. Rabin schreibt: »Alsop machte ein Gesicht, als ob er alles andere erwartet hätte, nur nicht diese Frage … ›Wir müssen die Kampfkraft der Vietcong und Nordvietnams eliminieren!‹ donnerte er. ›Wir haben keine andere Wahl.‹«

Rabin schreibt, dies habe ihn daran erinnert, was ihm französische Offiziere 1960 vom Krieg gegen die Freiheitskämpfer der FLN in Algerien berichteten. Er erwiderte Alsop: »Wenn das Ihr Konzept ist, dann werden Sie den Krieg in Vietnam verlieren. Es ist unmöglich, die Kampfkraft und den Kampfgeist von Dutzenden Millionen Menschen zu vernichten, die daran glauben, daß sie für eine gerechte Sache kämpfen.« Derselbe Gedanke muß Rabin zwei Jahrzehnte später durch den Kopf gegangen sein, als ihm klar wurde, daß Israel den Kampfgeist der Palästinenser nicht dadurch bekämpfen konnte, daß es ihnen die Knochen brach.

Rabin fiel es allerdings schwer, den revolutionären Geist zu begreifen, der Amerika während seiner Amtszeit als Botschafter erfaßte. Leonard Fein, der Begründer der Zeitschrift »Moment«, beschreibt eine Tagung der Generalversammlung jüdischer Organisationen im Jahre 1970, wo Rabin »auf eine Gruppe junger jüdischer Liberaler stieß, die im Saal gegen das amerikanische Eingreifen im Vietnamkrieg protestierten. Er trat an sie heran und begann sie zu beschimpfen. Ich erinnere mich, wie schockiert wir alle waren, daß der israelische Botschafter sich persönlich einmischte und sich sogar herausnahm, amerikanischen Bürgern Lehren zu erteilen, wie sich gegenüber ihrer Regierung zu verhalten hatten.«

Als die amerikanischen Wahlen von 1972 bevorstanden, war jedermann klar, der sich dafür interessierte, wessen Kandidatur Yitzhak Rabin unterstützte. Ein Kenner der Washingtoner Szene, ein Demokrat, meinte, der Botschafter habe »schamlos für Nixon und gegen George McGovern gearbeitet ... McGovern war nicht gegen Israel sondern gegen die Siedlungen« in den besetzten Gebieten. Die Siedlungen, die unter der Regierung der Arbeitspartei errichtet worden waren, hatte man auf Gegenden beschränkt, die Rabins Lehrer Yigal Allon als entscheidend für die Sicherheit Israels betrachtete. »McGovern sprach von Frieden mit den Palästinensern, und nur weil er Frieden predigte, irritierte er Rabin zutiefst.«

Paul Berger, ein bekannter Washingtoner Rechtsanwalt, heute Vorstandsmitglied der Jewish Agency, erinnert sich an ein Gespräch mit Rabin auf einer Party in der Botschaft in jenem Jahr: »Ich sagte, nach meiner Meinung werde Nixon langfristig nicht gut für Israel sein. ›Israel‹, erwiderte Rabin, ›lebt für den heutigen Tag.‹« Berger fährt fort: »Ich stimmte für McGovern, aber im Nachhinein wurde mir klar, wie schrecklich er für Israel gewesen wäre. Er begriff die Situation einfach nicht, und seine Sympathie gehörte den Palästinensern. Aber Rabin empfahl mir niemals und auch keinem anderen, den ich kenne, wir sollten die Demokraten nicht unterstützen. Die Sache war sehr einfach: Er glaubte, auf die Republikaner könne er zählen.«

Berger berichtet von einer Begegnung bei einem Essen in seinem Haus in Chevy Chase kurz vor Rabins Abreise aus Washington im Jahre 1973: »Es war ein Essen im kleinen Kreis. Bill Douglas, der inzwischen verstorbene, sehr liberale Richter am Obersten Gericht, war unter den Gästen. Er und Rabin hatten einen heftigen Wortwechsel über Kambodscha, wo die USA Bomben warfen und die südvietnamesischen Truppen mit Waffen und Ausrüstungen versorgten. Rabin sagte zu Douglas: ›Es ist schön, daß Sie so liberale Ansichten haben. Aber wenn die USA sich dort zurückziehen, werden Millionen Kambodschaner sterben.‹ Die beiden gerieten so heftig aneinander, daß jeder am nächsten Tag anrief und sich für sein Verhalten entschuldigte.« Aber als einige Jahre später die ausländischen Truppen Kambodscha verließen, ermordete das Regime der Roten Khmer in der Tat über vier Millionen seiner Landsleute.

Rabin erklärte in einem Interview für Radio Israel, das er während eines Besuches zu Hause im Juni 1972 gab, im Hinblick auf die bevorstehende Wahl in den USA: »Wir schätzen die Unterstützung mit Worten, die wir aus dem einen Lager erhalten, geben jedoch zugleich der Unterstützung durch Taten aus dem anderen

Lager den Vorzug.« Nixon war noch nicht für eine zweite Amtszeit nominiert und auch McGovern hatte die Nominierung durch die Demokratische Partei noch nicht erhalten, und doch konnte man die Worte des israelischen Botschafters als Unterstützung für den Amtsinhaber auslegen. Der Jerusalemer Korrespondent der Washington Post, Yuval Elitzur, hörte das Interview und hielt es für wert, daß seine Zeitung darüber berichtete. In Washington schlugen die Wellen der Erregung hoch. Die israelische Botschaft erklärte, Rabin sei nicht korrekt zitiert worden, und veröffentlichte eine andere Version seiner Worte. Elitzur berichtet, die Herausgeberin der Zeitung, Katherine Graham, »verlangte den vollen Text des Interviews zu sehen. Wenn ich im Unrecht war, sollte ich mich nach einem anderen Job umsehen. War ich aber im Recht, wollte die Zeitung einen Leitartikel dazu drucken. Der Leitartikel erschien. Er trug die Überschrift ›Israels undiplomatischer Diplomat‹«.

Die Geschichte hatte ein aufschlußreiches Nachspiel. Einige Wochen später war Elitzur zufällig in Washington, wo er auch die Botschaft aufsuchte. Mitarbeiter warnten ihn davor, die zweite Etage zu betreten, wo Rabins Büro lag, denn der Botschafter sei schrecklich wütend auf ihn. »Ich dachte, wenn er mich nicht sehen will, werde ich mich nicht aufdrängen. Bald darauf flog ich nach New York. Und wer war in derselben Maschine? – Yitzhak Rabin. Als er auf dem Weg in die Erste Klasse an mir vorbeiging, nickte er mir zu und grüßte höflich.« Nach dem Flug kam Elitzur vor dem Ausgang der Ankunftshalle am Wagen des Botschafters vorbei. Der Fahrer hielt ihn an und sagte, der Botchafter bitte ihn in seinen Wagen. »Ich trat heran, und Rabin sagte in seiner direkten Art: ›Elitzur, wollen Sie nach Manhattan? Ich kann sie mitnehmen.‹ Das war's. Ich stieg ein, und wir unterhielten uns während der ganzen Fahrt. Den Zwischenfall erwähnte er kein einziges Mal. Unser Verhältnis blieb so gut, wie es vor dem Rundfunkinterview gewesen war.«

Yitzhak Rabins Einsatz in Washington endete im März 1973. Einige Monate zuvor war er gemeinsam mit dem sowjetischen Botschafter Anatoli Dobrynin vom Nachrichtenmagazin Newsweek zum Botschafter des Jahres gekürt worden. Einer seiner Kollegen in Jerusalem berichtet jedoch, daß er zu jener Zeit einen Brief von Rabin erhielt, in dem dieser schrieb, es sei unwichtig, was Newsweek von ihm denke, wenn die eigene Regierung hinter seinem Rücken gegen ihn arbeite. Er klagte darüber, daß Außenminister Abba Eban seit zwei Jahren eine Diffamierungskampagne gegen ihn betreibe. Eban schrieb seinerseits, Rabin habe »während seines Einsatzes in Washington (gezeigt), daß er nicht verstand, welche Rolle ein Botschafter zu spielen hat ... Wenn man seine Telegramme nach Jerusalem studiert, dann folgen auf Zeiten der Nachdenklichkeit und Mäßigung plötzliche Ausbrüche von Aggressivität«.

Von Ebans Einschätzung einmal abgesehen, war Rabins Zeit in den Vereinigten Staaten eindeutig ein Erfolg sowohl für ihn persönlich als auch für Israel. Kurz vor seiner Abreise kam Golda Meir zu einem weiteren offiziellen Besuch nach Washington. Ihre letzte Begegnung mit Nixon im Weißen Haus war so zugleich Rabins Abschiedsbesuch beim Präsidenten. Nixon sagte der Ministerpräsidentin, Rabin sei der fähigste Botschafter in Washington gewesen. Er fragte sie, wo sie ihn nach seiner Rückkehr einzusetzen gedenke. Rabin erinnert sich, daß sie erwiderte: »Das hängt davon ab, wie er sich benimmt«, womit sie ihn in arge Verlegenheit brachte. Kaum ein Jahr später wollten es die Umstände, daß er der erste in Israel geborene Ministerpräsident des Landes wurde.

Als er die USA verließ, stand das Verhältnis zwischen den beiden Staaten auf einer völlig anderen Grundalge als bei seiner Ankunft. Zumindest ein Teil des Verdienstes daran gebührt ihm. Die Tage, da Israel einen einflußreichen amerikanischen Juden mit guten Kontakten in Washington als Fürsprecher brauchte, gehörten der Vergangenheit an – zumindest bis zu den Jahren der erbitterten Konfrontation von Yitzhak Shamir und George Bush. Die Türen des Weißen Hauses und des State Department standen dem israelischen Botschafter offen, und der kleine Staat konnte nun seine Sache selbst vertreten. Auch die Tage, da Israel bei den Amerikanern um Waffen und Ausrüstungen betteln mußte, gehörten der Geschichte an. Für die amerikanische Supermacht war Israel nun ein strategischer Faktor im Nahen Osten.

FÜNFTES KAPITEL
Über Nacht Ministerpräsident

Als Yitzhak Rabin am 3. Juni 1974 seinen Amtseid als Ministerpräsident leistete, war er ein Neuling in der Politik. Er hatte weniger als sechs Monate in der Knesset gesessen, war lediglich drei Monate ein untergeordneter Minister in einer Regierung gewesen, die, von der Katastrophe des Yom-Kippur-Krieges gezeichnet, einzig damit beschäftigt war, ihr eigenes Ende hinauszuschieben. Unvermittelt hatte man ihn zum Chef einer Partei gemacht, die in einer tiefen Krise steckte. Ihre bisherige Führerin hatte die Wahl gewonnen, war aber wegen des Versagens im Yom-Kippur-Krieg bald darauf zum Rücktritt gedrängt worden. Und sie hätte große Schwierigkeiten gehabt, eine Koalitionsregierung zusammenzuhalten, die in der Knesset mit 120 Abgeordneten eine prekäre Mehrheit von 61 Stimmen besaß.

Rabin war im Frühjahr 1973 aus den USA zurückgekehrt. Die Frage, wer schließlich von der Arbeiterpartei zum Nachfolger für Ministerpräsidentin Golda Meir gekürt werden könnte, war offen. Im September wurde Rabin als Nummer 20 auf die 120 Kandidaten umfassende Liste seiner Partei für die Wahlen zur Knesset am 31. Oktober gesetzt. Auf Wahlkundgebungen stellte man ihn als künftigen Minister im Kabinett vor. Aber der Yom-Kippur-Krieg änderte alles. Israel konnte die gemeinsame Offensive Syriens und Ägyptens am heiligsten Tag des jüdischen Jahres schließlich zurückschlagen, hatte aber über 2200 Tote und 5500 Verwundete zu beklagen. Die Kosten des Krieges hatte man genau errechnet – es waren über neun Milliarden Dollar. Die Öffentlichkeit hatte das Vertrauen in die politische und militärische Führung gründlich verloren, die auf diesen Überraschungsangriff nicht vorbereitet war.

Wegen des Krieges wurden die Wahlen auf den 31. Dezember verschoben. Die Arbeitspartei gewann, aber ihr Anteil an den Wählerstimmen sank von 47 auf unter 40 Prozent. Golda Meir brauchte mehrere Monate, um eine Regierung zustandezubringen. Als sie

Anfang März endlich feststand, war Rabin, den man als Anwärter für den Posten des Verteidigungsministers gehandelt hatte, nun Minister für Arbeit. »Mein ganzes Leben lang«, sagte er zu einem Reporter, »verfolgt mich das ›Ex‹. Ich bin schon Ex-Stabschef, Ex-Botschafter in den USA und nun auch noch ex-potentieller Verteidigungsminister.«

Einen Monat später legte die Regierungskommission für die Untersuchung der Fehlschläge im Yom-Kippur-Krieg einen ersten Bericht vor, der Golda Meir und Verteidigungsminister Moshe Dayan entlastete und die ganze Schuld dem Stabschef der Armee David Elazar zuschob. Dieser Bericht löste eine neue Welle öffentlicher Empörung aus, worauf Golda Meir zurücktreten mußte. Ein designierter Nachfolger stand nicht bereit. Rabin, der in diesem Krieg lediglich inoffizieller Berater für Verteidigungsfragen war, blieb nun als einziger aus der Führung der Arbeitspartei übrig, den die Öffentlichkeit nicht für das Desaster verantwortlich machte. Mit Unterstützung von Pinhas Sapir, dem Finanzminister der Meir-Regierung und Drahtzieher hinter den Kulissen, besiegte er Shimon Peres bei einer Abstimmung im Zentralkomitee der Arbeitspartei mit 298 zu 254 Stimmen. So wurde er der Kandidat der Partei für den Ministerpräsidenten, eine aussichtsreiche Position für dieses höchste Amt.

»Rabin wurde in das Amt des Ministerpräsidenten gestoßen, bevor er dafür bereit war«, sagt Dan Pattir, ein früherer Journalist, der Rabin in dieser ersten Amtszeit als Medienberater diente. »Er hatte praktisch keine politische Erfahrung. Wenn er zuvor eine Legislaturperiode lang Verteidigungsminister gewesen wäre, hätte alles ganz anders ausgesehen.«

Das Kabinett Rabin war für die Arbeitspartei ein neuer Besen, was aber auch bedeutete, daß ihm die Spitzenkräfte, die erfahrenen Führer früherer Regierungen fehlten. Da gab es keine Golda Meir, keinen Pinhas Sapir für das Finanz- und keinen Abba Eban für das Außenministerium. Hier setzte Rabin seinen alten Lehrer aus der Palmah, Yigal Allon, ein. Und auch Moshe Dayan stand nicht als Verteidigungsminister zur Verfügung. Dieses Ressort übernahm nun Shimon Peres.

Über letztere Ernennung war Rabin nicht glücklich. »Ich hielt Peres nicht für geeignet«, schrieb er später, »denn er hatte niemals in den IDF gedient, und seine Kenntnisse aus dem Waffenhandel machten diesen Mangel an Erfahrungen nicht wett.« Aber Peres war Nummer zwei in der Arbeitspartei und mußte einen entsprechenden Posten erhalten. In den folgenden Jahren sollte Rabin dies noch heftig bedauern – und das nicht selten in der Öffentlichkeit. »Die Stärke des Ministerpräsidenten lag im militärischen Bereich«, sagt Pattir, »aber er war nicht der Verteidigungsminister. Das war statt dessen sein politischer Rivale. Und, um es sehr milde auszudrücken, zwischen beiden herrschte keine vollkommene Harmonie.«

Sapirs Stelle im Finanzministerium nahm nun Yehoshua Rabinowitz ein, ein farbloser Parteifunktionär, der vorher Bürgermeister von Tel Aviv gewesen war. Rabinowitz erwies sich jedoch als fähig, mit den immensen Finanzproblemen umzugehen, vor denen das Land stand. Der Yom-Kippur-Krieg hatte das Bruttoinlandsprodukt eines ganzen Jahres verschlungen. Dem neuen Finanzminister fehlte allerdings Sapirs legendärer politischer Scharfblick. Rabinowitz konnte niemandem Vertrauen einflößen, denn er vertraute sich selbst nicht. In Privatgesprächen gab der neue Finanzminister der Regierung Rabin eine Chance von kaum mehr als einem Monat. Rabinowitz wurde schließlich ein recht erfolgreicher Finanzminister, populär aber war er nicht. Mit dem hebräischen Wort »ra« – »schlecht« kursierte ein politischer Witz. Auf die Frage, wie man auf hebräisch »schlecht, schlechter, am schlechtesten« steigert, folgte die Antwort: »Ra, Rabin, Rabinowitz«.

Trotz aller dieser Unkenrufe hielt die Regierung Rabin drei Jahre lang durch. Rabin stand ständig unter hohem Druck und mußte den größten Teil seiner Zeit dafür verwenden, seine hauchdünne Mehrheit im Parlament zu verteidigen. Ende 1974 wurde diese dadurch geringfügig gestärkt, daß die National-Religiöse Partei in die Regierung eintrat. Dafür mußten jedoch Konzessionen bei den Religionsgesetzen gemacht werden. Zugleich hatte Rabin seine Flanken ständig gegen Angriffe der Opposition und hoher Mitglieder seines eigenen Kabinetts zu verteidigen. Er selbst betrachtete diese erste Amtszeit, die von Zerwürfnissen im Kabinett, Unruhe in der Partei und Enttäuschung in der Öffentlichkeit über seine Administration begleitet war, als eine persönliche Niederlage. Er warf sich vor, der Regierung nicht genügend seinen Stempel aufgedrückt zu haben. Als er 1992 an die Macht zurückkehrte, war er entschlossen, diesen Fehler nicht zu wiederholen. Deshalb leitete er sein Kabinett eher wie ein Präsident und weniger als Erster unter Gleichen.

Wenn man zurückblickt, kann man in Rabins Verhalten und vielen seiner Positionen während seiner zweiten Amtszeit den Einfluß der ersten Jahre wiederfinden. Zwei Erlebnisse haben ihn offensichtlich besonders geprägt: 1975 kam unter großen Mühen ein provisorisches Abkommen mit Ägypten zustande, nachdem Israel sich aus Teilen der Halbinsel Sinai zurückgezogen hatte. Zugleich stand er in dieser Zeit zum ersten Mal den religiösen Fanatikern der israelischen Rechten Aug in Auge gegenüber. Sie brachten ihn dazu, die Errichtung jüdischer Siedlungen überall in Westjordanien zu erlauben.

Rabin war erst zwei Wochen lang Ministerpräsident, als er in Jerusalem einen Besucher empfing – Richard Nixon, den ersten amerikanischen Präsidenten, der jemals Israel besuchte. Nixon wollte seine schwankende Präsidentschaft dadurch retten, daß er außenpolitische Erfolge vorwies. Deshalb reiste er zu Besuchen nach China und in den Nahen Osten. Es war aber vergebliche Mühe. Wie Rabin traurig bemerkte, war das Schicksal eines der Israel am meisten verbundenen Präsidenten bereits besiegelt.

Gegen Ende des Sommers trat Nixon zurück. So traf Rabin bei seinem ersten Besuch als Ministerpräsident in Washington im September 1974 dort mit Gerald Ford zusammen. Bei den Gesprächen im Weißen Haus ging es um die israelische Haltung bei künftigen Verhandlungen mit den Arabern und um die Bitte Israels um Waffen und Hilfe, die benötigt wurden, um den unmittelbaren Bedarf zu decken und die Reserven wieder aufzufüllen, die während des Yom-Kippur-Krieges zur Neige gegangen waren.

Der Soldat Rabin war bei den strategischen Diskussionen in seinem Element, nicht aber bei dem Gala-Diner, das dann folgte. Nach dem Essen, den Reden und einem Konzert wurde getanzt. Ford forderte Leah Rabin zum ersten Tanz auf und schwebte mit ihr über das Parkett. »Plötzlich stand ich im Mittelpunkt des Interesses«, schrieb Rabin später. »Wenn ich nur hätte tanzen können – wenigstens schlecht! Wenn doch jemand für mich Mrs. Ford auf das Parkett geführt hätte! Aber derartige Wunder geschehen nicht im Weißen Haus. Ich entschied mich dafür, die Taktik anzuwenden, die ich häufig benutze. Ich schlenderte also zu Mrs. Ford hinüber, die sich erhob, überzeugt, ich wollte sie zum Tanz auffordern. Ich schluckte schwer und erklärte dann: ›Es tut mir leid, Mrs. Ford, ich kann überhaupt nicht tanzen. Und ich wage mir nicht vorzustellen, daß ich Ihnen auf die Zehen treten könnte.‹

Ich glaubte, das Schlimmste sei vorüber, denn sah ich zu meiner Erleichterung, daß die First Lady mir ein warmes Lächeln schenkte. Dieses erwies sich aber als zweideutig. ›Als junge Frau war ich Tanzlehrerin und habe meine Zehen vor Männern in acht genommen, die weniger geschickt waren als Sie. Kommen Sie.‹« Es war Außenminister Henry Kissinger, der den israelischen Ministerpräsidenten schließlich diplomatisch auf der Tanzfläche erlöste, eine Rettungsaktion, für die ihm Rabin nach seinen Worten ewig dankbar war.

In den Monaten danach sollte Rabin noch viel mit Kissinger zu tun bekommen. Im März des folgenden Jahres startete der Außenminister seine berühmte Shuttle-Diplomatie, die in dem zeitweiligen Abkommen zwischen Israel und Ägypten mündete. Kissingers Methode bestand darin, zwischen Rabin in Jerusalem und Anwar Sadat in Kairo, Assuan oder Alexandria hin- und herzupendeln. Dabei vermittelte er Vorschläge und versuchte, die Differenzen zwischen beiden Seiten abzubauen. Zuweilen tat er etwas mehr und legte selbst ein Wort ein, das dem jeweiligen Partner übermittelt werden sollte. Pattir erinnert sich, daß Rabin Kissinger bei einer Sitzung mitteilte, er biete Sadat ein Gewaltverzichtsabkommen im Austausch für den größten Teil des Sinai an. Offenbar hatte er eine Linie im Sinn, die von El Arish an der Nordküste bis nach Ras Muhammad an der Südspitze der wüstenbedeckten Halbinsel reichte. Sadat antwortete auf diesen Vorschlag nicht.

Dann bot Rabin Sadat den ganzen Sinai für ein umfassendes separates Friedensabkommen an – dasselbe Geschäft, das Sadat 1979 dann schließlich akzeptierte. Damals folgte jedoch auch auf dieses Angebot keine Reaktion. Schließlich sagte Kissinger Rabin, es habe keinen Sinn, daß Israel derartige Konzessionen anbiete, da Sadat nicht in der Lage sei, mit Israel einen Separatfrieden zu schließen. Pattir berichtet: »Ich bin mir nicht sicher, ob Kissinger diese Optionen Sadat überhaupt vorlegte, weil es nach seiner Meinung zu früh war, eine derartige Entscheidung anzustreben.« Es könnte sogar sein, meint Pattir, Kissinger hatte gar kein Interesse daran, daß Israel und Ägypten so rasch übereinkamen, weil er dann als Vermittler überflüssig geworden wäre.

Der gerade, nüchterne Rabin und der geschickt manipulierende Kissinger paßten überhaupt nicht zusammen, aber ihr Verhältnis, das Rabin während seiner Jahre in Washington aufgebaut hatte, hielt stand, auch nachdem er nach Jerusalem zurückgekehrt war. Kissinger bewunderte Rabins analytischen Geist und fragte ihn manchmal auch nach Dingen, die weitab vom Nahen Osten lagen, zum Beispiel die Gespräche mit der Sowjetunion über die Begrenzung der strategischen Rüstungen oder den Rückzug aus dem Vietnamkrieg betrafen.

Kissinger nahm sich viel Zeit, um bei den Shuttle-Gesprächen seine Auffassung durchzusetzen. Die Verhandlungen zogen sich oft bis tief in die Nacht hin. Die Israelis, die vor diesen abendlichen Gesprächen einen vollen Arbeitstag hinter sich gebracht hatten, spürten, daß der Außenminister am Nachmittag geruht hatte und sie nun zermürben wollte. Sie ließen sich ein Gegenmittel einfallen. Vor der nächsten Verhandlung mit Kissinger ging das ganze israelische Team – Rabin, die beteiligten Minister und Berater – mittags nach Hause und legte sich schlafen. Als sich die Gespräche wieder bis tief in die Nacht hinzogen, zeigten die Israelis keinerlei Zeichen von Erschöpfung. Kissinger war sichtlich irritiert.

Zuweilen kam es bei den Gesprächen auch zu lauten und wütenden Wortwechseln. So Ende März 1975, als Kissinger, frustriert über die Hartnäckigkeit der Israelis, seine erfolglose Shuttle-Mission beendete. Mitten in einer Sitzung des israelischen Kabinetts erhielt Rabin einen scharfen Brief von Ford, in dem der Präsident »tiefe Enttäuschung über Israels Haltung während der Verhandlungen« zum Ausdruck brachte und eine »Neubewertung« der amerikanischen Politik gegenüber Israel ankündigte. Rabin bemerkte verärgert zu seinen Kabinettskollegen, er sei überzeugt, Kissinger habe den Brief für Ford aufgesetzt.

Am Ende dieser gescheiterten Mission begleitete Rabin den Außenminister zum Flugplatz und versuchte dabei noch einmal seine vorsichtige Haltung zu erklären. Er sagte, für ihn sei die Gefahr neuer Feindseligkeiten mit Ägypten mehr als nur ein politisches Problem. »Ich spüre für jeden Soldaten der IDF Verantwortung, als ob es mein eigener Sohn wäre. Sie wissen, daß mein Sohn einen Zug der Panzertruppen an der Sinaifront kommandiert. Der Mann meiner Tochter befehligt dort ein Panzerbataillon. Ich weiß, welches Schicksal sie erwartet. Israel sieht sich nicht in der Lage, das

Abkommen zu den gegenwärtigen Bedingungen zu akzeptieren. Ich kann nichts tun, als die schwere Last der Verantwortung – sowohl der nationalen als auch der persönlichen – auf mich zu nehmen.« Kissinger nahm sich seine Worte zu Herzen. Später einmal sagte er Rabin: »An jenem Tag auf dem Flugplatz konnte ich nicht mehr an mich halten. Plötzlich bemerkte ich, daß ich weinte.«

Rabin zeigte großes Interesse daran, wie Kissinger die ägyptischen Führer charakterisierte. Der Außenminister, schrieb er, »kannte die wichtigsten Persönlichkeiten auf beiden Seiten erstaunlich gut. Er unterhielt uns mit Geschichten über die Führer Ägyptens, Jordaniens und Syriens, die er getroffen hatte. Es versteht sich von selbst«, fügte Rabin hinzu, »und ich bin mir dessen ganz sicher, daß er uns den Arabern ebenso talentiert beschrieben hat«.

Das israelische Kabinett ratifizierte schließlich am 1. September 1975 ein zeitweiliges Abkommen mit Ägypten. Es lief auf größere Flexibilität hinaus, was die endgültige Linie des israelischen Rückzuges betraf. Im Austausch dafür war von Fords »Neubewertung« keine Rede mehr. Im Gegenteil, die USA versprachen Israel ein großzügiges Hilfspaket. Der Rückzug der israelischen Truppen gab Ägypten die Möglichkeit, den Suezkanal wiederzueröffnen, der seit 1967 geschlossen war, und seine Ölfelder am Golf von Suez wieder auszubeuten. Ein beiliegendes Vereinbarungspapier zwischen den Vereinigten Staaten und Israel machte den Weg frei für die Wiederaufnahme amerikanischer Waffenlieferungen, einschließlich der F-16. Washington gab schriftliche Zusagen in einigen politischen Fragen. So versprach es, die Palästinensische Befreiungsorganisation nicht anzuerkennen und auch nicht mit ihr zu verhandeln, bis sie sich vom Terror lossagte. Dieses Versprechen wurde fast zwei Jahrzehnte lang standhaft eingehalten, bis die Bush-Administration in den frühen neunziger Jahren mit der PLO in Kontakt trat.

Rabin, der auf die Erarbeitung des zeitweiligen Abkommens mit Ägypten bis ins letzte Detail Einfluß nahm, bestand darauf, es müsse eine Klausel darüber enthalten, daß es von einem umfassenden Friedensvertrag außer Kraft gesetzt werde. Nach Amos Eiran, dem Generaldirektor des Büros des Ministerpräsidenten zu jener Zeit, war dies das erste Mal, daß in einem Abkommen zwischen Israel und einem arabischen Staat die Möglichkeit eines Friedensschlusses eingeräumt wurde. Rabin war hocherfreut, als Kissinger aus Alexandria von Sadat die Nachricht brachte, er habe diese Klausel akzeptiert.

In seinen Memoiren hebt Rabin diesen Punkt besonders hervor. »Das Abkommen mit Ägypten von 1975«, schrieb er, »war nicht als Selbstzweck gedacht. Es sollte die Bewegung zum Frieden verstärken, und in diesem Sinne erreichte es sein Ziel. Es war kein geringes Ergebnis in der Nahostpolitik. Ich kann nur hoffen, daß das nächste Ergebnis auf diesem Wege so wirksam und von so langer Dauer sein möge.«

Eine edle Hoffnung. Aber in der Zeit nach Unterzeichnung des zeitweiligen Abkommens tat Rabin mehr, als nur zu hoffen. Insgeheim organisierte er eine Reihe von Treffen mit arabischen Führern, wo er Kanäle öffnen wollte, um den Frieden zu erreichen. Einer dieser Kanäle führte zu König Hussein von Jordanien, Israels westlichem Nachbarn, den auch bereits Rabins Vorgänger insgeheim getroffen hatten. Diese sporadischen Begegnungen fanden in der Aravah-Wüste statt, die von der Südspitze des Toten Meeres bis zum Golf von Aqaba reicht. Die Grenze zwischen Israel und Jordanien, lange Zeit eine der ruhigsten zu einem arabischen Staat, verläuft mitten durch ein Tal, wo zwischen der Straße nach Eilat auf israelischer Seite und der nach Aqaba auf jordanischem Gebiet nur Ödland liegt. Die Gespräche fanden an verschiedenen Orten in der Wüste in einer fahrbaren hausähnlichen Konstruktion statt, die einen Speise- und einen Beratungsraum besaß. Zuweilen traf man sich an anderen Orten in der Nähe von Tel Aviv. Eiran berichtet, daß die Israelis meist noch ein zweites Gefährt dieser Art aufstellten, in dem ein Expertenteam saß, das die Gespräche – häufig über Hausfernsehen – zeitgleich analysierte und noch vor dem Ende der Sitzung Antworten vorschlug.

Alle diese Begegnungen fanden mit einer Ausnahme auf israelischem Boden statt. Eiran berichtet, der König flog gewöhnlich selbst einen jordanischen Armeehubschrauber über die Grenze, manchmal ganz allein, manchmal auch in Begleitung eines Piloten der jordanischen Luftwaffe. Dieser Mann kam 1977 bei einem Hubschrauberabsturz ums Leben, bei dem auch Königin Alia, Husseins dritte Frau starb, die palästinensischer Herkunft war. »Ich fuhr zur Grenze, um den König abzuholen«, erinnert sich Eiran. »Wir nahmen dann einen unserer Hubschrauber oder fuhren im Wagen zum Treffpunkt.« Beim Essen, das die Küche eines Hotels in der Nähe lieferte, wurde gewöhnlich politische Konversation getrieben und nicht verhandelt. Danach setzten sich die Teilnehmer zum ernsten Sachgespräch nieder, das meist bis tief in die Nacht dauerte. Rabins Zeit als Ministerpräsident endete, bevor konkrete Ergebnisse erreicht werden konnten. Jedoch er hatte das Fundament für eine wirkliche Freundschaft gelegt, die sich in den letzten achtzehn Monaten seines Lebens rasch entfaltete, als sich beide endlich auch öffentlich treffen konnten.

Kontakte gab es auch zu König Hassan II. von Marokko. Anfang 1977 besuchte Rabin Marokko incognito mehrere Tage lang. Mit einer dunklen, struppigen Perücke angetan, reiste er über Frankreich dorthin. Rabin wollte herausfinden, ob Hassan bereit war, Kontakte mit Ägypten anzubahnen. Genau dies geschah, als die nachfolgende Regierung von Menachem Begin die Marokko-Connection nutzte, um die Hürde zum Frieden mit Ägypten zu nehmen.

Rabin hatte den Eindruck, der marokkanische Monarch wollte einen Kanal als Alternative zu dem der Amerikaner aufbauen, deren Interessen nicht immer mit denen der Araber und Israelis identisch waren. Rabin akzeptierte diese Sicht des Königs nicht und meinte, er wolle bei Hassan nicht den Eindruck erwecken, er sage sich von den Amerikanern los. »Andererseits wollte ich den direkten Kanal haben, den der König vorschlug«, sagte er später zu Pattir.

Hassan bot auch an, für Israel Friedensfühler nach Syrien auszustrecken. Er wollte Präsident Hafez al-Assad einen Brief Rabins überbringen, in dem dieser erläuterte, warum Israel zu einem Abkommen bereit war. Rabin schrieb mit der Hand einen kurzen Brief, erhielt aber von Assad niemals eine Antwort.

Auch die Ägypter antworteten nicht sofort. Aber beim Regierungswechsel nach der Niederlage der Arbeitspartei in den Wahlen vom Mai 1977 legte Eiran die Berichte über die Geheimtreffen mit König Hassan II. von Marokko Begin und Eliahu Ben-Elissar vor. Letzterer löste ihn als Chef des Büros des Ministerpräsidenten ab. Eiran nimmt an, Moshe Dayan benutzte als Begins Außenminister die Verbindung über Marokko, um mit Mohammed Hassan Tohami, dem Mitarbeiter und Vertrauten Sadats, ins Gespräch zu kommen – ein Geheimkontakt, der für Sadats historischen Besuch in Jerusalem im November 1977 den Weg bahnte.

Rabin setzte sich konsequent für den Grundsatz eines »territorialen Kompromisses« bei einer endgültigen Friedensregelung mit den Arabern ein. Er hielt an der Politik seiner Amtsvorgänger von der Arbeitspartei fest, daß es keinen Dialog mit der PLO geben dürfe. Da er aber praktisch dachte, äußerte er sich kaum detailliert darüber, wie er sich ein künftiges Friedensabkommen vorstellte, denn zu jener Zeit war dieses kaum mehr als ein schöner Traum.

In einem Gespräch, von dem Shlomo Avineri berichtet, der unter Yigal Allon Generaldirektor des Außenministeriums war, wurde er allerdings recht deutlich. Avineri erinnert sich in einem Artikel, der einen Monat nach Rabins Tod erschien, daß er diesen im Januar 1976 fragte, wie er den Frieden zu erreichen gedenke. Rabin antwortete mit einem einstündigen Vortrag, der sowohl die Vorsicht seiner ersten Amtszeit als auch die Strategie erklärte, die er später nach Jahren in der politischen Wüste verfolgte, als er 1992 ins Amt des Ministerpräsidenten zurückkehrte. »Rabin stellte klar«, erinnert sich Avineri, »ein arabisch-israelisches Friedensabkommen bedeute für ihn, daß sich Israel aus den meisten Territorien zurückziehen mußte, die die IDF im Sechs-Tage-Krieg erobert hatten. Ausnahmen bildeten Jerusalem, das Jordantal und einige Punkte von strategischer Bedeutung. Gebiete mit starker arabischer Bevölkerung konnten nicht für immer unter unserer Herrschaft bleiben. Um maximalen Spielraum für die Verhandlungen zu sichern, sollten wir davon Abstand nehmen, dort jüdische Siedlungen zu errichten.«

Rabin betonte allerdings, die Zeit sei noch nicht reif, um große territoriale Zugeständnisse zu machen. Unter dem Eindruck der arabischen Erfolge im Yom-Kippur-Krieg waren diese nicht möglich. Damals bestand Israels Mission darin, nach dem Trauma vom Oktober 1973 seine strategische, diplomatische und psychologische Position wieder zu festigen. »Erst danach – er deutete eine Zeit von etwa fünf Jahren an – konnte Israel aus einer Position der Stärke eine Friedenslösung nach den genannten Grundsätzen ins Auge fassen.«

Rabin erläuterte Avineri, er sehe die Aufgabe seiner Regierung nicht darin, Friedensvereinbarungen zu erzielen. Das war ein Grund, weshalb er sich weigerte, eine zeitweilige Regelung in Betracht zu ziehen, nach der Jericho unter jordanische Kontrolle gestellt werden sollte. Er sah seine Rolle darin, Moral und Bewaffnung des Militärs wieder zu stärken, die politische und militärische Unterstützung Israels seitens der USA zu sichern und vor allem »den Arabern den Gedanken auszutreiben, ein schwaches Israel könnte Zugeständnisse machen. Nur von einem starken Israel waren Zugeständnisse zu erwarten.«

Diese Position war nach Avineri zugleich die eines Falken und einer Taube: Großzügig in den Konzessionen, zu denen man im Rahmen einer Friedenslösung bereit war, aber hart und entschlossen in der Art und Weise, wie eine solche Lösung zu erreichen war. Avineri meint, eben diese Linie habe Rabin im Wahlkampf von 1992 durchgehalten: Mit seinem unbeugsamen öffentlichen Auftreten eines Falken habe er das Vertrauen der Rechten gewonnen und das Mißtrauen von Teilen der Linken in Kauf genommen. Beide täuschten sich jedoch in ihm. Er hatte keine Möglichkeit, argumentiert Avineri, seine wahre Strategie zu enthüllen, wenn er seine Chance wahren wollte, sie auch auszuführen.

Nur wenige durchschauten seine wahre Position, nicht einmal mancher Minister seines Kabinetts. Avineri deutet jedoch an, daß die Militärs eingeweiht waren. Erst nach den Osloer Abkommen vom September 1993 wurde für die Öffentlichkeit klarer, wie Rabin wirklich dachte.

Während Kissingers zweiter Shuttle-Mission im August 1975 arrangierte die Regierung einen feierlichen Auftritt des Außenministers vor der Knesset. Eine wütende Menge von Anhängern der Gush Emunim (dem Block der Gläubigen), einer kaum ein Jahr alten Organisation orthodoxer Rechter, die sich leidenschaftlich dagegen wehrten, auch nur eine Handbreit israelisch besetzten Gebietes aufzugeben, tat alles, um die Zeremonie zu stören. Sie belagerten das Parlamentsgebäude und wüteten in den Straßen von Jerusalem. Die Szene sollte sich zwei Jahrzehnte später wiederholen.

Die Proteste wurden besonders dadurch genährt, daß ein Außenminister jüdischer Herkunft Israel aufforderte, Zugeständnisse zu machen. Sie warfen Kissinger höhnisch das klassische antisemitische Schimpfwort »Judenbub« an den Kopf, um ihm damit ihre Verachtung über sein in ihren Augen kriecherisches Verhalten zu bekunden. Der geistige Vater von Gush Emunim, Rabbi Tzvi Yehudah Kook, schmähte Kissinger, weil er mit einer Nichtjüdin verheiratet war.

Rabin war »schockiert und beschämt«. Er sagte, ihm fehlten die Worte, um seine Betroffenheit gegenüber dem Außenminister zum Ausdruck zu bringen. »Ich zweifle, ob eine Steigerung derart bedauerlichen und mißgeleiteten Verhaltens meiner Landsleute überhaupt möglich ist«, schrieb er später. »Wenn Gush Emunim sich unbedingt anlegen wollte, dann mit mir und meinem Kabinett, nicht mit einem Gast, der sich persönlich so sehr für Stabilität und Frieden in der Region eingesetzt hatte. Es kann keinerlei Entschuldigung für Juden geben, sich derart abstoßend zu verhalten. Ich war nicht in der Lage, Gush Emunim elementare Manieren beizubringen, aber ich war gefordert, wenn es um Aufruhr auf den Straßen ging. Am nächsten Tag ließ ich den Generalinspekteur der Polizei kommen und wies ihn an, diesem Treiben ein Ende zu setzen, wenn nötig, mit Gewalt.«

Rabin tat sich allerdings sehr schwer, gegen die Versuche von Gush Emunim, die Siedlungen in das biblische Samaria, die Berge nördlich von Jerusalem, vorzuschieben, Gewalt anzuwenden. In den Jahren nach dem Sechs-Tage-Krieg hatten Regierungen der Arbeitspartei jüdische Siedlungen in Westjordanien in begrenztem Maße zugelassen. Sie beschränkten sie vor allem auf das Jordantal und den Etzion-Block, ein Gebiet zwischen Bethlehem und Hebron, wo sich bereits vor der Staatsgründung jüdische Agrargenossenschaften angesiedelt hatten und das 1948 von der jordanisch-arabischen Legion erobert worden war. Nach einem Plan über die Zukunft der 1967 besetzten Gebiete, den Yigal Allon ausgearbeitet hatte, sollten diese beiden Gebiete aus strategischen Gründen unter israelischer Kontrolle bleiben. Dagegen wollte man die Teile Westjordaniens mit kompakter arabischer Bevölkerung wie die Berge von Samaria bei einem künftigen Friedensabkommen an Jordanien zurückgeben. Der Allon-Plan wurde zwar niemals offiziell beschlossen, diente aber der Regierung Rabin intern als Grundlage für ihre Politik. Eine Regierung der Arbeitspartei hatte allerdings auch die Siedlung Kiryat Arba, ein jüdisches Viertel im arabischen Hebron, genehmigt.

Kiryat Arba wurde errichtet, nachdem eine Gruppe orthodoxer Juden im Frühjahr 1968 das Passah-Fest in einem arabischen Hotel in Hebron verbracht und sich danach geweigert hatte, wieder abzuziehen. Über 18 Monate später gab die Regierung Rabin ihnen die Genehmigung, sich in einer an Hebron angrenzenden Gegend anzusiedeln. Dadurch erhielten im Sommer 1974 Versuche neuen Auftrieb, in Samaria Siedlungen zu errichten. Angehende Siedler und deren Anhänger besetzten mehrfach einen vorbereiteten Ort und forderten Bleiberecht. Bei einem solchen frühen sit-in war auch Ariel Sharon, damals Likud-Abgeordneter in der Knesset, mit weiteren Parlamentsmitgliedern zugegen. Auch Rabbi Kook, damals bereits über 80 Jahre alt, war dort.

»Soldaten kamen, um uns 50 bis 70 Demonstranten zu entfernen«, erinnert sich Yehuda Ben-Meir, früheres Mitglied der Führung der National-Religiösen Partei, der wie auch ihr heutiger Führer, Zevulun Hammer, Gush Emunim schon sehr frühzeitig politisch unterstützte. »Sie führten uns sanft und respektvoll hinweg. Rabbi Kook wurde nicht angetastet.« General Yonah Efrat, der Chef des Kommandos »Zentrum«, der die Operation leitete, ließ Kook von einer großen Gruppe Soldaten umstellen, damit ihm niemand ein Haar krümmte.

»Bei diesen Protesten wurde passiver Widerstand geleistet«, sagt Ben-Meir, der zehn Jahre später die sich immer aggressiver gebärdende National-Religiöse Partei verließ und sich Meimad, einer gemäßigten Bewegung orthodoxer Juden, anschloß. »Wir verfluchten die Soldaten nicht und versuchten auch nicht zurückzukehren, nachdem sie uns fortgebracht hatten. Wir machten uns einfach schwer wie ein Sack Kartoffeln.« Ben-Meir zieht einen klaren Trennungstrich zwischen den Siedlern vor 20 Jahren und den häufig gewaltsamen Siedlerdemonstrationen in Rabins zweiter Amtszeit.

Den Höhepunkt dieser Ansiedlungsversuche bildete eine Aktion von Tausenden Gush-Emunim-Anhängern, die sich im Dezember 1975 auf dem verlassenen Bahnhof von Sebastia, westlich von Nablus, versammelten. Sie waren entschlossen, dort zu bleiben, bis sie das Recht erhielten, eine Siedlung in der Gegend von Nablus zu errichten. Pattir berichtet, Rabin habe das Problem lösen wollen, indem man die Siedler überredete, wieder abzuziehen. Er sandte Ariel Sharon, der mit den Siedlern sprechen sollte, dazu den Palmah-Dichter Haim Guri. Sie begaben sich getrennt nach Sebastia, kamen aber mit der gleichen Erkenntnis zurück. Sie sagten Rabin: »Peres (damals Verteidigungsminister) hat den Siedlern viel mehr angeboten, als Sie es je könnten.« Rabin war in der Hand der Rechten. Yehuda Ben-Meir bestätigt, daß Peres, der in der Frage der Siedlungen damals wesentlich mehr Falke war als Rabin, Gush

Emunim und dessen politischen Hintermännern zu jener Zeit als Kontaktmann in der Regierung diente.

Rabin bestand darauf, daß die Siedler zu verschwinden hätten, wollte aber das Risiko einer Gewaltanwendung nicht eingehen. Er fragte Mordechai Gur, wie viele Soldaten nötig seien, um die Siedler zu evakuieren. Gur meinte, eine Brigade. Vor dieser Aussicht schreckte Rabin zurück. Er sagte: »Wenn dazu 3000 Soldaten gebraucht werden, und nur einer feuert aus Versehen einen Schuß ab, was bei so vielen Waffen durchaus vorkommen kann, dann wäre das schrecklich.« Gur stimmte ihm zu. Der General hatte sich während dieser Konfrontation stets gegen Gewaltanwendung ausgesprochen. Er soll sogar mit seinem Rücktritt gedroht haben, wenn Rabin ihm befehlen sollte, die Siedler zu vertreiben. »Gur meinte, Gewalt wäre nur dann angebracht, wenn die Siedler die Regierung an der Ausübung ihrer Pflichten hinderten oder versuchten, das Land lahmzulegen«, berichtet Ben-Meir. »Dann habe er keine Bedenken, einen solchen Befehl auszuführen.«

Rabin hielt dem Druck nicht stand und gestattete es dreißig Siedlerfamilien, die in Wohnanhängern lebten, sich auf dem Stützpunkt der IDF in der Nähe des Dorfes Kaddum, einige Kilometer östlich von Nablus, niederzulassen. Diese Abmachung galt als zeitweilig, um die Konfrontation mit den Siedlern zu beenden. Rabin unternahm jedoch nichts, um sie von dort zu vertreiben. Vielleicht fehlte es ihm am politischen Willen oder er wollte zu dieser Zeit keine Konfrontation mit den zehn Abgeordneten der National-Religiösen Partei in der Knesset riskieren, die seine Koalition stärkten. Aber dieses Arrangement machte Rabin nicht froh. »Er betonte immer, sein Grundfehler sei gewesen, daß er dem Druck nachgab und sich auf einen Kompromiß einließ«, berichtet Ben-Meir. »Die Vereinbarung von Kaddum war ihm von Verteidigungsminister Peres aufgezwungen worden, der nicht mit ihm Hand in Hand arbeitete, weil er damals mehr Falke war als er und weil sie politische Rivalen waren.«

Der Fall Kaddum, aus dem später die Siedlung Elon Moreh entstand, wo Menachem Begin am 18. Mai 1977, einen Tag nach dem Wahlsieg des Likud, den Ton für die Politik seiner Regierung gegenüber den Siedlern bestimmte, als er erklärte, es werde »viele weitere Elon Morehs« geben, hinterließ bei Rabin seine Spuren. Viele sehen dies als den Grund dafür an, weshalb er nach seinem

Wahlsieg von 1992 darauf bestand, neben dem Ministerpräsidenten auch das Amt des Verteidigungsministers für sich zu behalten. Er entwickelte als erster die Begriffe der »politischen« und der »Sicherheitssiedlungen«, zwischen denen er während seiner Amtszeit als Ministerpräsident grundsätzlich unterschied. Nach Amos Eiran war diese Zeit bestimmend dafür, wie sich Rabins späteres Verhältnis zu den Siedlern gestaltete.

Neben diesen ideologischen Auseinandersetzungen und politischen Intrigen fiel in Rabins erste Amtsperiode auch ein hochdramatisches Ereignis – die glänzende Aktion zur Rettung von 104 jüdischen Geiseln aus Israel und dem Ausland aus den Händen einer Entführerbande auf dem Flughafen Entebbe in Uganda am 4. Juli 1976.

Die Nachricht, daß die Maschine, die den Flug Air France 139 von Tel Aviv nach Paris absolvierte, nach einer Zwischenlandung in Athen entführt worden sei, traf während der allwöchentlichen Sonntagmorgensitzung des Kabinetts am 27. Juni 1976 ein. Rabin war sofort der Meinung, hinter der Entführung stehe Wadia Haddad, der Chefkoordinator aller Aktionen der Volksfront für die Befreiung Palästinas (PFLP) von George Habash. Kurz vorher hatte Haddad eine ähnliche Gruppe ausgesandt, die eine Maschine der israelischen staatlichen Luftfahrtgesellschaft El Al in Nairobi in Kenia angreifen sollte. Agenten des israelischen Geheimdienstes Mossad hatten im letzten Augenblick von diesem Anschlag Kenntnis erhalten, die Terroristen festgenommen und insgeheim nach Israel gebracht.

Das Kommando von Nairobi, das sich aus Arabern und Deutschen zusammensetzte, wurde am Rande des Flughafens verhaftet. »Sie waren bereit, Raketen auf die Maschine abzufeuern, die voller Passagiere war, darunter viele Israelis«, berichtet Amos Eiran. »Wir waren ihnen in einer langfristig angelegten Operation bereits seit einem Jahr auf der Spur. Unsere Leute griffen im letzten Moment ein, als die Terroristen fast schon Blut an den Händen hatten.« Nach Eiran gab es eine hitzige Debatte darüber, was mit den Terroristen geschehen sollte. Jemand schlug vor, »um internationale Komplikationen zu vermeiden, sollte man sich ihrer unterwegs entledigen, sie einfach ins Meer werfen. Dagegen wandte sich Rabin ganz entschieden. Er sagte, sie müßten nach Israel gebracht werden, um sie verhören und aburteilen zu können. ›Das kann schwierig sein‹, sagte er, ›aber wir sind ein Rechtsstaat, und ich möchte unter keinen Umständen, daß wir in derartige Machenschaften verwickelt werden.‹«

Rabins Annahme, wer hinter der Entführung der Air-France-Maschine steckte, erwies sich als richtig, denn auch hier waren die Terroristen Araber und Deutsche. Das Kabinett erfuhr bald, daß 83 der 230 Passagiere Israelis waren. Es machte Frankreich darauf aufmerksam, daß alle Fluggäste unter dem Schutz des souveränen Frankreichs standen und daß Paris handeln müsse. Die entführte Maschine flog nach einer Zwischenlandung in Benghazi in Libyen zum Flughafen von Entebbe unweit der ugandischen Hauptstadt Kampala. Nach der Landung wurden die Juden ausgesondert. Die meisten übrigen Passagiere durften gehen. Rabin rief eine kleine Gruppe zusammen, der Außenminister Allon, Verteidigungsminister Peres und Stabschef Gur angehörten, um der Krise Herr zu werden.

Zwei Tage nach der Entführung legten die Terroristen ihre Forderungen vor: Über 50 »Freiheitskämpfer«, von denen die meisten in Israel einsaßen, sollten freigelassen und nach Entebbe geflogen werden. In seinen Memoiren schreibt Rabin, Peres sei überrascht gewesen, als der Ministerpräsident Gur fragte, ob eine Militäraktion im Bereich des Möglichen liege. Es war eine »traurige Wahrheit«, daß der Verteidigungsminister 53 Stunden nach der Entführung noch nicht mit dem Stabschef über die Rettung der Geiseln beraten hatte. Das ist die eine Darstellung dieser Geschichte. Peres behauptet in seinen Memoiren, die Initiative zu der Militäraktion sei von ihm ausgegangen, und Rabin habe zunächst gezögert, seine Zustimmung zu geben. Übrigens stritten auch die Militärs, die an der Operation beteiligt waren, jahrelang darüber, wem das Verdienst daran zukomme – der Erfolg hat viele Väter.

Rabin schlug von Anfang an eine zweigleisige Taktik vor. Einerseits suchte er nach Möglichkeiten, die Forderung der Terroristen nach Freilassung von Gefangenen zu erfüllen. Er ließ eine Liste von Häftlingen aufstellen, »an deren Händen kein Blut klebte«. Andererseits prüfte er die militärischen Optionen. »Er ging jedoch stets davon aus, daß die Entführer unsere Liste nicht akzeptieren und auf ihrer eigenen bestehen würden«, berichtet Eiran, »daß im Grunde genommen keine Wahl blieb, als sich auf eine militärische Aktion vorzubereiten.«

In den nächsten Tagen debattierte das Kabinett nicht mehr darüber, ob eine Rettungsaktion möglich war, sondern wie sie durchgeführt werden sollte. Einer der ersten Vorschläge lautete, tausend Fallschirmjäger über dem nahegelegenen Viktoriasee abspringen zu lassen. Nach Eiran verwarf Rabin diesen Gedanken sofort, weil er ihn »zu sehr an die Schweinebucht erinnerte«. Ein anderer Vorschlag sah vor, daß eine kleine israelische Gruppe auf dem Flugplatz von Entebbe landete. Auch das lehnte Rabin ab. Laut Eiran spielten hier sowohl Rabins Hang zum Perfektionismus als auch sein Wissen und seine Erfahrung eine Rolle. »Er machte sich viele Gedanken über die Zeit, die die Aktion am Boden dauern sollte. Er hatte Sorge, wenn diese zu viel Zeit in Anspruch nahm, hatten die ugandischen Truppen am Ort die Möglichkeit, sich zu organisieren. Die ganze Operation konnte scheitern, wenn eine einzige Rakete die erste israelische Maschine bei der Landung auf dem Flugplatz traf.«

In der Zwischenzeit tat Israel alles, um weitere Informationen zu beschaffen. Israelis, die in Uganda gewesen waren, wurden zusammengerufen und befragt. Einige waren Ausbilder in den ugandischen Streitkräften gewesen, andere Mitarbeiter der Baufirma Solel Boneh, die den Flugplatz von Entebbe errichtet hatte.

Rechavam Zeevy, heute Abgeordneter der Knesset und Führer der ultrarechten Moledet-Partei, damals jedoch Rabins Berater für die Abwehr von Terrorakten, flog nach Paris, um dort die freigelassenen nichtjüdischen Passagiere der Maschine zu befragen. In der Nacht zum Freitag, dem 2. Juli, fand in Sharm al-Sheikh an der Südspitze der Halbinsel Sinai die Probe für eine israelische Angriffsaktion statt. Man nannte sie den Herkules-Plan, weil israelische Transportmaschinen vom Typ Herkules in Entebbe landen sollten. Am nächsten Tag brachte Mossad-Chef Nahum Admoni Schwarzweißfotos, die ein Kleinflugzeug 24 Stunden zuvor über Entebbe aufgenommen hatte.

Als Gur ihm mitteilte, die Probe sei erfolgreich verlaufen, ordnete Rabin an, daß die Maschinen, die den Angriff auszuführen hatten, zu dem siebenstündigen Flug von Sinai nach Entebbe starten sollten, bevor das Kabinett zusammentrat. Sie konnten später umkehren, wenn der Plan nicht gebilligt wurde. Das war notwendig, denn die Entführer hatten einen Termin gesetzt, und die Zeit war extrem knapp.

Vor der Kabinettssitzung, die für Sonntag, dem 4. Juli, 14.00 Uhr anberaumt war, rief Rabin Eiran zu sich nach Hause. »Er ging in seinem kleinen Arbeitszimmer auf und ab und erwog seine Entscheidung«, berichtet Eiran. »Er sagte mir, die Aktion könnte sich auch als Fehlschlag erweisen, selbst wenn wir die Geiseln befreiten. Wenn es mehr als 25 Tote gäbe, müsse er die Verantwortung dafür auf sich nehmen.« Nachdem das Kabinett dann grünes Licht gegeben hatte, rief Rabin zwei oder drei seiner engsten Mitarbeiter in einem kleinen Raum neben seinem Büro zusammen. Nach Pattirs Bericht sagte er: »Meine Herren, wenn diese Aktion schiefgeht, wird es morgen einen neuen Ministerpräsidenten geben.«

Aber die Operation ging nicht schief. Die meisten Passagiere wurden gerettet, die Terroristen erschossen. Die Flugzeuge kehrten sicher zurück. Es gab vier Opfer – drei Passagiere und Yonatan Netanyahu, den Kommandeur der kleinen Truppe, die die Terroristen erschoß und die Geiseln befreite (es handelt sich übrigens um den älteren Bruder des gegenwärtigen Likud-Führers Benjamin Netanyahu). Und doch war man einem kompletten Fehlschlag nur knapp entgangen. Auf der israelischen Luftwaffenbasis, wo die Flugzeuge nach diesem Triumph landeten, trat der Pilot der Führungsmaschine, ein Reservist, an Rabin heran und sagte: »Gott muß letzte Nacht Überstunden gemacht haben.« Bei der Berichterstattung der Mannschaft, die Rabin wie ein Militärbefehlshaber entgegennahm, erfuhr er, wie recht der Pilot hatte. Die Führungsmaschine war wenige Meter neben einem Graben gelandet. Etwas weiter, und sie hätte nicht mehr starten können. Als die Israelis landeten, stand ein ugandischer Jeep mit einem rückstoßfreien Maschinengewehr auf der Landebahn. Aus unerfindlichen Gründen schoß die Besatzung jedoch nicht. Zwei Soldaten, die die Aufgabe hatten, die Maschinen am Boden wieder aufzutanken, konnten die Zapfstellen nicht finden, die die Baufirma Solel Boneh angegeben hatte. Deshalb mußten einige der an der Rettungsaktion beteiligten Flugzeuge auf dem Rückweg eine unvorhergesehene Zwischenlandung in Kenia einlegen, um Treibstoff aufzunehmen.

Die Maschinen flogen dann weiter zum Flughafen Ben-Gurion, wo ihnen ein triumphaler Empfang bereitet wurde. Die jubelnde Menge trug Oppositionsführer Begin auf ihren Schultern, der von der Aktion erst erfahren hatte, als sie vom Kabinett bereits beschlossen war. »Begin heimste viel öffentliches Lob ein«, berichtet

Eiran, »als ob er hinter der ganzen Aktion gestanden hätte. Rabin, der der Mittelpunkt der Aktion gewesen war, kümmerte sich indessen immer noch um die Sache selbst und studierte in allen Einzelheiten, was geschehen war. Die Öffentlichkeit bekam ihn kaum zu Gesicht.«

Entebbe geschah im Sommer 1976. Wahlen waren erst über ein Jahr später im Herbst 1977 fällig. Bei der immensen Popularität Rabins dachte niemand auch nur im Traum daran, daß im Juli des nächsten Jahres die Arbeitspartei nicht mehr die israelische Regierung stellen und Begin Ministerpräsident sein könnte. In diesem Jahr wurde Israel von politischen Intrigen, polizeilichen Untersuchungen und Strafprozessen, von Skandalen erschüttert, die bis in höchste Regierungskreise reichten. In der Öffentlichkeit wuchs die Empörung über die Arbeitspartei, die aus Yom Kippur offenbar nichts gelernt hatte. Schließlich wurden aber auch persönliche Konsequenzen gezogen, wie sie in der israelischen Politik nur selten vorkommen.

Im Herbst 1976 ernannte Rabin Asher Yadlin, einen langjährigen Parteifunktionär und Chef des umfangreichen Gesundheitswesens der Gewerkschaft Histadrut, die unter dem Einfluß der Arbeitspartei stand, zum Präsidenten der Bank von Israel. Aber es stellte sich bald heraus, daß gegen den Mann der Regierung für den höchsten Wirtschaftsposten im Lande, der mit dem Vorsitzenden des Council of Economic Advisers in den USA vergleichbar ist, wegen des Verdachtes auf Korruption von der Polizei ermittelt wurde. Die Ernennung wurde zwar zurückgezogen, aber ein schwerer Vertrauensverlust in der Öffentlichkeit war bereits entstanden. Die Sache erinnerte alle daran, daß es sich bei der Arbeitspartei immer noch um den alten Apparat handelte, der die Histadrut führte, das Gesundheitswesen in der Hand hatte und sich mit Ämterschacher befaßte. Seit dem Debakel von 1973 hatte sich offenbar wenig geändert.

Yadlin wurde im Februar 1977 zu fünf Jahren Gefängnis verurteilt. Aber schon vor dem Prozeß hatte der Skandal Rabins Kabinetts erreicht. Gegen Wohnungsbauminister Avraham Ofer wurde wegen des Verdachtes ermittelt, er habe als Angestellter der Wohnungsbaugesellschaft Shikum Ovdim, die der Histadrut gehörte, zugunsten der Arbeitspartei Geld unterschlagen. Die Ermittlungen zogen sich monatelang hin, ohne daß Anklage erhoben wurde.

Am 3. Januar 1977 beging Ofer Selbstmord. »Wie ich es sehe«, schrieb Rabin in seinen Memoiren, »betätigten den Abzugshahn seiner Waffe eine maßlose Öffentlichkeit und eine Presse, die sich herausnahmen, einen Mann zu verurteilen, bevor er überhaupt eines Vergehens angeklagt war. Das war tragisch und ernüchternd zugleich.«

Auch die schwelende Auseinandersetzung mit Peres ging weiter und wurde häufig genug auf den ersten Seiten der Tageszeitungen ausgetragen. Es gab Streit über den Verteidigungshaushalt, über Indiskretionen aus Kabinettssitzungen, über die Siedlungspolitik. Die offizielle Linie von Rabins Kabinett bestand weiterhin darin, jüdische Siedlungen in Gebieten nicht zuzulassen, die kompakt von Arabern bevölkert waren. Peres dagegen trat für die Losung »Siedlungen überall« ein und hielt engen Kontakt zu Gush Emunim. Rabin deutete an, Peres habe sich um das Amt des Ministerpräsidenten bemüht, seit er im Febrauer 1974 die Abstimmung um die Führungsposition in der Partei verlor, er bereite die nächste Konfrontation vor. »Nichts kann schädlicher für das Vertrauen in der Öffentlichkeit sein, als wenn Streit im Kabinett in die Presse getragen wird«, bemerkte er. »Der Verteidigungsminister verhielt sich jedoch zuweilen so, als ob er es darauf anlegte, das Ansehen des Kabinetts in Frage zu stellen, indem er unsere Differenzen in die Öffentlichkeit trug.«

Die Entscheidung über die Führung der Arbeitspartei zwischen Rabin und Peres vor den nächsten Wahlen war ursprünglich für das Frühjahr 1977 vorgesehen. Aber Vorgänge, wie sie nur in Israel geschehen können, beschleunigten diesen Prozeß. Die National-Religiöse Partei, ein kleiner Koalitionspartner, entzog der Regierung bei der Abstimmung über einen Mißtrauensantrag in der Knesset ihre Unterstützung. Als Grund gab sie an, daß eine Feier anläßlich der Ankunft der ersten Düsenjäger F-15 in Israel den jüdischen Sabbath verletzt hatte. Rabin, der offenbar die Krise nutzen wollte, um vorgezogene Neuwahlen zu erreichen, was sich später als eklatante Fehleinschätzung herausstellte, entließ die drei Minister der National-Religiösen-Partei. Statt nun zu versuchen, ohne Parlamentsmehrheit zu regieren, reichte er seinen Rücktritt ein und forderte Neuwahlen. Er blieb als amtierender Ministerpräsident im Amt, und die Wahlen, die eigentlich im Herbst stattfinden sollten, wurden nun für den 17. Mai angesetzt.

Am 22. Februar wurde Rabin zum Kandidaten der Arbeitspartei für den Ministerpräsidenten gekürt. Natürlich siegte er auf dem Kongreß der Arbeitspartei über Peres. Seine Mehrheit war allerdings denkbar knapp – 41 Stimmen von insgeamt über 2800. Er rüstete sich nun für die absehbare schwere Auseinandersetzung mit dem Likud.

Bevor der Wahlkampf jedoch voll entbrannte, flog Rabin im März nach Washington, um dort den neuen amerikanischen Präsidenten Jimmy Carter zu treffen. Seine Frau Leah nutzte eine Pause in ihrem Besuchsprogramm, um zur Filiale Dupont Circle der amerikanischen Nationalbank zu gehen, wo sie zwei Konten auflösen wollte, die die Rabins dort seit ihrer Zeit an der Botschaft unterhielten. Auf den Konten lagen insgesamt noch 2000 Dollar, die Frau Rabin abheben wollte. Nach den strengen Devisengesetzen jener Zeit durfte ein israelischer Bürger kein ausländisches Konto besitzen, wenn er nicht im Ausland lebte, er durfte auch nicht mehr als 450 Dollar in bar auf eine Auslandsreise mitnehmen. Wenn man ein solches Konto besaß, war das eine Verletzung israelischer Gesetze, die mit einer Geld- oder Freiheitsstrafe geahndet werden konnte.

Als die Rabins bereits wieder einige Tage in Israel waren, erhielt der Medienberater Pattir einen Anruf von Dan Margalit, damals Washingtoner Korrespondent der angesehensten israelischen Tageszeitung Ha'aretz. Margalit, der die Existenz eines der Konten bereits festgestellt hatte, indem er 50 Dollar dorthin überwies, bevor Leah Rabin es auflöste, stellte Pattir die Frage, ob ihm bekannt sei, daß die Rabins ein illegales Konto in den USA unterhalten hätten. Pattir versprach, sich nach der Sache zu erkundigen. Nachdem er sie geprüft hatte, wies Rabin ihn an, nicht darauf zu reagieren und nur zu antworten, er befasse sich nicht mit Privatangelegenheiten des Ministerpräsidenten. Ha'aretz brachte die Sache in die Öffentlichkeit, worauf das Finanzministerium eine Untersuchung anordnete.

Diese ergab, daß Leah Rabin über die Jahre mehrmals Geld von diesem Konto abgehoben hatte, was eine klare Gesetzesverletzung darstellte. Justizminister Aharon Barak, heute Präsident des Obersten Gerichts, sah keine andere Möglichkeit, als die Sache dem Gericht zu übergeben. (Leah Rabin hat es Barak niemals verziehen, daß er damals auf einem Gerichtsverfahren bestand. Selbst bei der Beerdigung ihres Mannes reichte sie ihm nicht die Hand.) Zugleich regte der Justizminister an, zwischen dem Ministerpräsidenten und seiner Frau, die nach Rabins Worten der »Finanzminister« der Familie war, zu unterscheiden. Er sollte eine Strafe zahlen, sie dagegen vor Gericht gestellt werden. »Bis zum heutigen Tag«, schrieb Rabin 1979, »verstehe ich nicht, wie man diesen Unterschied juristisch rechtfertigen wollte. Damals wuchs in mir die Entschlossenheit, dieses Angebot mit einem lauten Nein zurückzuweisen. Ich wollte alles tun, um die Verantwortung mit meiner Frau zu teilen.«

Weiter heißt es dort: »Freunde versuchten mich daran zu hindern, einen verhängnisvollen Schritt zu tun, aber ein Mann ist in solchen Situationen schließlich doch sehr einsam. Allein mit meinem Gewissen kam ich zu drei zusammenhängenden Entschlüssen: Ich wollte meine Nominierung als Kandidat für das Amt des Ministerpräsidenten zurückziehen. Ich wollte gemeinsam mit Leah die volle Verantwortung tragen und ich wollte versuchen, sofort als Ministerpräsident zurückzutreten.« Auf diese Weise sollte dem neuen Kandidaten der Arbeitspartei die Möglichkeit gegeben werden, das Amt bereits provisorisch auszuüben.

Rabin gab seine Entschlüsse am Abend des 7. April bekannt. Der Rücktritt war im politischen Leben Israels ohne Beispiel. Pattir sagt jedoch, er sei bei Rabin zu erwarten gewesen. »Er wollte keinen Rat annehmen und auch nicht sagen, es habe sich um einen menschlichen Irrtum oder etwas Ähnliches gehandelt.« Pattir fügt hinzu, als Rabin sich an Leahs Seite stellte und mit ihr gemeinsam die Verantwortung übernahm, »handelte er wie ein Armeekommandeur, der einen verwundeten Soldaten nicht auf dem Schlachtfeld zurückläßt«.

Nach dem Gesetz war es für Rabin als amtierender Ministerpräsident nicht ohne weiteres möglich zurückzutreten. Er nahm deshalb Urlaub, und Shimon Peres wurde »Chef« des Kabinetts. Einen Monat später rief man 1,8 Millionen Israelis zu den Wahlurnen. Sie wandten sich in Scharen von der skandalgeschüttelten Arbeitspartei ab. Eine weitere Herausforderung war die neue, kurzlebige zentristische Partei (Demokratische Bewegung für Veränderung), die eine saubere Regierung forderte. Zudem hatte die Arbeitspartei keine klare Aussage über die Zukunft der besetzten Gebiete getroffen. Likud gewann 43 der 120 Sitze in der Knesset, die Arbeitspartei dagegen nur 32. Staatspräsident Ephraim Katzir beauftragte Begin, das neue Kabinett zu bilden. Die Arbeitspartei, die bisher alle Regierungen in der 29jährigen Geschichte des Staates Israel gestellt hatte, war plötzlich von der Macht verdrängt und Yitzhak Rabin nur noch eine Randfigur, ein Abgeordneter der Opposition im Parlament.

SECHSTES KAPITEL
Der lange Weg zurück

Wenn es Yitzhak Rabin damals unter Umständen auch nicht bewußt war, sein Rücktritt im Jahre 1977 stellte einen entscheidenden Schritt dar, der den Beginn eines langen Weges zurück zu den Höhen der Macht markierte. Die Art und Weise, wie er zurücktrat – daß er es aus eigenem Entschluß tat, sich vor seine Frau stellte, darauf bestand, der Premierminister müsse über jeden Verdacht erhaben sein –,all das brachte ihm viel Sympathie bei den Menschen ein, die die Handlungsweise der Rabins in ihrer Mehrheit eher als ein technisches Versehen, denn als einen ernsten moralischen Fehltritt sahen.

An dem Sonnabend nach der Ankündigung seines Rücktritts erschien Rabin bei einem Fußballspiel im Bloomfield-Stadion von Tel Aviv. Die Zuschauer wandten sich von dem gescheiterten Führer nicht ab, im Gegenteil, sie begrüßten ihn mit stehendem Beifall. Die Journalistin und Rabin-Beraterin Niva Lanir sagt, dies sei für sie ein Schlüsselerlebnis gewesen. Was auch geschehen war, damals begriff ich, daß er als einziger die Arbeitspartei wieder an die Macht bringen konnte. Das Gefühl, das in diesem Stadion von Tel Aviv zum Ausdruck kam, wurde offenbar von vielen Menschen geteilt. Über 2000 Sympathiebriefe gingen bei den Rabins ein, und Leah beantwortete persönlich jeden einzelnen.

Micha Goldman, ein langjähriger Verbündeter Rabins, stimmt Niva Lanir zu. »Wohin er nach 1977 im Lande auch kam«, erinnert sich Goldman, »Rabin spürte überall, daß die Öffentlichkeit auf seiner Seite stand. Diese Reaktion unterschied sich von der innerhalb der Partei. Deshalb arbeitete er auch jahrelang daran, das Wahlsystem zu verändern, damit die Entscheidung nicht bei den Unterhändlern der Parteien, sondern bei den Wählern selbst lag. Er wünschte sich das amerikanische Wahlsystem für Israel. Vor allem war er für offene Vorwahlen, denn er wußte, daß er bei der Auseinandersetzung innerhalb der Partei von vornherein nur begrenzte

Chancen hatte. Er war dort von einem Apparat abhängig, der seinen Politikstil ablehnte.«

Der plötzliche Rückzug aus dem Amt war trotz allem für die Rabins ein schmerzliches und deprimierendes Erlebnis. Kurz nach der Rücktrittserklärung, aber noch vor seinem Urlaub, mit dem er für Peres den Weg zum amtierenden Ministerpräsidenten freimachte, nahm Rabin an einer Konferenz der Kibbutz-Bewegung im Kibbutz Ein Gev am See Kinneret teil. Erst nach Rabins Tod berichtete sein Freund und Memoirenschreiber Dov Goldstein der Zeitung Ma'ariv, was auf dem Rückweg von dieser Versammlung geschah. Auf Leahs Bitte hatten Goldstein und seine Frau die Rabins nach Ein Gev begleitet. Yitzhak wollte überhaupt nicht mehr öffentlich auftreten, selbst vor so einem ausgewählten Publikum nicht, das natürlich aus seinem Lager kam. Goldstein fuhr mit, um ihn moralisch zu unterstützen. Rabin wurde dort aber recht lau begrüßt, und hatte, wie Goldstein berichtet, »bei der Abfahrt das Gefühl, daß sein Wunsch, von Wärme umfangen zu werden, nicht in Erfüllung gegangen war«. Als ihre kleine Luftwaffenmaschine zum Rückflug nach Tel Aviv gestartet war, schaltete der Pilot die Nachrichten ein. Als Spitzenmeldung brachte man die Entscheidung von Justizminister Aharon Barak, daß eine Administrativmaßnahme gegen Leah Rabin nicht ausreichend sei, sie müsse vor Gericht erscheinen. Nach Goldsteins Darstellung »stand Leah auf, und es schien, als wollte sie zur Tür der Maschine gehen, die sich bereits in der Luft befand. Wir wußten nicht, was sie vorhatte. Aber wir hörten sie sagen: ›Ich bringe mich um. Um Yitzhaks willen kann ich das nicht auf mich nehmen.‹ Und dann sah ich, wie Yitzhak aufstand, sie bei den Schultern nahm, sie umarmte, fest an sich drückte und sagte: ›Nichts da, wir werden das gemeinsam durchstehen, und wir werden gewinnen. Hier geht es nicht um dich oder mich, hier geht es um uns beide.‹« Goldstein betont, Leahs Verzweiflung sei echt gewesen, andererseits war jedem in der Maschine klar, daß sie sich nicht wirklich hinausgestürzt hätte.

Rabin hatte eigentlich vorgehabt, mit dem Posten des Ministerpräsidenten auch seinen Sitz in der Knesset aufzugeben. Jedoch Mitarbeiter konnten ihn umstimmen. Und als die Partei am 17. Mai zu den Wahlen ging, stand er auf eigenen Wunsch als Nummer 20 auf der Parteiliste, was ein sicherer Platz war, auch wenn die Partei bei den Wahlen katastrophale Verluste erleiden sollte. Und das geschah. Die Arbeitspartei verlor, Likud gewann. Neuer Ministerpräsident wurde der Mann, der seit der Gründung des Staates vor dreißig Jahren der ewige Oppositionsführer gewesen war – Menachem Begin.

Begin gilt zwar, was territoriale Zugeständnisse in Westjordanien betrifft, zu Recht als Hardliner, in die Geschichte wird er jedoch als der erste Ministerpräsident Israels eingehen, der einen Friedensvertrag mit einem arabischen Staat schloß. Er gab ganz Sinai an Anwar Sadat zurück, nachdem der ägyptische Präsident im November 1977 so überraschend Jerusalem besucht hatte. Rabins ambivalente Haltung zu diesen Ereignissen zeigt sich in seinen Memoiren, die er kurz nach der Unterzeichnung des israelisch-ägyptischen Vertrages im März 1979 noch im selben Jahr niederschrieb. Er warf Begin vor, die langjährige israelische Politik der Abstimmung der Positionen mit den USA aufgegeben zu haben. Als Begin klar wurde, daß seine Haltung zu Westjordanien und dem Gazastreifen mit der Präsident Jimmy Carters nicht in Übereinstimmung zu bringen war, »verkündete er mit einem Lächeln, das Selbstsicherheit demonstrieren sollte, Israel und die USA hätten sich ›darauf geeinigt, nicht übereinzustimmen‹«. An Carter kritisierte Rabin, er habe so gehandelt, als hätte die Sowjetunion entscheidenden Einfluß auf die Hardliner in der arabischen Welt und könnte dazu beitragen, einen umfassenden Frieden zwischen Israel und allen arabischen Staaten zustandezubringen. Diese beiden Entwicklungen überzeugten Sadat, so Rabin, wenn er nicht rasch handle, werde man ihn zu einer internationalen Friedenskonferenz drängen und zwingen, auf die Linie der Sowjetunion, Syriens und der PLO einzuschwenken. Als Jimmy Carter ankündigte, er wolle gemeinsam mit der UdSSR auf eine Friedenskonferenz hinarbeiten, sei er, so meint Rabin, von der langjährigen Politik der USA abgegangen. Deshalb könne die Carter-Administration, schließt Rabin ironisch, »Präsident Sadats historische Entscheidung, nach Jerusalem zu kommen, sich selbst als Verdienst anrechnen«.

Rabin stand als kleiner Abgeordneter der Opposition in der Knesset auf dem Flughafen Ben-Gurion, als Sadat 1977 dort begrüßt wurde. Begin war großmütig genug, ihn zur Unterzeichnung des Vertrages mit Ägypten im März 1979 im Weißen Haus mitzunehmen. Insgesamt kann man jedoch sagen, daß Rabin die Zeit von 1977 bis 1984 in der politischen Wüste verbrachte. Das gilt vor allem für die Zeit bis 1980. In jenem Jahr starb Yigal Allon, Peres' Hauptrivale im Kampf um die Führung der Arbeitspartei, und seine Witwe bat Rabin, den Staffelstab von ihm zu übernehmen. Allon war in der Arbeitspartei der ungekrönte Führer des Lagers gewesen, das die Kibbutz-Bewegung repräsentierte, während Peres mit seiner Anhängerschaft den Parteiapparat in der Hand hatte. Micha Goldman sagt, er habe Rabin unterstützt, wo immer er konnte, denn dem ehemaligen Ministerpräsidenten standen keine anderen Helfer zur Verfügung. »Er hatte ein kleines Büro in der Kiryah, dem Bürogebäude der Regierung in Tel Aviv, und eine Sekretärin«, berichtet Goldman. »Rabin war sehr viel öffentlich tätig. Er strebte nicht danach, Chef einer Firma oder eines Konzerns zu werden«, wie es viele ehemalige Politiker und Generale tun, wenn sie das schnelle Geld machen wollen. »Er war die meiste Zeit im Auftrag gemeinnütziger Organisationen unterwegs«, die ihm sicherlich nichts dafür bezahlten. »Auch die Universität von Tel Aviv, Krankenhäuser oder das Weizman-Institut baten ihn, für sie Geld zu beschaffen.«

Die Affäre mit dem Dollarkonto wirkte sich zwar langfristig für Rabin eher positiv als negativ aus, weil sie ihm das Image eines integren Politikers verschaffte, für einige Jahre waren jedoch negative Folgen durchaus zu spüren. Als Mitinhaber des Kontos hatte Yitzhak eine Administrativstrafe von 1600 Dollar zu zahlen. Leah dagegen mußte vor Gericht erscheinen, wo sie bis zu drei Jahre Gefängnis zu erwarten hatte. Das Bezirksgericht Tel Aviv stellte sie dann vor die Wahl, entweder in 45 Tagen eine Strafe von 250 000 israelischen Pfund (etwa 27 000 Dollar) zu entrichten oder für ein Jahr ins Gefängnis zu gehen. Natürlich entschied sie sich für die erste Variante, aber die Rabins hatten eine derartige Summe nicht ohne weiteres zur Verfügung. Sie borgten sie sich bei Verwandten in Israel und bei Freunden im Ausland zusammen.

Kurz vor der Wahl der Führung des Zentralkomitees der Arbeitspartei im Dezember 1980 tauchten Grüchte wieder auf, um die es in den letzten Jahren recht still geworden war. Darunter fand sich auch die Behauptung, die Strafe der Rabins sei von Betzalel Mizrahi, einem angeblichen Boß des organisierten Verbrechens in Israel, gezahlt worden. Als diese Geschichte Niva Lanir zum ersten Mal zu Ohren kam, berichtete sie Rabin davon. Er sagte, er kenne das Gerücht. »Hier darf es keinerlei Zweideutigkeit geben«, erinnert sie sich seiner Worte. »Wenn dich jemand danach fragt, dann halte hart dagegen.« Dann beschrieb er ihr im einzelnen, auf welche schwierigen Kreditarrangements er sich eingelassen hatte, um die Strafe zu zahlen. Um das Geld ins Land zu bringen, das er sich im Ausland geliehen hatte, brauchte er zum Beispiel eine Genehmigung der Behörden, denn wie er schmerzhaft hatte erfahren müssen, war es israelischen Bürgern nicht gestattet, ausländische Devisen zu besitzen.

Nachdem seit dieser Strafe fast vier Jahre vergangen waren, kündigte Rabin seine Absicht an, sich gegen Peres um die Führung in der Partei zu bewerben. Und plötzlich schien nahezu jedem Journalisten in Israel die Geschichte von Betzalel Mizrahi wieder einzufallen. Rabin war gerade in Südamerika, wo er Spenden für Israel sammelte. »Wieder rief Dan Margalit an, derselbe Kerl, der die Sache mit dem Dollarkonto in die Öffentlichkeit gezerrt hatte«, erinnert sich Niva Lanir. »Ich sagte: ›Hören Sie, Margalit, Rabin ist im Ausland, aber ich werde ihn nicht einmal fragen, was er dazu erklären will. Ich sage Ihnen gleich, wenn Ha'aretz diese Story bringt, ob nun mit oder ohne Rabins Reaktion, dann wird sie als der größte Verleumder in der Geschichte dastehen. Ich habe nicht einmal Lust, sie zu dementieren, denn sie ist einfach absurd und von Anfang bis Ende frei erfunden.‹«

Ha'aretz brachte die Story nicht und auch keine andere israelische Zeitung. Bald darauf kam Rabin von seiner Auslandsreise zurück. Einige Tage später fuhren er und Niva Lanir zu einer Wahlveranstaltung in die Arbeiterstadt Dimonah im Süden Israels. Während der langen Autofahrt meinte Rabin, er glaube nicht, daß man das letzte Mal von dieser Geschichte gehört habe. »Zu viele Leute haben zu lange Jahre daran gearbeitet«, meinte er ahnungsvoll. »Sie werden nicht davon lassen. Drei Tage vor dem Wahlkongreß wird die Sache im Ausland hochkommen.« Niva Lanir erinnert sich gut an dieses Gespräch. Im Wagen war es dunkel. Sie sagte: »Es stimmt wirklich, was man sich über Sie erzählt. Sie leiden an Verfolgungswahn.« – »Ich wünschte, Sie hätten recht«, antwortete er. Das war an einem Dienstag. Am folgenden Sonnabend erschien der Pariser L'Express mit der Titelgeschichte: »Israelische Mafia zahlt Rabins Strafe«.

Rabin verklagte die französische Wochenzeitung und gewann, aber es war für ihn ein deprimierendes Erlebnis. Einmal in Frankreich gedruckt, wurde die Story sofort vom israelischen Rundfunk aufgegriffen. Noch am selben Abend hielt Rabin in Tel Aviv eine Pressekonferenz ab, wo er die Sache dementierte. Niva Lanir moderierte. »Zum ersten Mal in meinem Leben habe ich erlebt, wie so etwas funktioniert«, erinnert sie sich fünfzehn Jahre später. »Zwar hatten wir Samstagabend, aber die ganze in- und ausländische Presse war da, als ob ein Krieg ausgebrochen sei. Es war eindeutig – alle wußten vorher Bescheid, und die Geschichte würde ein breites Echo finden.« Einige Tage später sprach Rabin vor einem Ausschuß israelischer Zeitungsverleger. Dort legte er eine komplette Dokumentation vor, wie er die Geldstrafe finanziert hatte. »Es war das erste Mal, daß ich Tränen in seinen Augen sah«, berichtet Niva Lanir. »Seine Stimme zitterte. Es war eine so tiefe Beleidigung. Er nahm solche Dinge sehr persönlich. Mit der Zeit war er etwas weniger unschuldig geworden, aber er war nie ein Zyniker.«

Die dunkleren Seiten der israelischen Politik lernte Rabin relativ spät kennen. Seine militärische Laufbahn dauerte fast drei Jahrzehnte. Sie endete, und kaum drei Monate später war er Botschafter in Washington. Wenige Monate nach seiner Rückkehr war er bereits als Minister in der Regierung, und die Ereignisse katapultierten ihn wenig später in den Sessel des Ministerpräsidenten. Dann stürzte er. Der Fall war rasant und tief. Plötzlich fand er sich in dem Lager wieder, das keine Kontrolle über die Arbeitspartei hatte. Die Kräfte, die an der Macht waren, dachten gar nicht daran, ihm das Vorankommen in der Partei zu erleichtern. Als sich Rabin zum Beispiel 1981 um den Parteivorsitz bewarb, gestattete man ihm nicht einmal, die Listen der Parteimitglieder einzusehen.

Nachdem Rabins Memoiren in Israel erschienen waren, gingen bei den Redaktionen der meisten überregionalen Zeitungen nahezu identische Briefe ein. Einige wurden gedruckt. In den Briefen tauchte ein Zitat aus den Tagebüchern des früheren Ministerpräsidenten Moshe Sharett auf, in dem von Rabin abschätzig die Rede war.

Niva Lanir war damals für die von der Arbeitspartei gestützte Zeitung Davar tätig. Sie verfolgte die Briefe bis zu ihrer Quelle und entdeckte, daß sie alle von einer bestimmten Werbeagentur stammten, die in den Diensten der Arbeitspartei stand. Die Absender der Briefe waren sämtlich niedere Angestellte dieser Agentur, und das Zitat von Sharett war eine Fälschung. Der abschätzige Satz findet sich tatsächlich in Sharetts Tagebüchern, aber er bezieht sich dort nicht auf Rabin sondern auf Ariel Sharon.

Niva Lanir erläutert, für Rabin war klar, daß Peres hinter diesen schmutzigen Tricks steckte. »Er nannte ihn allerdings niemals beim Namen. Er wußte, daß dieser für derartige Dinge seine Leute hatte. Als der bewußte Artikel in L'Express erschien, rief Peres noch am selben Abend an und erklärte, wie schockiert er darüber sei. Er sagte, er habe niemals geglaubt, daß so etwas geschehen könne. Als Rabin den Hörer auflegte, sagte er: ›Ich glaube ihm nicht.‹ Aber er sagte nicht: ›Dieser Lügner, dieser Schurke.‹ Es war nicht Haß, aber es war Feindschaft, die zwischen beiden stand.«

Wie Rabins Einstellung zu Peres auch immer gewesen sein mag, er hatte die Möglichkeit, seinen Gefühlen freien Lauf zu lassen, als er bald nach seinem Rücktritt vom Posten des Ministerpräsidenten an seinen Memoiren zu arbeiten begann. Als Ghostwriter wählte er Dov Goldstein, den langjährigen Korrespondenten und Redakteur der Zeitung Ma'ariv, mit dem er seit langer Zeit beinahe wöchentlich unter vier Augen über Politik diskutierte. In den zwei Jahren, die sie an dem Buch arbeiteten, trafen sie sich dreimal in der Woche für jeweils sieben oder acht Stunden. Das Ergebnis war ein Manuskript von etwa 1500 Seiten. Goldstein komprimierte sie zu einem zweibändigen Werk, das auf Hebräisch 550 Seiten umfaßt. Es erschien im Jahre 1979. Noch in demselben Jahr kam auch eine gekürzte englische Version unter dem Titel »The Rabin Memoirs« heraus.

Der berühmteste Satz in dem Buch (der in der englischen Version gar nicht wörtlich erscheint) stammt von Goldstein. Dort beschreibt Rabin Peres als einen »geborenen Intriganten«. Goldstein erinnert sich, »daß Rabin hocherfreut war, als Rabin den Ausdruck las. Er umarmte mich und sagte: ›Genau das meine ich. Ich konnte es nur nicht ausdrücken.‹«

Die Arbeit an den Memoiren mag für Rabin ein notwendiger Prozeß der Aufarbeitung der Vergangenheit gewesen sein. Das Buch selbst wurde vom regierenden Likud aber mit größerer Befriedigung aufgenommen als von Rabins Partei. Übermäßige Zurückhaltung konnte man ihm wahrlich nicht vorwerfen. Rabin läßt den Leser in dem Buch etwas von seinem Sinn für Humor spüren – eine Eigenschaft, die man ihm oft fälschlicherweise absprach, zugleich aber zeigt er auch Arroganz und überraschende Kleinlichkeit. Nicht nur Peres bekam sein Teil ab. Rabin warf auch dem verstorbenen Ministerpräsidenten und Parteiführer David Ben-Gurion vor, er habe während des Unabhängigkeitskrieges Fehleinschätzungen getroffen und sei generell leicht manipulierbar gewesen. Er kritisierte Abba Eban, der während des Sechs-Tage-Krieges und in Rabins Amtszeit als Botschafter in Washington Außenminister war. Rabin beschreibt, wie er nach seiner Ernennung zum Ministerpräsidenten Eban, einen Mann, der außerhalb Israels als einer der brillantesten Diplomaten des Landes galt, vom Posten des Außenministers in die ziemlich unbedeutende Funktion des Informationsministers versetzen wollte. »Während seiner vielen Jahre als Außenminister erläuterte er im wesentlichen eine Politik, die andere formulierten, statt eigene politische Ideen beizutragen.« Eban lehnte das Angebot ab und ging nicht in Rabins Kabinett.

Rabin äußerte niemals Bedauern über dieses Buch und nahm auch nichts zurück, was er dort geschrieben hatte. Bei den Wahlen 1981 widerstand er sogar dem Druck der Partei, Peres zu unterstützen, weil dieser ihm bei den Wahlen zum Parteichef übel mitgespielt hatte.

Mit Peres als Bannerträger verlor die Arbeitspartei auch die Wahlen von 1981 an den Likud. 1984 gewann sie zwar geringfügig mehr Sitze in der Knesset (44 zu 41), war aber nicht imstande, eine eigene Koalition zusammenzubringen. Nach einer Pattsituation, die monatelang dauerte, bildeten beide Blöcke schließlich eine »Regierung der nationalen Einheit«. Entsprechend der Koalitionsvereinbarung wollten Peres und der Likud-Führer Yitzhak Shamir einander nach zwei Jahren im Amt des Ministerpräsidenten ablösen. Zunächst sollte es Peres, nach ihm Shamir übernehmen. Rabin war für die ganze Legislaturperiode als Verteidigungsminister vorgesehen.

Daß die Arbeitspartei nicht in der Lage war, die notwendige Zahl von Parlamentssitzen zu erringen, um eine von ihr geführte Regierung zu bilden, zeigte das Problem, das Peres stets mit Wahlen hatte. Dreimal – in den Jahren 1977, 1981 und 1984 – führte er die Liste der Arbeitspartei an, und dreimal gelang es ihm nicht, eine Regierung unter seiner Führung zu bilden.

1984 war die israelische Gesellschaft in einem schlimmen Zustand. Zwei Jahre zuvor waren die Israelischen Verteidigungskräfte

(IDF) unter Begins Führung im Libanon einmarschiert. Als Ziel dieser Operation hatte man verkündet, die PLO aus dem Süden des Landes zu vertreiben und eine sichere Grenze für die Siedlungen in Nordisrael zu schaffen. Statt dessen rollte die israelische Armee nach Norden bis Beirut. Der Architekt dieses Krieges, Verteidigungsminister Ariel Sharon, mußte sich gegen Vorwürfe verteidigen, er habe selbst den Ministerpräsidenten über seine wahren Absichten getäuscht. Die Bevölkerung war über diesen Krieg geteilter Meinung, und diese Spaltung widerspiegelte weitgehend die ethnische Teilung der Juden in Ashkenazi und Sephardim. Letztere bildeten vor allem die Anhänger des in Polen geborenen Ministerpräsidenten. Eine grimmige, frustrierte Stimmmung herrschte im Lande.

Im September 1982, während israelische Truppen die libanesische Hauptstadt noch fest im Griff hatten, drangen mit ihnen verbündete christliche Milizen in die beiden palästinensischen Flüchtlingslager Sabra und Shatilla ein, wo sie nach israelischen Schätzungen über 800 Menschen ermordeten. Andere Schätzungen gehen in die Tausende.

Obwohl nicht Israelis geschossen hatten, war das Massaker unter ihrer Oberaufsicht geschehen. Die Öffentlichkeit im In- und Ausland reagierte schockiert und empört. Der öffentliche Druck wurde so stark, daß Begin äußerst widerstrebend der Einsetzung einer Kommission der Justizbehörden zustimmen mußte, die das Massaker untersuchen sollte. Als diese im Februar 1983 ihre Ergebnisse veröffentlichte, war Sharon gezwungen, als Verteidigungsminister zurückzutreten. Allerdings verblieb er weiter im Kabinett. Etwas mehr als ein halbes Jahr später trat Begin selbst zurück und verfiel in einen Zustand permanenter Erschöpfung, von der er sich bis zu seinem Tode im März 1992 nicht mehr erholen sollte.

Der in sich widersprüchliche Versuch, den Libanesen Frieden aufzuzwingen, erwies sich als Fehlschlag. Als die Regierung der nationalen Einheit schließlich im September 1984 ihre Amtsgeschäfte übernahm, sah sich die israelische Armee einer zunehmend feindseligen libanesischen Bevölkerung gegenüber, die sich im eigenen Lande in einer ausweglosen Lage befand. Israel selbst war auch wirtschaftlich in einem beklagenswerten Zustand. Die Inflation erreichte bis zu 500 Prozent im Jahr. Damals ging der Witz um, es sei wirtschaftlicher, ein Taxi zu nehmen als einen Bus. Für das Taxi bezahlte man erst beim Aussteigen, da das Geld schon weniger wert war als beim Einsteigen.

Die Kabinettsmitglieder von der Arbeitspartei, in erster Linie Peres und Rabin, sahen sich zwar von ihren Wählern ermächtigt, durchzusetzen, daß Israel sich aus dem Libanon zurückzog, Rabin hatte aber Mühe, sein Verhalten im Anfangsstadium dieses Krieges vergessen zu machen, das durchaus als Unterstützung des Feldzuges gewertet werden konnte. Als Israel Ende des Sommers 1982 Beirut belagerte, besuchte Rabin mehrmals in Begleitung von Sharon die Stadt und gab dem damaligen Verteidigungsminister sogar Ratschläge, wie man den Belagerungsring noch fester ziehen könnte, um Yasser Arafat und die PLO von dort zu vertreiben. Bis zum Ende seines Lebens enttäuschte Rabin die Erwartungen der Linken, weil er ein gutes Verhältnis zu Sharon pflegte und sich mit ihm regelmäßig traf, um über Politik zu diskutieren. Niva Lanir erklärt dies zum Teil als lebenslange Loyalität zweier Soldaten, die gemeinsam im Generalstab gedient hatten. Zum Teil war es aber sicher auch ein politisch kalkuliertes Verhalten Rabins: »Wenn man ihn mit Sharon sah, dann wirkte er eher als eine zentristische Figur in der Arbeitspartei. Aber das war keine Freundschaft. Ich kann mich nicht erinnern, Sharon jemals in Rabins Haus gesehen zu haben.« Im Januar des folgenden Jahres bezeichnete Rabin dann allerdings den Krieg bereits als einen Fehler.

Nachman Shahi, Rabins Medienberater zu Beginn seiner Amtszeit im Verteidigungsministerium, sagt, Rabin »habe diesen Krieg als eine Katastrophe betrachtet«. Haim Yisraeli, der unter allen Verteidigungsministern seit Ben-Gurion diente, erklärt, die in der Öffentlichkeit verbreitete Vorstellung von Rabin als Falke sei ungenau: »Er stand für Sicherheit.« Er empfahl der Regierung Begin durchaus eine Taktik, wie der verhaßten PLO in Beirut am besten beizukommen sei und die israelischen Verluste gering gehalten werden konnten. Als er aber erkannte, daß es für Israel aus strategischen Gründen günstiger war, im Libanon eine politische Lösung anzustreben, weil es die militärische Auseinandersetzung verlieren mußte, plädierte er dafür, aus dem Libanon abzuziehen.

Die Generalität der IDF kam ebenfalls zu dieser Erkenntnis, nachdem Stabschef Rafael Eitan zurückgetreten war, der Verteidigungsminister Sharon bei der Planung und Durchführung dieses Feldzuges unterstützt hatte. Moshe Levi, der den höchsten Posten in der Armee im April 1983 übernahm, erklärt, daß selbst vor den Wahlen von 1984, als die Rgierung noch eine Koalition unter Führung des Likud war, die Armee bereits Pläne für einen teilweisen Rückzug vorgelegt hatte, die das Kabinett verwarf. Und selbst als der Likud gemeinsam mit der Arbeitspartei die Regierung der nationalen Einheit bildete, war es letzterer klar, daß sie zumindest einen Likud-Minister auf ihre Seite ziehen mußte, um den Rückzug endlich durchzusetzen.

Niva Lanir war in Rabins erstem Jahr als Verteidigungsminister an seiner Seite. Sie beschreibt, wie Rabin in der Regierung nach und nach Unterstützung für den Rückzug aufbaute: »Es war kein Zufall, daß er regelmäßig hohe Armeeoffiziere zu Kabinettssitzungen einlud. Ich will nicht sagen, daß die Armee sich in die Politik einmischte. Aber ich denke, David Levy (der Wohnungsbauminister vom Likud) wurde überzeugt, für den Rückzug zu stimmen, weil er hörte, was hohe Offiziere dazu zu sagen hatten. Einige sprachen für den Rückzug, andere dagegen, und jeder erläuterte seinen Standpunkt. Ich glaube, das Kabinett debattierte jede Woche über den Libanon.«

Moshe Levi bestätigt dieses Vorgehen Rabins. In der Armee gab es viele verschiedene Meinungen, berichtet er. Erst nach ausführlichen und offenen Diskussionen beschloß der Generalstab, der Regierung den Vorschlag zu präsentieren, den Levi selbst unterstützte: »Wir sagten dem Kabinett, daß es unter uns verschiedene Meinungen gebe, und wir brachten deren Vertreter mit, damit sie sie erläuterten. Außerdem gab es auch viele persönliche Gespräche mit wichtigen Personen, besonders mit David Levy. Dieser hatte den persönlichen und politischen Mut, seiner eigenen Meinung zu folgen, selbst wenn sie der erklärten Position des Likud widersprach, den er als Minister vertrat.« Der Plan, den das Kabinett schließlich billigte, sah einen schrittweisen Rückzug aus dem Libanon vor, der im Januar 1985 begann und im Juni abgeschlossen war. Eine kleine Truppenpräsenz blieb in einer Sicherheitszone nördlich der israelischen Grenze bestehen, um dieses Gebiet zu befrieden. Die Kontrolle dieser Sicherheitszone sollte die Südlibanesische Armee, eine christliche Miliz unter israelischer Kontrolle, übernehmen.

Unter Rabins Führung vollzog sich ein weiterer Prozeß im Verteidigungsministerium, der äußerlich weniger dramatisch war als der Rückzug aus dem Libanon, aber, was seine Folgen betrifft, als ebenso riskant und weitreichend angesehen werden kann. Als Teil des umfassenden Wirtschaftsplanes der Regierung, die öffentlichen Ausgaben zu senken und die Inflation auf zweistellige Raten zurückzudrängen, übernahm Rabin die Verpflichtung, daß das Verteidigungsministerium seinen Haushalt um 20 Prozent reduzieren werde. Moshe Levi nennt Rabins Bereitschaft zu diesem Schritt ein Beispiel für seinen staatsmännischen Weitblick. Und das nicht nur, weil er bereit war, die nationalen Interessen über die Bedürfnisse seines eigenen Ministeriums zu stellen, sondern auch, weil er mit Ministerpräsident Peres in dieser Frage hervorragend kooperierte. »Im allgemeinen heißt es, die Spannungen zwischen Rabin und Peres hätten sich erst in den letzten Jahren während des Friedenspsozesses gelöst, ich möchte aber sagen, daß ihre Zusammenarbeit sowohl im wirtschaftlichen als auch im Sicherheitsbereich bereits damals vollkommen war.« Niva Lanir wiederholt es fast mit den gleichen Worten: »Offenbar überwog die Verantwortung für ein Ministerium alles Gezänk innerhalb der Partei. Rabin und Peres waren ständig im Gespräch, sie arbeiteten zusammen. Es war wunderbar. Ich sah: wenn es ihnen gelang, ihre Rivalität in der Partei zu vergessen, konnten sie Großes vollbringen.«

Nach einem Krieg fordert – und erhält – die Armee in der Regel größere Mittel. Sie analysiert die Lehren des Krieges. Notwendige Veränderungen und Verbesserungen erfordern unweigerlich bedeutende Investitionen. Aber hier beendete die Armee einen Krieg, führte den kostspieligen Rückzug aus dem Libanon durch und erklärte sich zugleich bereit, ihre Ausgaben wesentlich zu kürzen. »Wir entließen etwa 7000 Berufssoldaten«, berichtet Levi, »und Tausende Zivilbeschäftigte der Armee. Das war ein sehr schmerzhafter Prozeß. Als Mann, der stets für Sicherheit eintrat, empfand Rabin dies in besonderem Maße. Das Schlimmste war zweifellos, daß wir Menschen entlassen mußten.«

Die Senkung der Verteidigungsaufgaben war aber auch riskant. Levi stellt fest, daß man dies nicht als gewöhnliche Haushaltsreduzierung sehen konnte. »Der Ausgangspunkt war nicht die Sicherheit. Die Wirtschaft drohte zusammenzubrechen.« Das verstanden sogar die führenden Leute der Sicherheitsorgane. »Wir fanden eine Formel, die die Dinge ins nötige Gleichgewicht brachte. Aber ich bin sicher, wenn Yitzhak Rabin sich nicht an die Spitze gesetzt hätte und der ganze Generalstab, ich eingeschlossen, ihm nicht gefolgt wäre, dann hätte man die Streichungen niemals durchsetzen können. Ich glaube nicht, daß die Regierung dem Verteidigungsminister Ausgabenkürzungen in dieser Höhe hätte aufzwingen können. Wenn man fragt, ob wir damit Israel in Gefahr brachten, ist meine Antwort Nein. Aber wir balancierten auf des Messers Schneide und wogen die Gesamtinteressen des Landes stets sehr genau mit den Erfordernissen seiner Sicherheit ab.«

Die Frage, wieviel persönliche Empfindsamkeit Rabin besaß, ist auch nach seinem Tode immer noch heftig umstritten. Zweifellos war er imstande, harte Entschlüsse zu fassen, die das Leben von Menschen ganz fundamental betrafen. Seit er in den Zwanzigern war, hatte er junge Männer in die Schlacht geschickt. Obwohl er als Militär in der Öffentlichkeit vor allem für seine Härte und sogar Schroffheit bekannt war, sagen seine Kollegen, daß er sich für die Gefühle der Familien gefallener Soldaten stets große Sensibilität bewahrte. Er war immer für Menschen erreichbar, deren Söhne vermißt oder in Gefangenschaft geraten waren. Niva Lanir erinnert sich daran, wie Rabin vor dem Knesset-Ausschuß für Außenpolitik und Verteidigung sprach, kurz nachdem er Verteidigungsminister geworden war. »Während der Rede reichte man ihm ein Blatt, das über einen Hubschrauberabsturz informierte. Dabei waren drei Mann ums Leben gekommen. Er schaute kurz darauf und sprach weiter. Nach kurzer Zeit reichte man ihm ein weiteres Blatt mit der Meldung, drei Soldaten seien im Libanon umgekommen. Er faltete es zusammen und sagte zu dem Ausschuß: ›Das ist nun zu viel für mich. Ich muß unsere Sitzung abbrechen.‹«

Nachman Shai berichtet: »Ich glaube, mit den Jahren wurde Rabin empfindsamer für die Verluste. Wieviel kann ein Mensch aushalten? Beim ersten Mal, im ersten Krieg sind es deine Freunde. Beim zweiten Mal sind es die Söhne deiner Freunde – so geschehen im Yom-Kippur-Krieg. Beim dritten Mal sind es ihre Enkel. Rabins Enkel dient bereits in der Armee, bei den Fallschirmtruppen. Er kann durchaus an der Beit-Lid-Kreuzung stehen, wenn eine Bombe hochgeht. Rabin ist Zeuge, wie nun schon die dritte Generation ihr Blut vergießt.«

Am 20. Mai 1985 ließ Israel 1150 Palästinenser frei, die wegen Terrorakten innerhalb Israels einsaßen. Dies war der sogannte Jibril-Austausch, so genannt, weil er auf arabischer Seite von Ahmad Jibril, dem Chef des Oberkommandos der Volksfront für die Befreiung Palästinas (PFLP) ausgehandelt wurde. Obwohl der Stabschef der Armee sich gegen dieses Geschäft ausgesprochen hatte, mit dem die Freilassung von drei israelischen Soldaten erreicht wurde, die Jibrils Gruppe im Libanon festhielt, stimmten neun von zehn Mitgliedern des »inneren Kabinetts«, das politisch sensible Fragen behandelte, darunter auch Rabin, dafür. Der Verteidigungsminister rechtfertigte den Austausch mit den Worten: »Wenn wir keine militärische Option mehr haben ..., wenn alle Möglichkeiten gründlich geprüft sind, dann gibt es keine Alternative, als Verhandlungen aufzunehmen und einen Preis zu zahlen.«

Im Nachhinein sehen viele Beobachter diesen Austausch als einen katastrophalen Fehler. Bei früheren derartigen Aktionen waren sogar noch größere Zahlen von »Terroristen« freigelassen worden, so zum Beispiel im Libanon über 4000. Aber Moshe Levi weist zu Recht darauf hin, daß dies keine Terroristen waren, die Anschläge in Israel auf dem Gewissen hatten und dort freigelassen wurden. Sie agierten grundsätzlich im Libanon und blieben auch dort. Nach seiner Meinung hatten diese großen Zahlen für etwas Konfusion gesorgt, als über den Jibril-Austausch abgestimmt wurde.

Die im Mai 1985 freigelassenen Terroristen kehrten an ihre Heimatorte in Westjordanien und im Gazastreifen zurück. Viele nahmen sofort den Kampf gegen Israel wieder auf. Es sollten noch zahlreiche Anschläge auf zivile und militärische Ziele in Israel folgen, bevor eineinhalb Jahre später im Flüchtlingslager Jabalya im Gazastreifen ein Aufstand ausbrach, der bald als Intifada bekannt werden sollte.

SIEBENTES KAPITEL
Der Kampf gegen die Intifada

»Brecht ihnen die Knochen!« Ob Verteidigungsminister Yitzhak Rabin diese schrecklichen Worte sprach, als er in den ersten Wochen des Aufstandes der Palästinenser Soldaten in den Kampf schickte, wird wohl für immer ein Rätsel bleiben. Dieser Satz, den der Verteidigungsminister Anfang 1988 gesagt haben soll, was er später bestritt, trug Rabin in den entferntesten Winkeln der Welt zweifelhaften Ruhm ein. Die volle Wahrheit darüber hat er offenbar mit ins Grab genommen.

Dan Shomron, der zu jener Zeit Stabschef der IDF war, sagt, er persönlich habe Rabin niemals diese Worte sagen hören. »Vielleicht hat er sie auch gebraucht, aber dann war das seine Art, sich auszudrücken. Was er meinte, war die Anwendung von Gewalt. ›Die Knochen brechen‹ war ein bildhafter Ausdruck, den Dado (Stabschef David Elazar) im Yom-Kippur-Krieg benutzte.«

Auch Amram Mitzna, damals Chef des Kommandos »Zentrum«, das das Westjordanland einschloß, hat niemals gehört, daß Rabin diesen umstrittenen Befehl ausgab. »Aber ich habe ihn sagen hören, die Unruhen sollten mit physischer Gewalt unterdrückt werden«, fügt er hinzu. »Einige Soldaten haben das offenbar mißverstanden.«

Andere behaupten, wenn Rabin den Soldaten auch nicht ausdrücklich befahl, hinauszugehen und den Palästinensern die Knochen zu brechen, habe er genau das gemeint. Wie auch immer, diese Worte verselbständigten sich. Im ersten Jahr der Intifada berichtete man aus dem Gazastreifen von zwölf Toten, die man erschlagen hatte. Dort und im Westjordanland wurden darüberhinaus noch viel mehr gebrochene Arme und Beine registriert. Es wurden auch über 260 Menschen erschossen, aber irgendwie erregte der Anblick israelischer Soldaten, die palästinensischen Zivilisten buchstäblich die Knochen brachen, mehr Abscheu und Empörung bei Menschen mit liberalen Anschauungen in Israel und im

Ausland als alle Feuerstöße und Gummigeschosse zusammengenommen.

Und die ganze Welt schaute zu. Es war eines der denkwürdigsten Bilder der Intifada, als ein Kameramann der CBS vier Soldaten der IDF auf seinen Film bannte, wie sie an einem kahlen Berghang bei Nablus mit ihren Gewehrkolben und mit Steinen auf die Köpfe, Arme und Beine von zwei palästinensischen Steinewerfern einschlugen, die sie bei einer Randale festgenommen hatten. Die Bilder gingen im Februar 1988 zur besten Sendezeit um die Welt und lösten einen einstimmigen Aufschrei aus, wenn sich auch später herausstellte, daß keinem der Araber tatsächlich die Knochen gebrochen worden waren. Als Soldaten und Offiziere, gegen die man ermittelte, weil sie äußerst brutal gegen Palästinenser vorgegangen waren, angaben, sie wären damit nur den Instruktionen des Verteidigungsministers gefolgt, erklärte Rabin vor der Knesset, soweit er sich erinnere, habe er niemals ungesetzliche Befehle ausgegeben oder jemanden angewiesen, loszugehen und Menschen die Knochen zu brechen. Wenn aber ein Bild vom Verteidigungsminister während der Intifada bis heute Bestand hat, dann ist es das von Rabin, dem Knochenbrecher.

Die ersten Stunden, Wochen und Monate der Intifada gehören wohl kaum zu Rabins besten Zeiten. Dies war eine Phase der Konfusion, der Fehleinschätzungen, von Versuch und Irrtum. Der Streit um das »Knochenbrechen« war nur eine von mehreren grausigen Episoden. Zu einer anderen kam es, als man im nördlichen Westjordanland vier Unruhestifter lebendig begrub. Soldaten hatten den vier befohlen, sich niederzulegen, während ein Bulldozer Erde über sie schob. Sie wurden kurz darauf gerettet, aber das schreckliche Bild blieb. Die Israelis schienen den Verstand verloren zu haben.

Aber für Rabin war selbst dieses Erlebnis nicht völlig ohne Wert. Es schien, als müsse dies alles erst geschehen, damit in dem Kampf zwischen Israelis und Palästinensern ein entscheidender Punkt erreicht wurde. »Die Intifada war Rabins Schule«, bemerkt Ze'ev Schiff, ein führender israelischer Analytiker in Verteidigungsfragen, der gemeinsam mit Ehud Ya'ari im Jahre 1989 das wichtige Buch »Intifada« herausbrachte. Zuerst, so sagte Schiff, »glaubte Rabin, daß die Jordanier die Palästinenser an den Verhandlungstisch bringen würden. Die Intifada lehrte ihn, daß das Gegenteil der Fall war. Mit anderen Worten, es war diese Schule, die Rabin nach Schiffs Meinung von der diffusen und passiven Auffassung abbrachte, Jordanien sei der Schlüssel zur Lösung der Palästinafrage. Von nun an begann er unter den Palästinensern nach Verhandlungspartnern für Israel zu suchen, was ihn schließlich direkt vor die Tür der PLO führte.

Bis Dezember 1987 war der Status quo in Westjordanien und dem Gazastreifen das allerletzte Problem, das die israelischen Verteidigungskräfte interessierte. Die Monate zuvor waren alles andere als ruhig gewesen. Aber selbst die jähe Zunahme der Streiks, Demonstrationen und Unruhen, wo Steine und Molotowcocktails flogen, hatte die Alarmglocken nicht läuten lassen. Das Militär, erinnert sich Dan Shomron, hatte andere, »wichtigere Sorgen« – die Probleme an der Nordgrenze zum Libanon, die Woge hereinströmender Terroristen aus Jordanien im Osten, die wachsende Bedrohung seitens des Irak und der normale Ausbau der Armee, die Ausbildung und Vorbereitung auf den Krieg. Immerhin sollte Saddam Hussein zwei Jahre später schwören, er werde halb Israel mit chemischen Waffen ausrotten, und König Hussein von Jordanien war sein bester Freund.

Rabin selbst blieben die Gebiete, die er 1969 erobert hatte, irgendwie fremd. Er hatte niemals viel mit den jüdischen Siedlern im Sinn, war wütend über die militanten Elemente unter ihnen, und die biblische Vergangenheit der Gegend ließ ihn kalt. Was die fast zwei Millionen dort lebenden Palästinenser betraf, so wußte er nicht besonders viel von ihnen und nahm sich dafür auch kaum Zeit. Das einzige Material, das er über sie las, waren Geheimdienstberichte, die sie gewöhnlich in den schwärzesten Farben malten. Obwohl er den militärischen Wert dieser Gebiete durchaus sah, stellte er sich laut Schiff niemals darauf ein, diese für immer zu behalten. Er vergaß nie, daß sie bevölkert waren, und er achtete stets darauf, daß das Besatzungsregime so milde wie möglich gestaltet wurde. So ernannte er zum Beispiel 1985 Ephraim Sneh, einen Brigadegeneral, der für seine liberalen Ansichten bekannt war, zum Chef der israelischen Zivilverwaltung im Westjordanland.

Aber bis zur Intifada betrachtete Rabin die von der Arbeitspartei vertretene jordanische Option als den Schlüssel zur Zukunft dieser Gebiete. Den Allon-Plan, der eine weitere israelische Besiedlung des Jordantals vorsah, hielt er für die beste Garantie der Sicherheit Israels. Außenminister Shimon Peres hatte es persönlich auf sich genommen, im April 1987 mit König Hussein von Jordanien in London eine geheime Übereinkunft zu schließen, daß eine internationale Konferenz über den Nahostkonflikt abgehalten werden sollte. Rabin hatte niemals das Interesse verspürt, sich detailliert damit zu befassen, wohin eine von Jordanien vermittelte politische Lösung führen sollte.

Als dann am 8. Dezember 1987, einem Dienstagabend, eine palästinensische Menschenmenge im Flüchtlingslager Jabalya im Gazastreifen einem ahnungslosen Haufen israelischer Reservisten in beispielloser Zahl mit einem Mut und einem Widerstandswillen gegenübertrat, der selbst für ihre Verhältnisse ganz außergewöhnlich war, ist es kein Wunder, daß Rabin, der sonst in jede Einzelheit eines Problems eindrang, die Situation mißverstand oder, besser gesagt, sich gar nicht die Mühe machte, sie zu verstehen. Hatte der Tag doch ziemlich normal begonnen. Es gab keinen Grund anzunehmen, daß eine massive Erhebung der Bürger bevorstand. Und auch die Shin Bet, die Agentur, die für die tägliche Einschätzung der Sicherheitslage in den besetzten Gebieten zuständig war, erwartete nichts dergleichen. Das einzige leicht ungewöhnliche Ereignis war ein Verkehrsunfall am Nachmittag gewesen. Ein israelischer LKW hatte einen Wagen mit palästinensischen Arbeitern gerammt, die nach der Schicht in den Gazastreifen zurückkehrten. Vier der Arbeiter waren dabei umgekommen.

Im Nachhinein wird offenbar, daß die Intifada ausbrechen mußte. Der Verkehrsunfall war nur der letzte Tropfen, der das Faß zum Überlaufen brachte. Vom Unfallort flog das wilde Gerücht durch Gaza, der »Unfall« sei in Wirklichkeit ein willkürlicher Racheakt des Cousins eines Israelis gewesen, den man einige Tage zuvor in Gaza erstochen hatte. Die Israelis waren in den Augen der unter der Besatzung lebenden Palästinenser inzwischen so dämonisiert, daß man ihnen beinahe alles zutraute. An dem Abend, als die Bewohner von Jabalya von der Beerdigung der Unfallopfer zurückkehrten, galt die Vergeltungstheorie bereits als unbestrittene Tatsache. Zunächst versammelte sich die Menge vor dem israelischen Stützpunkt, dem verhaßten Symbol der Besatzung im Herzen des Lagers. Flüche wurden geschrien, und Steine flogen gegen das Gebäude. Bald war ganz Jabalya in Aufruhr. Steine und Brandsätze hagelten auf die Armeepatrouillen nieder, die sich in die Straßen wagten. Die Unruhen dauerten Stunden und flammten am nächsten Morgen erneut auf.

Der Aufstand griff rasch auf das Flüchtlingslager Rafah in der Nähe der ägyptischen Grenze und von dort auf andere Teile des Gazastreifens über. Einige der kleinen Armeeinheiten, die das Pech hatten, gerade dort Dienst zu tun, spürten, daß sie immer mehr die Kontrolle verloren. Nach wie vor war den Militär- und Verteidigungsorganen – wie auch der palästinensischen Führung, die diese spontane Volkserhebung völlig unvorbereitet traf – nicht klar, daß sich hier etwas grundsätzlich Neues aufbaute. Forderungen nach Verstärkung, um die Flammen löschen und ihre weitere Ausbreitung verhindern zu können, wurden abgelehnt.

Rabin war sich seiner so sicher, daß er am 10. Dezember außer Landes fuhr. Nach kurzem Zögern ging er auf eine lange geplante Reise in die USA. Während seiner Abwesenheit griff die Intifada auf Westjordanien über. »Hätte man an jenem Tag entsprechend gehandelt, wäre es noch möglich gewesen, das Überschwappen der Gewalt vom Gazastreifen ins Westjordanland zu verhindern«, schrieben Schiff und Ya'ari. »Aber es ist eine traurige Tatsache: Rabin und seine Mitarbeiter starrten wie gebannt auf Washington und sahen nicht, was vor ihrer Nase geschah.« Mitzna erinnert sich an zwei oder drei Ferngespräche mit dem Verteidigungsminister, der über die Ereignisse ständig auf dem Laufenden gehalten werden wollte. Als aber Rabin am 21. Dezmber schließlich nach Israel zurückkehrte, zeigten seine ersten öffentlichen Äußerungen nur, wie wenig er davon wußte, was eigentlich vorging. In scharfen Worten warf er Syrien und Iran vor, die Unruhe geschürt zu haben, was »völlig aus der Luft gegriffen war«, sagt Schiff.

Die Wahrheit ist, daß unmittelbar nach dem 8. Dezember weder die Israelis noch die Palästinenser die ganze Tragweite der Ereignisse voll erfaßten. Im Protest der Palästinenser hatte sich ein Quantensprung vollzogen, was den höchsten politischen und Sicherheitsstellen Israels, aber auch der PLO jedoch erst nach und nach dämmerte. Shomron erläutert, der Aufstand habe sich faktisch das ganze Jahr zuvor aufgebaut. Der 8. Dezember war somit ein ganz willkürliches Datum für seinen »offiziellen« Beginn. Mitzna bekennt, er selbst, Rabin und auch alle anderen Verantwortlichen brauchten mehrere Wochen, um wirklich zu begreifen, daß das kein gewöhnliches Aufflackern von Protesten war, die sich bald von selbst wieder legten.

Möglicherweise unterschätzten Rabin und das gesamte militärische Establishment die Palästinenser. »Wir glaubten nicht, daß es lange dauern würde, weil sie es nicht durchstehen konnten«, erinnert sich Shomron. »Sie hatten keinerlei Vorräte an Lebensmitteln oder anderen notwendigen Dingen. Aber bei Volksaufständen sind die Menschen offenbar bereit, schwere Entbehrungen auf sich zu nehmen.« In der Vergangenheit waren solche Unruhen aufgeflammt und hatten sich nach wenigen Tagen wieder gelegt. Diesmal legten sie sich nicht. Dazu kam ein weiterer wichtiger Unterschied. Die Intifada war auch deswegen anders als die bisherigen Unruhen, weil ein anderer Gegner auftrat. Die israelische Armee hatte es diesmal nicht mit bewaffneten Terroristen, politischen Agitatoren oder Studenten zu tun. Sie mußte gegen ganze Familien vorgehen. Alte Männer, Frauen und Kinder füllten die Reihen der Steinewerfer immer wieder auf. Israel sah sich einer unbewaffneten, wahrhaften Rebellion der Bürger gegenüber.

Als klar wurde, daß Israel hier vor einem neuen Problem stand, argumentierten Shomron und Mitzna eindringlich, daß militärische Mittel allein nicht ausreichten, um dem Aufstand ein Ende zu setzen – die Intifada hatte ihre Wurzeln in der Armut der Palästinenser, ihrem Zorn und Haß auf die Besatzung. Eine politische Strategie mußte her. Rabin widersprach dem nicht. Aber er hatte seine Prioritäten, und die erste bestand darin, wenigstens einen Schein von Ordnung wiederherzustellen. »Das bedeutete noch mehr Gewalt«, erinnert sich Mitzna. Dem Militär fehlte es jedoch zu jener zeit fast gänzlich an der nötigen Ausrüstung zur Unterdrückung von Unruhen. Gummigeschosse waren nur sehr begrenzt vorhanden, und die kleine Reserve an Tränengas hatte seit Jahren Staub angesetzt. Soldaten, die sich einer wütenden Menschenmenge gegenübersahen, setzten ein, was sie hatten – ihre Gewehre. Dabei gestattete die Vorschrift ihnen nur, das Feuer zu eröffnen, wenn Gefahr für ihr Leben drohte. Es war nun also dem Ermessen des Soldaten überlassen zu entscheiden, wann ein Stein, ein Betonklotz oder ein Molotowcocktail lebensgefährlich wurde. Die Front war überall, die Szenen chaotisch, und die Zahl der Opfer stieg, vor allem unter den Palästinensern. »Wir hatten weder die Mittel, mit der Intifada fertig zu werden«, berichtet Mitzna, »noch eine klare Linie für unser Vorgehen. Wer war zum Beispiel ein Feind und wer nicht? Waren alle Palästinenser Feinde? Durften sie nur von der Justiz bestraft werden? Darum gab es ständig Auseinandersetzungen.«

Wenn Rabin die Fähigkeit der Palästinenser, einen Volkskrieg zu führen, anfangs auch unterschätzte, wurde er der Herausforderung doch allmählich gerecht. Bald nach seiner Rückkehr aus den USA erklärte der Verteidigungsminister die Intifada zur Chefsache. Die Palästinenser hatten in ihm einen leibhaftigen Gegner gefunden. Jeden Donnerstag rief er nun eine Sonderberatung ein, an der der Stabschef, die Regionalkommandeure, der Sekretär Ministerpräsident Yitzhak Shamirs für militärische Fragen sowie Vertreter aller Behörden teilnahmen, die mit den besetzten Gebieten befaßt waren. »Dort wiederholte sich stets dasselbe Ritual«, berichtet Mitzna. »Zunächst ließ sich Rabin von allen am Tisch Versammelten über die Lage informieren. Er forderte detaillierte Berichte über jede Demonstration – wo genau sie stattfand, wie viele Menschen teilnahmen und wie sie endete. Daraus setzte er ein Gesamtbild zusammen. Dann entschied er, was zu tun war.« Was den Zustand der Armee betraf, so verließ er sich hier nicht einmal auf die Berichte seines Stabschefs. Statt dessen begab er sich faktisch jede Woche vor Ort und sprach dort mit den diensttuenden Soldaten. Zunächst nahm er die Umgebung in Augenschein, dann fragte er die Soldaten nach ihrer Stimmung, nach den alltäglichen Vorgängen und wie sie mit der Situation zurecht kamen. Er hörte sich auch ihre bitteren Klagen an – wie sie von Steine werfenden Kindern gedemütigt wurden, wie schrecklich es war, tagelang in den Alleen Katz und Maus zu spielen, und daß sie keinerlei Mittel hatten, um sich ihrer Haut zu wehren.

Als Reaktion auf die rasch wachsende Zahl getöteter Palästinenser (Ende Dezember waren es bereits 22) und das alarmierende Sinken der Moral der Truppe wurden nun Schlagstöcke ausgegeben. Rabin sagte am 20. Januar 1988 vor der Knesset, die Intifada werde mit »Kraft, Stärke und Schlägen« bekämpft werden. Mitzna erläutert, der Sinn habe darin bestanden, daß die Soldaten in die Demonstrationen hineingehen und sie aktiv beenden sollten. Die Stöcke sollten nicht benutzt werden, um einen Täter zu bestrafen, wenn er einmal festgenommen war. Zum Schrecken der Verteidigungsorgane zeigte jedoch eine überraschend große Zahl von Soldaten die Neigung, lebensgefährlich um sich zu schlagen, nachdem eine Revolte schon im wesentlichen abgeflaut war. Wieder mußten Rabin und seine Kommandeure vor Ort eilen, um den Unterschied deutlich zu machen.

Yitzhak Rabin steuerte einen Kurs, der bei jeder Wendung voller Hindernisse und Risiken war. Da waren die palästinensischen Frauen und Kinder, die frustrierten Soldaten, die von den Palästinensern in den besetzten Gebieten getöteten Israelis (zwei Soldaten und fünf Zivilisten im ersten Jahr der Intifada). Da war die israelische Öffentlichkeit, die sehr empfindlich auf Exzesse der Armee reagierte, zugleich aber jedesmal nach drastischen Maßnahmen rief, wenn ein Jude getötet wurde. Und dann waren da noch die Minister des Likud in der Regierung der nationalen Einheit, die Hardliner vom Schlage eines Ariel Sharon, nun Minister für Handel und Industrie, die den IDF und später auch Rabin persönlich ständig vorwarfen, sie seien zu weich. Für sie war Rabins eiserne Faust nichts anderes als ein Samthandschuh. Sie verlangten, den Aufstand unter Einsatz aller Mittel in Grund und Boden zu stampfen. Rabin war beileibe kein Liberaler, wenn es um Sicherheitsfragen ging. Aber weder fiel es ihm ein, Panzer gegen unbewaffnete Zivilisten einzusetzen, noch die palästinensischen Flüchtlingslager aus der Luft zu bombardieren, wie es einige Vertreter der Opposition forderten.

Bald nach Ausbruch der Intifada erhielten Rabin und Shomron die Einladung zu einer wissenschaftlichen Veranstaltung an der Universität von Tel Aviv, wo man sich mit historischen Beispielen für den Umgang mit Bürgeraufständen befaßte. Shomron erinnert sich an eine besonders aufschlußreiche Analyse von Professor Shimon Shamir, einem Fachmann für den Nahen Osten, der israelischer Botschafter in Ägypten und Jordanien gewesen war. Die Wissenschaftler waren sich einig: Die Geschichte lehrt, wenn eine Besatzungsmacht mit harter Hand durchgreift, hat sie es später regelmäßig zu bereuen. Nicht weil die Aktion möglicherweise nicht wirksam war, sondern weil die Brüder, Cousins und Eltern jedes Opfers nun zu ihren erbitterten Feinden werden. Der Status quo ante ist dann nicht mehr wiederherzustellen. Das haben zum Beispiel die französischen Erfahrungen in Algerien gezeigt. Kurz gesagt, nackte Gewalt ist selten angebracht.

Rabin hörte aufmerksam zu und sprach wenig. Der Verteidigungsminister stimmte der Meinung der Akademiker zu. »Wir berieten uns und beschlossen, umsichtig vorzugehen, keine unwiderruflichen Schritte und Aktionen zu unternehmen, die wir später zu bereuen hätten«, berichtet Shomron. »Wir wollten zwar eine harte Hand beweisen, zugleich sollte das Leben in den besetzten Gebieten aber weitergehen. Wo es möglich war, sollten Schulen und Behörden offen bleiben. Die Palästinenser sollten auch weiterhin in Israel arbeiten können. Das war unsere Linie während der ganzen Intifada.«

Rabin sorgte sich um die Meinung der inernationalen Öffentlichkeit, auch wenn manche seiner Schnitzer in der Öffentlichkeit den Eindruck erweckten, diese sei ihm völlig gleichgültig. Vor allem aber plagte ihn sein eigenes Gewissen. Er war stets bemüht, gegen den Aufstand so effektiv wie möglich vorzugehen, dabei aber die Opfer minimal zu halten. Im Frühjahr 1988 sah er ein, daß die Intifada nicht mit militärischen Mitteln unterdrückt werden konnte. Nun unternahm er alles, um sie einzudämmen. Einige der Mittel, die Rabin in diesem Krieg einsetzte, gingen bis an den Rand des israelischen Strafrechts – oder auch darüber hinaus, wie seine Kritiker meinen. Er nutzte mit Genuß die Ausnahmebestimmungen von 1945, die noch aus der Zeit des britischen Mandats in den Gesetzbüchern standen. Dazu gehörten außergerichtliche Strafen wie die Zerstörung der Häuser von Verdächtigen, die Deportation von Führern der Intifada und Massenverhaftungen ohne Gerichtsverfahren.

Rabin ließ sich zwar juristisch beraten und hielt sich stets im Rahmen des Rechts, wurde jedoch mehrfach von der Justiz in die Schranken verwiesen. So entschied zum Beispiel das Oberste Gericht im Juli 1989 zugunsten einer Petition der Gesellschaft für Bürgerrechte Israels und gegen die Position der Militärorgane, daß Hauseigentümer die Möglichkeit haben mußten, gegen den Befehl eines lokalen Kommandeurs zur Zerstörung ihres Hauses Berufung einzulegen, bevor dieser ausgeführt wurde. Die Zahl solcher Zerstörungen ging danach stark zurück – nicht weil die Gerichte viele derartige Befehle zurückgewiesen hätten, sondern weil die Armee spürte, daß die Zerstörung der Häuser ihre Wirkung als ein rasches Vergeltungsmittel verloren hatte, und dieses deshalb seltener anwandte. So zeigte Mitzna zum Beispiel wenig Neigung zu kollektiven Strafaktionen. Er war ein Kommandeur, den mehr Skrupel plagten als die meisten anderen. Das muß ständig Anlaß für Konflikte mit Rabin gewesen sein, der meist lediglich verlangte, daß ein Befehl ausgeführt wurde.

In der vorletzten Nacht vor den Wahlen in Israel im November 1988 fuhr ein Bus von Tiberias nach Jerusalem. Am Rande von Jericho zuckte ein Blitz in der Dunkelheit auf. Ein Molotowcocktail knallte gegen den Bus, der sofort in Flammen aufging. Eine Mutter und zwei ihrer Kinder kamen in den Flammen um. Ein Soldat, der sie retten wollte, starb später. Nach Mitzna traf auch Rabin am Ort des Geschehens ein. Was er dort sah, versetzte ihn in Zorn. »Wir gerieten in Streit«, erinnert sich Mitzna. »Rabin verlangte action. Er wollte, daß etwas unternommen wurde.« Mitzna war dagegen, in Jericho einzumarschieren, in der Stadt den Ausnahmezustand auszurufen und die Männer zusammenzutreiben. Schließlich war das auch nicht nötig. »Es war unser Glück, daß wir die drei Täter innerhalb 24 Stunden faßten. Es waren drei Afrikaner, Mitglieder einer kleinen afrikanischen Moslemgemeinde, die in Jericho lebte. Niemand hatte sie geschickt. Sie waren einfach aus eigenem Antrieb losgegangen und hatten sich mit einem Molotowcocktail in den Hinterhalt gelegt. Rabin begriff nun endlich. Man kann nicht jeden bestrafen. Wenn Gute und Schlechte die gleiche Behandlung erfahren, dann hat es keinen Sinn mehr, gut zu sein.«

Yitzhak Rabin gebührt über alle, auch die schlimmsten Tage der Intifada hinweg ein wichtiges Verdienst. Es ist ihm zu verdanken, daß die Armee, eine der lebenswichtigen Institutionen Israels, stets die Unterstützung der Öffentlichkeit behielt. »Es gab Tage, da fürchtete ich am meisten, daß die Menschen den Militärdienst verweigern könnten«, sagt Dan Shomron. Zwar gab es Dutzende Reservisten und auch einige Rekruten, die es ablehnten, in den besetzten Gebieten zu dienen. Aber nach Shomron »stieg die Zahl der Freiwilligen, die sich zu den Eliteeinheiten meldeten, sogar noch an. Rabin verfolgte eine Linie, mit der die Armee leben konnte. Extreme Auffassungen setzten sich nicht durch.«

Dabei blieb er jedoch nicht stehen. Rabin hatte immer die Meinung vertreten, die Palästinafrage könne letzten Endes nur politisch gelöst werden. Öffentlich erklärte er jedoch bei jeder Gelegenheit, Verhandlungen seien erst dann möglich, wenn im Lande wieder Ruhe eingezogen sei. Als die Intifada ausbrach, befaßte er sich aber in aller Stille immer intensiver mit diesem Thema. Anfangs dienten seine Kontakte zur lokalen Führung der Palästinenser, die er zum ersten Mal zur Kenntnis zu nehmen schien, vor allem dem Zweck, Informationen zu erhalten. Allmählich nahmen sie jedoch mehr und mehr politischen Charakter an.

Sari Nusseibeh, ein palästinensischer Akademiker aus Abu Dis in der Nähe von Jerusalem war prominentes Mitglied dieser lokalen Führung. Er war ein bekannter politischer Aktivist und Vordenker, der Sproß einer Adelsfamilie mit einer langen Tradition politischen Engagements. Die Israelis vermuteten, daß er an der Führung der Intifada beteiligt war, den Ton angab und als Bindeglied zwischen dem sogenannten Einheitlichen Kommando der Palästinenser zur Führung der Proteste in den besetzten Gebieten und dem Hauptquartier der PLO in Tunis diente. Bis zum heutigen Tage achtet Nusseibeh sorgfältig darauf, nichts über diese Zeit verlauten zu lassen, was ihn auch nur im entferntesten belasten könnte. Er sitzt in seinem Büro einer palästinensischen Forschungsstelle in der Saladin-Straße von Ostjerusalem, denselben Räumen, die die Israelis 1989 für zwei Jahre schlossen, weil sie dort geheime Aktivitäten vermuteten, und verbreitet sich in vieldeutigen Worten darüber, wie die Intifada geführt wurde.

Akademische Diskussionszirkel, in denen rein zufällig die Vertreter der verschiedenen Palästinensergruppen vertreten waren, verfaßten Papiere, deren Ideen in Flugblätter gelangten, die örtliche Kader des Vereinigten Kommandos in den palästinensischen Städten, Dörfern und Lagern verbreiteten. Diese Flugblätter, in denen Streiks verkündet, zu Demonstrationen aufgerufen und die Mittel des Kampfes gegen die Okkupation für die jeweilige Woche mitgeteilt wurden, waren der Stoff, von dem der Aufstand sich nährte. Wenn die Verfasser der Flugblätter auch nach ihrer dritten oder vierten Publikation meist gefaßt wurden, ermöglichten es die losen Führungslinien, die darauf beruhten, daß man sich immer wieder auflöste, trennte und alles bestritt, daß die Zahl der aktiv Beteiligten ständig wuchs.

Nusseibeh gehörte zu der Art von Personen, mit denen sich Rabin – zumindest vermutete man das in seiner Umgebung – gelegentlich traf. Israelische Quellen behaupten, der Verteidigungsminister sei über die Jahre mit einer Handvoll dieser lokalen Führer zusammengetroffen. Nusseibeh hält jedoch dagegen, daß Rabin seines Wissens niemanden persönlich sah. Er sandte allerdings Vertreter des Militärs in die Gefängnisse, die dort in seinem Namen viele Gespräche mit Aktivisten von der Basis, den Verfassern der Flugblätter, führten. Ein Rechtsanwalt, der Kontakt zu den Gefangenen hatte, hielt Nusseibeh, der niemals hinter Gittern saß, stets auf dem Laufenden.

Für Rabin war die PLO Ende der achtziger Jahre ein offenes Buch. Was man dort dachte, gelangte durch ein riesiges Netz von Informanten innerhalb der Organisation fast augenblicklich nach Jerusalem. Als geeignete Verhandlungspartner standen die PLO-Chefs in Tunis absolut außer Frage. Selbst als König Hussein von Jordanien im Juli 1988 seine administrativen und rechtlichen Verbindungen zu Westjodanien abbrach, auf jeden Anspruch verzichtete, damit für die PLO der Weg frei werde, änderte Rabin seine Meinung nicht. Die PLO wurde vom größten Teil der israelischen Öffentlichkeit tief verachtet. Sie repräsentierte auch die palästinensische Diaspora, eine Büchse der Pandora, in der vor allem das Problem des Rechts der Flüchtlinge auf Rückkehr steckte und die Rabin auf keinen Fall öffnen wollte.

Aber er war Realist. Er wußte, daß die Palästinenser vor Ort nicht die Kraft und auch nicht das Mandat besaßen, etwas zu tun, ohne zumindest die Zustimmung aus Tunis zu haben. Die Militärs, die in den Gefängnissen Gespräche führten, ermutigten die einsitzenden Aktivisten deshalb, ihre Beziehungen zu nutzen, um den PLO-Chefs im Ausland Israels Vorstellungen zu vermitteln. Rafi Edri, ein Knesset-Abgeordneter der Arbeitspartei, räumt heute ein, er habe sich etwa um diese Zeit in Marokko insgeheim mit PLO-Vertretern getroffen – offenbar mit Rabins Billigung.

Die Parlamentswahlen vom November 1988 brachten eine weitere Regierung der nationalen Einheit ans Ruder, in der Rabin das Verteidigungsressort behielt. Im Januar 1989 erschienen in den Medien erste Berichte über Rabins Friedensplan. Man strebte einen Deal mit den lokalen Palästinensern an, bei dem Wahlen und eine erweiterte Autonomie für eine bestimmte Zeit im Austausch für die Einstellung der Intifada angeboten wurden. Ministerpräsident Yitzhak Shamir übernahm diese Ideen, und zu Jahresmitte war daraus in jeder Hinsicht ein Shamir-Plan geworden.

»Ich war überrascht, als der Shamir-Plan auftauchte«, sagt Nusseibeh. Einige seiner Elemente wie die Wahlen, die schrittweise Durchsetzung einer Lösung, die Selbstverwaltung und den Rückzug aus Gebieten mit großer palästinensischer Bevölkerungsdichte einschloß, erinnerten auffällig an Ideen, die bei den Gesprächen in den Gefängnissen zu hören waren. Aber es gab auch fundamentale Unterschiede. Der ganze Plan war von Anfang an zum Scheitern verurteilt. Shamir war offenbar nicht sonderlich daran interessiert, ihn tatsächlich zu realisieren. Das wurde ihm leichtgemacht, denn die PLO lehnte ihn rundweg ab. Im März 1990 stürzte die Regierung der nationalen Einheit, weil Shamir die Forderung der Arbeitspartei nicht erfüllte, sich endgültig für den Beginn der ersten Etappe des Friedensplanes – ein offenbar harmloses Dreiertreffen zwischen Israel, Ägypten und den USA – zu entscheiden.

Die Intifada hatte zu dieser Zeit ihren Höhepunkt bereits überschritten. Ihr Charakter hatte sich verändert. An die Stelle der Zornesausbrüche riesiger Menschenmengen, wie sie für die ersten beiden Jahre typisch waren, trat nun ein Krieg von Aktivisten, kleinen Gruppen, die die Israelis mit Waffen und Bomben angriffen. Die lokale Führung war gespalten. Einige ihrer Mitglieder wie Faisal Husseini, ihr prominentester Vertreter in Jerusalem, hatten die ersten zwei Jahre fast ununterbrochen im Gefängnis gesessen. Dutzende andere waren deportiert. Leute wie Nusseibeh hatten genügend indirekte Warnungen der Shin Bet erhalten, daß sie eingeschüchtert waren und eine immer weniger eindeutige Rolle spielten. Die PLO hatte die Dinge wieder voll unter Kontrolle, und die örtlichen Triebkräfte, die den Aufstand ausgelöst hatten, waren erschöpft. Die Aktivisten sahen überall Kollaborateure der israelischen Behörden und verfolgten sie mit ihrer Rache. Der Kampf des Volkes entartete zu einem gegenseitigen Vernichtungskampf einzelner Fraktionen mit wechselseitigem Mißtrauen und Blutvergießen. Bei Rabin hatte die Intifada jedoch ihre Wirkung getan. Das palästinensische Volk hatte sich zu einem echten Gegner gewandelt. Und als solcher hatte es in Rabins Augen auch das Recht auf einen echten Frieden.

ACHTES KAPITEL
Eine zweite Chance ganz oben

Anfang 1990 entschloß sich der Führer der Arbeitspartei und Außenminister Shimon Peres, die Koalition der nationalen Einheit mit dem Likud scheitern zu lassen. Peres war überzeugt, solange Yitzhak Shamir Ministerpräsident war, gab es keinen Fortschritt auf dem Wege zum Frieden. 1987 hatte Shamir Peres' Londoner Vereinbarung mit König Hussein über eine internationale Friedenskonferenz torpediert. Nun blockierte er jeden Fortschritt mit den Palästinensern. Der Ministerpräsident und der Außenminister Israels sprachen kaum noch miteinander. Peres glaubte, er könne mit der ultraorthodoxen Shas-Partei eine mittelfristige Vereinbarung erzielen, die ihn zum Ministerpräsidenten machte und Shamir in die Opposition drängte.

Verteidigungsminister Rabin stand nun vor einem akuten Dilemma. Shamir brachte den Friedensprozeß tatsächlich nicht voran, aber der Gedanke, sein ewiger Rivale könnte erneut Ministerpräsident werden, war ihm ein Greuel. Er distanzierte sich von Peres' Machenschaften hinter den Kulissen und versuchte die hoffnungslos zerstrittene Regierung zusammenzuhalten.

Sehr weltlich eingestellte Führer der Arbeitspartei suchten nun in Peres' Auftrag einflußreiche Rabbiner der Shas zu nächtlicher Stunde heimlich in ihren Häusern auf. Haim Ramon, einer von Peres' Protegés, und der junge Parteiführer der Shas, Aryeh Deri, trafen eine geheime Übereinkunft über ein politisches Bündnis und einen Zeitplan für ihr Vorgehen. Anfang März holte Rabbi Ovadiah Yosef, der geistige Führer der Shas, zum entscheidenden Schlag aus. In einer dramatischen Fernsehrede klagte er »Kriegstreiber« im israelischen Kabinett an und erklärte, Frieden sei wichtiger als Land. Er wiederholte seine bekannte These, die Rettung menschlichen Lebens müsse höher veranschlagt werden als die Integrität von Großisrael.

Rabin spürte, woher der Wind wehte, und es gefiel ihm gar nicht.

»In unserer Partei sind einige, die es offenbar sehr eilig haben, die Regierung zu Fall zu bringen«, donnerte er auf einer Parteiversammlung, »und sie haben durchaus nicht den Friedensprozeß im Auge.« Seinen engsten Mitarbeitern sagte er, Peres sei besessen von der Idee, Ministerpräsident zu werden. Dieses Spiel werde er nicht mitspielen. Dann aber geschahen zwei Dinge, die ihn umstimmten: Shamir demonstrierte erneut, wie wenig er am Friedensprozeß interessiert war, und Peres versicherte Rabin, eine Regierung des Friedens unter Führung der Arbeitspartei stünde bereit.

Auf einer stürmischen Kabinettssitzung am 11. März lehnte Shamir, der verbissen gegen jeden Gedanken an Verhandlungen mit der »terroristischen PLO« Front machte, eine Kompromißformel zur Vertretung der Palästinenser in den Friedensgesprächen mit Israel wütend ab. Rabin, der Architekt der israelischen Friedensinitiative von 1989, hatte persönlich hart daran gearbeitet, Formulierungen zu finden, die Shamir nach seiner Meinung akzeptieren konnte. Er fühlte sich durch das Aufbrausen und die Verstocktheit des Ministerpräsidenten vor den Kopf gestoßen. »Wir haben alles getan, um eine Formel zu finden«, sagte er nach der Sitzung. »Aber Shamir wollte nichts davon wissen.«

Um Shamir unter Druck zu setzen, hatte Peres eine Sitzung des Zentralkomitees der Arbeitspartei für den nächsten Tag anberaumt. Hier unterstützte Rabin zum ersten Mal konsequent Peres' Entschluß, die Einheitsregierung zu Fall zu bringen. Am 15. März nahm die Knesset bei Abwesenheit von fünf Abgeordneten der Shas einen Mißtrauensantrag der Arbeitspartei gegen die Regierung Shamir mit einer Mehrheit von fünf Stimmen an. Für Peres schien der Weg zur Macht und zum Frieden nun offenzustehen.

Aber der Führer der Arbeitspartei stolperte über eine der absonderlichsten Episoden in der politischen Geschichte Israels. Zunächst verriet ihn die Shas. Kaum vier Tage nach dem Sturz der Shamir-Regierung vollzog die ultraorthodoxe Partei eine Kehrtwendung. Sie informierte Präsident Chaim Herzog, der mit den Parteien Sondierungsgespräche führte, bevor er entscheiden wollte, wen er mit der Bildung der nächsten Koalition betraute, sie werde nicht Peres, sondern den Likud-Führer unterstützen. Was inzwischen geschehen war, hatte damit zu tun, daß die Rabbiner der Ashkenazi, der Juden osteuropäischer Herkunft, über die der Sephardim, der Juden aus Nordafrika und dem Nahen Osten, das Übergewicht hatten. Ihre religiöse Legitimation bezog Shas aus den Urteilen des über 90jährigen Weisen der Ashkenazi Eliezer Menachem Schach. Schach hatte zwar in der Vergangenheit Urteile zugunsten der Tauben gefällt, nun aber tat er die Arbeitspartei in Acht und Bann. In einer gehässigen Rede vor einem ultraorthodoxen Publikum in einem überfüllten Basketballstadion von Tel Aviv warf der Rabbi der Arbeitsbewegung und ihren Anhängern vor, ihr fehle jede Spur von Judentum, in ihren Kibbutzim befasse man sich mit »Schweine- und Karnickelzucht«. Der gedemütigte Rabbi Yosef, die Autorität der Sephardim, hatte diesem Ausfall seines mächtigen Gegenspielers nichts entgegenzusetzen.

Peres brachte es noch fertig, auch ohne die Shas eine Koalition zusammenzuzimmern. Dabei stützte er sich auf einen Überläufer des Likud, den ehemaligen Minister Avraham Sharir, und Agudat Yisrael, eine andere ultraorthodoxe Partei. Als jedoch die neue Regierung am Morgen des 12. April in der Knesset bestätigt werden sollte, waren zwei Abgeordnete dieser Partei – Eliezer Mizrahi und Avraham Verdiger – unauffindbar. Aschfahl mußte Peres eingestehen, daß ihm im Parlament die Mehrheit fehlte. Unmittelbare Folge war die Bildung einer vom Likud geführten Regierung auf einer schmalen Basis. Shamir gewann den Likud-Überläufer mit Leichtigkeit zurück, lockte einen Abgeordneten der Arbeitspartei zu sich herüber und bildete mit der Unterstützung von Shas eine neue Regierung. Peres und die Arbeitspartei sahen sich in einer blamablen Isolierung, waren deprimiert und völlig durcheinander. Shamir konnte nun weiter Wälle gegen alle Friedensvorschläge errichten. Achtzehn Monate später gelang es dem amerikanischen Außenminister James Baker schließlich nach acht ermüdenden Reisen in den Nahen Osten, eine regionale Friedenskonferenz in Madrid zustandezubringen. Sie wurde im Oktober 1991 mit großem Pomp eröffnet, aber in keiner der vier Verhandlungsgruppen – mit Syrien, dem Libanon, Jordanien und den Palästinensern – konnte man Fortschritte erzielen. Und Shamir, der im Juni 1992 schließlich von der Regierung abgewählt wurde, bekannte in einem Zeitungsinterview freimütig, wenn es nach ihm gegangen wäre, hätte er Friedensverhandlungen weitere zehn Jahre hinausgezögert.

Peres' politische Fehleinschätzung hatte Rabin sein geliebtes Verteidigungsministerium gekostet. Aber das war nicht nur schlecht. Im Gegenteil, die Gelegenheit, auf die er seit dreizehn Jahren wartete, war gekommen, und er ergriff sie mit beiden Händen. Niemand konnte ihm vorwerfen, er habe Peres keine faire Chance gegeben. In Peres' Auftrag war er zu den Rabbis gegangen, einmal sogar zu Schach, der, wie man ihm sagte, blind, taub, senil und verwirrt sei. Rabin fand davon allerdings nichts bestätigt. Nach seinen Worten war der Rabbi hellwach, wußte genau, was er wollte. Und das war nicht die Arbeitspartei.

Peres hatte nach Rabins Meinung jeden Fehler gemacht, der nur möglich war. Für seine maßlosen persönlichen Ambitionen hatte er die Partei gedemütigt. Er hatte vor den Orthodoxen auf dem Bauch gelegen und sich dafür eine schallende Ohrfeige geholt. Rabin, ein überzeugter Atheist, haßte alle diese Machenschaften, insbesondere das Techtelmechtel mit den Rabbis. Er war nun entschlossen, nicht mehr als gehorsame Nummer Zwei einem Mann zu dienen, der so schwere Fehler begangen hatte und neben all seinen anderen Schwächen auch noch viel weniger wählbar war als er.

Rabin nannte Peres' Reinfall ein »stinkendes Manöver«. Das Wort schlug ein und bestärkte die Öffentlichkeit noch in ihrer Meinung über Peres als einen Politiker, der zu clever und zu trickreich war, als daß es für ihn selbst gut sein konnte. Peres gab zurück, Rabin sei an dem »stinkenden Manöver« von Anfang an beteiligt gewesen. Hätte es Erfolg gehabt, wäre er glücklich gewesen, wieder Verteidigungsminister zu sein. Nur weil es fehlgeschlagen war, riß er nun erneut alte politische Wunden auf.

Rabin ließ das kalt. Kaum zwei Wochen nach Peres' Demütigung in der Knesset sprach er vor den 150 Mitgliedern des Führungsgremiums der Partei und forderte Peres offiziell zum Kampf um den höchsten Posten heraus. »Mein Fehler war es«, sagte er, »daß ich die Harmonie in der Partei über andere wichtige Fragen gestellt habe.« Der ungeliebte Waffenstillstand, den sie auf dem Höhepunkt des Wahlkampfes von 1984 geschlossen hatten, war vorüber. Rabin forderte eine Abstimmung im Zentralkomitee, dem höchsten Parteigremium aus 1200 Mitgliedern, das den Führer wählt. Peres nahm die Herausforderung an. »Ich habe nicht um einen Kampf gegen Rabin gebeten«, sagte er. »Aber wenn er ihn haben will, soll er ihn bekommen.«

Alle politischen Astrologen schrieben Peres rasch ab. Allein der Parteiführer selbst glaubte, er werde in der Lage sein, Rabins Herausforderung abzuwehren. Viele seiner engsten politischen Gefolgsleute rieten Peres, mit Anstand zurückzutreten. Als er sich weigerte, liefen einige wie der ehemaligen Generalsekretär der Partei, Uzi Baram, und Ephraim Sneh, der nach seinem Abschied aus der Armee zur Arbeitspartei gegangen war, in Rabins Lager über. Selbst Haim Ramon, Peres' treuer Gefolgsmann, der die ursprüngliche Absprache mit der Shas zustande gebracht hatte, kündigte an, er werde der Abstimmung im Zentralkomitee fernbleiben und lieber an den Strand fahren.

Das einzige Problem, das die Partei noch zu bewegen schien, bestand darin, ob der 70jährige Rabin die Führung übernehmen oder gemeinsam mit Peres der jüngeren Generation Platz machen sollte. Viele stimmten der Veteranin Ora Namir zu, die beiden rissen die Partei auseinander, weshalb ein ganz anderer eine Chance bekommen sollte. Avraham Burg, ein weiterer von Peres' jungen Schülern, brachte es auf den Punkt: »50 Prozent wollen Peres, 50 Prozent wollen Rabin, und 100 Prozent wollen keinen von beiden.« Aber Rabin und Peres lasteten auf der Politik der Arbeitspartei, unbeweglich wie bleierne Kolosse. »Solange sie da sind, hat kein anderer eine Chance«, bemerkte Ramon trübe. Mit dem Rücken zur Wand bearbeitete Peres die Mitglieder des Zentralkomitees – erfahrene Politprofis – wie er nur konnte. In seiner langen Laufbahn hatte er gelernt, wie man den Apparat manipulierte, die Bataillone der Partei in Stellung brachte, von denen die Öffentlichkeit kaum etwas ahnte. Rabin, der zu derartigen Ränken hinter den Kulissen überhaupt nicht taugte, wurde hoffnungslos ausmanövriert. Als das Zentralkomitee am 22. Juli zusammentrat, war Peres mit 582 zu 504 Stimmen der Sieger des Tages.

Er war allerdings nicht unbesiegbar. Stärkere Kräfte waren in Bewegung geraten, und der Parteiführer hatte lediglich vermocht, den Tag der Abrechnung hinauszuschieben. Das »stinkende Manöver« und der politische Kuhhandel in beiden großen Parteien hatte an der Basis eine Bewegung für Wahlreformen entstehen lassen. Eine halbe Million Israelis unterzeichneten eine Petition an Staatspräsident Herzog, in der die Direktwahl des Ministerpräsidenten gefordert wurde. Man glaubte, das werde die Politik reinigen und verhindern, daß die Regierung durch Überläufer mitten in der Legislaturperiode zu Fall gebracht wurde. Diese Stimmung im Lande gab auch seit langem vorhandenen Forderungen nach einer Demokratisierung der Arbeitspartei neuen Auftrieb. Generalsekretär Micha Harish setzte sich seit geraumer Zeit für die Werbung neuer Mitglieder und für Vorwahlen in der ganzen Partei ein. Peres hatte damit nichts im Sinn. Für ihn waren diese Reformen ein kaum verhüllter Versuch, ihn auszuhebeln. Aber die Stimmung im Lande war so, daß er es nicht wagen konnte, sich diesem Trend zu widersetzen. Rabin begrüßte derartige Veränderungen. Peres konnte zwar das Zentralkomitee unter Kontrolle halten, aber sicher nicht die gesamte Mitgliederschaft manipulieren. Die Werbekampagne, die Binyamin Ben-Eliezer, ein Anhänger Rabins, energisch führte, wurde ein glänzender Erfolg. Als im Februar 1992, ein Jahr vor den Parlamentswahlen, die nächste Schlacht um die Führung in der Partei bevorstand, waren über 150 000 neue Mitglieder der Partei beigetreten, die nun Stimmrecht besaßen.

Rabins Anhänger waren überzeugt, je mehr Mitglieder sich an der Abstimmung beteiligten, desto besser. Sie sprachen von einer neuen Überzeugung in der Partei, dem wachsenden Glauben, daß sie die Macht zurückerobern konnte. Rabin habe der Parteibasis etwas wiedergegeben, was ihr seit langem fehlte – das Gefühl der Hoffnung. »Die Menschen sind sicher, wenn Rabin das Steuer übernimmt, werden wir siegen«, erklärte sein Wahlkampfleiter Avraham Shochat.

Rabin trat mit der einfachen Losung an, er sei der einzige Kandidat, der den Likud bei den Parlamentswahlen schlagen konnte. Dabei brachte er seine langjährigen Dienste für die Partei und seine unbestrittene politische Begabung ins Spiel. Niemand gab den anderen beiden Kandidaten, dem Chef der Histadrut, Yisrael Kessar, und der Abgeordneten Ora Namir, eine Chance. Wichtig war nur, wie viele Stimmen sie den beiden Hauptkandidaten abzunehmen vermochten und ob sie Peres und Rabin in eine Stichwahl zwingen konnten, wenn keiner von beiden in der ersten Runde über 40 Prozent der Stimmen erhielt.

Je näher der Wahltag rückte, desto mehr stieg die Spannung zwischen Rabin und Peres. Auf einer Sitzung der Fraktion der Arbeitspartei in der Knesset im Januar klagte Peres über Rufmord. Anhänger Rabins hatten ihn als Verlierer, als einen Mann dargestellt, der nur eigene politische Ambitionen verfolge. Rabin entgegnete scharf: »Das arme Opfer zu spielen ist kein Ersatz für Führerschaft.«

Zu dieser Zeit hatte Rabins Losung die meisten Insider in der

Partei überzeugt. Rabin war vielleicht nicht der bessere Mann, meinte Uzi Baram, aber gewiß der bessere Kandidat. Mit seinen glänzenden militärischen Verdiensten und seiner offenen, direkten Sprache hatte er sich Glaubwürdigkeit erworben – seine größte Stärke und zugleich Peres' Schwäche. Er war eher geeignet, den Likud in einer Wahl zu besiegen. Da er mehr Falke war als Peres, sollte es ihm auch besser gelingen, die Friedensstrategie der Arbeitspartei einer skeptischen Öffentlichkeit zu verkaufen. Aus diesen Gründen unterstützten ihn auch Tauben wie Baram und langjährige Parteilinke wie Aryeh Eliav.

Am Abend des 19. Februar, als die Abstimmung über die Parteiführung stattfand, herrschte um das Hauptquartier der Arbeitspartei in der Hayarkon Street in Tel Aviv eine Atmosphäre gespannter Erwartung. Kamerateams aus der ganzen Welt hatten sich in der dritten Etage postiert, wo die Ergebnisse aus über 700 Stimmlokalen im ganzen Lande auf Monitore übertragen wurden. Knessetabgeordnete liefen nervös umher oder unterhielten sich zwanglos mit den Journalisten.

Rabin hatte sich mit seiner Familie und einigen wenigen Freunden in seine Wohnung im Neveh-Avivim-Viertel von Tel Aviv zurückgezogen. Er rauchte eine Zigarette nach der anderen. Alle waren aufs Äußerste gespannt. Als sein treuer Mitarbeiter Shimon Sheves feststellte, daß jemand es gewagt hatte, schon eine Flasche Champagner kaltzustellen, warf er sie aus dem Fenster. »Das könnte Unglück bringen«, sagte er.

Schon als die ersten Ergebnisse eintrafen, zeigte sich, daß Rabin gewinnen würde. Offen war nur die Frage, ob es ihm gelang, die Hürde der 40 Prozent zu nehmen. Wenn nicht, so wußte er, daß Peres in der Stichwahl eine Chance hatte, denn die meisten Stimmen der Histadrut, die Kessar in der ersten Runde erhielt, konnten dann auf ihn übergehen. Stundenlang schwankte Rabins Ergebnis zwischen 39 und 40 Prozent. Einmal stieg es auf 39,99 Prozent. Am frühen Morgen war dann klar, daß er gesiegt hatte, allerdings äußerst knapp. Von den 108 000 Stimmen erhielt Rabin 40,6 Prozent, Peres 34,8 Prozent. Kessar hatte weniger als 19 und Namir etwa 5,5 Prozent erhalten.

Fünfzehn Jahre nach seiner Absetzung hatte Rabin die Führung der Partei um Haaresbreite zurückgewonnen. Um 3.00 Uhr morgens rief Peres an, um ihm zu gratulieren. Diese Idee hatten Rundfunkjournalisten gehabt, die über die Wahl berichteten und den Anruf live übertrugen. Das Gespräch war gestelzt und gespannt. Aber am nächsten Tag schüttelten die beiden Rivalen einander die Hand und gelobten Zusammenarbeit.

Zwei Wochen vor Rabins Sieg im Kampf um die Parteiführung hatte die Knesset beschlossen, sich selbst aufzulösen, nachdem drei kleine rechtsextreme Fraktionen aus der vom Likud geführten Koalition ausgeschieden waren. Für Juni wurden vorgezogene Neuwahlen anberaumt. Im April lief Rabins Wahlkampf bereits auf vollen Touren. Er wurde mit militärischer Präzision von dem getreuen Sheves geleitet, der bereits seit Anfang der achtziger Jahre Rabins rechte Hand war. Das Wahlmotto lautete »Israel wartet auf Rabin«, ein Anklang an das bekannte Lied aus dem Sechs-Tage-Krieg »Nasser wartet auf Rabin«, womit man Rabins Rolle als militärischer Retter des Landes ins Gedächtnis rufen wollte.

Das Funktelefon stets bei der Hand, lenkte Sheves den Gewaltmarsch zur Macht, indem er über ein Dutzend Auftritte täglich organisierte. Rabin war geradezu versessen auf den Sieg. Er verfügte offenbar über grenzenlose Energiereserven. Mit seinen siebzig Jahren hielt er mehr aus als viele seiner Mitarbeiter, die häufig kaum halb so alt waren wie er. Er reiste mehrmals kreuz und quer durch das ganze Land, rauchte ohne Unterlaß, trank zuweilen zum Mittag nur ein Bier und brannte darauf, gewählt zu werden. Er wollte die Fehlschläge seiner ersten Amtszeit als Ministerpräsident vergessen machen, dem Land und sich selbst beweisen, daß er der richtige Mann für das höchste Amt war. Sein heftiges Verlangen nach dieser zweiten Chance verwandelte den scheuen, introvertierten Mann in einen glänzenden Wahlkämpfer.

Rabin war kein Politiker, der zu Winkelzügen neigte. Aber er war ein scharfblickender Analytiker. Nach seiner Meinung durfte die Arbeitspartei nicht länger Unterstützung von den religiösen Parteien erwarten. Das »stinkende Manöver« schien ihm recht zu geben. »Wenn sie die Wahl haben«, sagte er, »werden sie stets mit dem Likud gehen.« Den einzigen Weg zur Macht sah er für die Arbeitspartei deshalb darin, einen größeren Teil des Zentrums, des politischen Terrains zwischen links und rechts, zwischen Arbeitspartei und dem Likud zu gewinnen. Rabin stellte sich das Ziel, in der Knesset mindestens eine Sperrmajorität von 61 der 120 Sitze ausschließlich für die Arbeitspartei und weitere linke Gruppen zu erringen. So konnte man den Likud daran hindern, eine Koalition zu bilden, und zugleich die religiösen Parteien zwingen, entweder mit der Arbeitspartei zu kooperieren oder die Oppositionsbänke zu drücken. Damit diese Strategie funktionierte, mußte Rabin der Rechten mindestens fünf Sitze abnehmen, was bedeutete, 150 000 schwankende israelische Rechte zu gewinnen. Peres hatte für diese Strategie nur Spott und Hohn. »Ich zweifle, daß es auch nur 150 davon gibt«, sagte er.

Rabin hatte jedoch sein Image des harten Soldaten, um an das sicherheitsbewußte Zentrum zu appellieren. Er genoß große Glaubwürdigkeit und verfügte über ein überzeugendes Alternativprogramm. Bereits sehr zeitig begriff er, daß viele der traditionellen Anhänger den Likud verließen. Die meisten Israelis wünschten sich ein besseres Leben, mehr Sicherheit und günstigere wirtschaftliche Aussichten. Viele erkannten, daß der Schlüssel zu all dem Frieden war und der Verzicht auf die verbissene Vision des Likud von einem Großisrael. Am 1. März sagte Rabin vor dem Zentralkomitee der Arbeitspartei, das Volk habe den Eindruck, daß der Likud Gelegenheiten ungenutzt verstreichen lasse und dies auch weiter tun werde. Außerdem setze er die falschen Prioritäten im wirtschaftlichen und sozialen Bereich. Einfacher gesagt, der Likud und sein Führer verstanden die veränderten Zeichen der Zeit nicht. Der Golfkrieg von 1991, argumentierte Rabin, habe eine Chance für Frieden im Nahen Osten geschaffen. Diese werde es aber nicht ewig geben. Die Arbeitspartei werde ihr Bestes tun, um diese Chance zu nutzen. Der Likud würde sie ganz sicher verspielen.

Eine weitere Hauptsünde des Likud waren nach Rabins Meinung seine riesigen Ausgaben für die Siedlungen. Diese komplizierten nicht nur den Friedensprozeß und schadeten Israels Position im Ausland, sondern die Milliarden, die man dort verpulverte, konnten wesentlich besser in Israel selbst angelegt werden. Diese Argumente zeigten tiefe Wirkung in den städtischen Arbeitervierteln, die traditionell Likud wählten, und in den heruntergekommenen Ansiedlungen der Einwanderer der vierziger und fünfziger Jahre.

Als der Wahlkampf in seine heiße Phase trat, trug Rabin seine Botschaft kühn in diese Likud-Hochburgen überall im Lande. Das wäre bei keiner der Wahlen nach der politischen Revolution von 1977, die den Likud zum ersten Mal zur Macht brachte, möglich gewesen. Aber nun wurde er mit offenen Armen empfangen.

Und die jubelnden Sprechchöre »Ra-bin, Ra-bin!«, mit denen man ihn begrüßte, erinnerten an das »Be-gin, Be-gin!« zehn Jahre zuvor. Auf derartige Sympathiebekundungen konnte der stets mürrische Shamir niemals hoffen.

Der Menge gefiel Rabins offenes Wort, seine Aufrichtigkeit und sein Engagement für das, was nach seiner Meinung das Beste für Israel war. »Der Likud hat euer Geld genommen, das Geld, das ihr als Steuern zahlt, und es in den besetzten Gebieten verschleudert«, brüllte Rabin auf einer Arbeiterversammlung in Beersheba. »Er hat nichts für Israel selbst getan. Seit fünfzehn Jahren ist nicht eine einzige Fabrik in Beersheba gebaut worden!« Als dagegen Shamir nach Beersheba kam, hielt eine Gruppe enttäuschter ehemaliger Likud-Mitglieder ein Transparent hoch, auf dem es hieß: »Shamir haßt die Marokkaner. Wir stammen hier alle aus Marokko.« Shamir stürmte davon und beschimpfte die Demonstranten als Terroristen. Er hätte nicht mehr tun können, um die sephardischen Wähler abzustoßen. Nahman Mizrahi, ein ehemaliger Fallschirmjäger und typischer Likud-Anhänger an der Basis, nun im mittleren Alter mit ergrauendem Kraushaar bis auf die Schultern, einem Goldkettchen um den Hals und einer Designer-Sonnenbrille sprach auf einer Wahlkundgebung Rabins in Tel Aviv für viele, als er sagte: »Wir Sephardim haben den Likud 1977 zur Macht gebracht, und wir werden ihn auch wieder stürzen.«

Für die Schwankenden schlug Rabin genau den richtigen Ton an: Er versprach, Frieden und Sicherheit zu bringen sowie die nationalen Prioritäten neu zu ordnen. Statt das Geld in die Siedlungen zu stecken, wollte er damit die Infrastruktur und die Bildung verbessern, die Arbeitslosigkeit bekämpfen, die Einwanderer unterbringen und den aus der Armee zurückkehrenden Wehrpflichtigen einen besseren Start ins Leben verschaffen. Der Likud wollte den Status quo verewigen, die Arbeitspartei dagegen trat für weitgehende Veränderungen ein. »Die Wähler«, erklärte Rabin, »müssen sich entscheiden für Stagnation oder Hoffnung.«

Im Ringen um die politische Mitte ließ Rabin auch markige Töne erschallen. So erklärte er, er werde bei Friedensverhandlungen mit Syrien die Golanhöhen nicht zurückgeben. »Jeder, der vom Golan herabstürmt«, brüllte er, »gefährdet Israels Sicherheit.« Diese Erklärung sollte ihn später noch verfolgen, als die Gegnerschaft zu den Friedensbemühungen seiner Regierung wuchs. Aber sie wurde weithin mißverstanden. Rabin hatte niemals gesagt, er lehne jeden Kompromiß über den Golan ab. Er hielt seine Botschaften im Wahlkmapf absichtlich vage. Wenn man ihn sehr bedrängte, erklärte er, er sei bereit, sich »auf dem Golan« zurückzuziehen, aber nicht »vom Golan« abzuziehen. Es blieb weiterhin seine Grundposition, in Sicherheitsfragen hart zu bleiben, in den Territorialfragen aber durchaus Entgegenkommen zu zeigen. »Ich bin nicht bereit, auch nur einen Zollbreit unserer Sicherheit preiszugeben« erklärte er. »Aber ich bin bereit, viele Zollbreit Territorium dafür zu opfern.«

Neben enttäuschten Likud-Wählern wollte Rabin zwei weitere wichtige Gruppen gewinnen, die potentiell ebenfalls nach rechts tendierten – die 400 000 Russen, die bei der neuen Einwanderungswelle aus der zerfallenden Sowjetunion gekommen waren, und die jungen Erstwähler. In beiden Gruppen besiegte die Arbeitspartei den Likud gegen alle Voraussagen. Eine Analyse der Wahlergebnisse zeigte, daß Rabin unter den Einwanderern dramatische, möglicherweise die entscheidenden 47 Prozent gewonnen hatte. Der Likud, der immerhin an der Regierung war, als die meisten Einwanderer ihre Freiheit erhielten und nach Israel kamen, konnte nur 18 Prozent der Stimmen der Russen auf sich vereinigen.

Rabin war die Trumpfkarte der Wahlstrategen der Arbeitspartei, die sie mit aller Macht ausspielten. Dieser Wahlkampf war am stärksten in der ganzen israelischen Geschichte auf den Parteiführer ausgerichtet. Man hatte den Eindruck, das Gesetz über die Direktwahl des Ministerpräsidenten sei bereits in Kraft. Man änderte sogar die offizielle Bezeichnung der Parteiliste von »Arbeitspartei« in »Arbeitspartei unter Führung Rabins«. Damit wollte man sicherstellen, daß Rabins Name auf den Stimmzetteln erschien, und die israelische Tradition brechen, eher für eine Partei, als für eine Person zu stimmen. Riesige Fotografien mit dem ernsten Gesicht des Führers blickten von den Gebäuden überall im Lande herab. Auf Kundgebungen mit Scheinwerfern, Musik, Fahnen und Luftballons demonstrierte man die wiedergefundene Kraft der Partei und präsentierte den eigentlich etwas linkischen und schüchternen Rabin paradoxerweise fast wie einen Popstar.

Dagegen unternahm der Likud alles, um Shamir im Hintergrund zu halten und dafür die jungen Führungsfiguren um ihn herum ins Scheinwerferlicht zu rücken. Das war keine Siegesstrategie, und die Partei wußte das. Mit Verleumdungstaktik gegen Rabin versuchte man verzweifelt, das Blatt in letzter Minute doch noch zu wenden. Man wärmte Rabins eintägige Krise als Stabschef unmittelbar vor dem Sechs-Tage-Krieg wieder auf und machte dunkle Andeutungen, er habe ein Alkoholproblem. Aber den umjubelten Kriegshelden als schwankenden Trunkenbold hinzustellen, war kein einfaches Unterfangen. »An dieser Schlammschlacht«, sagte Uzi Baram, »konnte sich vielleicht der innere Kreis des Likud ergötzen. Aber sie kam in der Öffentlichkeit nicht an.« Die Wahlmanager des Likud wußten, daß sie sich damit auf dünnes Eis begaben. Rabin, so klagten sie, sei nicht nur »Mr. Sicherheit«, sondern auch »Mr. Teflon«.

Rabin setzte gegen diese Angriffe auf seine Trumpfkarte, die Glaubwürdigkeit. In einem offenen Interview mit dem Massenblatt Yediot Aharonot räumte er ein, er sei einen Tag vor Ausbruch des Sechs-Tage-Krieges »deprimiert« gewesen. Aber bereits am nächsten Tag sei er zurück auf seinem Posten gewesen und hatte den entscheidenden Sieg geplant. Was das Trinken betraf, so sagte er einem Reporter, »wie jeder Mensch« nehme er hier und da gern einen zur Brust, aber das mache aus ihm noch lange keinen Säufer.

Während Rabin immer stärker wurde, sank der Stern des Likud. Ende April, als der Wahlkampf bereits in vollem Gange war, veröffentlichte der Staatliche Rechnungshof ein niederschmetterndes Urteil über die Führungstätigkeit der Likud-Regierung, insbesondere in Ariel Sharons Wohnungsbauministerium. Auch das endlose Hickhack unter den Anwärtern auf Shamirs Nachfolge als Parteiführer trug nicht dazu bei, sein ohnehin begrenztes Ansehen als Wahlkandidat aufzubessern. Und als die Partei auch noch frühere Versprechen für eine Wahlreform zurücknahm, schien sie jedes Gefühl für die Stimmung im Volke verloren zu haben. Man war nun auch überzeugt, daß sie den Friedensprozeß bremste und dadurch Israels Beziehungen zu den Vereinigten Staaten verschlechterte. Da Shamir darauf bestand, ständig weitere Siedlungen in den besetzten Gebieten zu bauen, hielt die US-Administration die Garantie für einen Zehn-Milliarden-Kredit zur Eingliederung der Immigranten zurück. Die Arbeitslosigkeit lag inzwischen bei über 11 Prozent, was die Regierung weitere Stimmen kostete. Finanzminister Yitzhak Moda'i machte die Sache noch schlimmer, als er trotzig erklärte, selbst wenn die Arbeitslosigkeit 16 Prozent erreiche, werde Israel nicht auf Knien um Kreditgarantien betteln. Nach fünfzehn Jahren Likud-Regierung hatten immer mehr Israelis den Eindruck, die Zeit sei reif für einen Wechsel.

Am 23. Juni 1992 traten 2 657 327 Wähler an die Urnen. Das Ergebnis war ein überwältigender Sieg für die Arbeitspartei und für Yitzhak Rabin persönlich. Er erhielt nicht nur die Rekordzahl von 906 126 Stimmen, was 44 Sitze in der Knesset gegenüber 32 für den Likud bedeutete, sondern er errang auch die Sperrmajorität, auf die er seine Strategie aufgebaut hatte. Mit den 44 Sitzen für die Arbeitspartei, 12 weiteren für die von Tauben beherrschte Meretz und 5 für zwei kleine Linksparteien, die vor allem von Arabern gewählt wurden, hatte er die Mindestzahl von 61 Sitzen beisammen, mit der er verhindern konnte, daß der Likud eine neue Koalition schmiedete.

Rabin war zu Hause bei seiner Familie, als die ersten Wahlergebnisse eintrafen. Leah brach in Tränen aus, als Fernsehmoderator Haim Yavin verkündete, ein neuer Mahapakh sei geschehen, ein Wort, das er selbst geprägt hatte, um die politische Wende zu beschreiben, als Likud die Arbeitspartei 1977 zum ersten Mal von der Macht verdrängt hatte. Nun benutzte er denselben Begriff, um die Rückkehr der Arbeitspartei an die Regierung zu beschreiben. Rabin, vorsichtig wie immer, warnte, bisher seien das nur Hochrechnungen des Fernsehens. Aber bald stand das Ergebnis zweifelsfrei fest. Der Kreis hatte sich geschlossen. Rabin war der Ministerpräsident der Arbeitspartei, der die Macht an Menachem Begin vom Likud hatte abtreten müssen. Nun hatte er – nach seiner Vorstellung – dieses Amt, das ohne seine Schuld verlorengegangen war, vom Likud zurückerobert. Er wollte dem israelischen Volk bei dieser zweiten Gelegenheit beweisen, daß in ihm ein großer Führer steckte. Er wollte ihm zeigen, daß er strategische Ziele zu formulieren verstand und über das politische Geschick verfügte, sie auch zu erreichen. War er in der ersten Runde noch grün und unerfahren gewesen, so besaß er jetzt die notwendige politische Reife und war bereit, die großen Aufgaben der Zukunft anzupacken.

Im Dan-Hotel, dem Wahlkampfzentrum der Arbeitspartei, herrschte Freudentaumel. Dies war die erste Wahl, die die Arbeitspartei in den vergangenen nahezu zwanzig Jahren so eindeutig gewonnen hatte. Sektkorken knallten, man sang, tanzte und lag sich in den Armen. Die Parteifunktionäre riefen in Ekstase: »Rabin,

Rabin!« Jemand legte den Wahlkampfsong auf. »Rabin ist der richtige Mann«, tönte es aus den Lautsprechern. »Israel wartet auf Rabin«.

Um 23.20 Uhr traf Peres ein. Er schien überglücklich zu sein. »Das ist das Beste, was Israel geschehen konnte«, sagte er und drehte eine kleine rote Blume in seiner Hand. Pareifunktionäre umringten ihn, um seine Freude über den Sieg zu teilen. Aber Rabins Mitarbeiter mißdeuteten diese Szene. Als Rabin um 1.00 Uhr nachts eintraf, nachdem das Ergebnis feststand, flüsterte ihm jemand zu, Peres habe sein Lager in der Partei schon wieder um sich geschart. Rabin lächelte, schüttelte Hände und schien den Jubel zu genießen. Aber innerlich ärgerte ihn diese Falschmeldung über die Peres-Fraktion. Er war entschlossen zu zeigen, wer hier der Boß war. »Ich werde die Koalitionsverhandlungen leiten«, erklärte er in seiner Siegesrede mit hochrotem Gesicht und geschwollenen Zornesadern. »Und ich werde die Minister des Kabinetts ernennen.« Peres stand abseits, allein, mit trauriger Miene, die schon welkende Blume in der Hand.

Rabin wollte eine ausgewogene Koalition, in der die Arbeitspartei als Scharnier zwischen Links und Rechts, zwischen säkularen und religiösen Kräften funktionierte. Seine Mehrheit sollte nicht von den fünf arabischen Stimmen abhängig sein. Und er wollte auch seinen natürlichen Koalitionspartner, die linke säkulare Meretz, im Schach halten. Es paßte ihm nicht, daß diese Leute damit prahlten, wenn sie mit der Arbeitspartei eine Koalition eingingen, wollten sie dort den Ton angeben. Er hoffte, die rechte Tsomet werde die Tauben-Position der Meretz ausgleichen und die ultraorthodoxe Shas deren Säkularismus. In einer solchen breiten Regierung politischer Gegensätze sah er die Möglichkeit, die verschiedenen Kräfte gegeneinander auszuspielen und so selbst größere Handlungsfreiheit zu gewinnen.

Das funktionierte nicht ganz. Als er die führende Vertreterin der Meretz Shulamit Aloni als Bildungsministerin einsetzte, stellte er damit die Tsomet kalt, deren Führer Rafael Eitan, ein früherer Stabschef, den Posten für sich haben wollte. Zugleich versetzte er jedoch der Shas einen gehörigen Schrecken, weil Aloni ausgesprochen weltliche Ansichten vertrat. Aber der geistige Führer der Shas, Rabbi Ovadiah Yosef, rettete die Situation. Er tat den beispiellosen Schritt und verließ sein Haus, um einen weit unter ihm Stehenden auf dessen Gebiet zu treffen. Er begab sich ins Innenministerium, wo er den schwankenden Parteiführer Aryeh Deri, den scheidenden Minister, anwies, die Koalitionsvereinbarung zu unterzeichnen. Das Ergebnis war ein Ministerpräsident, der zufrieden auf sein Werk blickte. Er stand der am stärksten auf Frieden orientierten Regierung in der Geschichte Israels vor, die von rechtem Ballast befreit war, aber von einem Gleichgewicht zwischen säkularen und orthodoxen Kräften getragen wurde, wie er es sich wünschte.

Vor allem aber hatte sich Rabin eine Regierung ohne Peres gewünscht. Er hoffte, das Gerücht, das seine eigenen Leute ausstreuten, Peres sei für den Posten eines »Ministers der jüdischen Welt« vorgesehen, könnte diesen zum Verzicht bewegen. Aber Peres wollte sich nicht zurückziehen, denn er wußte, daß er in der Partei genügend Rückhalt hatte, um Rabin zu zwingen, ihn an Bord zu nehmen. Rabin sträubte sich, Peres das Verteidigungsressort zuzugestehen. Er war überzeugt, daß Peres während seiner ersten Regierungszeit von diesem Punkt aus »unermüdlich gegen ihn intrigiert hatte«. So einigten sie sich schließlich auf das Außenministerium. Die entscheidenden bilateralen Friedensverhandlungen zwischen Israel und den arabischen Nachbarstaaten sowie zwischen Israel und den Palästinensern hatte das Büro des Ministerpräsidenten in der Hand. Peres wurde auf die künftigen multilateralen Verhandlungen über die Zukunft des Nahen Ostens nach dem Friedensschluß vertröstet.

Als die neue Regierung ihre Arbeit aufnahm, war das Verhältnis zwischen beiden gespannt wie eh und je. Aber zur allgemeinen Überraschung arbeiteten sie bald eng zusammen am Friedensprozeß, zunächst, weil sie einander zutiefst mißtrauten, allmählich jedoch widerstrebend auch mit gegenseitigem Respekt. Ihre wöchentlichen Gespräche unter vier Augen wurden immer lockerer, und Mitarbeiter sagten, sie hätten das Paar oft hinter verschlossenen Türen laut lachen hören. Jedoch im März 1993 begann Rabin erneut zu befürchten, daß Peres gegen ihn intrigierte. Sheves warnte ihn, er solle auf der Hut sein. Rabin erwiderte, er wisse, was da vor sich gehe. »Ich bin kein Kind mehr«, erklärte er. Peres hatte seine Freitagstreffen mit Mitgliedern seiner Fraktion wieder aufgenommen. Bei den Auseinandersetzungen in der Partei hatten sie Rabin vollkommen ausmanövriert. Zwar war das Kabinett stark mit Rabin-Anhängern besetzt, doch hatte Peres seine Gefolgsleute in

Schlüsselpositionen der Partei lancieren können– Eli Dayan war Fraktionschef in der Knesset, Nissim Zvili Generalsekretär der Partei und Ezer Weizman Kandidat der Partei für das Amt des Staatspräsidenten, eine im wesentlichen repräsentative Funktion.

Aber Peres hielt sich daran, daß sein künftiges Verhältnis zu Rabin mit einer Elle zu messen war – dem Friedensprozeß. Solange Rabin hier sein Bestes gab, versicherte ihm Peres unwandelbare Loyalität. Wenn er aber dort zu bremsen gedenke, »werde ich nicht zögern, das Banner der Rebellion wieder aufzunehmen«, warnte er.

Ihre gegenseitige Antipathie resultierte nicht nur aus dem Machtkampf. Hier rieben sich zwei Persönlichkeiten permanent aneinander. Kalman Gayer, ein enger politischer Berater Rabins, der beide Männer gut kannte, kommentierte ihr Verhältnis mit folgenden Worten: »Ein Analytiker nimmt eine Sache auseinander, und wenn er sie verstanden hat, versucht er sie wieder zusammenzusetzen. Das ist Rabin. Eine auf Integration orientierte Persönlichkeit kann mit Unbestimmtheit umgehen. Wenn sie auf ein Hindernis trifft, versucht sie ihm auszuweichen, sich nicht auf Details einzulassen und weiter vorwärtszugehen. Das ist Peres. So unterschiedliche Sichten müssen zum Konflikt führen. Im Falle von Rabin und Peres entstand daraus scharfe Rivalität.«

Die großen Kriege zwischen ihnen waren aber vorbei. Rabin war inzwischen siebzig und Peres neunundsechzig. Sie hatten ein Alter erreicht, wo es weniger darum ging, den anderen zu übertrumpfen, als reale Ergebnisse zu erzielen. Peres war Ministerpräsident gewesen, wollte nichts mehr beweisen und brachte es deshalb über sich, seine Karriere als Nummer Zwei unter Rabin zu beenden. Vor allem aber waren Rabin und Peres von derselben großen Idee besessen – Frieden zu schaffen. Der persönliche Konflikt, der sie auseinandergetrieben hatte, wurde nun zu einem Vorzug: Das unwahrscheinlichste Duo Israels ergänzte sich gegenseitig, als die Friedensverhandlungen ernsthaft begannen.

NEUNTES KAPITEL
Der Friedensstifter

Bald nachdem Rabins neue Koalition am 13. Juli 1992 vereidigt war, sagte er voraus, er werde nicht mehr als neun Monate brauchen, um ein Abkommen mit den Palästinensern zustandezubringen. Er glaubte, die Intifada habe zu einer Kräfteverschiebung unter den Palästinensern geführt – weg von Yasser Arafats PLO in Tunis, im Ausland – hin zur Lokalführung in den besetzten Gebieten, im Inland. In Israel bestand weitgehend Konsens darüber, daß es keine Kontakte zu Arafat und dessen Organisation geben dürfe. Der Friedensplan, den Rabin 1989 als Verteidiungsminister formuliert hatte, zielte darauf ab, die PLO zu umgehen und durch Wahlen in den besetzten Gebieten eine glaubhafte lokale Führung aufzubauen. Rabin war überzeugt, wäre Yitzhak Shamir nicht so halsstarrig gewesen, hätten diese Wahlen längst stattgefunden. Und er war sicher, wenn einmal lokale Palästinenserführer gewählt waren, konnte man mit ihnen eine Lösung finden.

Aber ihm stand ein böses Erwachen bevor. Mitte September 1992 trafen israelische Unterhändler in Washington mit einer Gruppe Palästinenser aus dem Inland zur sechsten Gesprächsrunde seit Beginn der Madrider Friedenskonferenz von 1991 zusammen. Es war die erste Runde seit Rabins Machtübernahme. Wie diese Gespräche verliefen, ließ klar erkennen, daß die PLO aus dem Ausland die Fäden zog, genauer gesagt, jeden Fortschritt blockierte, weil sie nicht offiziell beteiligt war. Derartige Verhandlungen machten keinen Sinn.

Außenminister Shimon Peres zog rasch seine Schlüsse. Er drängte Rabin, das Verbot jeglicher Verhandlungen mit der PLO zu überdenken. Rabin lehnte ab. Aber er gab Peres die Erlaubnis, über Ägypten Fühler zur PLO auszustrecken. In Botschaften an Osama al-Baz, einen engen Berater des ägyptischen Präsidenten, an Außenminister Amr Moussa und an Präsident Hosni Mubarak selbst lancierte Peres den Gedanken »Gaza zuerst« – einen Plan, nach dem den Palästinensern im Gazastreifen versuchsweise Selbstverwaltung angeboten wurde. Wenn es funktionierte, sollte die Autonomie des Westjordanlandes folgen. Peres wußte, daß der Plan auf diesem Wege nach Tunis gelangte. Etwa zur selben Zeit stellte Rabin klar, er sei zu wesentlichen Zugeständnissen in der Territorialfrage bereit, um Frieden zu schaffen. »Es ist an der Zeit, den starren Glauben an ein Großisrael aufzugeben«, sagte er in einer Rede Anfang September. Die PLO fühlte sich ermutigt zu sondieren, wie sie mit der neuen israelischen Regierung in direkten Kontakt treten könnte. Abu Mazen, Verantwortlicher der PLO für die Beziehungen zu Israel, wurde im Oktober über Ägypten aktiv. Aber Außenminister Moussa ließ ihn telegraphisch wissen, es sei noch zu früh. Rabin war noch nicht bereit.

Anfang Dezember 1992 kam es dann aber zu einem dramatischen Durchbruch in den Kontakten zwischen Israel und der PLO, von dem Rabin und Peres nichts wußten. Der stellvertretende Außenminister Yossi Beilin, den Rabin nur spöttisch »Peres' Pudel« nannte, hatte über hohe norwegische Beamte einen bislang noch ungenehmigten geheimen Kanal aufgebaut. Im September hatte der stellvertretende norwegische Außenminister Jan Egeland Beilin während eines Besuches in Israel getroffen und ihm angeboten, israelisch-palästinensische Geheimkontakte in Norwegen zu arrangieren. Beilin nahm das nicht allzu ernst, bis die PLO Yair Hirschfeld, Politologieprofessor und enger Vertrauter Beilins, in London ansprach. Beilin gab Hirschfeld die Erlaubnis, sich mit dem hohen Wirtschaftsexperten der PLO Ahmad Qurei, besser bekannt als Abu Ala, zu treffen. Terje Larsen, ein norwegischer Wissenschaftler, der sowohl Beilin als auch Abu Ala kannte, half mit, die ersten beiden Zusammenkünfte Anfang Dezember in London zu arrangieren, um das Eis zu brechen. Hirschfeld und Abu Ala kamen überein, sich in Larsens Beisein am 21. Januar 1993 bei Oslo wiederzutreffen.

Zu dieser Zeit war Rabin bereits sechs Monate im Amt. Langsam beschlichen ihn Zweifel, ob mit den Inlands-Palästinensern eine Lösung möglich war. Er hatte ihnen seine aufrichtige Bereitschaft für ein Entgegenkommen signalisiert, indem er die Errichtung neuer Siedlungen in Westjordanien einstellte. Bisher war die Reaktion jedoch wenig ermutigend. Die siebente und achte Gesprächsrunde in Washington hatte sich als enttäuschende Zeitverschwendung herausgestellt. Dann wies Rabin nach der brutalen Ermordung eines entführten israelischen Polizisten im Dezember 415 Fundamentalisten der Hamas nach dem Libanon aus. Daraufhin zogen sich die Palästinenser vollends von den Washingtoner Friedensgesprächen zurück.

Ob nun gut oder schlecht, Geheimdiplomatie war in dieser Situation das einzige, was weiterhelfen konnte. Wenn Rabin sein Wahlversprechen einlösen wollte, den Friedensprozeß voranzubringen, mußte er sich darauf einlassen. Jetzt streckte er über seine Minister Haim Ramon, Ephraim Sneh und Yossi Sarid von der Meretz sowie über den ehemaligen Chef der Militäraufklärung Shlomo Gazit selbst Fühler zur PLO aus. Und als Peres im Januar 1993 wieder mit einem Vorschlag an die PLO zu ihm kam und ihn drängte, Israel sollte Arafat anbieten, nach Gaza zu kommen und Wahlen zu organisieren, damit eine gewählte palästinensische Führung entstand, mit der Israel verhandeln konnte, hörte Rabin seinen Außenminister bis zu Ende an. Peres argumentierte, solange der PLO-Führer in Tunis sitze, werde er jeden Fortschritt bewußt blockieren. Inzwischen hatte Beilin Peres über die Gespräche Hirschfelds mit Abu Ala berichtet. Peres setzte Rabin davon in Kenntnis, daß ein weiteres Treffen der beiden in Norwegen bevorstand. Widerstrebend gab der Ministerpräsident dazu seinen Segen.

Bei diesem Treffen, das in Sarpsborg bei Oslo stattfand, stand Peres' Gedanke, im Gazastreifen mit der palästinensischen Selbstverwaltung zu beginnen, sofort im Mittelpunkt. Abu Ala forderte den Abzug der Israelis aus dem Gebiet und einen Mini-Marshallplan für die Palästinenser. Hirschfeld packte die Erregung. »Beginnen Sie mit Gaza«, erklärte er leidenschaftlich, denn er wußte, daß die große Mehrheit der Israelis mit dem elenden, überbevölkerten Terroristennest, zu dem der Gazastreifen verkommen war, nichts im Sinn hatte. Ein Abzug der Israelis aus dem Gazastreifen konnte ein vertrauensbildender erster Schritt zu größerer Autonomie der Palästinenser sein. Damit war es möglich, die schwierigsten Probleme, die den eigentlichen Kern des israelisch-palästinensischen Konfliktes bildeten – den Status Jerusalems, das Schicksal der Siedlungen, die Rückkehr der palästinensischen Flüchtlinge und die endgültige Grenzziehung – weit in die Zukunft schieben. »Das ist etwas, wofür die Regierung Unterstützung finden kann.«

Beim nächsten Osloer Treffen im Februar 1993 arbeiteten Abu Ala und Hirschfeld ein Papier von sieben Seiten aus, das als das

»Sarpsborger Dokument« bekannt geworden ist. Sie schlugen vor, den Gazastreifen zeitweilig der UNO zu übergeben. Peres explodierte vor Zorn, als er es zu Gesicht bekam. »Das ist ein schreckliches Papier«, sagte er zu Beilin. Er lehnte jede Beteiligung der UNO rundweg ab. »Aber es scheint ernst zu werden.« Für das dritte Treffen im März legte Perez einige Ergänzungen zum Sarpsborger Dokument vor. Die wichtigste davon war seine Erklärung, Israel könne zustimmen, wenn die PLO ihr Hauptquartier von Tunis nach Gaza verlege. Die PLO und Israel fanden allmählich eine gemeinsame Sprache. Mitte April traf Rabin in Ismailia den ägyptischen Präsidenten Mubarak, der ihm eine Karte zeigte, die Arafat ihm gerade übergeben hatte. Darauf waren Gaza und Jericho mit dickem Stift eingekreist. Die Idee »Gaza zuerst«, die Peres ins Spiel gebracht hatte, kam zurück als »Gaza und Jericho zuerst«; allerdings beanspruchte nun Arafat das Urheberrecht. Für den PLO-Führer war ein Stützpunkt im Westjordanland unabdingbar, um zu sichern, daß Israel nicht clever versuchte, ihn mit dem Giftbecher Gaza abzuspeisen. Rabin aber war von dem Gedanken an Jericho unangenehm überrascht, insbsondere, da die Allenby-Brücke über den Jordan zu dem vorgesehenen Autonomiegebiet gehören sollte. Wenn die Palästinenser einen Übergang über den Jordan kontrollierten, dann konnte nichts den Zustrom von Waffen oder Flüchtlingen mehr aufhalten. Rabin sagte Mubarak, diese Idee sei ein Rohrkrepierer.

Der Premierminister hegte immer noch eine schwache Hoffnung, daß es gelingen werde, mit den Inlands-Palästinensern und ohne die PLO eine Übereinkunft über begrenzte Selbstverwaltung zu erreichen. Er glaubte, die israelische Öffentlichkeit werde offizielle Gespräche mit der PLO nicht hinnehmen, von einem umfassenden Friedensabkommen mit der Terroristenorganisation ganz zu schweigen. Die Geheimkontakte betrachtete er lediglich als Ergänzung zu den öffentlichen Verhandlungen. Sie konnten die Gespräche in Washington befruchten und voranbringen. Rabin setzte weiterhin auf Faisal Husseini, der aus einer berühmten Nationalistenfamilie stammte und der am meisten geachtete Palästinenserführer in den besetzten Gebieten war. Shamir hatte seiner Teilnahme an den Verhandlungen bisher nicht zugestimmt, weil er in Ostjerusalem lebte und dies Israels Bereitschaft hätte signalisieren können, auch über eine erneute Teilung der Stadt zu verhandeln. Im April gab

Rabin grünes Licht dafür, daß sich Husseini der offiziellen Verhandlungsdelegation der Palästinenser anschloß.

Das machte jedoch keinen Unterschied. Arafat blockierte aus Tunis auch weiterhin jeden Fortschritt und bestand auf einer offiziellen Rolle für die PLO. Als die Washingtoner Gespräche am 27. April nach viermonatiger Unterbrechung wegen der Ausweisungen wiederaufgenommen wurden, gerieten sie erneut in eine Sackgasse. Daß Husseini nicht in der Lage war, die Dinge in die Hand zu nehmen und voranzubringen, war für Rabin eine riesige Enttäuschung. Möglicherweise ist dies der Punkt, an dem er akzeptierte, daß ein Ergebnis nur möglich war, wenn Arafat öffentlich einbezogen wurde.

In Oslo trieb Abu Ala inzwischen das »Projekt Gaza und Jericho«, wie er es nannte, energisch voran. Hirschfeld informierte ihn darüber, daß Mubarak es Rabin vorgelegt und dieser an Details im Zusammenhang mit Jericho Anstoß genommen hatte. Ungerührt bestand Abu Ala darauf, daß dies der Weg war, den man weiterverfolgen mußte.

Daß die PLO so bereitwillig auf Peres' Köder »Gaza zuerst« angebissen hatte und andererseits Husseini in Washington nichts Nützliches tun konnte, ließ Rabin und Peres die Oslo-Connection nun in einem neuen Licht erscheinen und ernster betrachten. Der Wendepunkt kam Mitte Mai. Peres erklärte Rabin, er wolle nach Norwegen fliegen und Abu Ala selbst treffen. Rabin meinte, das sei zu gefährlich. Sie mußten sich die Möglichkeit offenhalten, wenn es notwendig sein sollte, alles zu bestreiten, und sie konnten kein Mitlgied des Kabinetts in einen Verhandlungsprozeß hineinziehen lassen, von dem sie angeblich nichts wußten. Statt dessen kamen beide überein, den neuen Generaldirektor des Außenministeriums, Uri Savir, einen von Peres' Protégés, nach Oslo zu senden. Er sollte sich ein Bild davon machen, wie seriös dieser Kanal wirklich war.

Rabins Sinneswandel, die PLO als seinen Friedenspartner zu akzeptieren, brauchte eine lange Reifezeit. Der Ausgangspunkt war seltsamerweise die Ausweisung der 415 Fundamentalisten von Hamas und dem Islamischen Jihad im Dezember. Im Kabinett wurde damals viel darüber gesprochen, um des Friedens willen eine zweigleisige Politik zu fahren – die Fundamentalisten zu schwächen, die jeden Vorschlag ablehnten und für nahezu alle Terrorakte gegen Israel verantwortlich waren, und die Gemäßigten zu stärken, die die PLO unterstützten. Es war ein schwieriges konzeptionelles Ringen, bis der Unterschied zwischen diesen fundamentalistischen Widerständlern und den Friedensstiftern von der PLO fest in Rabins Denken Eingang gefunden hatte.

Die nächste große Veränderung trat ein, als Rabin im April die besetzten Gebiete abriegeln ließ. In nur drei Wochen waren in einer ganzen Serie von Terrorangriffen zehn Israelis getötet worden. Die Schließung der Übergänge, durch die über 100 000 Palästinenser daran gehindert wurden, an ihre Arbeitsplätze in Israel zu gelangen, zeigte ihm sehr deutlich, daß eine Trennung von Israelis und Palästinensern funktionieren konnte. Die Sicherheitslage verbesserte sich, und die Konturen einer politischen Lösung mit Gaza als Versuchsfeld traten deutlicher hervor. Aber Rabin war immer noch nicht sicher, ob er Arafat trauen konnte.

Der weltgewandte Savir, vorher Israels Generalkonsul in New York, kehrte von seinem ersten Treffen mit Abu Ala im Thomas-Heftye-Haus in Oslo am 21. Mai optimistisch zurück. Er hatte den Eindruck, sich mit Abu Ala ausgezeichnet verstanden zu haben. Dieser besaß Arafats volle Unterstützung, und die PLO wollte ein Ergebnis. Er berichtete Rabin und Peres, der Kanal eröffne ernsthafte Möglichkeiten. Aber Rabin verlangte einen härteren Test. Yoel Singer, ein äußerst erfolgreicher internationaler Rechtsanwalt mit Sitz in Washington, wurde ins Spiel gebracht. Seinem Urteil trauten Rabin und Peres. Singer hatte zwanzig Jahre in der Rechtsabteilung der Israelischen Verteidigungskräfte gearbeitet und an den Abkommen mitgewirkt, die Rabin und Peres mit Ägypten und Syrien Mitte der siebziger Jahre aushandelten. Während Rabins erster Amtszeit als Verteidigungsminister hatte er Gesetze für die besetzten Gebiete entworfen. Nun wollte Peres, daß er dem Außenministerium als Rechtsberater zur Seite stand.

Ende Mai brachten Peres und Beilin Singer zu Rabin in dessen Büro im Verteidigungsministerium in Tel Aviv. Singer hatte sich inzwischen eine Version des Sarpsborger Dokuments angesehen, das er als »halbgewalkt« einschätzte. Offen und direkt wie er war, sprach er allein unter den Beteiligten an den Osloer Verhandlungen Rabins Sprache. Rabin bat ihn, nach Oslo zu fliegen und dort zu testen, ob man die PLO ernstnehmen könne. »Ich möchte aus Ihrem Munde hören, daß das Angebot der PLO eine solide Sache ist«, sagte er. Beim siebenten Treffen Mitte Juni nahm Singer Abu Ala ins

Verhör. Er stellte ihm eine lange Reihe von Fragen, die, wie er sagte, von Rabin persönlich kämen. »Was von jetzt an hier geschieht, ist offiziell«, erklärte er den Palästinensern. Abu Ala gefiel Singers Ton nicht, aber er begriff, daß die Zukunft des Kanals von seinen Antworten abhing. Singer kehrte zufrieden zu Rabin zurück. »Sie meinen es ernst«, sagte er. »Sie sind bereit, die Verhandlungen über die Siedlungen und über Jerusalem auf später zu vertagen.«

Nun schaltete sich Rabin selbst aktiv in den Verhandlungsprozeß ein. Wie es seine Art war, ging er alle Einzelheiten peinlich genau durch. Dann gab er Singer die Erlaubnis, einen umfassenden offiziellen Vorschlag Israels auszuarbeiten. Am 3. Juli erschien Singer beim achten Osloer Treffen mit einem völlig neuen israelischen Dokument, einem neuen Entwurf des Gaza-Jericho-Abkommens, das beträchtlich von den Papieren abwich, die Hirschfeld und Abu Ala seit Monaten miteinander abgestimmt hatten. Die Palästinenser explodierten. Singer schlug in aller Ruhe vor, sie sollten das Papier Wort für Wort durchgehen und ihre Einwände und Gegenvorschläge schriftlich formulieren. Darauf folgten die intensivsten 36 Stunden in der Geschichte der israelisch-palästinensischen Verhandlungen. Beide Seiten kamen einer Übereinkunft sehr nahe. Aber diese konstruktive Arbeit war abrupt zu Ende, als über den exakten Status Jerichos ein erbitterter Streit ausbrach. Beide Seiten knallten mit den Türen, brüllten, es sei alles zu Ende, und fuhren zum Flugplatz.

Rabin ließ sich davon nicht erschüttern. Eine Woche später sandte er sein Team mit weiteren Forderungen für den Schutz der jüdischen Siedlungen und die Sicherheit der israelischen Siedler auf den Straßen nach Oslo zurück. Die Palästinenser antworteten mit eigenem Gegenvorschlag und 25 neuen Forderungen. Die Gespräche endeten erneut in heilloser Verwirrung. Diesmal aber war es ernst. Zu Rabins totaler Überraschung hatte die PLO es Israel gleichgetan und ein völlig neues Dokument präsentiert, als man bei den bisherigen Papieren einer Übereinkunft so nahe war. Das erschien ihm wenig seriös und vertrauenswürdig. Zu Peres sagte er, er habe genug davon und werde die ganze Sache abblasen. Glücklicherweise war eine norwegische Delegation unter Leitung von Außenminister Holst gerade mit Arafat in Tunis zusammengetroffen. Nur Peres' intensive Fürsprache und ein Brief von Holst an Peres, in dem er Arafats ernsthafte Absichten hervorhob, brachten Rabin dazu, dem Fortgang der Osloer Gespräche zuzustimmen. Zur selben Zeit berichtete Haim Ramon, nun Gesundheitsminister in Rabins Kabinett, dem Ministerpräsidenten über eine Begegnung mit Ahmad Tibi, dem Berater Arafats in Fragen der israelisch-arabischen Beziehungen am 14. Juli in Jerusalem. Ramon sagte, Tibi habe ihn überzeugt, daß man nur mit Arafat zu einem Abkommen kommen werde, der daran ernsthaft interessiert sei. Aber bei den nächsten Treffen in Oslo konnten die Differenzen nicht überbrückt werden. Savir arbeitete sechzehn Streitpunkte heraus und schlug vor, jede Seite solle bei acht Punkten Zugeständnisse machen – die Palästinenser bei den Sicherheitsfragen, Israel bei allen übrigen.

Rabin war immer noch skeptisch und sehr ungehalten über Arafat. Aber im August stimmte Arafat öffentlich zu, die Debatte über Jerusalem zu verschieben, womit er die offizielle palästinensische Verhandlungsdelegation bei den Washingtoner Gesprächen völlig überraschte. Die Inlandsvertreter Faisal Husseini, Sa'eb Arekat und Hanan Ashrawi traten daraufhin unter Protest zurück. Arafat blieb unbeeindruckt, und Rabin begann zu glauben, daß es ihm ernst war.

Eine Woche später reiste Peres zu einem lange geplanten Besuch nach Skandinavien. Er wollte die Gelegenheit nutzen, um die Gespräche zum Abschluß zu bringen. Außenminister Holst verkürzte einen Besuch in Island und flog nach Stockholm, wo er Peres am 17. August traf. Peres bat Holst, eine Telefonverbindung zu Arafat in Tunis herzustellen, so daß er und sein Verhandlungsteam die Übereinkunft mit dem PLO-Führer zum Abschluß bringen konnten. Die Verhandlungen zwischen Stockholm und Tunis per Telefon begannen nach zehn Uhr und dauerten acht Stunden. Arafat, Abu Mazen (der bisher im wesentlichen die Verhandlungsstrategie der PLO gesteuert hatte), Abu Ala, der Osloer Unterhändler Hassan Asfour, PLO-Sprecher Yassir Abd-Rabbo und Muhsen Ibrahim, ein libanesischer Anwalt, hatten in Arafats Büro in Tunis ihr Lager aufgeschlagen. Holst, Peres und Singer sprachen nacheinander aus dem Haga-Palast in Stockholm. Rabin war die ganze Nacht in Tel Aviv, Savir in Jerusalem verfügbar. Die israelischen Unterhändler weckten Peres in den frühen Morgenstunden drei Mal, um neue Instruktionen einzuholen. Peres, der um die ständige Furcht der PLO wußte, Israel könnte mit Damaskus ins Geschäft kommen und die Palästinenser außen vor lassen, brummte schläfrig: »Sag ihnen, wir werden mit den Syrern zusammengehen.« Als es dämmerte, war der Handel perfekt.

Am frühen Morgen des 20. August unterzeichneten Abu Ala und Hassan Asfour für die Palästinenser, Savir und Singer für Israel. Diese Prinzipienerklärung sah für fünf Jahre eine »provisorische« palästinensische Selbstverwaltung in den besetzten Gebieten vor. Als ersten Schritt wollte Israel seine Truppen aus Gaza und Jericho abziehen. Weitere Orte im Westjordanland sollten folgen und die Palästinenser Wahlen abhalten. Kurz gesagt, diese Prinzipienerklärung versprach, einen Prozeß in Gang zu setzen, der dazu führte, daß Israel seine 26jährige Herrschaft über mehr als zwei Millionen Palästinenser in Gaza und dem Westjordanland beendete.

Peres war die Triebkraft, Rabin der sicherheitsbewußte Pragmatiker, der die Übereinkunft der israelischen Öffentlichkeit verkaufen konnte, welche in der PLO immer noch den schlimmsten Feind Israels sah. Es ist erstaunlich, daß die Verhandlungen in Norwegen bei der traditionellen Geschwätzigkeit der Israelis acht Monate lang geheim blieben. Nicht einmal Männer wie Elyakim Rubinstein, der die inzwischen überflüssigen öffentlichen Gespräche mit den Palästinensern unter der Ägide der USA in Washington munter weiterführte, wußten davon. Die Nachricht, Israel und die PLO hätten ausführliche Vier-Augen-Gespräche geführt und ein Rahmenabkommen zur Übergabe der Macht in den besetzten Gebieten erzielt, gelangte erst Ende August an die Öffentlichkeit. Sie wurde international weithin erstaunt und ungläubig zur Kenntnis genommen.

Nun hatte Rabin die härteste Nuß zu knacken: Israel mußte die PLO als einzig legitime Verteterin der Palästinenser anerkennen. Männer, die Rabin nahezu sein ganzes bewußtes Leben lang bekämpft hatte, die für die schlimmsten Terroranschläge gegen Israel und das jüdische Volk verantwortlich waren, hatten gemeinsam mit israelischen Vertretern die Prinzipienerklärung ausgehandelt. Als Preis für Israels Anerkennung stellte Rabin nun harte Forderungen: Die PLO hatte dem Terror in jeglicher Form abzuschwören und zu erklären, daß sie Israels Existenzrecht anerkenne. Die Charta der PLO, ihr Statut, mußte abgeändert, die Klauseln, in denen die Zerstörung des Staates Israel gefordert wurde, mußten gestrichen werden – eine Forderung, die zwei Jahre später immer noch nicht erfüllt war. Die PLO mußte alle Palästinenser auffordern, der Gewalt abzuschwören und sich gegen diejenigen zu wenden, die sich weigerten, dies zu tun. Vor der letzten Forderung scheute Arafat zurück. Er konnte die Intifada nicht für beendet erklären, solange noch keine praktischen Fortschritte sichtbar waren. Und er wollte in den Anerkennungsbrief der PLO an die israelische Regierung keine Verpflichtung aufnehmen, gegen andere Palästinenser zu kämpfen. Aber Rabin war unerbittlich. Solange die Absage an die Gewalt nicht absolut war, konnte es kein Geschäft geben. Der Kompromiß war schließlich ein gesonderter Brief Arafats an Holst, in dem dieser versprach, jeglicher Gewalt seitens der Palästinenser ein Ende zu setzen.

Am 10. September tauschten Israel und die PLO gegenseitige Anerkennungsschreiben aus. Holst brachte den von Arafat unterzeichneten Brief von Tunis nach Jerusalem, wo Rabin Israels Anerkennung der PLO mit einem billigen Kugelschreiber signierte. Dies war einer der härtesten Tage in Rabins Leben. Sein Brief an Arafat vermied jegliche freundschaftliche Note. Anstelle der in Briefen üblichen höflichen Anrede hieß es einfach »Herr Vorsitzender«. Rational war Rabin klar, daß diese gegenseitige Anerkennung das Ende von hundert Jahren Kampf bedeutete. Emotional konnte er sich nur schwer mit der Tatsache abfinden, daß er sich hier mit den Terroristen von gestern einließ. Nach dem bewußt gedämpften Unterzeichnungsakt im Büro des Ministerpräsidenten ging Rabin langsam und sehr nachdenklich in sein persönliches Arbeitszimmer zurück und sank dort erschöpft in einen Sessel, als ob alle Kraft aus ihm gewichen wäre. Mitarbeiter kamen herein und debattierten erregt über diesen historischen Tag. Rabin starrte schweigend vor sich hin. Es war nicht seine Art, an sich selbst zu zweifeln. Aber hier hatte er eine enorme psychologische Hürde nehmen müssen.

Am nächsten Tag kam Clyde Haberman von der New York Times, um Rabin in seiner offiziellen Residenz in Jerusalem zu interviewen. Während er bei ihm war, klingelte das Telefon. Es war Barbara Walters von der Fernsehstation ABC, die das denkwürdige gemeinsame Interview von Begin und Sadat in der Knesset wiederholen wollte – nun mit Rabin und Arafat nach der feierlichen Unterzeichnung der Prinzipienerklärung, die für den 13. September im Weißen Haus vorgesehen war. Rabin sagte ihr, er habe kein großes Verlangen danach und könne nichts versprechen. Auf dem Flug nach Washington am 12. September versuchte Rabin nicht, versäumten Schlaf nachzuholen, wie er das gewöhnlich auf langen Flügen tat. Er arbeitete ununterbrochen an seiner Rede im Weißen Haus. Obwohl er nicht geschlafen hatte, gab er am nächsten Morgen allen Fernsehstationen Interviews, außer der von Barbara Walters. Ihr Aufnahmeteam stand den ganzen Tag am Weißen Haus bereit. Aber Rabin konnte es nicht über sich bringen, gemeinsam mit dem PLO-Führer vor die Kamera zu treten.

Zu der Unterzeichnungszeremonie in Washington hatte Rabin mehrere Opfer von Terrorangriffen und deren Familien mitgebracht. Er wollte auf diese Weise zum Ausdruck bringen, Israel werde nicht vergessen, was ihm die Palästinenser während der Jahre des Konflikts angetan hatten. Der alltägliche Terrorismus mußte ein Ende haben. Natürlich sollte damit auch gegenüber der israelischen Öffentlichkeit demonstriert werden, daß Opfer des Terrors die Vereinbarung unterstützten. Eine der Geladenen, Smadar Haran, lehnte ab. PLO-Terroristen waren im April 1979 von See her in ihr Haus in Nahariyah eingedrungen, hatten ihren Mann erschossen und ihrer fünfjährigen Tochter den Schädel zerschmettert. Ihr Baby war erstickt, als sie sich mit ihm in einer winzigen Bodenkammer verbarg. Sie brachte es nicht über sich, Arafats Hand zu drükken. »Tun Sie es für mich, Herr Ministerpräsident, Sic sind mein Bote«, sagte sie zu Rabin.

In seiner Rede auf dem Rasen vor dem Weißen Haus erklärte Rabin: » ... Wir, die wir gegen Sie, die Palästinenser, gekämpft haben, sagen Ihnen heute mit lauter und klarer Stimme: Genug des Blutes und der Tränen. Es ist genug.« Das war seine eigentliche Botschaft an diesem historischen Tag. Eine Absage an die bewaffnete Gewalt – auf beiden Seiten. Plötzlich, als der Beifall nach seiner Rede abebbte, war da die ausgestreckte Hand. Arafat, in Uniform und Keffiya, trat auf ihn zu. Rabin zuckte einen Moment zurück. Seine Körpersprache signalisierte Abneigung. Er zögerte einen Augenblick. Aber als disziplinierter Soldat war er bereit, zu tun, was für die Sache des Friedens notwendig war. Smadar Haran hatte es treffend gesagt – es war nicht Yitzhak Rabin, der Arafat die Hand gab, sondern der Ministerpräsident Israels, der Abgesandte seines Volkes. Er nahm Arafats Hand, drückte sie lange und fest. Dann wandte er sich Peres zu und murmelte mit aller Selbstironie, deren er fähig war: »Nun sind Sie an der Reihe.«

Damit der Handel gelang, mußte auf den Händedruck ein solides Arbeitsverhältnis folgen. Rabin begriff durchaus, daß sie nun im guten und und im bösen »Arbeitspartner« waren. Und doch fielen Rabin die ersten Treffen mit Arafat in diesem Winter in Kairo ungeheuer schwer. Er gab sich alle Mühe, seine Gefühle hinter der für ihn ungewöhnlichen Maske übertriebener Höflichkeit zu verbergen. So nannte er Arafat stets »Herr Vorsitzender« und dieser ihn »Eure Exzellenz«. Rabin ließ sich alle verfügbaren Informationen über Arafat kommen. Als er den PLO-Führer etwas besser kannte, empfand er ihre Begegnungen als weniger quälend. Wenn er ihn auch äußerst korrekt behandelte, vertrat er seine Sache mit der gewohnten Direktheit und setzte sich in der Regel auch durch. Rabins Sprecher Oded Ben-Ami witzelte darüber: »Arafat zu treffen, war für Rabin fast so wie zum Zahnarzt zu gehen. Die Angst vorher war viel schlimmer als die Behandlung.«

Eine wirkliche Veränderung in Rabins Haltung zu Arafat trat erst ein, als die Armeeaufklärung ihn informierte, die PLO habe alle terroristischen Aktivitäten eingestellt. Arafat hielt, was für Rabin die wichtigste Verpflichtung war. Dies machte ihn in seinen Augen zu einem legitimen Partner. Natürlich war er nicht der Meinung, daß der PLO-Führer auch nur annähernd genug gegen den fortgesetzten Terror der radikalen Islamisten unternahm. Solange das so war, vertraute ihm Rabin nur sehr begrenzt. Bei jeder Gelegenheit drängte er den PLO-Führer, gegen diese militanten Elemente durchzugreifen. Aber er kannte Arafats begrenzte Möglichkeiten. »Nicht einmal wir sind in der Lage, in den Gebieten, die wir kontrollieren, jeglichen Terror zu unterdrücken«, sagte er zu Arafats Verteidigung. Bei Arafat selbst wuchsen über die Jahre Respekt und Sympathie für Rabin. »Bei Rabin weiß man, woran man ist«, äußerte er gegenüber Mitarbeitern.

Für König Hussein von Jordanien brachte das israelisch-palästinensische Abkommen vom September 1993 die so lange erwartete volle Rechtfertigung für Jordanien, seinerseits Frieden mit Israel zu schließen. Nun konnte ihm niemand in der arabischen Welt mehr vorwerfen, er betreibe den Ausverkauf der Palästinenser. Außerdem mußte Jordanien rasch handeln, wenn es den Friedensprozeß in die richtige Richtung lenken wollte. Stand er weiterhin abseits, fürchtete der König, daß ungezügelter palästinensischer Nationalismus nach Jordanien überschwappen und das Königreich destabilisieren konnte. Deshalb handelte er blitzschnell: Am 14. September, einen Tag nach dem Händedruck Rabins und Arafats auf dem Rasen vor dem Weißen Haus, paraphierten Jordaniens Unterhändler in Washington einen Friedensplan mit Israel, der seit fast einem Jahr fertig ausgehandelt war.

Zwei Wochen später, am 26. September, lud Hussein Rabin zu einem Geheimtreffen auf die königliche Jacht im Golf von Aqaba ein. Der König wollte die Folgen von Israels Friedensabkommen mit den Palästinensern erörtern. Bedeutete der Händedruck vor dem Weißen Haus eine Veränderung von Israels Sicht auf die strategische Rolle Jordaniens bei einer endgültigen Friedenslösung mit den Palästinensern? Wer sollte in der Zeit der Selbstverwaltung die Jordanbrücken kontrollieren – Israel oder die Palästinenser? Wie würde die Beteiligung von Palästinensern an Entwicklungsprojekten auf der israelischen Seite des Toten Meeres ähnliche Projekte auf der jordanischen Seite beeinflussen? Rabins Fragen waren einfacher: Er war eigentlich nur gekommen, um herauszufinden, ob Hussein nun zu einem offiziellen Friedensschluß bereit war. »Meinen Sie es ernst?«, fragte Rabin den König. »Ja«, war die Antwort. Rabin fühlte riesige Erleichterung. Diese Antwort bedeutete, daß Israel aus dem Abkommen mit den Palästinensern sehr greifbaren politischen Nutzen ziehen konnte.

Seit Jahren bestand zwischen Israel und dem Haschemitischen Königreich ein heimliches Sonderverhältnis, das auf dem gemeinsamen Interesse basierte, die nationalen Bestrebungen der Palästinenser in eine Richtung zu lenken, die die Existenz keines der beiden Staaten bedrohte. Rabin war nun froh, dem König versichern zu können, daß das Abkommen mit der PLO nicht auf seine Kosten ging. Israel maß Jordanien auch weiterhin eine Schlüsselrolle bei einer endgültigen Friedensregelung zu, die des Seniorpartners in einer Konföderation mit den Palästinensern.

Rabin und der König waren sich nicht fremd. Sie hatten sich in den vergangenen zwanzig Jahren mehrfach heimlich getroffen. Bei einer Gelegenheit, als die beiden Staaten offiziell noch im Kriegszustand waren, hatte Rabin dem König ein Galil-Sturmgewehr israelischer Produktion in einem Olivenholzkasten geschenkt. Einer verstand den anderen sehr gut und genoß dessen Gesellschaft. Auch Shimon Peres war insgeheim mit dem König zusammengetroffen. Bereits im April 1987 hatte er bei Geheimverhandlungen in London einen nach seiner Meinung historischen Durchbruch erzielt. Dieser war jedoch vom Likud-Ministerpräsidenten Yitzhak Shamir torpediert worden.

Fünf Wochen nach Rabins tête-à-tête auf der königlichen Jacht traf Peres Hussein insgeheim im Haschemitischen Palast am Rande von Amman, um den Stand der Verhandlungen und die wirtschaftlichen Aspekte eines künftigen Friedensabkommens zu besprechen. Er kehrte euphorisch nach Israel zurück. »Kreuzen Sie den 3. November als historisches Datum auf Ihrem Kalender an«, riet er Journalisten. Damit wollte er andeuten, daß ein Friedensvertrag mit Jordanien sehr nahe war. »Gebraucht wird nur noch eine Feder, um ihn zu unterzeichnen«, sagte er.

Die israelischen Medien konnten sich an den Fingern abzählen, daß Peres den König getroffen haben mußte, und so berichteten sie auch. Die Jordanier waren außer sich über Peres' Indiskretion. Hussein warnte Rabin, es werde keine weiteren Treffen geben, wenn man sie nicht geheimhalten konnte. Rabin entschied, den Fortgang des Friedensprozesses nun selbst in die Hand zu nehmen. Entgegen allem Optimismus, den Peres verbreitete, bewegte sich Hussein sehr zögernd und wartete ab, was bei der Realisierung des Abkommens mit den Palästinensern herauskam. Dort aber ging es äußerst langsam voran. Ein Grund dafür war Rabins Pedanterie, ein anderer der Terrorismus.

Das israelisch-palästinensische Abkommen rief Rabins und Arafats Gegner auf den Plan. Die Extremisten auf beiden Seiten, insbesondere die radikalen Fundamentalisten der Hamas und des Islamischen Jihad, griffen erneut zu Gewalt, säten Haß und Chaos, um den Friedensprozeß zu Fall zu bringen. Rabin sah von Anfang an im fortgesetzten Terror der Palästinenser die größte Gefahr, eine strategische Bedrohung des Prozesses. Sein taktisches Vorgehen lief darauf hinaus, die Hamas und die anderen fundamentalistischen Palästinensergruppen gnadenlos zu verfolgen. Strategisch strebte er eine Friedenslösung an, die auf eine strikte Trennung von Israelis und Palästinensern hinauslief. Minimale Kontakte sollten sichern, daß es auch ein Minimum an Reibungen gab.

Nach dem Abkommen vom September 1993 erhöhten die Terroristen erneut ihre Aktivität. Sie griffen verstärkt jüdische Siedlungen im Westjordanland und im Gazastreifen an. Daß die PLO daran nicht beteiligt war, hinderte die rechte Opposition in Israel und die jüdischen Siedler nicht daran, der Friedenspolitik der Regierung die Schuld anzulasten. Sie behaupteten, auf seiten der Palästinenser gebe es eine Arbeitsteilung: Die PLO nutzte die Diplomatie, um Israel seiner besten Sicherheitsgarantien zu berauben, und die Fundamentalisten wandten Gewalt an. Sie gingen absolut koordiniert vor, und die Regierung sei so naiv, das nicht zu erkennen.

Das Massaker, das der extremistische Siedler Baruch Goldstein am 25. Februar 1994 an 29 betenden Arabern in einer Moschee von Hebron anrichtete, brachte den spröden Prozeß der Versöhnung beinahe zum Scheitern. Es löste einen Aufschrei in der arabischen Welt aus. Arafat, der friedensfeindliche Elemente in den israelischen Sicherheitskräften dafür verantwortlich machte, brach die Gespräche über die Durchsetzung des Friedensabkommens mit Israel ab. Rabin gelang es schließlich, den PLO-Führer zu überzeugen, daß es ein Fehler wäre, den Verfechtern der Gewalt ein Veto über den Prozeß zuzugestehen. Aber kaum waren die Gespräche wieder in Gang gekommen, folgte ein weiterer Angriff, diesmal seitens palästinensischer Fundamentalisten. Am 6. April tötete ein Bomben-Selbstmörder in der nordisraelischen Stadt Afulah acht israelische Zivilisten. Dies war der erste einer ganzen Reihe angekündigter Vergeltungsakte für den Mord von Hebron. Ein zweiter Anschlag folgte eine Woche später in Haderah. Dieser forderte fünf Opfer. Goldsteins selbstmörderischer Akt hatte die islamischen Selbstmordkommandos auf den Plan gerufen. Die Gewalt eskalierte. Rabin bestand darauf, den Friedensprozeß trotz der Gegnerschaft auf beiden Seiten fortzusetzen. »Wir werden den Prozeß weiterführen, als ob es den Terror nicht gäbe«, sagte er. »Und wir werden den Terror bekämpfen, als ob es den Friedensprozeß nicht gäbe.«

Aber auch er machte es den Unterhändlern beider Seiten nicht leicht. Das Abkommen von Oslo war zustandegekommen, weil beide Seiten es fertiggebracht hatten, sich über die Einzelheiten zu erheben und so delikate Fragen wie Grenzen, jüdische Siedlungen, die palästinensischen Flüchtlinge und die Zukunft von Jerusalem zunächst zurückzustellen. Aber nun forderte Rabin, wesentlich mehr ins Detail zu gehen und präzisere Abmachungen zu treffen, insbesondere was die Fragen der Sicherheit betraf. Er hatte die Prinzipienerklärung bereits vor ihrer Unterzeichnung 1993 kritisiert, sie habe »mehr Löcher als ein Schweizer Käse«. Nun bestand er darauf, daß alle Löcher gefüllt wurden, bevor es mit der praktischen Durchsetzung weiterging. Peres hatte die Verhandlungen zu führen, und Rabin machte ihm das Leben zur Hölle. Einen Monat vor Goldsteins Massaker in Hebron glaubte Peres nach intensiven Verhandlungen in dem Schweizer Kurort Davos Ende Januar 1994, er habe alle Hindernisse für die Realisierung der Etappe »Gaza und Jericho zuerst« genial beseitigt. Er rief Rabin in Jerusalem an und erstattete Bericht. Aber der Ministerpräsident lehnte die Vereinbarung ab – er fand die Sicherheitsabsprachen nicht ausreichend. Als Peres diese Phase dann nach der langen Unterbrechung der Gespräche wegen des Anschlags von Goldstein Ende April in Bukarest und Kairo endlich abschloß, waren aus den fünfzehn Seiten der Prinzipienerklärung neunzehn geworden. Dazu hatte man sechs detaillierte Karten erarbeitet, wo die neue Situation präzise verzeichnet war, außerdem Festlegungen für gemeinsame Patrouillen und Verbindungskomitees. Aber nach wie vor gab es da einen oder zwei weiße Flecken. Das Hauptproblem bestand darin, daß Arafat das Gefühl hatte, er sei überfahren worden, und sich ein oder zwei letzte Erfolge aufsparen wollte, um sein Gesicht zu retten. Am 3. Mai, lange nach Mitternacht, nur Stunden vor der geplanten offiziellen Unterzeichnung in der ägyptischen Hauptstadt, eilte Präsident Mubarak in den Seitensaal des Al-Itihad-Palastes von Kairo, wo die israelische Verhandlungsdelegation saß. Er legte seinen Arm um Rabin, führte ihn beiseite und flüsterte: »Sie müssen Arafat das Gebiet um Muasi an der Küste des Gazastreifens überlassen.« Rabin, der bisher hart geblieben war und dieses Gebiet behalten wollte, weil es sehr nahe bei den jüdischen Siedlungen lag, stimmte zu.

Das sollte eigentlich ausreichen. Aber weit gefehlt. Als die Unterzeichnungszeremonie am 4. Mai weltweit im Fernsehen übertragen wurde – man hatte sie auf Mubaraks 66. Geburtstag gelegt –, entdeckte Rabin, als er den Stapel Dokumente unterzeichnen wollte, daß Arafats Unterschrift auf den Karten des Gebietes von Jericho fehlte. Zeitweilig hatte man den Eindruck, die versammelten hohen Persönlichkeiten, unter ihnen Mubarak, Peres und der amerikanische Außenminister Warren Christopher wollten auf der Stelle und auf offener Szene über Arafat herfallen. Rabin stand mit verschränkten Armen und weigerte sich fortzufahren, solange Arafat nicht unterschrieben hatte. In heilloser Verwirrung marschierte die Prominenz geschlossen ab, und erst eine Standpauke Mubaraks hinter den Kulissen brachte Arafat dazu, schließlich doch noch seine Feder aufs Papier zu setzen. Rabin und die Zuschauer in Israel erinnerte dies daran, wie verschlagen Arafat doch sein konnte. Von Arafats Seite war dies möglicherweise eine geplante Inszenierung, die der palästinensischen Öffentlichkeit demonstrieren sollte, daß er sich nicht einfach einem israelischen Diktat beugte.

Einige Tage später erschien Arafat in einer Moschee von Johannesburg. Um ein weiteres Mal zu demonstrieren, daß er in den Verhandlungen mit Israel nicht zu viel zugestanden habe, erklärte er, die Palästinenser wollten ihren Jihad fortsetzen, bis Jerusalem befreit sei. Später behauptete er, damit habe er keinen »Heiligen Krieg«, sondern einen »Heiligen Feldzug« gemeint. Rabin erklärte ärgerlich, jede »Fortsetzung von Terror und Gewalt widerspricht dem Brief ... der uns die gegenseitige Anerkennung gebracht hat, und stellt den gesamten Friedensprozeß in Frage«.

Rabin hielt seine Vepflichtungen aus dem Abkommen. Am 13. Mai zog die israelische Armee aus Jericho ab. Am 17. Mai räumte sie zwei Drittel des Gazastreifens. Sie hielt weiterhin die Siedlungen besetzt, wo 4500 Juden leben, sowie die Zugangsstraßen dorthin. Am 1. Juli hielt Arafat, der sein Hauptquartier in Tunis aufgelöst hatte, triumphalen Einzug in Gaza. Eine Woche später sprach er vor einer jubelnden Menge in Jericho. Rabins Berater Kalman Gayer fragte den Ministerpräsidenten, ob er dem PLO-Führer traue. »Das ist unwichtig«, antwortete Rabin. »Es zählt nur, was jetzt geschieht.«

Als das Abkommen »Gaza und Jericho zuerst« unterzeichnet war, trat König Hussein wieder in Aktion. Am 19. Mai trafen sich Rabin und Hussein insgeheim in London und legten dort den Rahmen für einen Friedensvertrag fest. Rabin war entschlossen zu beweisen, daß er es diesmal auch ohne Peres schaffte. Er setzte ein Verhandlungsteam ein, dem der Sekretär des Kabinetts, Elyakim Rubinstein, ein Mann noch aus Shamirs Tagen, der stellvertretende Direktor des Mossad, Ephraim Halevy, und Rabins Sekretär für militärische Fragen, Danny Yatom, angehörten. Sie alle waren dem Ministerpräsidenten direkt unterstellt und führten die Verhandlungen mit Jordanien von seinem Büro aus. Peres und das Außenministerium tappten völlig im dunkeln.

Die drei beteiligten führenden Persönlichkeiten – Rabin, Hussein und Kronprinz Hassan wünschten sich von ganzem Herzen ein Abkommen. Aber den Unterhändlern fiel es schwer, die Details abzustimmen. Wenn es hart auf hart kam, tat sich Hassan mehrfach mit kreativen Vorschlägen hervor. Die Verhandlungen fanden in der Regel nachts im königlichen Palast von Aqaba statt. Hassan und seine Frau blieben in einem Raum in der Nähe der Unterhändler die ganze Nacht wach. Wenn es Probleme gab, ging Rubinstein zu Hassan hinein und verständigte sich mit ihm über eine neue Formulierung.

Peres war nun zwar aus den politischen Verhandlungen ausgeschlossen, befaßte sich aber mit der wirtschaftlichen Seite der aufblühenden Beziehungen. Er war am 20. Juli der erste israelische Minister, der offiziell in Jordanien empfangen wurde. Er flog von Jerusalem zum Spa-Hotel auf der jordanischen Seite des Toten Meeres, um über Pläne zur Entwicklung der gemeinsamen Wasserressourcen, über einen Kanal zwischen Rotem und Totem Meer, über die Verknüpfung der Energienetze sowie die Entwicklung der öden Aravah-Wüste zu einem blühenden Zentrum von Industrie, Landwirtschaft und Tourismus, das die Israelis nun das Tal des Friedens nennen, zu diskutieren. »Der Flug«, erklärte Peres feierlich, »dauerte nur 15 Minuten, aber wir haben einen Abgrund von 46 Jahren Haß und Krieg überwunden.« Während des Fluges hatte Peres an der offenen Luke des Hubschraubers gestanden und in visonärer Pose über das Land geblickt. Rabin wurde darüber fuchsteufelswild. Die jordanische Flanke gehörte ihm, und er hatte nicht die Absicht, sich von Peres die Show stehlen zu lassen.

In der folgenden Woche, am 25. Juli, trafen Rabin und Hussein zum ersten Mal offiziell zu einem Dreiergipfel mit Bill Clinton in Washington zusammen. Amerikanische Beamte arbeiteten viele Stunden am Text eines Abschlußkommuniqués. Martin Indyk, der amerikanische Botschafter in Israel, damals Mitglied der amerikanischen Friedensdelegation, brachte das Ergebnis zu den Israelis, um sicherzugehen, daß es nicht zu übeschwenglich geraten sei. »Keine Sorge«, antworteten Rabins Mitarbeiter, »wir haben etwas Besseres.« Sie zeigten ihm den Wortlaut einer bereits ausgehandelten gemeinsamen israelisch-jordanischen Erklärung über gegenseitigen Gewaltverzicht. Indyk las das Dokument durch und erklärte dann begeistert: »Was ihr hier habt, ist der Frieden.«

In seiner Rede auf dem Gipfel nannte Rabin alle Personen, die dazu beigetragen hatten, die Voraussetzungen für diese historische Gewaltverzichtserklärung zu schaffen. Nur Peres nannte er nicht. Mit dieser Brüskierung wollte er betonen, daß nun Rabin den Friedensprozeß ohne Peres vorantrieb, daß er als Staatsmann mit eigenem Gewicht anerkannt sein wollte.

Der nächste Schritt war ein umfassender Friedensvertrag. Rabin und Hussein demonstrierten mehrere Gesten des guten Willens, um den Prozeß in Gang zu halten. Am 3. August vollzog Hussein den ersten friedlichen Flug eines Jordaniers über Israel. Er steuerte die königliche Maschine selbst und sprach über Funk mit Rabin am Boden. Fünf Tage später eröffneten Israel und Jordanien ihren ersten Grenzübergang. Dieser liegt in der Aravah-Wüste nur wenige Kilometer von der Küste des Roten Meeres entfernt. Nach dem feierlichen Akt waren Rabin und die israelische Armeespitze Gäste des Königs bei einem Essen im königlichen Palast in Aqaba.

Bei all der Freundlichkeit kamen die Beamten, die über den Friedensvertrag verhandelten, in einigen schwierigen Fragen wie der Aufteilung der Wasserressourcen oder der genauen Bestimmung des Grenzverlaufs nicht weiter. Wieder war es an Rabin und Hussein, die Sache zu Ende zu bringen. Sie trafen sich am Abend des 16. Oktober im Haschemitischen Palast. Um 21.00 Uhr setzten sie sich zur Arbeit nieder, gingen das Abkommen Artikel für Artikel durch und lösten die Probleme, wie sie auftauchten. Als sie zu der delikaten Grenzfrage kamen, ließen sie sich auf allen vieren nieder und brüteten über riesigen Luftaufnahmen, die man auf dem Fußboden ausgelegt hatte. Gemeinsam prüften sie den gesamten Grenzverlauf von Eilat und Aqaba im Süden bis zu dem Punkt im Norden, wo die Grenzen Israels, Jordaniens und Syriens aufeinandertreffen. In einigen Bereichen vereinbarten sie einen Gebietsaustausch. In manchen Fällen kamen sie überein, daß Felder, die Israel in jordanische Souveränität zurückzugeben hatte, von den israelischen Bauern gepachtet werden konnten, die sie bearbeiteten – ein Arrangement, das sehr viel guten Willen voraussetzte. Was das Wasser betraf, so wurde entschieden, daß die Jordanier 50 Millionen Kubikmeter jährlich mehr von Israel erhalten sollten, was acht Prozent der jährlichen Wasserentnahme Israels aus dem Jordan entspricht. Dafür wollten sie ihre Forderung zurückziehen, direkten Zugang zum See Genezareth zu erhalten. Beide Länder wollten 200 Millionen Dollar für ein ehrgeiziges Staudamm- und Entsalzungsprojekt zur Verfügung stellen.

Rabin und Hussein arbeiteten bis 4.00 Uhr morgens. Dann legten sie sich zur Ruhe, während ihre Mitarbeiter alles aufschrieben. Als sie sich vier Stunden später wieder trafen, war das Abkommen zur Paraphierung bereit. Rabin rief Präsident Ezer Weizman an, um ihm die gute Nachricht mitzuteilen. Dann hielten er und Hussein eine gemeinsame Pressekonferenz ab, wo sie der Welt ihre Friedensvereinbarung präsentierten. Am 26. Oktober wurde der Vertrag an einem Punkt der Grenze in der Aravah-Wüste unterzeichnet, wo einige Tage zuvor noch ein Minenfeld gewesen war. Präsident Clinton flog ein, um der Unterzeichnung beizuwohnen. Rabin sagte, es sei an der Zeit, »die Wüste zum Blühen zu bringen«. Hussein versprach einen »warmen Frieden« – anders als der kalte Frieden mit Ägypten –, der die Lebensqualität in beiden Ländern verändern sollte.

Nach dem Friedensvertrag mit Jordanien begann sich das Verhältnis zwischen Rabin und Peres nun endlich grundlegend zu verändern. Rabin sah den Vertrag mit Jordanien als seinen Erfolg. Das machte es ihm leichter, sich mit Peres zu einigen. Aber da war immer noch die Rivalität über ihren Platz in der Geschichte. Erst einen Monat zuvor, im September, waren sie wegen der Feier zum ersten Jahrestag der Unterzeichnung der Prinzipienerklärung mit den Palästinensern in Oslo hart aneinandergeraten. Rabin hatte ursprünglich zugestimmt, daß Peres allein daran teilnahm. Als dieser aber 150 Personen einlud, änderte Rabin seinen Entschluß und flog mit, was Peres aufs höchste verärgerte.

Ein letztes Mal flackerte Spannung zwischen ihnen auf, als es um den Friedensnobelpreis ging. Seit Monaten kursierten Gerüchte, daß einer von ihnen diesen Preis erhalten sollte, und jeder betrieb Lobbyarbeit auf Kosten des anderen. Schließlich bewies das Nobelpreiskomitee salomonische Weisheit und ehrte Rabin, Peres und Arafat mit dem Preis. Als nun internationale Lobgesänge machtvoll erschallten, half diese Anerkennung den ewigen Rivalen zu verstehen, wie erfolgreich sie doch zusammengearbeitet hatten.

Schließlich faßten sie so großes Vertrauen zueinander, daß sie wirkliche Freunde wurden. Es war, wie Rabins Berater Kalman Gayer sagt, eine sehr eigene Art von Freundschaft. »Da waren nicht zwei, die gelegentlich einen zusammen tranken oder sich gegenseitig zum Essen einluden. Es war mehr ein freundschaftliches Bündnis, um die Geschichte zu verändern.« Im März 1995 zollte Rabin Peres die höchste Anerkennung, als er ihm die Verhandlungen mit den Palästinensern über die Erweiterung der Selbstverwaltung von Gaza und Jericho auf die gesamte Westbank übertrug, die entscheidende Phase des Autonomieprozesses. Rabin selbst wollte sich dem Kampf gegen den Terror der Islamisten widmen.

Beide Männer hatten damit eine schwierige Aufgabe übernommen. Anfang 1995 drohte die Gewalt der palästinensischen Extremisten den gesamten Friedensprozeß zu untergraben. Im Oktober 1994 hatte ein Selbstmörder mit einer Bombe Israel in einen tiefen Schock versetzt, als er in einem Bus im Herzen von Tel Aviv, unmittelbar vor den feinen Dizengoff-Einkaufsarkaden, zuschlug und dabei 22 Zivilisten tötete. Im Janaur 1995 brachten zwei weitere Bombenwerfer 20 Soldaten und einen Zivilisten an einer überfüllten Bushaltestelle in Beit Lid in der Nähe von Netanyah ums Leben.

Oppositionsführer Benjamin Netanyahu vom Likud war rasch dabei, diese neue Welle des Terrors zu benutzen, um die Friedenspolitik der Regierung herunterzumachen. Eine Stunde nach der Explosion vor den Dizengoff-Arkaden war er bereits an Ort und Stelle und erklärte der Nation, dies könne nun nicht länger hingenommen werden. Rabin entgegnete, die Opposition tanze auf dem Blut der israelischen Opfer und benutze den Terrorismus, um billig politische Punkte zu machen. Diese hysterische Reaktion werde die Bombenwerfer nur weiter reizen. Sowohl die Opposition als auch die Hamas versuchten den Friedensprozeß zu torpedieren. In diesem Sinne, sagte Rabin, seien sie Kollaborateure. Den Likud als »Kollaborateur der Hamas« zu bezeichnen, ging aber eindeutig zu weit und löste einen neuen Sturm der Empörung aus. »Der Ministerpräsident«, höhnte Netanyahu, »muß auf den Kopf gefallen sein.« Präsident Weizman, der eigentlich über der Politik zu stehen hatte, goß noch mehr Öl ins Feuer. Er schwang sich zur Unterstützung der Opposition auf und forderte von der Regierung, ihre Friedenspolitik gegenüber den Palästinensern zu »überdenken«. Die Unterstützung der Öffentlichkeit für den Friedensprozeß, die weit über 60 Prozent betragen hatte, als die Prinzipiendeklaration unterzeichnet wurde, sank unaufhaltsam gegen 50 Prozent.

Rabin allerdings war entschlossen, weiter voranzugehen. Der Weg

Yitzhak Rabin, fünf Jahre alt, mit seinem Vater Nehemiah, seiner Mutter Rosa und seiner Schwester Rachel, 1927. Foto: GPO

Yitzhak Rabin als Fußballstar (dritter von rechts) mit der Mannschaft der Kadoorie-Landwirtschaftsschule. Foto: GPO

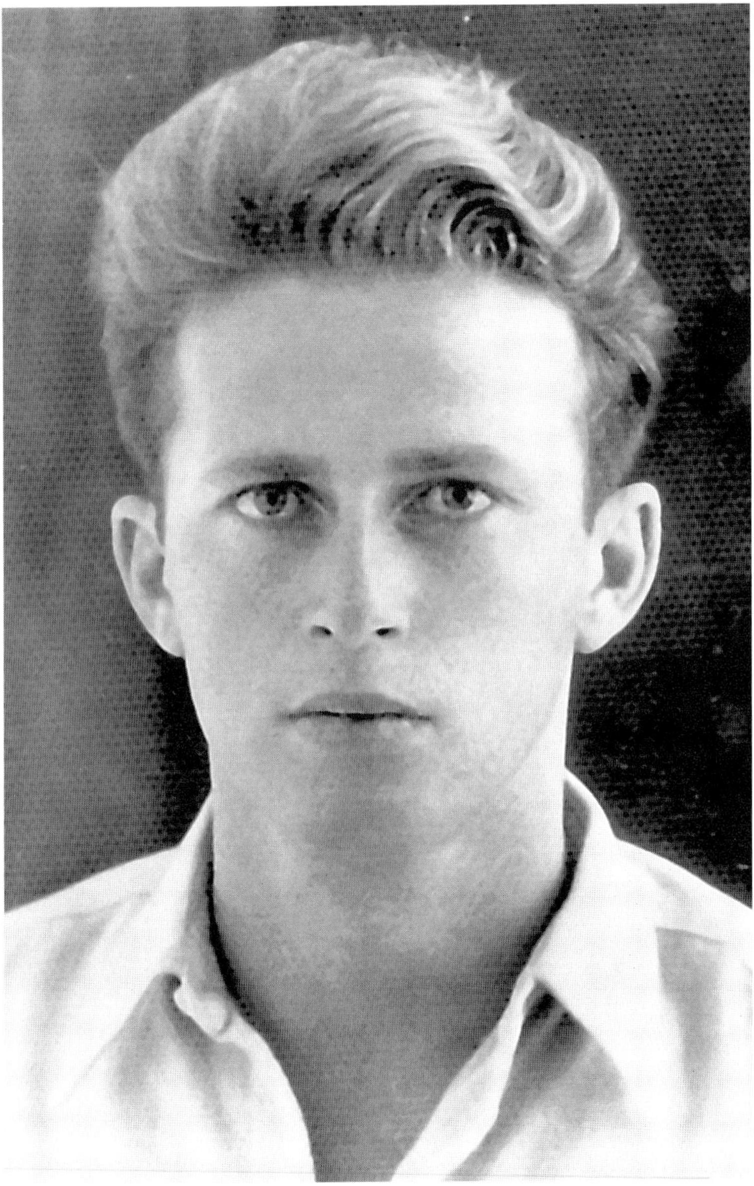

Yitzhak Rabin 1940, nachdem er die Kadoorie-Schule absolviert hat und kurz davor steht, in die Palmah einzutreten. Foto: GPO

Leah und Yitzhak Rabin jung verheiratet, 1948. Foto: GPO

Mit seiner Tochter Dalia, 1952. Foto: GPO

Mit seinem Enkel Yonatan, 1977. Im Hintergrund Ora Namir von der Arbeitspartei. Foto: GPO

Beim sonnabendlichen Tennis. Foto: GPO

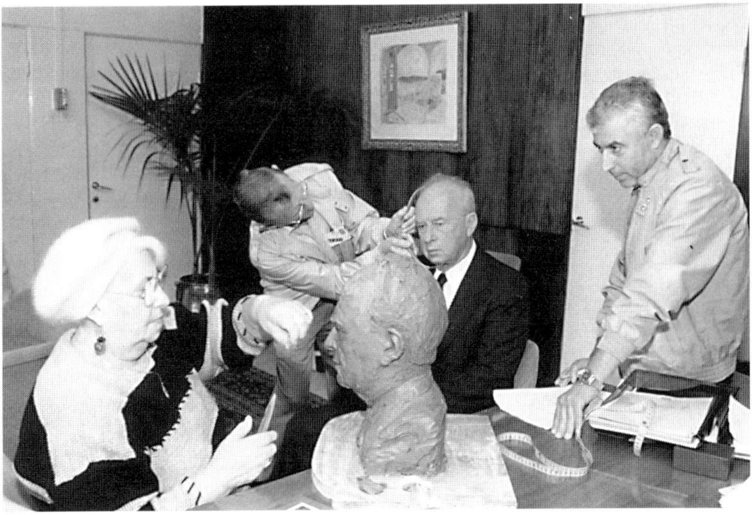

Yitzhak Rabin sitzt einer Bildhauerin Modell, 1992. Foto: GPO

Der junge Brigade-Kommandeur Yitzhak Rabin (rechts) mit seinem Mentor Yigar Allon (Mitte) und Yigal Yadin, 1948. Foto: GPO

Als Generalstabschef mit dem Kommandeur der Nordfront David Elazar während des Sechs-Tage-Krieges, 1967. Foto: GPO

Generalstabschef Yitzhak Rabin (rechts), Verteidigungsminister Moshe Dayan (Mitte) und der Chef des Kommandos »Zentrum« Uzi Narkiss (links) ziehen durch das Löwentor in Jerusalem ein, 7. Juni 1967. Foto: GPO

Als siegreicher General auf einer Pressekonferenz im Sechs-Tage-Krieg.
Foto: GPO

Ministerpräsident Yitzhak Rabin und seine Vorgängerin Golda Meir, 1976.
Foto: GPO

Mit Außenminister Yigal Allon am Strand, 1977, im letzten Jahr von Rabins erster Amtsperiode als Ministerpräsident. Foto: GPO

Shimon Peres nach dem Sieg der Arbeitspartei bei den Parlamentswahlen 1992 in Tel Aviv. Foto: dpa

Mit dem US-Präsidenten George Bush auf einer Pressekonferenz im Anschluß an einen Besuch Yitzhak Rabins in George Bushs Feriensitz Kennebunkport in Main, 1992. Foto: dpa

Mit König Hussein von Jordanien. Foto: GPO

Das Abkommen über die Selbstverwaltung der Palästinenser löst heftige Anti-Rabin-Demonstrationen aus. Foto: GPO

Yitzhak Rabin, Yasser Arafat, Shimon Peres (v. l. n. r.). Foto: GPO

Bei der Entgegennahme des Friedens-Nobelpreises: Yasser Arafat, Shimon Peres, Yitzhak Rabin (v. l. n. r), 1994. Foto: GPO

Nach der Ermordung Yitzhak Rabins: Auf einem Gedenkplakat in Jerusalem ein Zitat aus dem jüdischen Totengebet, dem Kaddish: Er, der Frieden stiftet in seinen Höhen ..., 1995. Foto: Esteban Alterman

konnte nur sein, die Fundamentalisten mit Yasser Arafats Hilfe zu stoppen. Als Arafat ihn anrief, um wegen des Anschlages in Beit Lid zu kondolieren, forderte Rabin von ihm ein härteres Vorgehen gegen die Radikalen. Er warnte, der Autonomieprozeß sei nun wirklich in Gefahr. Arafat nahm das ernst und ging zum ersten Mal entschlossen gegen die Fundamentalisten in Gaza vor. Führer der Islamisten wurden verhaftet, Militärgerichte geschaffen, um militante Fundamentalisten verurteilen zu können, Waffen beschlagnahmt.

Rabin verhängte inzwischen erneut die Schließung der Übergänge nach Gaza und ins Westjordanland. Damit sollten weitere Bombenwerfer daran gehindert werden, nach Israel einzudringen. Zugleich wurde aber Tausenden gutwilligen palästinensischen Arbeitern der Zugang zu ihren Arbeitsplätzen verwehrt. In der Vergangenheit waren die Palästinenser stets geneigt, Israel wegen der wirtschaftlichen Härten anzuklagen, die derartige Maßnahmen mit sich brachten. Nun aber hatte Arafat mit seinem Vorgehen die Fundamentalisten ins Unrecht gesetzt. Hungrige Arbeiter klagten die Bombenwerfer an, und die Islamisten verloren an Boden. Mit dieser entschlossenen Aktion gelang es Arafat, Rabin nach langen Zweifeln davon zu überzeugen, daß er im Kampf um den Frieden ein verläßlicher Partner war.

Von März bis September 1995 traf Peres sechs Mal mit Arafat zusammen, um über den Friedensprozeß zu beraten. Sie setzten Unterkommissionen ein, die alle Fragen von der militärischen Umgruppierung, der Sicherheit bis zu der schrittweisen Übergabe bestimmter Verantwortungsbereiche an die Palästinenser oder die Freilassung von Gefangenen zu regeln hatten. Peres und Rabin arbeiteten nun wesentlich koordinierter und viel harmonischer zusammen als zuvor. Weitere Selbstmordanschläge in Gaza im April, in Ramat Gan im Juli und in Jerusalem im August empörten die israelische Öffentlichkeit. Aber Rabin, Peres und Arafat waren nun schon weit über den Punkt hinausgegangen, an dem es kein Zurück mehr gibt. Befriedigt sah Rabin, daß Arafat alles tat, um die Fundamentalisten im Schach zu halten.

Nach intensiven einwöchigen Verhandlungen im ägyptischen Kurort Taba vollendeten Peres und Arafat am 24. September schließlich das 314 Seiten starke Abkommen über die Erweiterung der Selbstverwaltung in Westjordanien. Die Verhandlungen waren äußerst kompliziert gewesen. Vor allem ging es darum, wie man für die 140 000 jüdischen Siedler Sicherheit gewährleisten konnte. Die Lösung, die Rabin und Peres fanden, bestand darin, das Gebiet in drei Kategorien einzuteilen. Kategorie A, die großen Städte, sollten unter palästinensische Kontrolle gestellt werden. Die Dörfer der Kategorie B wollte man gemeinsam kontrollieren. Die jüdischen Siedlungen und das übrige Gebiet, das in Kategorie C fiel, blieb unter israelischer Kontrolle. Außerdem sollte ein Netz von Straßen gebaut werden, auf denen die Siedler Gegenden mit starker palästinensischer Bevölkerungsdichte umgehen konnten.

Dieses Abkommen, Oslo II genannt, wurde am 28. September 1995, zwei Jahre und zwei Wochen nach dem berühmten Handschlag auf dem Rasen vor dem Weißen Haus in Washington unterzeichnet. Diesmal waren Rabin und Arafat wesentlich entspannter. Arafat klopfte Rabin vor laufenden Kameras freundschaftlich auf den Rücken. Rabin hatte zwar keine freundschaftliche Geste für Arafat, demonstrierte aber trotzdem eine gewisse Wärme gegenüber dem Chef der PLO. Als er das Wort nahm, nachdem Arafat eine lange Ansprache gehalten hatte, bemerkte Rabin, Juden seien in der Regel als große Redner bekannt. Nachdem er die umfangreichen Ausführungen des Vorsitzenden gehört habe, meinte er gutgelaunt, beginne er sich zu fragen, ob in Arafats Adern nicht ein wenig jüdisches Blut fließe. Arafat brach gemeinsam mit Clinton und den anderen Prominenten in schallendes Gelächter aus. Das war das höchste Kompliment, das Rabin ihm jemals gemacht hatte.

Das zweite provisorische Abkommen war in vieler Hinsicht noch bedeutsamer als das erste. Es legte fest, daß sich Israel aus sieben Städten in Westjordanien zurückzog. Wahlen wurden angesetzt und die Beendigung der 28jährigen militärischen Besetzung in Angriff genommen. Am 6. Oktober wurde das Abkommen in der Knesset mit dem niedrigstmöglichen Ergebnis – 61 zu 59 Stimmen – gebilligt. Alex Goldfarb, ein Überläufer von der rechten Tsomet-Partei, der sich der Regierung angeschlossen hatte und dafür stellvertretender Minister geworden war, versetzte die Koalition in Angst und Schrecken, weil er sich bis zur letzten Minute weigerte zu sagen, wie er abstimmen werde. Gerüchte wollen wissen, für ein Ja sei ihm ein besserer Dienstwagen versprochen worden.

Präsident Weizman kritisierte das Abkommen. Es sei zu schnell ausgehandelt worden, ohne es zu überschlafen, meinte er. In privaten Gesprächen mit Mitgliedern der Knesset deutete der Präsident an, die Mehrheit im Parlament sei zu schmal gewesen und habe von »Goldfarbs Mitsubishi« abgehangen. Rabin schäumte vor Wut. Es war Weizman gewesen, der die Geschichte von Rabins Zusammenbruch vor dem Sechs-Tage-Krieg lanciert hatte, um Peres im Streit um die Führung der Arbeitspartei im Jahre 1974 zu helfen. Nun half er der Opposition gegen einen Prozeß, den Rabin als die Krönung seiner Laufbahn ansah. Rabin war fähig, Frieden mit der PLO zu schließen und sich sogar mit Shimon Peres auszusöhnen, aber wohl niemals mit Ezer Weizman.

Nachdem die Knesset im Oktober 1995 das Abkommen Oslo II gebilligt hatte, fehlte im Friedenspuzzle noch ein wichtiger Teil – Abkommen mit Syrien und dessen Vasallenstaat Libanon. Rabin betrachtete Frieden mit diesen beiden Staaten als ein wichtiges strategisches Ziel. Er und der syrische Präsident Assad waren in einem merkwürdigen Teufelskreis gefangen. Jeder wollte dem anderen den Vortritt lassen. Sie konnten ihn nicht durchbrechen. Assad weigerte sich, in ernsthafte Verhandlungen einzutreten, solange Rabin nicht den totalen Rückzug von den strategischen Golanhöhen garantierte, die Syrien 1967 geraubt worden waren, als Rabin in Israel Stabschef und Assad in Syrien Verteidigungsminister war. Bevor Rabin jedoch eine solche Verpflichtung in Betracht zog, wollte er genau wissen, welche Art friedlicher Beziehungen mit Israel Assad im Sinn hatte.

Anfang 1994 unternahmen Israel und die USA große Anstrengungen, um das Eis zu brechen. Am 16. Januar traf Clinton mit Assad in Genf zusammen, konnte aber keine neuen Zusagen über die Ausweisung der gegen den Friedensprozeß eingestellten Palästinensergruppen aus Damaskus oder über den Inhalt der Normalisierung mit Israel erhalten. Rabin war zwar über die mageren Ergebnisse des Gipfeltreffens von Clinton und Assad enttäuscht, startete aber trotzdem eine neue Strategie, um einen Durchbruch zu erzielen. Einen Tag nach dem Genfer Gipfel wurde der stellvertretende Veteidigungsminister Mordechai Gur mit der Ankündigung in die Knesset geschickt, wenn ein Friedensvertrag mit Syrien einen bedeutsamen Rückzug vom Golan beinhalten sollte, werde die Regierung sich dies in einem nationalen Referendum bestätigen lassen.

Das Signal an die Syrer war klar: Rabin war zu einem wesentlichen Kompromiß in der Territorialfrage bereit, aber nur im Rahmen eines Friedens, den er dem israelischen Volk verkaufen konnte. Das Referendum gab Rabin die Möglichkeit, die Knesset zu umgehen, wo er nicht mit einer sicheren Mehrheit für den Rückzug vom Golan rechnen konnte. Mit diesem Schritt brachte Rabin Assad zugleich in eine schwierige Situation. Im Grunde genommen sagte er dem syrischen Präsidenten mit einer öffentlichen Diplomatie in der Art Sadats, daß er ihm helfen mußte, die skeptischen israelischen Wähler zu gewinnen, wenn er wollte, daß Israel auf dem Golan Zugeständnisse machte.

Um die Verhandlungen in Gang zu bringen, schlug Rabin vor, daß man sich zunächst auf die Sicherheitsarrangements konzentrieren sollte. Er glaubte, wenn man sich über ein Sicherheitsregime verständigen könnte, werde alles andere folgen. Die Israelis wären dann in der Lage, sich vom Golan zurückzuziehen, die Syrer könnten die volle Normalisierung ihrer Beziehungen zu Israel ins Auge fassen und koordinierte Zeitpläne für die Realisierung wären auszuarbeiten. Am Ende dieses Monats übergab der israelische Botschafter in den USA und Chefunterhändler mit Syrien, Itamar Rabinowitsch, die neuen israelischen Vorschläge in Washington seinem syrischen Partner Walid Mu'alem. Die syrische Reaktion war eisig. 1994 ging vorüber, und auch im folgenden Jahr hatte es den Anschein, als ob nichts das Eis brechen könnte. Der Erfolg des Friedensabkommens mit den Palästinensern und mit Jordanien, ein zweiter Gipfel von Clinton und Assad in Damaskus im Oktober 1994 und selbst direkte Gespräche über Sicherheitsarrangements zwischen den Stabschefs Israels und Syriens im Dezember 1994 und im Juni 1995 – nichts half, um greifbare Ergebnisse zu erzielen.

Assad verdächtigte Rabin, er spiele auf Zeit bis zu den Wahlen im Jahre 1996. Bis zu diesem Zeitpunkt wollte er einem vollständigen Abzug vom Golan aus dem Wege gehen, damit die Wähler sein Mandat erneuerten. Rabin glaubte, Assad sei mehr an den Verhandlungen als an einem Friedensabkommen interessiert. So konnte er die Amerikaner und Europäer dazu bringen, sein hartes Regime zu akzeptieren und zu unterstützen, ohne den Preis des Friedens mit Israel zahlen zu müssen. Im Sommer und Frühherbst 1995 sprachen amerikanische Diplomaten davon, das Vertrauen zwischen den beiden führenden Persönlichkeiten sei zusammengebrochen.

In Rabins Vision von Israels Zukunft nahm die Regelung des Verhältnisses zu Syrien aber einen zentralen Platz ein. Einer der Hauptgründe, weshalb der vorsichtige Ex-General sich auf Frieden mit der PLO eingelassen hatte, war seine Furcht, daß sonst die kompromißlosen Fundamentalisten der Hamas in den besetzten Gebieten die Oberhand gewannen. Wie in einem Mikrokosmos spiegelte sich hier seine Sicht auf die fundamentalistische Gefahr für den ganzen Nahen Osten. Er argumentierte, wenn man nichts unternahm, um diesen Trend umzukehren, dann konnte die ganze Region in fünf Jahren von einem Fundamentalismus überschwemmt werden, der nicht nur Israel bedrohte, sondern zugleich auch alle gegenwärtigen arabischen Regime. Deshalb sah er als eines der wichtigsten politischen Ziele die Aussöhnung aller alten Feinde – Israels, der Palästinenser, Ägyptens, Jordaniens, Libanons und Syriens an, um so eine Einheitsfront gegen den gemeinsamen Feind – die Fundamentalisten – aufbauen zu können. Es ist nun an Shimon Peres, dieser Vision weiter nachzugehen.

ZEHNTES KAPITEL
Ein verändertes Israel

Der schwere erdfarbene Hubschrauber hob langsam vom grünen Gipfel des Knesset-Berges in Jerusalem ab und wandte sich nach Osten. Unter ihm lösten in raschem Wechsel die fahle Mondlandschaft der Judäischen Wüste, ein schmales, von einem trägen Fluß zerteiltes fruchtbares Tal und dann erneut windzerzauste Wüste einander ab. Unvermittelt tauchten die Steinmassen einer anderen Hauptstadt auf – auch sie auf Bergen thronend. Der Hubschrauber der israelischen Luftwaffe setzte zur Landung an. Zwanzig Minuten, nachdem sie Jerusalem verlassen hatten, stiegen Yitzhak Rabin und seine Begleitung vor dem Haschemitischen Palast König Husseins am Rande von Amman aus ihrem dröhnenden Fluggerät. Ein israelischer Geschäftsmann und früherer General frozzelte: »Wenn Amman so nahe ist, warum haben wir es nie erobert?« Im Palast bereitete Hussein Rabin einen königlichen Empfang. Die beiden alten Freunde gönnten sich zunächst eine gemeinsame Rauchpause, bevor sie vor die 1400 Teilnehmer der Wirtschaftskonferenz von Amman traten, wegen der Rabin Ende Oktober 1995 in die jordanische Hauptstadt gekommen war.

Die Konferenz demonstrierte auf dramatische Weise, in welchem Maße der Friedensprozeß einen großen Teil der arabischen Welt bereits mit der Existenz Israels als einem rechtmäßigen Staat versöhnt hatte. Dieser Vorgang, der sich parallel zum Zusammenbruch des Sowjetkommunismus vollzog, hatte Israels Position auch in anderen Teilen der Welt stark verbessert. Als die UNO-Vollversammlung 1975 die berüchtigte Resolution annahm, in der der Zionismus mit Rassismus gleichgesetzt wurde – der Tiefpunkt in Israels internationalen Beziehungen –, stimmten 75 Mitgliedstaaten dafür. Damals waren das mehr, als zum jüdischen Staat diplomatische Beziehungen unterhielten. Im Oktober 1991, als der Friedensprozeß auf der Madrider Konferenz eingeleitet wurde, unterhielt Israel mit 91 Staaten Beziehungen. Waren es vorher immer nur einzelne Regierungen gewesen, die ihre Vertreter zur Eröffnung ihrer Büros nach Israel sandten, so setzte nun ein regelrechter Ansturm ein. Ende 1995 war Israel bereits mit 155 Staaten durch diplomatische Beziehungen verbunden. Und als man 1994 Frieden mit den Palästinensern schloß, hob die UNO-Vollversammlung die genannte Resolution mit Mehrheit auf.

In dem Maße, wie die Friedensgespräche vorankamen, entschlossen sich auch weiter entfernte arabische Staaten, Beziehungen zu Israel aufzunehmen oder wenigstens losen Kontakt zu knüpfen. Marokko und Tunesien in Nordafrika, Oman, Qatar und Bahrain am Persischen Golf empfingen im Rahmen der multilateralen Friedensgespräche über Probleme des Nahen Ostens Delegationen aus Israel. Marokko und Tunesien richteten im Lande Verbindungsbüros ein, was de facto die Aufnahme diplomatischer Beziehungen auf niederer Ebene bedeutete. Strategisch und wirtschaftlich war es besonders wichtig, die eben geknüpften diplomatischen Beziehungen zu den beiden Giganten Asiens – China und Indien – zu festigen. 1991 hatte Israel in dem riesigen Teil des Globus vom ehemaligen Ostdeutschland im Westen bis nach Wladiwostok im Osten und nach Indien im Süden lediglich zwei Botschaften – in Rumänien und Nepal – sowie ein Konsulat in Bombay. Ende 1995 unterhielt es mit Ausnahme von fünf Staaten dort überall diplomatische Vertretungen. Nun konnte Israel auch seine Beziehungen zur wirtschaftlichen Supermacht Japan vertiefen, das sich wegen seiner Abhängigkeit vom arabischen Öl stets sehr zurückgehalten hatte. Japan half, das Verhältnis zu anderen asiatischen und islamischen Staaten wie Indonesien zu verbessern, wenn es dort auch noch nicht zum Austausch von Diplomaten kam. Im Dezember 1993 unterzeichnete Israel einen Vertrag über diplomatische Beziehungen mit dem Vatikan – ein Durchbruch nach Jahrzehnten totaler Verweigerung durch den Heiligen Stuhl.

Der Friedensprozeß verbesserte auch Israels Stellung in den internationalen Organisationen in entscheidendem Maße. Es war nun nicht mehr der Prügelknabe der Araber und der Staaten der Dritten Welt. Die antiisraelischen Debatten und Beschlüsse gingen stark zurück, und erstmalig wurden israelische Vertreter in Führungspositionen von UNO-Organen gewählt.

Auf der Konferenz von Amman gaben Israels frühere Gegner ihren Segen zu dessen neuer regionaler Rolle, was den engen Zusammenhang der israelischen Außen- und Wirtschaftspolitik demonstrierte. Rabin und Außenminister Shimon Peres wurden als führende Persönlichkeiten anerkannt. Rabin bestimmte den Ton: Er wies darauf hin, daß niemand sich mit den Israelis wegen ihres freundlichen Lächelns einließ, sondern weil jeder Geschäfte machen wollte. Ägypten, das seinen Handel mit Israel seit der Unterzeichnung des Friedensvertrages im Jahre 1979 bisher auf kleiner Flamme gehalten hatte, fürchtete nun, den Anschluß zu verpassen, und erklärte überraschend, es werde seine Wirtschaftsbeziehungen zu Israel wesentlich ausbauen. Kairo bot Jerusalem ein umfassendes Freihandelsabkommen an, wobei es ankündigte, dies solle das erste in einer ganzen Reihe sein, die schließlich alle Staaten der Region umfassen werde. Auch Jordanien verkündete die Aufhebung der Handelsschranken mit Israel. Qatar sagte zu, Israel mit Erdgas zu beliefern. Man unterzeichnete eine Absichtserklärung, in der ein Geschäft im Umfang von fünf Milliarden US-Dollar ins Auge gefaßt wurde. Das Gas sollte im Jahre 2002 nach Israel strömen. Beeinflußt von Syrien, boykottierte Libanon offiziell die Ammaner Konferenz. Libanesische Geschäftsleute waren aber in beträchtlicher Zahl anwesend.

Einige Tage vor der Konferenz war der Führer der palästinensischen Fundamentalisten Fathi Shkaki, Chef der Terrorgruppe Islamischer Jihad, von anonymen Attentätern in Malta erschossen worden. Shkakis Organisation beschuldigte Israel, das den Vorwurf nicht dementierte. In der Vergangenheit hätte ein solcher Zwischenfall eine israelisch-arabische Zusammenkunft torpedieren können. Diesmal hatte er keine Wirkung. Nach dem Mord befragt, antwortete der ägyptische Außenminister Amr Moussa: »Shkaki ist ermordet worden? Was sagen Sie da? Davon weiß ich nichts. Außerdem geht es mich auch nichts an.«

In seiner Rede auf der Konferenz verwies Rabin auf die Fortschritte seit der ersten Nahost-Wirtschaftskonferenz vor einem Jahr in Casablanca. In Marokko war die Teilnahme Israels der eigentliche Erfolg gewesen. Man hatte hart arbeiten müssen, um das tiefe Mißtrauen gegenüber den Absichten der Israelis abzubauen und von formalen Kontakten zu wirklichen Geschäften zu kommen. »Zyniker spotteten damals, nach dem letzten Händedruck auf der Konferenz von Casablanca werde sich wieder eine Staubschicht über den Nahen Osten legen«, sagte Rabin seinen Zuhörern in Amman. »Aber die Hunderte Vertreter großer Gesellschaften und multinationaler Unternehmen, die im letzten Jahr in dieser Region investiert haben und hier anwesend sind, beweisen, daß der Prozeß, der in Casablanca seinen Anfang nahm, ein Erfolg ist.« Im selben Jahr hatten Israel und seine Nachbarn Dutzende Entwicklungsprojekte in so verschiedenen Bereichen wie Wasser, Verkehr, Landwirtschaft, Umwelt und Energie in Angriff genommen. Diese gemeinsamen Anstrengungen haben Strukturen der Koexistenz und Zusammenarbeit entstehen lassen, sagte Rabin, »Strukturen, die gegen Druck, Skepsis und offene Sabotage resistent sind, mit denen man den Friedensprozeß stören und aufhalten will.«

Die Ammaner Konferenz war beileibe nicht der einzige Beweis dafür, daß mit dem Frieden wirtschaftliche Veränderungen Einzug halten. Ende 1994 hoben alle sechs Mitglieder des von Saudi Arabien geführten Golfkooperationsrates weitere Elemente der bisherigen arabischen Boykottpolitik gegen Israel auf. Zwar waren die sechs ölreichen Staaten zu einer Politik des offenen Handels mit Israel noch nicht bereit, aber Firmen, die mit dem jüdischen Staat Geschäfte machten, oder Unternehmen, die mit solchen Firmen zusammenarbeiteten, sollten nicht länger boykottiert werden. Damit konnten Großunternehmen überall in der Welt nun mit Israel Handel treiben, ohne wirtschaftliche Vergeltungsmaßnahmen wichtiger arabischer Staaten fürchten zu müssen.

Vor diesem Boykott waren vor allem japanische Firmen immer wieder zurückgeschreckt. Mit dem Frieden erhielten sie nun freie Hand für Geschäfte mit Israel. Israels Export nach Japan hatte 1991 stagniert und war 1992 sogar um 4,1 Prozent gefallen. Dann aber stieg die Kurve steil nach oben: 1993 um 17,1 Prozent und im Jahr darauf gar um 25,8 Prozent. Ende 1994 erhielten japanische Firmen zum ersten Mal die Genehmigung der Tokioter Börse, auf den Aktienmarkt von Tel Aviv zu gehen. Zugleich begannen große ausländische Gesellschaften wie L'Oreal oder Philips, die den israelischen Markt bisher gemieden hatten, mit israelischen Firmen zu kooperieren und dort zu investieren.

Präsident Clinton war einer der Förderer der Konferenz von Amman, die die USA als Teil der multilateralen Bemühungen sahen, den Nahen Osten vollständig in den Weltmarkt zu integrieren. Der amerikanische Botschafter Martin Indyk, der seinen Posten Anfang 1995 antrat, beschrieb Israels Rolle in diesem Prozeß in einem Artikel in der Tageszeitung Ha'aretz im September 1995 mit folgenden Worten: »Einer der größten und erfolgreichsten amerikanischen Finanziers berichtete mir von einer Begegnung mit einem israelischen und einem ägyptischen Geschäftsmann, die ihn aufsuchten, um ihn für ein Joint venture zu gewinnen. Mehr als ihr interessantes geschäftliches Vorhaben beeindruckte ihn das Verhältnis zwischen beiden. Es war offensichtlich, daß der Israeli seinen arabischen Partner wesentlich besser verstand als jeder Amerikaner. Das ist das Wesen der neuen Partnerschaft, die zwischen Israel und seinen arabischen Nachbarn entstehen kann, einer Partnerschaft für Frieden und Wohlstand ... die den Nahen Osten in den globalen Markt des 21. Jahrhunderts führt.«

Israels eigene stürmisch wachsende Wirtschaft, erklärte Indyk, stellt allein nur einen Markt von fünf Millionen Menschen dar. »Wenn also amerikanische Geschäftsleute nach Israel schauen, möchten sie nicht nur wissen, ob sie dort kurzfristig Geld verdienen können, sondern ob die Gründung einer Niederlassung in Israel bedeutet, die Tür zu dem viel größeren Zukunftsmarkt des Nahen Ostens mit 300 Millionen Käufern aufstoßen zu können. Zum ersten Mal kommen größere amerikanische Firmen zu dem Schluß, daß sie diese Möglichkeit ausprobieren sollten.«

Solche Worte über Israel waren in Yitzhak Rabins erster Amtszeit als Ministerpräsident undenkbar, als das Land noch eine Kriegswirtschaft hatte und im Grunde genommen ein Garnisonsstaat war. Das Israel, in dem die zweite Regierung Rabin wirkte, war ein völlig anderes Wirtschaftsgebilde. Im Jahre 1975 betrug Israels Bruttosozialprodukt 12 Milliarden US-Dollar – die Hälfte des Bruttosozialprodukts Ägyptens, Syriens und Jordaniens zusammengenommen. 1995 waren es bereits 85 Milliarden US-Dollar – 50 Prozent mehr als die Summe des Bruttosozialprodukt seiner drei arabischen Nachbarstaaten. 1975 betrugen die Verteidigungsausgaben ein Drittel des Bruttosozialprodukts und 15 Prozent des israelischen Imports. 1995 hatten die Verteidigungsausgaben noch einen Anteil von 9 Prozent am Bruttosozialprodukt und von 1,5 Prozent am Import. Während 1975 das Bruttoinlandsprodukt pro Kopf der Bevölkerung 3400 US-Dollar betrug, war es 1995 auf 15 000 US-Dollar gewachsen und hatte damit den Stand von Großbritannien nahezu erreicht.

Rabin, der auch in wirtschaftlicher Hinsicht ein zupackender Ministerpräsident war, ließ sich diese Chance nicht entgehen. Seine

Vorstellung von der wirtschaftlichen Zukunft Israels stand in engstem Zusammenhang mit dem Friedensprozeß, mit seiner Weigerung, weiterhin Geld in die Siedlungen in den besetzten Gebieten zu stecken, erfaßte aber auch andere Bereiche. Probleme in Angriff zu nehmen, die die Regierungen des Likud vernachlässigt hatten, die Tausenden von Einwanderern in die israelische Gesellschaft zu integrieren, die seit 1990 ins Land strömten, die Arbeitslosigkeit abzubauen, die inzwischen 10,5 Prozent erreicht hatte, die Bildung zu verbessern, das Straßennetz zu modernisieren sowie eine Infrastruktur in Verkehr und Telekommunikation aufzubauen, die eine moderne Wirtschaft zu tragen vermochte – all das waren Wahlversprechen Rabins, die er um jeden Preis erfüllen wollte.

Als Rabin am 13. Juli 1992 offiziell als Ministerpräsident vereidigt wurde, sagte er, seine Regierung werde das Wirtschaftswachstum fördern durch »einen Umbau der Wirtschaft für offenes Management, frei von administrativen Schranken und überflüssigem Eingreifen der Regierung. Wir haben zu viel Papier und zu wenig Produktion.« Die Rede bestätigte, was alle bereits wußten, daß die Arbeitspartei sich von ihren sozialistischen Wurzeln gelöst und die Idee einer staatlich kontrollierten Wirtschaft ad acta gelegt hatte. »Eine freie Welt erfordert eine freie Wirtschaft«, erklärte er. Die einzige Konzession an die Herkunft seiner Partei war das Versprechen – dessen Erfüllung ihm später schwerfallen sollte –, beim Verkauf der Staatsunternehmen »die Beschäftigten einzubeziehen, damit sie keine Nachteile erleiden«.

»Daß wir uns auf die Wirtschaft konzentrierten«, sagt Ilan Flatto, ein Beamter des Finanzministeriums, der Rabins Wirtschaftsberater wurde, »war eine strategische Entscheidung. In der Vergangenheit hatten sich die meisten Ministerpräsidenten mit den Staatsgeschäften befaßt und die Wirtschaft sich selbst überlassen. Rabin war der Meinung, die Wirtschaft müsse ebenso Priorität haben wie der Friedensprozeß. Das bedeutete, daß wir uns mit allen wichtigen Wirtschaftsfragen, mit Industrie und Verkehr, mit Telekommunikation und Handel befaßten. Wir mußten in die Probleme eindringen, Beratungen einberufen und Entscheidungen fällen.«

»Wir faßten strategische Beschlüsse, die die Struktur des Staatshaushaltes veränderten«, sagt Avraham (Beige) Shochat, ein langjähriger politischer Anhänger Rabins, den er zum Finanzminister ernannte. »Wir begannen stark in die Infrastruktur, in Straßen und

Eisenbahnen, in Kanalisation, Industriegebiete und Tourismusprojekte zu investieren. Wir steigerten die Ausgaben für Bildung real um 60 Prozent, ebenso für Forschung und Entwicklung in den Hightech-Zweigen.«

Lediglich zwei Ministerpräsidenten vor Rabin – David Ben-Gurion und Shimon Peres – hatten sich wirklich für die Wirtschaft interessiert. Menachem Begin hatte einer ganzen Serie von Finanzministern völlig freie Hand gelassen. Vielleicht war das ein Grund dafür, daß die Inflation unter seiner Führung dreistellige Raten erreichte. Erst Peres gelang es, sie wieder unter Kontrolle zu bringen. Als Begin zurücktrat, war sein Nachfolger Shamir ebensowenig geneigt, sich über Zahlen den Kopf zu zerbrechen. Rabin sah dies bereits vor seiner Wahl im Jahre 1992 anders. »Er verwies immer auf das Beispiel der Sowjetunion«, sagt Dan Propper von der Lebensmittelfirma Osem, Präsident der Manufacturers Association, dem wichtigsten israelischen Unternehmerverband. »Moskau«, pflegte er zu sagen, »besaß eine enorme Militärmacht mit so vielen Raketen. Aber seht, was beim Zustand seiner Wirtschaft am Ende daraus geworden ist.«

Rabin hielt überhaupt nichts von Allgemeinplätzen und verlangte stets klare Fakten. »Man sagte ihm einige Daten, und er behielt sie für lange Zeit im Gedächtnis«, erzählt sein Wirtschaftsberater Flatto. »Wenn jemand nicht mehr wußte, was man beschlossen hatte, ihm fiel es immer ein. Selbst an Entscheidungen aus seiner ersten Amtszeit erinnerte er sich.«

Rabins erster wichtiger Entschluß als Ministerpräsident war die Reduzierung der staatlichen Bauvorhaben, insbesondere im Westjordanland und im Gazastreifen. »Einerseits war es eine politische Entscheidung«, sagt Shochat, »nicht weiter in Judäa und Samaria zu investieren. Aber damit wurde zugleich auch dem privaten Sektor in der Baubranche grünes Licht gegeben. Allerdings dauerte es nach dem Einfrieren der staatlichen Objekte ein Jahr, bis der freie Markt reagierte. Das war ein Problem. Aber es war eine klare wirtschaftliche und politische Entscheidung.«

Rabins zweiter Schritt bestand darin, die Privatisierung voranzutreiben. Er ordnete den Verkauf von 150 staatseigenen Gesellschaften und Firmen an. Auf seiner ersten Sitzung setzte das Kabinett zwei Kommissionen ein, die beide unter Rabins Leitung standen – eine für Sicherheit und die zweite für die Privatisierung. Den Wirtschaftsexperten des Finanzministeriums und der Bank von Israel war allerdings noch nicht klar, ob Rabin den Vorsitz praktisch oder nur symbolisch ausüben wollte. »Nach kurzer Zeit«, sagt Jacob Frenkel, der Chef der Bank von Israel, wurde klar, »daß Rabin an der Privatisierungskommission nicht nur Interesse zeigte, sondern der eigentliche Motor war.« Yossi Nitzani, der Leiter der Behörde für die Staatsunternehmen, die den größten Teil des Privatisierungsprogramms bis Anfang 1995 abwickelte, sagte dazu: »Die Privatisierung hat nur eine Chance, wenn der Regierungschef eine direkte Rolle dabei spielt. Deshalb hat sie in Argentinien, Mexiko, Frankreich und natürlich im England von Margaret Thatcher funktioniert.« In den zweieinhalb Jahren, die Nitzani mit Rabin zusammenarbeitete, wurden staatseigene Unternehmen im Werte von über zwei Milliarden US-Dollar verkauft. Sie wurden in Form von Aktien oder direkt an Investoren veräußert.

Nitzani sagt, obwohl Rabin aus einer sozialistischen Tradition kam, »wollte er, daß sich die Regierung aus Geschäften heraushält, weil das nicht ihre Sache ist und weil Regierungen nicht zu Geschäften taugen. Er sagte einmal, er würde gern einige der Rüstungsfirmen wie Israel Aircraft Industries (Weltraum), Israel Military Industries (Waffen und Munition) und die Rafael Arms Development Authority weggeben, wenn sich jemand fände, der ihre Schulden übernimmt.«

Als das Tempo der Privatisierung zurückging, wie dies 1994 nach der schweren Flaute an der Aktienbörse von Tel Aviv geschah, konnte oder wollte Rabin sie nicht mehr recht in Gang bringen. Einige Angebote wurden auf Eis gelegt, als sich herausstellte, daß der Erlös geringer ausfallen würde, als die Regierung den Wert der Aktien veranschlagte. Berater sagen, Rabin habe objektive Gründe für diese Verzögerungen akzeptiert und nicht die Ungeduld an den Tag gelegt, für die er eigentlich bekannt war.

Die Orientierung des Führers der Arbeitspartei auf den freien Markt zeigte sich auch in den Debatten darüber, wie man bei der Liberalisierung des Handels vorgehen oder wie man Arbeitsplätze für die ins Land strömenden Einwanderer schaffen sollte. Die Likud-Regierung hatte einen Siebenjahrplan für den Abbau der Zölle beschlossen. Danach sollte der Schutz für die einheimische Industrie in relativ gleichen Schritten von etwa 14 Prozent jährlich abgebaut werden. 1992 wandten sich einheimische Industrielle, vor allem aus der Holz- und Textilbranche an Rabin mit der dringenden Bitte, ihren Schutz vor der ausländischen Konkurrenz zu verlängern. Er stand unter beträchtlichem Druck – nicht nur seitens der Industrie. Bei der damals hohen Arbeitslosenrate, sagt Frenkel, »war es politisch sehr verlockend zu sagen: ›Laßt uns etwas langsamer vorgehen und die einheimische Industrie nicht so rasch preisgeben.‹ Vorschläge für Arbeitsbeschaffungsprogramme der öffentlichen Hand kamen auf den Tisch. Das ist etwas, wo der Ökonom klar nein sagt, der Politiker aber in Versuchung gerät.«

So einen Vorschlag, über ein Arbeitsbeschaffungsprogramm, den Arbeitsministerin Ora Namir, eine seiner ältesten politischen Verbündeten, vorgelegt hatte, wies Rabin zurück. Die Probleme der Arbeitslosigkeit und der Eingliederung der Einwanderer sollten dadurch gelöst werden, daß der Privatsektor Expansionsmöglichkeiten erhielt und durch Wirtschaftswachstum Arbeitsplätze entstanden. Die Regierung wollte für Bildung, Umschulung und Infrastruktur sorgen, nicht aber für öffentliche Arbeiten. Dieser Schritt hatte weitreichende Auswirkungen auf die Einwanderer aus der ehemaligen Sowjetunion, die seit dem Zusammenbruch des Kommunismus in großer Zahl ins Land kamen. Ende 1992 hatte die Arbeitslosigkeit im Landesdurchschnitt eine Rekordhöhe von 11 Prozent erreicht. Unter den über 300 000 Neueinwanderern war sie aber doppelt so hoch. Viele gut ausgebildete Immigranten waren gezwungen, niedere Dienste zu tun – Ärzte fegten die Straße, Ingenieure wischten Fußböden.

In den drei folgenden Jahren wuchs die Wirtschaft jeweils um über 5,5 Prozent. Ende 1995 war die Arbeitslosigkeit auf unter 7 Prozent gesunken. Das galt auch für die ehemaligen Sowjetbürger, deren Zahl inzwischen auf über 600 000 angewachsen war. Trotzdem fühlten sich viele Einwanderer unglücklich. »Rabin hätte mehr drängen müssen«, sagt Natan Sharansky, ihr bekanntester Führer. Er gründete Mitte 1995 eine politische Bewegung für Einwanderung und soziale Fragen, die beabsichtigt, 1996 an den Wahlen zur Knesset teilzunehmen. »Ich kann verstehen, daß der Ministerpräsident der Wirtschaft Unterstützung geben will. Aber 25 Prozent der Einwanderer sind noch nicht wirklich integriert, und in der ehemaligen Sowjetunion wartet eine weitere Million potentieller Immigranten. Er hätte den Prozeß beschleunigen müssen.«

Sharansky bewunderte Rabin aus einem Grund, der auf den ersten Blick paradox erscheint: Rabin war faktisch der einzige israelische Politiker, der Sharansky nicht begeistert willkommen hieß, als dieser im Februar 1986 in Israel eintraf, nachdem man ihn aus einem sowjetischen Gefängnis freigekämpft hatte. Sie begegneten einander erst drei Monate später, als beide in einem Fernsehprogramm zusammen auftraten. »Er war ein Politiker, der sich nicht danach drängte, mir die Hand zu schütteln und dabei fotografiert zu werden. Zudem erschien er zu unserer Begegnung ohne Krawatte. Ja, er trug sogar Sandalen ohne Socken«, sagt Sharansky. Er erinnert sich einer weiteren Begegnung unmittelbar vor den Wahlen 1992, wo er zu Rabin sagte: »Wie es aussieht, werden Sie diese Wahl gewinnen. Und das vor allem, weil die Russen Sie unterstützen. Ich hoffe, Sie vergessen uns das nicht.« Rabin hob einen Arm und sagte zu Sharansky: »Der ist für die Sicherheit.« Dann hob er seinen anderen Arm und fügte hinzu: »Und der ist für die Einwanderer. Beide bilden meinen Zionismus.«

Die Russen stimmten in großer Anzahl für die Arbeitspartei. Aber im folgenden Jahr ging es mit der Einwanderung langsamer voran als vorgesehen. Die Regierung verwandte Mittel, die eigentlich für die Immigranten, insbesondere für den Wohnungsbau, vorgesehen waren, zu anderen Zwecken. Sharansky und andere ihrer Führer empörten sich darüber, daß die Arbeitspartei nicht hielt, was sie ihnen nach ihrer Meinung versprochen hatte. Im Mai 1993, fast ein Jahr nach der Wahl, versammelten sich etwa 15 000 Einwanderer in Jerusalem zur größten Immigrantendemonstration in der israelischen Geschichte, wie Sharansky einschätzt. Später trafen er und einige seiner Anhänger mit Rabin zusammen. »Mir wurde klar, daß die Art und Weise, wie er mit den Immigranten umging oder nicht umging, nichts mit seiner Person zu tun hatte. Andere Dinge nahmen ihn zu sehr in Anspruch. Ich bat ihn, die Umverteilung der Mittel zu stoppen und für die Eingliederung der Immigranten mehr, nicht weniger Geld auszugeben. Er sagte: ›Besprechen Sie das mit Beige Shochat.‹ Man konnte sehen, daß andere Dinge ihn sehr beschäftigten«, sagt Sharansky. Er hatte richtig beobachtet – die Geheimverhandlungen mit den Palästinensern in Oslo hatten gerade begonnen.

Wenn Rabin auch nicht immer wußte, wie er mit Immigranten umgehen sollte, bei Geschäftsleuten, die ihn besuchten, wußte er das sehr genau. »Investoren, die ich zu ihm brachte, waren immer überrascht, wie gut er sich auskannte. ›Was für einen Ministerpräsidenten ihr habt‹, war ihre regelmäßige Reaktion«, sagt Dov Lautman, Geschäftsmann und Rabins Sonderbotschafter für wirtschaftliche Entwicklung. »Eine Menge Geschäftsleute kannte er aus der Vergangenheit, aus seiner Zeit als Botschafter in Washington und als Verteidigungsminister. Er konnte sich mit ihnen über Turbinen und technische Systeme unterhalten.«

Aber auch schwere Irrtümer blieben nicht aus. So griff er nach einem Streik der Universitätsprofessoren im Jahre 1994, der beinahe zum Abbruch des Studienjahres geführt hätte, ein und ordnete an, die Gehälter der Lehrkräfte wesentlich zu erhöhen. Das führte zu einer Welle von Gehaltserhöhungen in anderen Bereichen des öffentlichen Dienstes, belastete den Staatshaushalt und erzeugte einen starken Inflationsdruck. Kritik mußte seine Regierung auch dafür einstecken, daß sie nicht genügend öffentlichen Grund und Boden für den Wohnungsbau zur Verfügung stellte. Der Mangel an Grundstücken ließ die Preise in die Höhe schnellen, was ebenfalls die Inflation anheizte.

Das Schlimmste aber war sicher die unglückselige Kapitalertragssteuer auf Börsengewinne, die man in Israel bisher noch niemals besteuert hatte. Shochat hatte zunächst eine pauschale Steuer auf alle Börsentransaktionen vorgeschlagen, wo nach Berücksichtigung der Inflation »realer« Gewinn gemacht wurde. Kabinett und Knesset hatten dies bestätigt. Investoren und Oppositionspolitiker empörten sich gegen die Steuer und argumentierten, man erhalte auch keinen Kredit, wenn man bei Börsengeschäften Geld verliere. Shochat versprach – und Rabin unterstützte ihn dabei – das Steuergesetz nach seinem Inkrafttreten nachzubessern. Es zeigte sich jedoch bald, daß die Bankcomputer, die als Makler funktionieren und einen großen Teil der Börsentransaktionen realisieren, mit der neuen Steuer nicht zurechtkamen. Rabin, der ursprünglich Shochat unterstützt hatte, schwenkte nun um und zwang diesen, die Steuer zurückzunehmen. Die Opposition verurteilte Rabin genüßlich für seinen Zickzackkurs.

Trotz alledem war für Rabins Amtsjahre ein gesundes Wirtschaftswachstum charakteristisch. Zwar war eine Ursache dafür der Friedensprozeß und nicht seine Wirtschaftsführung, eine weitere die Immigration, die außerhalb der Kontrolle der Regierung lag, aber Rabin stand im Lichte des Erfolgs. Israels Aktien waren gestiegen.

ELFTES KAPITEL
Der Ministerpräsident privat

Das Amt des Ministerpräsidenten nahm Yitzhak Rabin Tag und Nacht in Anspruch. Aber nach seiner Ermordung sagte sein Enkel Yonatan einem Fernsehreporter: »Er war auch ein Großvater. Jedermann fragte uns: ›Wie kann er Zeit für euch haben?‹ Es ist wirklich unglaublich, aber er versäumte keinen einzigen feierlichen Anlaß, der mich oder meine Schwester Noa betraf. Nicht einen einzigen. Jede Schulfeier, jedes Zeremoniell bei der Armee ... Er war immer da.«

Dalia Pelossof, Rabins Tochter, Yonatans und Noas Mutter, findet das nicht überraschend. Ihr Vater habe das stets so gehalten, auch als er jünger war. »Er kam nicht zu den Elternabenden in der Schule, das war nicht seine Sache«, sagte sie in einem Interview. »Aber wenn ein Problem auftauchte, vor allem wenn wir krank waren, sah er immer nach uns. Wo ihn die Nachricht auch ereilte, er kam auf jeden Fall ... Und wenn er nur für einige Minuten nach mir schaute. Er war ein sehr, sehr besorgter Vater.«

Dalia, heute 44 Jahre alt, berichtet, ihr Vater habe ihr und ihrem Bruder Yuval, heute 39, stets gesagt: »›Achtet darauf, daß Ihr mit Euch selbst im reinen seid. Wenn Ihr sicher seid, daß Ihr das Richtige tut, dann werdet Ihr auch vorankommen. Und sorgt Euch niemals darum, was andere über Euch sagen.‹ Diesen Leitspruch habe ich nie vergessen und bin ihm stets gefolgt.«

Sicher war Rabin nicht der Mann, dem die Kinder ihr Herz ausschütteten. »Manchmal dachte ich, es müßte anders sein. Aber so war er eben, und ich akzeptierte es ... Ich dachte immer: Er muß sich um so viele große Fragen kümmern und so viele wichtige Entscheidungen treffen. Wer war ich denn, daß ich ihn mit meinen Nichtigkeiten behelligen konnte? Und ich wußte, daß Mama ihm alles erzählte. Ich überließ es ihr zu entscheiden, was sie ihm sagte und was nicht. Sie wählte den richtigen Zeitpunkt dafür aus. Schließlich war sie immer mit ihm zusammen.«

Leah Rabin beschreibt, wie Yitzhak sie nachts ablöste, wenn die Kinder krank waren. »Wenn eines der Kinder nicht essen wollte, verlor ich leicht die Geduld«, sagte sie 1992 in einem Interview. »Er sagte dann: ›Laß mich das machen.‹ Unserem Sohn Yuval erzählte er jedes Mal dieselbe Geschichte von Panzern, wenn er ihn fütterte. Bei ihm aß der Junge immer.«

»Er hob niemals seine Stimme oder gar seine Hand gegen eines der Kinder. Er tat alles mit Liebe und drängte die Kinder nie, seinen Erwartungen zu entsprechen. Ich denke, so gibt man den Kindern das Gefühl, daß sie in jeder Lage und zu jeder Zeit geliebt werden, auch wenn sie nicht alle unsere Erwartungen erfüllen. Das war Yitzhaks Geheimnis: Die Kinder schuldeten ihm niemals etwas.«

In der Öffentlichkeit galt Rabin als mürrisch und sogar schroff. Viele Israelis waren überrascht, als nach seinem Tod Berichte über ihn als einen warmen und herzlichen Menschen in die Medien gelangten. Niva Lanir, die von 1984 bis 1988 mit Rabin im Verteidigungsministerium eng zusammenarbeitete, berichtet: »Freunde fragten mich immer wieder, wie ich es aushalte, mit ihm zu arbeiten. Sie meinten, er sei ein Autist. Das konnte mich ganz wütend machen.«

Niva Lanir war in den achtziger Jahren oft in Rabins Haus, »wo keine Beamten um ihn herumschwirrten und ständig ›Jawohl, Herr Ministerpräsident‹ sagten. Ich sah, wie er mit Leah, mit seinen Kindern und Enkeln umging. Er liebte sie sehr … Mir gefiel auch sein Verhältnis zu Leah. Ich war gern mit ihnen zusammen. Und was man auch über ihn sagen mag, er war ein Mann, der die Menschen liebte. Wenn er jemandem nahe war, konnte er das auch zum Ausdruck bringen.«

Lanir führt zwei Beispiele an: Einmal besuchte sie Rabin im Krankenhaus, als sie gerade nach einer Operation aus der Narkose erwachte. Ein anderes Mal suchte er sie nach ihrer Scheidung auf. »Ich machte damals eine schwere Zeit durch«, erinnert sie sich. »Eines Tages kam er in meine Wohnung und sagte: ›So, die werde ich jetzt für dich renovieren.‹« Daraus wurde ein Scherz, den nur sie beide verstanden. Als sie sich gemeinsam über die langersehnte Rückkehr Rabins in das Amt des Ministerpäsidenten freuten, meinten sie lachend, sie wollten in seinem Büro ein Schild anbringen: »Ministerpräsident, übernimmt auch Gelegenheits- und Renovierungsarbeiten.«

Es ist allerdings leicht vorstellbar, wie Rabin in den Ruf geriet, ein kaltherziger Mensch zu sein. Er hielt überhaupt nichts von banaler Konversation. Ihn auf Touren zu bringen, sagt ein enger Mitarbeiter, war, als wollte man feuchte Streichhölzer anzünden. »Du probierst es mit einem, wirfst es weg, dann mit einem anderen und noch einem, bis eines schließlich brennt.« Kam er dann in Fahrt, sprach er gleich eine halbe Stunde lang, aber das war immer ein Vortrag, kein Gespräch. »Yitzhak war ein Mann, dessen Wissen und dessen Kraft des Verstandes man in fünf Minuten erkannte, dessen persönliche Eigenschaften sich einem aber erst nach fünfzehn Jahren erschlossen«, sagte Rabins Ghostwriter Dov Goldstein in einem Interview nach seiner Ermordung. »Er war ein sehr bescheidener Mann. Als wir seine Memoiren schrieben und uns dreimal wöchentlich zu Gesprächen trafen, die sieben oder acht Stunden dauerten, bekam ich unablässig zu hören: ›Dov, ich sage immerzu ich, ich, ich. Ist das nicht zuviel?‹ Ich erwiderte ihm: ›Yitzhak, eine Autobiographie kann man nicht in der dritten Person schreiben. Das tut niemand.‹«

Ganz privat war Rabin völlig anders als der Militär, der Autorität ausstrahlte. Eitan Haber, der ihn 37 Jahre lang kannte und sein engster Mitarbeiter war, sagt, von ihm seien »Wärme, Nähe, persönliches Interesse und Verständnis ausgegangen. In den letzten fünf Monaten seines Lebens wollten ihn alle möglichen Leute privat aufsuchen, weil sie wußten, daß sie dort ihre Probleme loswerden konnten. Besonders beliebt waren Besuche am Sonnabend in seiner Tel Aviver Wohnung. Jeder drängte sich danach – es war ein Statussymbol.«

Jahrelang hielt Rabin privat die Verbindung zu Familien von im Kampf gefallenen Soldaten und Opfern terroristischer Anschläge. Amos Eiran, von 1974 bis 1977 Generaldirektor des Büros des Ministerpräsidenten, erläutert: »Dies ging auf seine Zeit in der Armee zurück; er sah es als die Verantwortung eines Kommandeurs an.« Daß solche Kontakte bestanden, zeigte sich bei bestimmten Gelegenheiten: Rabin nahm Vertreter betroffener Familien in die israelischen Delegationen auf, die der Unterzeichnung der Abkommen mit der PLO und des Friedensvertrages mit Jordanien beiwohnten. Aber erst nach seinem Tode wurde das volle Ausmaß seines Engagements – die vielen persönlichen Besuche und Telefongespräche – bekannt.

Yehudah Wachsman empfing Rabin Anfang Oktober 1994. Einen Tag zuvor war sein Sohn Nahshon, ein Soldat, getötet worden, als man versuchte, ihn aus der Hand seiner Entführer von der Hamas zu befreien. In einem Zeitungsartikel nach Rabins Ermordung schrieb Wachsman, der Ministerpräsident »war sehr zurückhaltend und geduldig. Wieder und wieder erläuterte er mir, daß es für die Rettungsoperation nur diese eine Möglichkeit gab. Ich war überzeugt, Yitzhak Rabin hatte alles getan, um meinen Sohn zu retten.« Drei Wochen später nahm Wachsman auf Rabins Einladung an der feierlichen Unterzeichnung des Friedensvertrages mit Jordanien teil. Auch danach hielt der Ministerpräsident weiter Kontakt. »Er rief am Gedenktag für die israelischen Soldaten an«, erinnert sich Wachsman. »Er sagte, er denke viel an uns, er verstehe unsere Gefühle sehr gut, weil er selbst über den Verlust von Verwandten und vielen Freunden getrauert habe, die in Israels Kriegen ums Leben kamen.« Am Abend vor dem jüdischen Neujahrsfest rief Rabin selbst aus Washington an, um den Wachsmans Rosh Hashanah zu wünschen. Das war kaum eine halbe Stunde vor der Unterzeichnung des Friedensabkommens Oslo II. Rabin »war ein sehr sensibler Mann«, meint Wachsman, »aber mir scheint, daß er sich in seinem gesunden Menschenverstand nicht von seinen Gefühlen beirren ließ. Er wußte sie zu kontrollieren.«

1987 war Rabin Verteidigungsminister, als ein Molotowcocktail in Abie Moses' Wagen geschleudert wurde. Abie und Ofrah Moses und ihre drei Kinder waren in ihrem Wagen in der Nähe ihres Heimatortes Alfei Menasheh unterwegs, einer Schlafstadt direkt an der grünen Linie, die Israel vom Westjordanland trennt. Ofrah Moses und ihr fünfjähriger Sohn Tal starben an den Verletzungen, die sie in dem brennenden Wagen erlitten. Abie und die beiden größeren Kinder, der vierzehnjährige Nir und der achtjährige Adi, hatten schwere Brandverletzungen, überlebten aber. Als Abie Moses, ein Tankwart, aus dem Krankenhaus entlassen wurde, suchte Rabin ihn auf. »Er kam in mein Haus«, erinnert sich Moses, »er war sehr mitfühlend und fürsorglich. Später kam er zuweilen vorbei, erkundigte sich nach der Familie, wie die Kinder in der Schule lernten oder wie es ihnen später in der Armee ging. Wir sahen uns oft, mindestens einmal in zwei Monaten. Zu Rosh Hashanah rief er immer selbst an, das ließ er niemals eine Sekretärin erledigen. Und wenn er mich im Dienst nicht erreichte, meldete er sich zu Hause.«

Auch Besuche gab es immer wieder. Bevor Nir Moses zur Armee ging, lud Rabin ihn in sein Büro ein und schenkte ihm ein Buch, das er als Verteidigungsminister geschrieben hatte. Beide Rabins waren bei Adis Bar Mitzvah dabei. Wenn sie zu den Moses' zu Besuch kamen, blieben sie stundenlang. »Ich wollte indische Gerichte für ihn kochen«, erzählt Moses, der in Indien geboren wurde, »aber er zog immer einfaches israelisches Essen vor.« Moses sagt: »Rabin war offen und ehrlich, er verhielt sich überhaupt nicht wie andere Politiker, die etwas ganz anderes sagen, als sie meinen. Ich konnte ihn auf dem Flughafen begrüßen, wenn er von wichtigen Auslandsreisen, zum Beispiel von einem Besuch bei Clinton, zurückkehrte. Er ließ seine Begleitung einfach stehen, setzte sich fünfzehn Minuten zu mir, wir tranken einen Kaffee und redeten.« Rabin lud Moses dazu ein, im September 1993 bei der Unterzeichnung des Abkommens mit der PLO dabeizusein. Moses lehnte ab, denn »ich wollte nicht mit Arafat zusammentreffen ... Aber ich sagte ihm, das Abkommen sei schon richtig, ich wollte auch, daß mein Sohn lieber einen Besen als ein Gewehr in die Hand nimmt.«

Rabin, ein wahres Arbeitstier, begann seinen Tag um 7.00 Uhr morgens. Wenn er in seiner Residenz in Jerusalem übernachtete, erschien er im Regierungskomplex in der Nähe der Knesset gegen 7.40 Uhr und verließ sein Büro nach 20.00 Uhr. Am Abend entspannte er sich beim Fernsehen, sah Thriller oder Sportsendungen bei einem Käsebrot und einem Whisky.

Über Rabins Verhältnis zum Alkohol ist viel geklatscht worden. Dov Goldstein erinnert sich, daß er während des Wahlkampfes 1992 einmal in die Residenz des Ministerpräsidenten in Jerusalem ging, um den damaligen Amtsinhaber, Yitzhak Shamir, zu interviewen. Gemeinsam mit dessen Frau Shulamit mußte er etwa zwanzig Minuten lang warten. »Rabin trinkt eine Menge, nicht wahr?« fragte sie ihn. »Nein«, antwortete Goldstein, »er ist ein mäßiger Trinker wie ich. Es beeinträchtigt nicht sein Urteilsvermögen.« Goldstein erinnert sich auch, daß er eines Morgens im Verteidigungsministerium auf Rabin wartete. Eine neue Sekretärin, die ihn noch nicht kannte, fragte ihn, was er zu trinken wünsche. »Ich sagte ihr, ein Whisky wäre nett. Sie war empört: ›So etwas haben wir hier nicht.‹ Sie sah mich feindselig an ...« Erst als Rabin eintraf, bekamen die beiden Männer ihren Whisky.

Rabin war sehr empfindlich, was diese Gerüchte betraf. Eitan

Haber erinnert sich an einen Besuch in den USA Anfang der neunziger Jahre, als Rabin Abgeordneter der Opposition in der Knesset war. Nach einem Treffen mit amerikanischen Juden in einem palastähnlichen Gebäude in Arizona kehrten Rabin und Haber in das Holiday Inn am Ort zurück, wo sie übernachteten. Es war schon spät, und in der Hotelhalle war niemand zu sehen, obwohl draußen Hunderte Wagen parkten. Sie suchten ihre Zimmer auf. Haber ging noch einmal hinunter und stieß auf eine große Diskothek voller Menschen. Er bat Rabin, mit ihm dorthin zu gehen. Niemand würde es bemerken, wenn er mitten in der Wüste einen Drink nahm. Rabin lehnte ab. Am nächsten Morgen wurden einige Gäste in der Hotelhalle auf sie aufmerksam. Rabin bemerkte trocken zu Haber: »Niemand wird uns hier erkennen – mitten in der Wüste.«

Andererseits war Rabin ein unverbesserlicher schwerer Raucher, der seine dreißig Zigaretten am Tag brauchte. »Er rauchte so stark«, sagte Haber, »daß wir einen Rauchverzehrer an der Tür zu seinem Büro installierten. Wir versteckten ihn hinter einer Pflanze. Er hat bis zu seinem letzten Tag nichts davon gewußt.« Viele versuchten Rabin vom Rauchen abzubringen, aber er winkte nur ab. Mit 73 wollte er es nicht mehr aufgeben. »Er sagte: ›Bin ich so weit gekommen, werden mich die Zigaretten nun auch nicht mehr umbringen‹«, berichtet Haber.

Das Rauchen war aber nicht Rabins einzige Angewohnheit, die einen Arzt zur Verzweiflung bringen konnte. Er aß höchstens zu Mittag, wenn er offiziell eingeladen wurde. In der Regel schlang er alles hinunter wie ein Soldat im Felde. Er arbeitete ununterbrochen, hielt nur hinter geschlossenen Türen in seinem Büro kurze Nickerchen, ohne auch nur die Schuhe auszuziehen. Aber Rabin war stolz auf seine Vitalität. »Yitzhak ist gemacht, um sehr schwere Lasten zu tragen«, sagte Leah 1992. »Er kann fast 18 Stunden am Tag ununterbrochen auf den Beinen sein.« In einem späteren Interview beschrieb sie, wie ein Morgen in ihrem Hause ablief: »Bevor Yitzhak ins Büro geht, trinken wir zusammen Kaffee. Ich blättere rasch die Zeitungen durch und mache ihn auf Dinge aufmerksam, die ihn nach meiner Meinung besonders interessieren. In der Regel sind wir uns bei diesen Morgengesprächen im wesentlichen einig. Aber in allem, was die Leistung von Ministern oder seinen Mitarbeitern betrifft, steht mir kein Urteil zu. Woher sollte ich die Informationen haben? Aber Yitzhak teilt seine Probleme mit mir ...«

Samstagmorgen spielten sie im Ramat Aviv Country Club in der Nähe ihrer Wohnung zusammen Tennis. Das freute seine Ärzte bestimmt. Rabins Partnerin im gemischten Doppel war die Architektin Zionah Leshem. Leah Rabin spielte mit Raphy Weiner, dem Chefmanager des Sheraton Plaza Hotels von Jerusalem. Auf dem Platz dachte Rabin, der jahrelang dieselben alten blauen Shorts trug, nur an das Spiel. »Er sagte mir, von Sonntag bis Freitag sei er Ministerpräsident, am Sonnabend aber nur Tennispartner«, erzählt Weiner. »Wenn wir spielten, rief er manchmal plötzlich: ›Idiot!‹. Ich traute mich nicht zu fragen, ob er mich meinte. Später fragte ich dann doch, und er sagte, er sei auf sich selbst wütend gewesen. Von da an rief er: ›Idiot she'kemoni – was bin ich doch für ein Idiot!‹«

Beide Rabins spielten auf Sieg. »Leah wollte ihn schlagen«, berichtet Weiner. »Wenn wir verloren, war sie böse mit mir. Sie waren ein wundervolles Paar, aber beim Tennis gab es kein Pardon.« Weiner sagt, Rabin wischte sich beim Spielen den Schweiß immer mit der Hand ab. »Eines Tages schenkte ich ihm ein Schweißband, und er meinte, das sei die Erfindung des Jahrhunderts.« Rabin »kam niemals auch nur eine Minute zu spät und versäumte kein Spiel, ohne vorher Bescheid zu sagen ... Wenn Anat, seine Sekretärin im Verteidigungsministerium, am Samstagmorgen um 6.30 Uhr anrief, dann wußte ich, daß etwas Schlimmes geschehen war, selbst wenn an diesem Tag nichts gemeldet wurde.«

Tennis und Fernsehen waren nicht seine einzigen Freizeitbeschäftigungen. Seine Tochter und seine Enkel berichteten, er sei ein begeisterter Amateurfotograf gewesen, wenn er auch in den letzten Jahren nur sehr wenig Zeit für dieses Hobby hatte. David Rubinger, langjähriger Fotograf des Nachrichtenmagazins »Time« in Israel, erinnert sich, Rabin sei stets sehr aufmerksam zu ihm als Fotograf gewesen: »Manchmal fragte er Dinge wie: ›Haben Sie genug Licht?‹« Einmal während eines Fluges nach dem Sechs-Tage-Krieg von 1967 fotografierte Rubinger den damaligen Stabschef Rabin, der auf einem Sitz neben Verteidigungsminister Moshe Dayan eingeschlafen war. »Plötzlich erwachte er, streckte seine Hand nach meiner Kamera aus und sagte: ›Geben Sie her.‹ Er nahm meine Pentax, schaute sie sich an und machte dann Aufnahmen von mir.« Rubinger, der außerdem noch eine Leica zur Hand hatte, schoß dabei eine seltene Aufnahme von Rabin als Fotoamateur.

Aber die Fotografie weckte in ihm keine Leidenschaft für die schönen Künste. Weiner berichtet darüber: Als sich die Rabins 1993 zu einer Reise nach Spanien aufmachten, »erzählte Leah ihm, daß sie gemeinsam in den Prado gehen wollten. ›Wohin?‹ fragte er. Sie zu ihm: ›Du mußt nicht jedermann zeigen, daß Du nichts von Kunst verstehst.‹« Musik interessierte ihn mehr, möglicherweise, weil Leah daran konsequenter gearbeitet hatte. Sie führte ihn regelmäßig in Konzerte. Kalman Gayer, ein politischer Berater, der Rabin monatlich traf, berichtet, der Geiger Shlomo Mintz und der berühmte Geigenbauer Amnon Weinstein baten ihn einmal, ihnen Zugang zu Rabin zu verschaffen. »Weinstein baute eine ganz besondere Geige, die in Konzerten und Meisterklassen benutzt werden sollte – nicht für einen einzelnen Künstler sondern eine, die viele spielen sollten. Sie baten mich um Hilfe, um von Rabin empfangen zu werden. Ich sagte ihnen, ich hätte damit nichts zu tun, sie sollten das Büro des Ministerpräsidenten direkt anrufen.«

Das war im Juni oder Juli 1994, als das Abkommen Oslo I über die Errichtung der palästinensischen Selbstverwaltung in Gaza und Jericho ganz am Anfang seiner Realisierung stand. Aber Rabin fand trotzdem Zeit, die Musiker zu empfangen. Später berichtete Shlomo Mintz Gayer, Rabin habe eine Violine signiert, die sie mitgebracht hatten, und mit ihnen über Musik gesprochen. »Er erzählte von einem Konzert Leonard Bernsteins am Ende des Unabhängigkeitskrieges in Beersheba. Viele Soldaten saßen in ihren Jeeps. Rabin erinnerte sich sehr genau an das Konzert, an das ganze Programm, das dort gespielt wurde.« (Nach dem Tode ihres Mannes übernahm Leah Rabin die Schirmherrschaft über dieses Projekt, das »die Geige des Friedensstifters Rabin« genannt wurde.)

Rabin konnte nicht als typischer Intellektueller gelten. Er kannte die Namen der Fernseh- und Filmstars, die er spätabends sah, und er hatte seit seiner Schulzeit eine Leidenschaft für den Fußball. »Wenn ich ihn besuchte, und es gab ein Fußballspiel im Fernsehen, dann schauten wir es uns zusammen an«, sagt Gayer. »Er kannte die Regeln bis in alle Einzelheiten, die Spieler und die Stars. Besonders interessierte ihn, wenn Brasilien irgendwo im Ausland spielte. Es war erstaunlich, wie gut er Bescheid wußte. Er hatte so viele Dinge im Kopf, mußte so große Verantwortung tragen, und kannte doch die Namen der Fußballspieler.«

Rabins Enkel, die 18jährige Noa und der 21jährige Yonatan sagen, sie hätten immer gewußt, wann er vor einer wichtigen Entscheidung stand. Dann sei er zu Hause gewesen und habe sich mit ihnen unterhalten. Er trommelte mit seinen Fingern auf den Tisch oder die Sessellehne, während er ihnen zuzuhören schien. Aber er merkte nicht einmal, wenn sie seine Trommelei nachäfften. Sie waren nicht die einzigen, denen es auffiel, wenn er sehr beschäftigt war. Amos Eiran erinnert sich an einen Besuch in Rabins Haus im Sommer 1993, als die Geheimgespräche mit der PLO in Oslo in das entscheidende Stadium getreten waren. »Seinem Gesicht, seinen Bewegungen war anzusehen, daß irgend etwas in ihm vorging«, erinnert sich Eiran. »Man spürte das Gewicht eines schweren Entschlusses. Als ich nach Hause kam, sagte ich zu meiner Familie, daß Rabin offenbar etwas sehr, sehr Wichtiges zu entscheiden hatte.«

Kalman Gayer meint, Rabins Fähigkeit, sich auf eine einzige Frage zu konzentrieren und alles andere beiseite zu schieben, »war gut und schlecht für ihn. Wenn er sehr tief über etwas nachdachte, ging er an Menschen vorbei, die er kannte, und bemerkte sie nicht.«

Alte Kameraden aus der Armee und Offiziere aus seiner Zeit im Verteidigungsministerium besuchten ihn später häufig. »Da war eine große Nähe zwischen ihm und seinen alten Kampfgefährten, wenn auch manche von ihnen inzwischen auf der anderen Seite der politischen Barrikade standen«, sagt Uri Dromi, den Rabin als Leiter des Pressebüros der Regierung einsetzte. »In all den Jahren hatte er ein merkwürdiges Verhältnis zu Männern wie Ariel Sharon oder Rechavam Zeevy«, zwei Ex-Generalen, feuerfressenden Falken am rechten Rand der Knesset, die Rabin beide zu Beratern für den Kampf gegen den Terrorismus ernannte.

Stabschef Moshe Levi traf, als man Rabin 1984 zum Verteidigungsminister ernannte, mit ihm später in zwei weiteren Funktionen zusammen – als Vorsitzender der Regierungsbehörde, die den Bau der Trans-Israel-Straße, Israels erster Super-Autobahn, vorbereitete, und als Chef der Anti-Drogen-Behörde. Aber Levi, so berichtete Rabin, diskutierte gern auch über weniger dringende Themen. »Ich erwartete immer«, sagt Levi, »daß er ärgerlich werden könnte, wenn ich kam und sagte: ›Ich will mit Dir über einige weniger wichtige Dinge reden.‹ – ›Warum sagtst Du das?‹, fragte er dann. ›Auch damit muß ich mich befassen, und ich tue es.‹«

Ein anderer häufiger Besucher war Nachman Shai, ein früherer Berater Rabins, der heute die Regierungsbehörde leitet, die für das kommerzielle Fernsehen verantwortlich ist. Shai traf im Oktober

1995 zum letzten Mal mit Rabin zusammen. »Das war sehr typisch für ihn – er wußte, worüber ich mit ihm reden wollte. Ich sprach eine Minute, er dreißig Sekunden, und unser dringendes Geschäft war erledigt. Wir hatten eine halbe Stunde gewonnen, um zu plaudern. Er sprach von der politischen Gewalt, von den Angriffen gegen ihn, und wie schlecht er damit umgehen konnte.«

Mitte Oktober erhielt Israel (Talik) Tal einen Anruf von Rabins Sekretärin im Verteidigungsministerium. Tal war unter Rabin als Stabschef Kommandeur der Panzertruppen gewesen. »Rabin geht zur Ausstellung der Panzertruppen auf dem Platz der Könige Israels, er hat gefragt: ›Warum soll ich Talik nicht mitnehmen?‹« Tal akzeptierte sofort. »Wir gingen hin, schauten in jedes Zelt und betrachteten jeden Ausstellungsgegenstand«, sagt der Ex-General. »Der Besuch war nicht angekündigt, und so waren auch keine rechten Demonstranten da. Die Menschen drängten sich um ihn und begrüßten ihn freudig, was ihn sehr ermutigte. Er konnte sehen, was sie wirklich von ihm dachten. Nichts war organisiert.«

Drei Wochen später sollte Rabin nach einer Kundgebung auf demselben Platz vor einer anderen viel größeren und begeisterten Menge von Anhängern der Tod ereilen.

ZWÖLFTES KAPITEL
Der Führer des jüdischen Volkes?

Zur Unterzeichnung des Abkommens Oslo II zwischen Israel und den Palästinensern am 29. September 1995 erschienen in Washington viele der führenden Persönlichkeiten der jüdischen Gemeinde Nordamerikas. Auf einer Zusammenkunft mit etwa 200 Führern ihrer Organisationen, Philantropen und Intellektuellen hinter verschlossenen Türen im Madison-Hotel sollte Yitzhak Rabin an diesem Tag seine letzte große Rede vor den Führern der Diaspora halten. Wie erwartet, sprach er zunächst von der Notwendigkeit, daß die Juden in der Diaspora den Friedensprozeß stärker unterstützten. Er wandte sich insbesondere gegen rechte jüdische Gruppen und Personen in den USA, die die Osloer Abkommen bis in den Kongreß hinein bekämpft hatten. »Rabin sprach sehr eindringlich und schonungslos, aber das hatten wir im wesentlichen erwartet«, sagt Seymour Reich, ein prominenter New Yorker Rechtsanwalt und früherer Vorsitzender der »Konferenz der Präsidenten wichtiger Organisationen der amerikanischen Juden«.

Nachdem Rabin etwa zwanzig Minuten lang den Friedensprozeß erläutert hatte, wechselte er unvermittelt das Thema und sprach über Israels Bemühungen, die Hunderttausende Juden aufzunehmen, die in den letzten Jahren aus der ehemaligen Sowjetunion eingewandert waren. Er verwies darauf, daß dieser Prozeß die israelische Regierung 3,5 Milliarden US-Dollar jährlich kostete. Dabei kritisierte er scharf die jüdische Gemeinde Amerikas, die jährlich nur etwa 200 Millionen Dollar an Wohltätigkeitsspenden nach Israel überwies und sich nun in dieser Tätigkeit zunehmend auf die eigenen Gemeinden zurückzog. »Nennen Sie das Partnerschaft?« fragte er die Anwesenden sarkastisch.

»Allen im Saal stockte der Atem«, sagt Leonard Fein, der Gründer des jüdischen Magazins »Moment« und führender Vertreter der libaralen Juden in Amerika. »Erstaunt warf man sich verlegene Blicke zu und rollte die Augen. Die Leute waren hergekommen, um eine positive Einschätzung des Friedensprozesses zu hören, und nun fiel Rabin wegen einer ganz anderen Sache über sie her.« Viele der Anwesenden meinten wie Seymour Reich: »Rabin hatte danebengegriffen. Er ließ sich hinreißen und demonstrierte eine Gefühllosigkeit oder zumindest einen Mangel an Verständnis für das besonders emotionale Engagement der amerikanischen Juden für das gesamte Problem der Juden in der Sowjetunion.«

In dieser letzten Begegnung Yitzhak Rabins mit der Führung der amerikanischen Juden zeigte sich sein kompliziertes und zuweilen gespanntes Verhältnis zur jüdischen Diaspora. Vom Ministerpräsidenten Israels erwartete man traditionell, daß er sich nicht nur als der erste Mann seines Staates sondern als Führer – als der Führer – des Weltjudentums begriff. Dies war eine Rolle, die David Ben-Gurion, Golda Meir und Menachem Begin – jeder auf seine Weise – annahmen, noch ausbauten und sogar zu genießen schienen. Das gilt nicht für Rabin. Auch in früheren Jahren, bevor die jüdischen Gemeinden im Ausland sich so scharf gegen seine Friedenspolitik wandten, war er mit Führern der Diaspora über Form und Inhalt seiner Politik in Streit geraten. Als Inbegriff des Sabra, des in Israel geborenen Juden, war er kulturell von den Juden der Diaspora meilenweit entfernt. »In all den Jahren, die ich mit Rabin zu tun hatte«, sagt Harry Wall, Direktor des Büros der Antidiffamierungsliga in Israel, »habe ich niemals auch nur ein Wort Jiddisch von ihm gehört.«

Seine schroffe Art trat noch deutlicher hervor, wenn er sich nicht im Kreise von Israelis befand. Und auch seine angeborene Verschlossenheit wurde noch sichtbarer, wenn er Englisch sprechen mußte, eine Sprache, die er nur teilweise beherrschte. Viele Juden der Diaspora, die Rabin über die Jahre begegneten, hatten den Eindruck, er sei viel mehr Israeli als Jude. »Rabin«, sagt der ehemalige Präsident des Komitees der amerikanischen Juden Alfred Moses, »interessierte sich nicht für die Religion oder die kulturelle Seite der jüdischen Welt. Er war keine ›nefesh yehudi‹, keine ›jüdische Seele‹. Er war ein ›neuer Mann‹, der die ›Jüdischkeit‹ geringschätzte. Er war der ewige Soldat, der sich in keiner anderen Rolle wohlfühlte. Das änderte sich nicht bis zum Ende seiner Tage.«

Andere, die enger mit Rabin zusammenarbeiteten, sehen sein Verhältnis zu solchen jüdischen Themen allerdings differenzierter. »Daß das ganze jüdische Volk auf der Welt zusammengehört, war einer der unverrückbaren Grundsätze seines Denkens«, behauptet Yehuda Avner, sein früherer Berater für Probleme der Diaspora. »Daran war ihm sehr gelegen, wenn er es auch nicht immer mit Worten ausdrücken konnte. Rabin war eindeutig kein Philosoph oder Religionstheoretiker. Aber gegen Ende seines Lebens erkannte er zum Beispiel, wie wichtig Themen wie eine jüdische Bildung und Erziehung waren.«

Ungeachtet seines zuweilen sehr gespannten Verhältnisses zu bestimmten Führern der jüdischen Diaspora steht außer Frage, daß Rabin die Juden der Diaspora, genauer gesagt, die jüdische Gemeinde Amerikas, hoch schätzte. Zum einen hegte er eine aufrichtige Sympathie für alles Amerikanische, zum anderen sah er als Realpolitiker ihren großen Einfluß. »Wenn ich mit amerikanischen Juden zusammentraf«, schrieb Rabin in seinen Memoiren, »wirkte das immer belebend auf mich ... Die Sorge, Wärme und Liebe. die die amerikanischen Juden Israel entgegenbrachten, erfüllten mich stets mit Stolz und Zuversicht ... Israel, seine Siege und Niederlagen, seine Erfolge und seine Rückschläge sind für die amerikanischen Juden eine Art Maßstab ihrer Selbstachtung.«

Rabin verkörperte diesen Maßstab der Selbstachtung in seiner Person. Und obwohl er nicht immer sehr charmant wirkte und nicht der geschickteste Kommunikator war, machte er gewöhnlich einen guten Eindruck auf die Juden im Ausland. »Die amerikanischen Juden mochten Rabins starke militärische Ausstrahlung«, sagt Ruhama Hermon, die seine Mitarbeiterin in Washington war. »Er verkörperte den Stolz der Sabras, den die Juden im Ausland so sehr verehren.« Harry Wall stimmt dem zu: »Rabin war der starke neue israelische Jude, der ganz in sich selbst ruht. Seine schroffe, ungeschliffene Art sprach nicht unbedingt gegen ihn, wenn er mit Juden der Diaspora zusammentraf, in mancher Hinsicht war sie sogar ein Vorteil. Wir wollten, daß er anders war als wir, stärker, weniger mit sich selbst beschäftigt. Und das war er. Die Tatsache, daß er überhaupt nicht typisch ›jüdisch‹ wirkte, machte uns, so paradox das klingt, noch stolzer, Juden zu sein.«

Diese Rolle spielte Rabin offenbar mit Genuß. »Bei zahlreichen Vortragsreisen zur jüdischen Gemeinde Amerikas, zuweilen mehrmals im Jahr, lud er seine Batterie wieder auf«, sagt Nachman Shai, der in den achtziger Jahren mit Rabin im Verteidigungsministerium zusammenarbeitete. »Ich erinnere mich, wie er zwei Tage nach seiner Amtsübernahme als Verteidigungsminister vor einer Delegation von Führern der Vereinigung amerikanischer Juden in Jerusalem sprechen sollte. Ich sagte ihm: ›Sie haben gerade eine neue Aufgabe übernommen, Sie sollten sich erst einarbeiten, Sie müssen das nicht tun.‹ Er winkte ab und sagte: ›Hören Sie mal, Nachman, diese Leute haben mich nicht im Stich gelassen, als ich nur noch Abgeordneter der Knesset war. Sie haben mich immer zu Vorträgen eingeladen, sie haben mich geachtet und mich stets mit Herr Ministerpräsident angesprochen. Diese Leute vom UJA und von Israel Bonds haben mir geholfen, mich über Wasser zu halten. Ich schulde ihnen viel, ich kann sie jetzt nicht vor den Kopf stoßen.‹«

Rabin verehrte zwar die amerikanischen Juden insgesamt und war zum Beispiel mit dem starken Mann der Republikaner Max Fisher oder dem Eigentümer von Washington Bullets Abe Pollin persönlich eng befreundet, sein Verhältnis zu den Führern der amerikanischen Juden gestaltete sich jedoch ganz anders. Zum ersten Mal kam er mit den Juden der Diaspora während seiner Zeit als Botschafter in den USA von 1968 bis 1973 enger in Berührung. Seine Vorgänger auf diesem Posten, Abba Eban und Abe Harman, die beide in Großbritannien aufgewachsen waren und von klein auf Englisch sprachen, hatten stets gern bei der mächtigen jüdischen Lobby Amerikas Rat und Hilfe gesucht. Rabin ging hier von Anfang an völlig anders vor. »Einige Führer der jüdischen Gemeinde Amerikas«, schrieb er abschätzig in seinen Memoiren, »pflegen den typischen Lebensstil der Diaspora und üben ihren Einfluß in der Art der Hofjuden, der traditionellen Mittelsmänner, aus, die stets um die Gunst der führenden Mächte Europas buhlten ... Ich war der Überzeugung, daß die israelische Botschaft Israels Angelegenheiten grundsätzlich auf allen politischen Ebenen zu fördern hatte und sich dabei der Hilfe von Juden und Nichtjuden gleichermaßen versichern mußte, wie sie es für richtig hielt.«

Rabins Abneigung gegen die jüdische Lobby in Amerika nahm in den Jahren der Likud-Herrschaft noch zu. Besonders störten ihn die Aktivitäten des AIPAC, das mit dem Segen von Menachem Begin und Yitzhak Shamir den Kongreß und das Weiße Haus in den Fragen des Nahen Ostens immer aggressiver bearbeitete. Oft betraf dies Waffenverkäufe an arabische Staaten. So versuchte die jüdische Lobby zum Beispiel 1981 erfolglos die Lieferung von AWACS-Flugzeugen an Saudi-Arabien durch die Reagan-Administration zu blockieren. »Rabin hielt es für einen großen Fehler, sich der Administration bei derartigen Verkäufen so unverhüllt in den Weg zu stellen«, sagt einer seiner früheren Mitarbeiter, »vor allem, weil er nicht erkennen konnte, daß diese Israels Sicherheit wesentlich gefährdeten.«

Noch kritischer sah Rabin den Versuch des AIPAC, Anfang der neunziger Jahre staatliche Garantien für eine Anleihe von zehn Milliarden Dollar an Israel zu erwirken. Yitzhak Shamir wünschte diese Garantien dringend, um die schwere finanzielle Last der Eingliederung der sowjetischen Einwanderer zu erleichtern. Präsident George Bush band aber diese Garantien daran, daß im Westjordanland und dem Gazastreifen keine weiteren jüdischen Siedlungen errichtet wurden. Shamir wollte diesen Preis nicht zahlen. Als das AIPAC und andere jüdische Gruppen im Sommer und Herbst 1991 ihren Druck auf das Weiße Haus verstärkten, die Garantien ohne Bedingungen zu gewähren, reagierte Bush scharf. Auf einer Pressekonferenz am 12. September attackierte er als erster amerikanischer Präsident offen die jüdische Lobby, indem er abfällig von den »Tausenden Lobbyisten« sprach, »die sich auf dem Capitol Hill niedergelassen haben«. Das war genau die Form von direkter Konfrontation mit dem Weißen Haus, die Rabin verabscheute. Das ganze erwies sich noch dazu als völlig nutzlos, denn Bush blieb hart und verweigerte die Garantien schließlich ganz. Dieses Fiasko, das im Winter 1991 bei AIPAC und Shamir beträchtliche Spuren hinterließ, trug wesentlich zu Rabins Wahlsieg im Juni des folgenden Jahres bei.

Als Rabin einen Monat später sein Amt übernahm, zogen im Verhältnis Israels zur Diaspora sofort Veränderungen ein. Sein erster Schritt bestand darin, den Posten des Beraters in Angelegenheiten der Diaspora nicht wieder zu besetzen. Er selbst hatte ihn während seiner ersten Amtszeit als Ministerpräsident eingerichtet und Yehuda Avner mit dieser Aufgabe betraut. Sein Büro war traditionell ein Anlaufpunkt für jüdische Organisationen im Ausland gewesen, die hier ihre Probleme vortragen und um Zugang zum Ministerpräsidenten nachsuchen konnten. Dieser Posten hatte zwar weitgehend symbolische Bedeutung, aber Rabins Entscheidung, ihn nicht wieder zu besetzen, signalisierte der Führung der Diaspora, daß Jerusalems Verhältnis zu ihr sich nun beträchtlich veränderte.

Wie weit diese Veränderungen gingen, sollte bald offenbar werden. Bei seinem ersten Besuch in den USA nach der Amtsübernahme im August 1992 traf Rabin im Madison-Hotel mit AIPAC-Direktor Tom Dine, in Washington als äußerst erfolgreicher Lobbyist weithin anerkannt, und anderen führenden Vertretern dieser Organisation zusammen. Der Ministerpräsident warf ihnen vor, sie seien bei den Kreditgarantien und in ihrem Widerstand gegen die Waffenverkäufe an arabische Staaten zu weit gegangen. Damit hätten sie das Klima zwischen der US-Administration und Israel vergiftet. Nach dem Treffen wurde berichtet, Rabin habe den AIPAC-Führern gesagt: »Sie haben aussichtslose Schlachten geschlagen ... Sie haben zu viele Antagonismen geschaffen ... Sie haben Israel Schaden zugefügt.« Besonders erbost war Rabin darüber, daß das AIPAC nach seiner Meinung versuchte, insbesondere die Exekutive zu beeinflussen, was er als eine direkte Einmischung in Israels diplomatische Beziehungen ansah. »Lassen Sie die Finger von meinen Geschäften mit der Administration«, donnerte er im Befehlston.

»Rabin empfahl der Führung der amerikanischen Juden 1992 im Grunde genommen, auf Tauchstation zu gehen«, meint Alfred Moses. Abe Pollin, Anhänger Rabins und selbst ein AIPAC-Funktionär, sieht den Konflikt in etwas milderem Licht: »Er war wütend darüber, und ich glaube, zu Recht, daß die jüdischen Organisationen sich über die israelische Regierung stellten. Ich versuchte ihm zu erklären, daß wir es als unsere Aufgabe ansahen, jede Regierung zu unterstützen, ob nun von der Arbeitspartei oder vom Likud.« Rabins Büro wollte später den Tiefschlag des Ministerpräsidenten etwas abzuschwächen, indem es das AIPAC in einer symbolischen Erklärung lobte. Aber der Schaden war nicht mehr zu reparieren. AIPAC-Sprecherin Toby Dershowitz antwortete auf Rabins Attacke scharf: »Rabin ist zu naiv. Er versteht nicht, wie das hier in Washington läuft, und er hat keine Vorstellung, wie wichtig das AIPAC ist.«

Zwar versuchte man beim AIPAC den Anschein zu erwecken, als sei Rabins Vorstoß mit einem Schulterzucken abzutun, aber in der Tat hatte der neue Ministerpräsident eine Lunte in Brand gesetzt, die in den kommenden Jahren eine ganze Reihe von Erschütterungen in der Organisation auslösen sollte. Als die Regierung Rabin entschied, den Friedensprozeß mit der PLO zu beginnen, hatte sie in AIPAC-Präsident Tom Dine, der als Taube bekannt war, einen natürlichen Verbündeten. Aber sein Einfluß in der Organisation wurde stets von einer Gruppe langjähriger Führungsmitglieder ausbalanciert, die politisch weiter rechts standen. Dazu gehörten die früheren Präsidenten Robert Asher, Ed Levy jun. und Meyer Mitchell. Als Dine versuchte, das AIPAC stärker auf den Kurs der Rabin-Regierung einzuschwören, soll sein Verhältnis zu dieser Gruppe gespannter geworden sein. Im Frühjahr 1993 lieferte er ihnen selbst den Vorwand, ihn auszubooten. In dem Buch des israelischen Journalisten David Landau »Frömmigkeit und Macht«, das von dem Zusammenhang von Religion und Politik handelt, wurde er mit der Aussage zitiert, für die Gesellschaft hätten ultraorthodoxe Juden etwas »Übelriechendes«. Es überraschte nicht, daß Führer der amerikanischen Orthodoxen sofort wütend reagierten. Im Sommer drängte die AIPAC-Führung Dine aus seinem Amt.

Rabin persönlich hatte Dines Art, auf die Exekutive Druck auszuüben, nie gemocht. Jedoch manche Mitglieder seiner Regierung, insbesondere Außenminister Shimon Peres, waren nicht glücklich, als ihr wichtigster liberaler Rückenhalt beim AIPAC zurücktrat. Wie stark die Gegnerschaft gegen die Regierung Rabin in der Organisation nach wie vor war, zeigte sich im Sommer desselben Jahres. Im Juni begleitete AIPAC-Vizepräsident Harvey Friedman drei Kongreßabgeordnete nach Jerusalem, wo sie mit dem stellvertretenden Außenminister Yossi Beilin zusammentrafen. Beilin sagte Reportern später, es habe ihn erstaunt, daß Friedman sich nicht nur gegen die Politik des territorialen Kompromisses der Regierung Rabin wandte, sondern den Kurs der extremen Rechten favorisierte, die einen »Transfer«, das heißt die Vertreibung der Palästinenser aus den besetzten Gebieten, fordern.

Als Friedman von Beilins Bemerkungen erfuhr, sagte er seinerseits einem Reporter der Washingtoner Jewish Week, der stellvertretende Außenminister sei ein »kleiner Schleimer«, der ihm das Wort im Munde umgedreht habe. Tage später fand sich auch Friedman außerhalb des AIPAC wieder. Für die Organisation war es nun wahrlich an der Zeit, sich auf die Realität der Regierung Rabin einzustellen. »Als die Arbeitspartei an die Macht kam, schwankte der Boden unter dem AIPAC«, stellte Beilin nach dem Vorfall mit Friedman fest. »Wir wollten die USA in den Friedensprozeß einbinden; sie wollten die Amerikaner heraushalten. Wir strebten Frieden auf der Grundlage eines Kompromisses an, sie erklärten, weshalb ein Kompromiß unmöglich sei.«

Nach dem Friedman-Fiasko stabilisierte sich das AIPAC, gedrängt von seinem Präsidenten Steven Grossman, einem Liberalen von der Demokratischen Partei, allmählich wieder. Im September 1993 unterstützte das AIPAC das erste Osloer Abkommen bei seiner Verkündung. In jenem Winter nahm es die neue Palästinenserbehörde zusätzlich in den Kreis derer auf, die Gelder aus der Hilfskampagne für Israel erhalten sollten. Und im Februar 1994 setzte es Neal Sher, einen ehemaligen Justizbeamten mit liberalen Ansichten, die mit denen der Rabin-Regierung vereinbar waren, anstelle von Tom Dine als Geschäftsführenden Direktor ein. Als Rabin im Sommer 1994 nach seinen Auseinandersetzungen mit dem AIPAC gefragt wurde, antwortete er mit für ihn ungewöhnlicher Zurückhaltung: »Sagen wir – das Problem ist gelöst.«

Leider hatte Rabin jedoch bald Probleme mit einer anderen Organisation der amerikanischen Juden. Die Vereinbarungen von Oslo kamen für das jüdische Establishment in den USA völlig überraschend. Sie hatten Yasser Arafat und die PLO jahrelang verteufelt, und nun sollten sie dem Feind plötzlich um den Hals fallen. Linke Gruppen wie »Amerikaner für Frieden jetzt«, die sich seit langem für die Anerkennung der PLO eingesetzt hatten, erhielten mit der Osloer Vereinbarung recht. Für die im Hauptstrom schwimmenden Vereinigungen wie das AIPAC oder auch die Dachorganisation »Konferenz der Präsidenten wichtiger Organisationen der amerikanischen Juden« bedeutete dies, andere Prioritäten zu setzen und zuweilen schmerzhafte personelle Veränderungen vorzunehmen.

Aber die orthodoxen und rechten Organisationen dachten nicht daran, auch nur eine Handbreit zu weichen. Das Osloer Abkommen ließ eine neue, bisher beispiellose Gegnerschaft zur Politik der israelischen Regierung in der Diaspora entstehen. Am 12. September 1993, einen Tag bevor die epochemachende Prinzipiendeklaration zwischen Israel und der PLO auf dem Rasen des Weißen Hauses unterzeichnet wurde, flogen in einer New Yorker Synagoge Tomaten gegen den israelischen Botschafter in den USA, Itamar Rabinovich, ertönten Schreie: »Rabin ist ein Verräter!« Plötzlich entschlossen sich führende rechte Juden wie zum Beispiel der Kolumnist Norman Podhoretz, der linke Gruppen wie »Amerikaner für Frieden jetzt« jahrelang gegeißelt hatte, weil sie es wagten, die israelische Regierung öffentlich zu kritisieren, es ihnen gleichzutun, und kritisierten die Politik Rabins.

Besonders störend war für Rabin aber die Tatsache, daß einige jüdische Gruppen es darauf anlegten, die Auseinandersetzung mit seiner Regierung bis nach Washington zu tragen. Führend war dabei Morton Klein, ein Geschäftsmann aus Philadelphia, der Anfang 1994 Präsident der Zionistischen Organisation Amerikas wurde. Die ZOA stand zwar traditionell den Positionen des Likud nahe, galt aber bislang als eine Organisation, die sich in den Konsens der Konferenz der Präsidenten einordnete. Als Klein den Vorsitz übernahm, begann die ZOA aggressiver gegen Rabins Friedenspolitik vorzugehen. Dabei erfreute sie sich der finanziellen Unterstützung reicher rechter amerikanischer Juden und fühlte sich durch den überwältigenden Sieg der Republikaner bei den Kongreßwahlen im November 1994 zusätzlich ideologisch bestärkt.

Die ZOA setzte sich im Kongreß dafür ein, daß der neuen Palästinenserbehörde in den besetzten Gebieten unter Führung Yasser Arafats amerikanische Auslandshilfe verweigert wurde. Ermutigt von Klein, brachte der republikanische Senator Al D'Amato aus New York einen Gesetzentwurf ein, der die Stationierung amerikanischer Truppen auf den Golanhöhen als Teil eines Friedensabkommens zwischen Israel und Syrien verbot. Dabei hatte keine der Seiten bisher etwas Derartiges vorgeschlagen. Klein war auch unter denjenigen, die den Mehrheitsführer im Senat, Bob Dole, mit Erfolg dazu drängten, einen Gesetzentwurf einzubringen, wonach die amerikanische Botschaft 1996 von Tel Aviv nach Jerusalem verlegt werden sollte – gerade als im Rahmen von Oslo Gespräche über den Status der Stadt bevorstanden.

Rabin blieb keine Wahl, als öffentlich den Eindruck zu erwecken, er unterstütze diese Initiative oder sei zumindest nicht dagegen, denn dies war seit langem die israelische Position. Aber »intern«, sagt eine Quelle, die Rabin in dieser Frage konsultierte, »empörte er sich darüber, wie die ganze Sache inszeniert war. Er sah keinen Grund, einen solchen Beschluß zu einer Zeit durchzupeitschen, da das die Verhandlungen mit den Palästinensern nur komplizieren konnte. Die Clinton-Administration kam in die schwierige Lage, eine Klausel in den Entwurf einzubringen, die es dem Präsidenten ermöglichte, die Verlegung der Botschaft aufzuschieben, wenn die Interessen der nationalen Sicherheit dies erforderten. Und das Weiße Haus in Schwierigkeiten zu bringen, war das letzte, was Rabin sich wünschen konnte. Eben diese Art, wie sich gewisse Führer der amerikanischen Juden in den Vordergrund spielten, war es, was Rabin so sehr verabscheute.«

In Rabins letzten Lebensmonaten nahmen die Angriffe gegen ihn aus gewissen Kreisen der Diaspora einen ähnlich schrillen Tonfall an wie in Israel. Im Sommer 1994 gab Abraham Hecht, ein orthodoxer Rabbi aus Brooklyn, dem isrelischen Fernsehen ein Interview, in dem er mit Blick auf Rabin erklärte, jeder Jude, der israelischen Boden an Nichtjuden ausliefere, habe nach dem Gesetz der Religion sein Leben verwirkt. Das israelische Fernsehen sah das als solche Hetze an, daß es sich nicht entschließen konnte, es zu senden. Das tat es nach dem Mord an Yitzhak Rabin. So schlimm die Ausfälle gegen ihn auch wurden, Menschen, die Rabin nahestanden, sagen, er habe sich vor allem über das Intrigieren gegen seine Politik in Washington empört. »Er hielt es einfach für skrupellos, wie amerikanische Juden offen von der US-Regierung fordern konnten, sich gegen die Politik der israelischen Regierung zu stellen«, sagt Yehuda Avner. »Das verletzte ihn tief.«

Zwar war das Werben um Unterstützung für den Friedensprozeß in den letzten Jahren Yitzhak Rabins Hauptthema im Umgang mit den Juden in der Welt, daneben gab es aber auch andere Probleme, die ihn in seiner zweiten Amtszeit als Ministerpräsident in Bezug auf die Diaspora bewegten. So befaßte er sich etwas überraschend in seinen letzten Jahren damit, den in den USA einsitzenden jüdisch-amerikanischen Spion Jonathan Pollard freizubekommen. Seit dieser 1984 wegen Spionage für Israel verurteilt worden war, hatte Rabin zu dem Fall so gut wie nirgends Stellung genommen. Wenn er sich öffentlich für ihn eingesetzt hätte, dann wäre dies ein Bruch seiner Grundregel gewesen, nach der das strategische Verhältnis zwischen den USA und Israel über allem anderen zu stehen hatte. »Ich sprach mit Rabin unmittelbar vor seiner ersten Begegnung als Ministerpräsident mit George Bush im August 1992«, berichtet Seymour Reich. »Ich bat ihn, den Fall Pollard anzusprechen. Er lehnte ab und begründete dies damit, es seien zu viele andere Probleme, die er Bush zuerst vortragen müsse, so zum Beispiel der Fall von Ron Arad (einem Navigator der israelischen Luftwaffe, der 1986 über dem Libanon abgeschossen wurde und seitdem verschwunden war) und anderer vermißter Israelis. Ich erwiderte, Pollard habe den Eindruck, wäre er ein Sabra und kein Galut (ein Jude im Exil), hätte Israel sicher schon mehr unternommen, um ihm zu helfen, und er wäre bereits frei.«

Rabin lehnte zwar ab, den Fall Pollard bei Bush anzusprechen, er brachte ihn aber bei Bill Clinton vor. Bei seiner letzten Begegnung mit dem Präsidenten am 28. September 1995 stellte er gar einen Zusammenhang zwischen diesem Fall und der Freilassung palästinensischer Gefangener durch Israel als Teil der Osloer Vereinbarungen her. Damit deutete er dem Präsidenten an, die Mißstimmung in der israelischen Öffentlichkeit über die Freilassung von Palästinensern könnte gemildert werden, wenn Pollard ähnliche Gnade zuteil würde. Clinton schloß die Möglichkeit einer Begnadigung Pollards nicht aus. Rabin schrieb später einen offiziellen Brief, in dem er um Pollards Freilassung bat. Shimon Peres übergab ihn Clinton bei seinem ersten Besuch in Washington nach der Mordtat.

Bei Rabins Bemühen, Reibungen mit der amerikanischen Administration zu vermeiden, war sein starkes persönliches Interesse am Fall Pollard ungewöhnlich. Vielleicht werden wir nie erfahren, inwiefern dieser Fall Rabin persönlich betraf. Schließlich war er Verteidigungsminister, als Pollard gefaßt wurde, und es war Lekem – das »Büro für wissenschaftliche Beziehungen«, eine dem Verteidigungsministerium unterstellte Behörde, die ihn angeworben und geführt hatte.

Ein prominenter amerikanischer Jude, der mit Rabin im Fall Pollard zu tun hatte, meint, Rabins Motiv sei ein starkes Gefühl persönlicher Verantwortung für diesen Fall gewesen. Er behandelte ihn weniger als einen Juden in schwieriger Lage sondern mehr als einen israelischen Soldaten, den man auf dem Schlachtfeld zurückgelassen hatte.«

Das paßt recht gut zu dem verbreiteten Bild von Rabin als einem Mann mit einem engen Blick auf die jüdische Welt. »Rabin sah die Diaspora, insbesondere die amerikanischen Juden, in erster Linie als einen wichtigen strategischen Faktor für Israel«, behauptet ein Führer der Juden in Amerika. »Er interessierte sich nicht wirklich für die Probleme der Diaspora, es sei denn, sie betrafen Israel unmittelbar. Ich kenne viele Beispiele dafür, daß Menschen sich über die Jahre an ihn wandten und ihn baten, sich stärker für die sowjetischen Juden einzusetzen. Er weigerte sich hartnäckig, denn er wollte nichts tun, was die Entspannung zwischen den USA und der Sowjetunion beeinträchtigen konnte.«

In seinen letzten Jahren zeigte Rabin mehr Interesse daran, sich zu solchen Problemen der Diaspora stärker zu äußern wie Antisemitismus, Assimilation und insbesondere die Unterstützung der Auswanderung von Juden aus der Sowjetunion. Da Rabin über seine geheimsten Gedanken selbst mit seinen engsten Mitarbeitern kaum sprach, ist es schwierig einzuschätzen, ob dies eine wirkliche Veränderung seiner Sicht auf die Dinge bedeutete. »Ich glaube nicht, daß Rabin plötzlich ›jüdischer‹ wurde oder sich stärker für die jüdische Welt außerhalb Israels interessierte«, sagt ein jüdischer Aktivist. »Er hatte wohl eher erkannt, daß die sowjetischen Einwanderer der israelischen Wirtschaft nützen und dem Lande einen massiven Zuwachs an intellektuellem Potential bringen konnten, was für Israel in der Tat ein strategischer Faktor ist.«

Andere meinen allerdings, daß Rabin besonders in seinen letzten Jahren zunehmend Interesse auch an Bereichen der jüdischen Problematik zeigte, die nicht unmittelbar mit der Sicherheit Israels zusammenhingen. »Im April 1994«, erinnert sich Harry Wall, »gehörte ich einer Delegation des Jüdischen Weltkongresses an, die Rabin einen Bericht über den Antisemitismus in der Welt vorlegte. Zu meiner Überraschung entspann sich eine Diskussion mit Rabin zu diesem Thema. Zwar stellte er, wie es für ihn charakteristich war, sehr nüchterne, technische Fragen nach der exakten Zahl antisemitischer Zwischenfälle in diesem oder jenem Land, aber es war das erste Mal, daß ich bei ihm wirkliches Interesse an dieser Problematik entdeckte.«

Rabin schien sich auch zunehmend für jüdische Bildung zu engagieren und sprach öfter davon, was Israel tun könnte, um die Diaspora zu unterstützen. Bisher hatte er es nur umgekehrt gesehen. »Israel muß dazu beitragen, den jüdischen Charakter des jüdischen Volkes aufrechtzuerhalten«, sagte er dem Jerusalem Report im Sommer 1994, als er von einer Reise in die ehemalige Sowjetunion zurückkehrte, wo ihn die Renaissance eines jüdischen Bildungssystems sichtbar beeindruckt hatte.

»Man sollte nicht vergessen, daß Rabin erst in seinen Jahren bei der Armee mit jüdischen Essensvorschriften oder den Regeln für den Sabbath in Berührung kam«, sagt der in religiösen Dingen sehr aufmerksame Yehuda Avner. In privaten Gesprächen, sagt Avner, »äußerte Rabin zunehmend Sorge über die hohe Assimilationsrate unter den amerikanischen Juden. Er benutzte sogar das Wort ›Holocaust‹, eine Sprache, die für ihn überhaupt nicht typisch ist. Jüdische Bildung war für ihn ein wichtiges Thema geworden. Wenn er vielleicht auch keine tiefe emotionale Bindung dazu hatte, so kann man doch sicher sagen, daß Rabin ein ›strategisches Gespür‹ dafür entwickelte, wie wichtig dies für das Überleben des jüdischen Volkes war.«

Als Avner im Herbst 1995 seinen Dienst als Botschafter in Australien beendete, rief ihn Rabin zu sich und bat ihn, den Posten des Beraters in Angelegenheiten der Diaspora wieder zu übernehmen. Möglicherweise war ihm klar geworden, daß er einen fähigen Sprecher brauchte, der den Juden im Ausland seine Politik vermitteln konnte. Seine erste Aufgabe bestand darin, die Rede zu schreiben, die Rabin vor der Generalversammlung des Rates Jüdischer Verbände Mitte November in Boston halten sollte.

»Wir diskutierten zum ersten Mal darüber zwei Tage vor seiner Ermordung«, sagt Avner. »Diese Rede sollte sein Ruf nach Einheit an die jüdische Welt werden. Er wollte sich über die Tagespolitik erheben und die Mißverständnisse ausräumen, die sich im vergangenen Jahr zwischen ihm und den Juden in der Diaspora aufgebaut hatten, indem er die Fragen hervorhob, über die unter den Juden weiterhin Konsens besteht.«

Rabin konnte diese Rede nicht mehr halten. Statt dessen fand am 10. Dezember im Madison Square Garden in New York eine Gedenkkundgebung für den ermordeten Ministerpräsidenten statt. Dort kamen 15 000 Menschen zusammen, eine Zahl, die Rabin zu seinen Lebzeiten wohl nicht um sich versammelt hätte.

Dies sollte zwar eine Demonstration der Einheit sein, aber es zeigte sich, daß auch Rabins Tod die tiefe Spaltung der Juden hinsichtlich seiner Friedenspolitik nicht zu überwinden vermochte. Die Veranstaltung war zwar von der »Konferenz der Präsidenten« unterstützt worden, da jedoch einem Vertreter der politischen Opposition gegen Rabin kein Rederecht gewährt wurde, boykottierte die ZOA die Zusammenkunft. Um die orthodoxen Gruppen zu besänftigen, ließen die Organisatoren den Plan fallen, Barbra Streisand singen zu lassen, denn dies hätte die religiöse Vorschrift verletzt, die es Frauen verbietet, öffentlich zu singen. Obwohl sie diesen Schritt gingen und außerdem Israels Oberrabbiner der Ashkenazim, Yisrael Lau, dem Präsidium angehörte, lehnten es einige orthodoxe Gruppen aus politischen Gründen ab, bei der Kundgebung zu erscheinen.

In seiner Rede im Madison Square Garden sparte Shimon Peres das komplizierte Verhältnis seines Vorgängers zu den Juden in der Diaspora nicht aus. »Rabin strebte nicht danach, Euch zu gefallen«, sagte Peres. »Er wollte Euch führen.« Leah Rabin, die ihren Mann besser kannte als alle anderen, drückte es emotionaler aus. »Yitzhak Rabin hat Euch geliebt«, sagte sie den Tausenden, für die es nun zu spät war, den ermordeten Führer der Juden nach Gebühr zu schätzen. Rabin hätte das sicher niemals so offen ausgesprochen. Sicherlich begann er erst am Ende seines Lebens zu begreifen, warum er so für alle Juden in der Welt empfand.

DREIZEHNTES KAPITEL
Der Aufstieg der Radikalen

»Visionäre mußten mitansehen, wie ihre Vision in Stücke gerissen wurde.« Mit diesen Worten beschrieb ein prominenter Ideologe die Stimmung unter den religiösen Rechten Israels in den Monaten nach dem Händedruck Yitzhak Rabins mit Yasser Arafat auf dem Rasen vor dem Weißen Haus.

Der Satz stammt aus einem Kommentar Dan Be'eris in der Zeitschrift der Siedler des Westjordanlandes »Nekudah«. Er beschreibt das Ziel einer Bewegung in Worten, in denen Prophezeiung und religiöse Identität anklingen. Für sie ist der Friedensprozeß keine politische Niederlage sondern ein Akt der Gewalt, einem Räuber vergleichbar, der sein Opfer verschlingt. Be'eris Worte sind ein beredtes Zeugnis der Leidenschaften, die Rabins diplomatische Schritte unter der religiösen Rechten auslösten, Leidenschaften, die die Massenproteste hervorbrachten und die schließlich auch Yigal Amir und seine möglichen Komplizen dazu trieben, den Tod des Ministerpräsidenten zu beschließen.

Rabins Friedenspolitik rief die gesamte israelische Rechte auf den Plan. Umfragen zeigen, daß auch große Teile der Öffentlichkeit sie ablehnten. Weltlich eingestellte Politiker wie der Parteiführer des Likud Benjamin Netanyahu, der prominente Likud-Abgeordnete Ariel Sharon und andere, die noch weiter rechts stehen, erklärten kategorisch, das Abkommen mit der PLO gefährde Israels Sicherheit. Aber diejenigen, die Demonstrationen gegen die Regierung organisierten, Straßen blockierten und sich mit der Polizei schlugen, die die Soldaten dazu aufriefen, künftig Befehle zur Evakuierung von Siedlungen zu verweigern, kamen fast ausschließlich aus den Reihen der orthodoxen Zionisten, der religiösen Siedler in den besetzten Gebieten und deren Anhänger in Israel selbst. Der Ministerpräsident äußerte sich seinerseits besonders abfällig über die Siedler.

Die orthodoxe Rechte Israels ist sowohl eine religiöse Bewegung

– eine besondere, merkwürdige Erscheinung im Judaismus – als auch ein politisches Lager, dem sowohl orthodoxe Siedlergruppen als auch der größte Teil der National-Religiösen Partei angehören. Sie glauben, das Weltende sei nahe und die Kontrolle der Juden über das Land Israel ein wesentlicher Schritt zur kommenden Erlösung. Israels Einwilligung, die Kontrolle über Teile des Landes der Juden an die Araber abzutreten, gefährdet in ihren Augen nicht nur die Sicherheit des Landes, sondern bedroht auch den Glauben in seinen Grundfesten.

Die Ideologie der meisten religiösen Rechten wurzelt in den engen, dogmatischen Schriften Avraham Yitzhak Kooks, eines in Litauen geborenen Rabbiners, der vor der Jahrhundertwende zum Zionisten wurde und 1904 ins Heilige Land kam. In der brodelnden politischen Küche des osteuropäischen Judentums jener Jahre war der Zionismus wie der Sozialismus eine von mehreren säkularen Bewegungen, die die traditionelle Religion ablehnten, weil sie in ihren Augen die Leiden der Juden verewigte. Sie wollten ein politisches Programm an deren Stelle setzen. Die meisten orthodoxen Rabbis verachteten ihrerseits die Zionisten als schweinefleischfressende Ketzer, die Gott lästerten, weil sie die Vertreibung der Juden aus ihrem Land vor der von den Propheten vorausgesagten Ankunft des Messias beenden wollten.

Um seinen Zionismus zu rechtfertigen, verschmolz Kook Kabbala und europäischen Nationalismus zu einem mystischen Messianismus. Daß die Juden bereits begannen, die Rückkehr in ihr Land zu organisieren, nahm Kook als den Beweis dafür, daß die göttliche Erlösung bereits begonnen habe. Säkulare Zionisten, die Pioniere, die aus Europa in das Biblische Land einwanderten, dort den Boden bestellten und neue Städte bauten, erfüllten – unbewußt, gegen ihre Absicht – Gottes Willen und mußten eines Tages in den Schoß der Religion zurückkehren.

Kook schuf für orthodoxe Juden die Grundlage, sich der nationalen Bewegung anzuschließen, mit atheistischen Pionieren zusammenzuarbeiten, körperliche Arbeit und moderne Bildung als religiöse Pflichten zu verstehen. Seine Ideen bezog er aus der klassischen jüdischen Mystik; zugleich bekräftigen sie aber auch den Glauben an den Fortschritt der Menschheit und reflektieren die selbstbewußte Behauptung vom »unausweichlichen historischen Prozeß«, die damals unter radikalen Linken sehr populär war. Bis zum heutigen Tage lesen manche religiösen Juden aus Kooks Schriften den Auftrag heraus, sich der modernen Welt liberal zu öffnen.

Im Jahre 1921 wurde Kook zum ersten Oberrabbiner der Gemeinde der Ashkenazim (der osteuropäischen Juden) im britischen Mandatsgebiet Palästina ernannt. Einige Jahre später gründete er in Jerusalem seine eigene Yeshiva (Talmud – Thora-Schule) Merkaz Harav. Nach seinem Tode im Jahre 1935 nahm sein einziger Sohn, Rabbi Tzvi Yehudah Kook, seinen Platz an der Spitze der Yeshiva ein. Kook junior hob weniger die universelle sondern eher die nationale Seite in der Philosophie seines Vaters hervor. Er und andere, die davon beeinflußt waren, sahen die Geschichte weiterhin als Erfüllung eines göttlichen Auftrages. Nachdem Israel im Jahre 1948 die Unabhängigkeit erlangt hatte, verfaßten die Oberrabbiner des neuen Staates ein »Gebet für den Staat«, in dem Israel als »die erste Blütezeit unserer Erlösung« definiert wird.

Die religiösen Zionisten entwickelten sich zu einer bedeutenden Minderheit in der zionistischen Bewegung. Sie bauten nach dem Beispiel ihrer säkularen Landsleute eine Handvoll orthodoxer Kibbutzim, eine eigene Gewerkschaft, ihr Schulsystem und ihre Jugendbewegung Bnei Akiva auf. In der zionistischen Führung und später dann in dem neuen Staat blieben ihre politischen Vertreter, die sich schließlich zur National-Religiösen Partei zusammenschlossen, ewige Juniorpartner der dominierenden Arbeitspartei. Dabei litten die religiösen Zionisten unter einem doppelten Minderwertigkeitskomplex: Einerseits wurden sie von den ultraorthodoxen Juden, die dem Zionismus immer noch feindlich gegenüberstanden, als zweitrangig in Studium und Ausübung der Religion betrachtet. Andererseits spielten sie auch als Staatsgründer immer nur die zweite Geige. Die junge Generation der Träger der Häkelkäppchen, dem unfehlbaren Kennzeichen der religiösen Zionisten, galt als wohlerzogen und ziemlich harmlos.

Die Philosophie der Kooks war nicht die einzige Ideologie des orthodoxen Zionismus. Aber mit der Zeit gewannen Absolventen von Merkaz Harav zunehmenden Einfluß in den Religionsschulen und der Jugendbewegung Bnei Akiva. Der Umschwung kam für sie mit dem von Rabin organisierten überraschenden, ja bestürzenden Sieg im Sechs-Tage-Krieg. Der Triumph verleitete viele Israelis zur Euphorie, aber bei den religiösen Zionisten, insbesondere bei den Schülern von Tzvi Yehudah Kook, ging die Freude tiefer: Ganz eindeutig war ein göttliches Wunder geschehen. Das Herz des Heiligen Landes, das Gott Abraham versprochen hatte – Hebron, die Berge von Samaria und die Altstadt von Jerusalem –, waren wieder in jüdischer Hand. Kooks Schüler glaubten, ihr Lehrer habe das Wunder prophezeit: Drei Wochen vor dem Krieg hatte der Rabbi bei einer Feier zum israelischen Unabhängigkeitstag in seiner Yeshiva ausgerufen: »Wo ist unser Hebron? Haben wir es vergessen? Wo ist unser Shechem (der biblische Name von Nablus), wo unser Jericho?«

Nichts konnte klarer beweisen als dieser Sieg, daß der messianische Prozeß voranschritt. Unter dem Eindruck dieser Ereignisse sagte Kook später seinen Schülern, sie seien nicht am Anfang sondern »mitten in der Erlösung. Wir befinden uns bereits in ihrem Hauptraum, nicht mehr in der Eingangshalle.« Ein anderer prominenter Rabbi schrieb, das Land Israel sei nun befreit von der Sitra ahra – dem kabbalistischen Ausdruck für das Urübel, das man sich als einen Feind aus Fleisch und Blut mit teuflischen Kräften vorstellte.

Bald nach dem Krieg äußerte ein Schüler Kooks bei einer Begegnung mit orthodoxen Kabinettsmitgliedern: »Ich bin mir absolut sicher in meinem Glauben, daß, wenn der Herr, gesegnet sei Er, uns das Land durch ein offenbares Wunder geschenkt hat, er es uns niemals wieder nehmen wird, denn er tut kein Wunder umsonst. Die Integrität des Landes Israel unterliegt nicht den Entscheidungen der Regierung.« Mehr noch als eine politische Erklärung, die der Regierung das Recht absprach, aus den neu eroberten Gebieten wieder abzuziehen, war dies die Erklärung einer theologischen Überzeugung – man sprach der Regierung ab, daß sie überhaupt in der Lage sei, dieses Land aufzugeben. Wie dem auch sei, die politische Botschaft war unmißverständlich.

Ideologisch waren die Weichen also bereits gestellt, wenn es auch noch ein weiteres Vierteljahrhundert dauern sollte, bevor eine israelische Regierung tatsächlich entschied, aus dem Westjordanland abzuziehen und damit den Konflikt mit den Messianisten heraufzubeschwören.

Die theologische Antwort auf den Sechs-Tage-Krieg nahm bald in einem Aktionsprogramm – der Besiedlung der neu »befreiten« Gebiete – konkrete Gestalt an. Drei Monate nach dem Krieg gründete eine Gruppe orthodoxer Siedler unter Führung von Hanan

Porat, einem jungen Lehrer von Merkaz Harav, heute Parlamentsabgeordneter der National-Religiösen Partei, erneut den Kibbutz Kfar Etzion in den felsigen Judäischen Bergen zwischen Bethlehem und Hebron. Seine ersten fünf Lebensjahre hatte Porat im ursprünglichen Kfar Etzion verbracht, der am 13. Mai 1948, einen Tag bevor man den Staat Israel ausrief, nach langer Belagerung von arabischen Truppen überrannt wurde.

Die Gründer des alten und neuen Kibbutz erhielten schon im voraus den Beifall des damaligen Ministerpräsidenten Levi Eshkol. Nicht so die nächste Initiative, die ein anderer Schüler Kooks, Moshe Levinger, ein dürrer, oft ungepflegt wirkender junger Rabbi unternahm. Im Frühjahr 1968 besetzten Levinger und 60 weitere Siedler während des Passah-Festes das Park-Hotel in Hebron und weigerten sich, von dort wieder abzuziehen. Diese Aktion führte schließlich dazu, daß die Regierung ihre Zustimmung gab, Kiryat Arba zu errichten, eine jüdische Stadt am Rande von Hebron, die zu einer Brutstätte extremistischer Siedler und 1979 schließlich zum Sprungbrett für einige Hundert Juden wurde, die sich mitten im Herzen Hebrons niederließen. Levinger und die anderen Siedler sahen sich als diejenigen, die die kleine jüdische Gemeinde zu neuem Leben erweckten, welche in der zutiefst islamischen Stadt bis 1929 existiert hatte, als Araber bei Unruhen 67 Juden umbrachten. Eine Reihe Terrorangriffe gegen die Siedler bestärkten diese in ihrer Überzeugung, die Araber seien nichts als eine mörderische Gefahr. Das Verhältnis zwischen beiden Gruppen drohte ständig in neuen Feindseligkeiten zu explodieren.

Unmittelbar bevor Yitzhak Rabin 1974 Ministerpräsident wurde, gründeten Porat, Levinger und einige andere die Bewegung Gush Emunim, den Block der Gläubigen, der Rabin eine seiner schmachvollsten Niederlagen zufügen sollte. Rabin lehnte Siedlungen in den Bergen von Samaria im nördlichen Teil des Westjordanlandes ab. Er hoffte, diese von Arabern dicht besiedelte Region in einem Friedensvertrag an sie zurückgeben zu können. Ab Sommer 1974 brachten die Gush-Führer und andere Mitglieder ihrer Untergruppe Elon Moreh in mehreren Aktionen Hunderte Anhänger hierher, um in der Nähe von Nablus eine jüdische Siedlung zu errichten. Jedesmal wurden sie von Truppen wieder vertrieben. Erst im Dezember 1975 stimmte Rabin schließlich zu, dreißig Familien den Einzug in einen Truppenstützpunkt in Samaria zu gestatten, weil er sich nicht mit Tausenden Gush-Aktivisten anlegen wollte, die sich auf der stillgelegten Bahnstation Sebastia versammelt hatten. Alle Aussichten für seine Politik im Westjordanland und sein Image als Führer waren damals zu Bruch gegangen.

Gush Emunim wurde zur führenden Kraft des religiösen Zionismus. Seine Führer präsentierten sich als die wahren Erben der frühen zionistischen Pioniere, gewillt, bei der Besiedlung des Landes Unbill und Gefahren auf sich zu nehmen. Zugleich beharrten sie darauf, ihre religiöse Vision sei vollkommener als die der Ultraorthodoxen. Der Minderwertigkeitskomplex der Häkelkäppchenträger war vergessen. Im Kielwasser von Gush Emunim kündigte die National-Religiöse Partei ihr traditionelles Bündnis mit der Arbeitspartei auf und driftete immer weiter nach rechts ab. Rabbis, die in Merkaz Harav oder in Hesder Yeshivot, das heißt, Akademien ausgebildet waren, wo junge Männer zwischen Militärdienst und religiösen Studien hin- und herpendelten, predigten die Integrität des Landes Israel als eine Grundfeste des Glaubens. Der »Zionismus der Erlösung«, zugleich politische Bewegung und religiöse Sekte, strahlte nun triumphierende Selbstsicherheit aus.

Der Machtantritt der Rechten im Jahre 1977 erschien ihnen als ein weiteres Gottesgeschenk. Die Likud-Regierungen unter Menachem Begin und Yitzhak Shamir ließen sich von der zionistischen Ideologie eines Ze'ev Jabotinsky leiten, der das historische Recht der Juden auf das gesamte Land Israel einforderte. Sie strebten eine ständige israelische Kontrolle über das Westjordanland und den Gazastreifen an. Siedlung auf Siedlung wurde mit großzügiger Hilfe der Regierung aus dem Boden gestampft. Tausende Anhänger von Gush Emunim strömten in diese Gebiete, die sie als Yesha bezeichnen, das hebräische Wort für Judäa, Samaria und Gaza, das »Rettung« bedeutet. Dem Likud ging diese Ansiedlungsbewegung von Gush Emunim aber nicht schnell genug. Er ließ große Vororte bei Tel Aviv und bei Jerusalem im Westjordanland bauen, wo man israelische Bürger mit niedrigen Mieten anlockte.

Das Bündnis ging allerdings nicht so tief, wie es den Anschein hatte. Die Likud-Führer waren säkulare Rechte, die historische und Sicherheitsgründe dafür angaben, weshalb sie das Westjordanland und den Gazastreifen für die Juden beanspruchten. Es ist sehr zu bezweifeln, daß sie die Theologie von Gush Emunim verstanden, geschweige denn sich damit identifizierten. Die Schriften dieser Ideologen, in denen es von Begriffen aus dem Talmud und der Kabbala nur so wimmelt, können für weltlich orientierte Israelis unergründlich sein. Gush Emunim betrachtete Begins Zustimmung, die gesamte Halbinsel Sinai an Ägypten zurückzugeben, und seinen Vorschlag, in Westjordanien eine begrenzte Autonomie der Palästinenser einzuführen, als eine unakzeptable Aufgabe der vollen jüdischen Kontrolle über das Vaterland. Israelische Truppen mußten Protestdemonstranten von Gush Emunim mit Gewalt aus der Stadt Yamit auf dem Sinai entfernen, damit der Rückzug 1982 vollendet werden konnte. Überall in den israelischen Zeitungen waren damals Fotos wütender Männer mit Scheitelkäppchen zu sehen, die auf Hausdächern mit jungen Soldaten rangen.

Bald stellte sich heraus, daß einige orthodoxe Siedler noch radikalere Aktionen geplant hatten. Im April 1984 entdeckte der Sicherheitsdienst Shin Bet in den Siedlungen eine jüdische Untergrundorganisation aus 28 Mitgliedern. Sie hatte als Vergeltung für den Terror der Palästinenser selbst Terrorangriffe auf in der Nachbarschaft ansässige Araber verübt. Zu den Verschwörern gehörten prominente Vertreter von Gush Emunim, darunter Dan Be'eri. Beim Verhör gestanden einige, sie hätten Sprengstoff gehortet, um den moslemischen Schrein im Felsendom von Jerusalem in die Luft zu sprengen. Eines ihrer Hauptziele bestand darin, den Frieden mit Ägypten zu stören und den Abzug vom Sinai zum Stillstand zu bringen.

Diese illegale Aktion führte zu einer tiefen Spaltung von Gush Emunim. Einige Führer verurteilten sie, andere, darunter Levinger, setzten sich für die Freilassung der Terroristen ein. Mitglieder der Untergrundbewegung, die nach meist nur kurzem Gefängnisaufenthalt entlassen wurden, nahmen zum Teil ihre Rolle in der Siedlerbewegung wieder auf. Die schwerste Strafe – lebenslänglich – erhielten drei Männer, die die Islamische Schule von Hebron angegriffen und dabei drei Studenten getötet hatten. Aber nach einer Reihe von Gnadenakten, die Präsident Chaim Herzog – von der Arbeitspartei – erließ, befanden sich bis 1990 alle wieder auf freiem Fuß. Das war gefährliche Nachsicht gegenüber Verbrechern im Namen des Nationalismus.

Während die Mehrheit der religiösen Rechten ein zwiespältiges Verhältnis zur Gewalt hatte, rechtfertigten sie die Anhänger von

Meir Kahane ohne jeden Zweifel. Kahane, ein in Amerika geborener orthodoxer Rabbiner, kam 1971 nach Israel. Er entwickelte eine Theologie, die die jüdischen Glaubensgrundsätze geradezu auf den Kopf stellte. Traditionell gilt zum Beispiel, daß ein Jude, der in seinen Geschäften ehrlich ist und niemals zornig wird, »den Namen Gottes heiligt«, das heißt, anderen die Reinheit seiner Religion und Gottes zeigt. Ein Jude, der roh, unehrlich und grausam ist, »entweiht den Namen Gottes«. Für Kahane war die Ehre Gottes in der Welt ausschließlich eine Funktion jüdischer Macht. Wenn Juden getötet wurden, dann wirkte Gott schwach, wenn sie stark waren, zeigte sich darin Gottes Kraft. Die »erhobene jüdische Faust« heiligte Gottes Namen.

In dem 1983 erschienenen Buch »Vierzig Jahre« beschrieb Kahane seine messianische Vision. Nach seiner Auffassung war der Holocaust die schlimmste Entweihung des Namens Gottes, weil die Juden damals so schwach waren. Deshalb habe Gott den Staat Israel geschaffen, um Seine Macht zu beweisen. Er habe den Juden vierzig Jahre, vielleicht »etwas mehr oder etwas weniger« gegeben, um sich selbst zu beweisen – eine Theokratie zu errichten, »die Araber zu vertreiben ... den Tempelberg zu reinigen« – bevor das Ende kommt. Wenn »der Jude« die Prüfung bestand, würde sich die Erlösung durch den Messias auf friedliche Weise vollziehen. Wenn nicht, werde ihr ein »unnötiger, sinnloser Holocaust vorausgehen, viel schrecklicher als alles, was wir jemals erdulden mußten«.

Kahane wurde im Jahre 1990 ermordet. Seine Schüler spalteten sich in zwei Gruppen – Kahane Chai mit einigen Dutzend Mitgliedern in der Siedlung Kfar Tapuah bei Nablus und Kach mit einigen Hundert Mitgliedern, die sich in Kiryat Arba und Hebron konzentrierten. Beide Gruppen hatten sich mehrfach der Gewaltanwendung gegen Araber schuldig gemacht. In das ultrarechte Kiryat Arba paßten die Kahane-Schüler gut hinein. Einer von ihnen, ein amerikanischer Arzt namens Baruch Goldstein, der Mann, der im Februar 1994 29 Palästinenser beim Gebet in der Moschee beim Grab der Patriarchen in Hebron töten sollte, vertrat Kach eine Zeitlang im Stadtparlament.

Als Yitzhak Rabin im Juni 1992 in das Amt des Ministerpräsidenten zurückkehrte, lebten in den besetzten Gebieten etwa 105 000 Israelis. Etwa ein Viertel davon gehört zur »Gush-Emunim-Kultur«, wie sie Professor Ehud Sprinzak, ein Experte der Hebräischen

Universität für Probleme der Rechtsradikalen, nennt. Sie leben vorwiegend in orthodoxen Gemeinden von einigen Dutzend oder Hundert Familien, die verstreut zwischen den arabischen Städten auf dem Gebirgskamm des Westjordanlandes liegen. Zwar funktionierte Gush-Emunim als Organisation seit längerem nicht mehr, jedoch seine Aktivisten kontrollierten viele der örtlichen Verwaltungen und auch den Rat Jüdischer Siedlungen, die Dachorganisation für Judäa, Samaria und den Gazastreifen.

Die Wahl Yitzhak Rabins, eines Verfechters von Kompromissen in der Territorialfrage, zum Ministerpräsidenten war nicht das einzige, was diese Menschen zu verkraften hatten. Die ultrarechte Tehiyah-Partei, die viele Siedler unterstützten, kam nicht mehr in die Knesset, und auch die National-Religiöse Partei blieb faktisch zum ersten Mal außerhalb der Regierungskoalition. Eine ganze Gemeinschaft sah sich plötzlich an den Rand gedrängt. Trotzdem demonstrierten die Führer der Siedler Zuversicht. Zu viele Juden lebten nun bereits außerhalb der Grenzen Israels von 1967, um die Uhren zurückdrehen zu können. Rabin selbst galt in der Arbeitspartei als Falke. Jonathan Blass, ein Rabbi der Siedler, äußerte im Juli 1992 im Jerusalem Report die verblüffende Meinung, das Volk habe »mit den Wahlergebnissen eigentlich seine Treue zum Land Israel demonstriert«. Shamir habe Schwäche gezeigt, als er zur Madrider Friedenskonferenz ging. »Rabin erhielt das Vertrauen des Volkes«, weil er »Positionen verkündete, die wesentlich stärker nationalistisch und auf die Sicherheit orientiert sind, als die seiner Partei«. Das erinnert an Kooks Art zu argumentieren: Die jüdische Seele war an das Heilige Land und die Erlösung gebunden, auch wenn sie es selbst nicht wußte. Yisrael Harel, der pragmatische Chef des Rates der Siedlungen, meinte später dazu: »Im gesamten Lager der Arbeitspartei standen wir Rabin am nächsten. Er wollte das Jordantal (im Westjordanland) und die Golanhöhen behalten. Wir glaubten, seine Forderungen reichten aus, daß die Araber ihre Zustimmung verweigerten.«

Im Herbst 1992 fror die Rabin-Regierung die gesamte staatlich finanzierte Bautätigkeit in den besetzten Gebieten ein. Auch private Unternehmen mußten nun eine Sondergenehmigung haben – ein Schritt zur Erfüllung des Versprechens, die Prioritäten bei den Staatsausgaben zu verändern, zugleich aber auch eine Demonstration der Bereitschaft, Land gegen Frieden einzutauschen. In einigen Siedlungen wurden bereits fertiggestellte Häuser verschlossen und standen nun leer. Jedoch der Stopp erwies sich als wesentlich weniger radikal als angenommen, und die jüdische Bevölkerung des Westjordanlandes wuchs weiter. Indessen kamen die öffentlichen Verhandlungen zwischen Israel und den Palästinensern nur mühsam voran. Die Siedler in ihren wohlgepflegten Anwesen in den westjordanischen Bergen stöhnten über sporadische Terrorangriffe. Aber an die Stelle des jugendlichen Enthusiasmus der frühen Jahre von Gush Emunim war die Solidität des Mittelstandes getreten. Die frühere charismatische Führung hatte ihre Aura verloren, und die Siedler konzentrierten all ihre Kraft darauf, ihre Siedlungen zu pflegen.

Die Verkündung der Osloer Abkommen Ende August 1993 erschütterte diese Gegend gleich einem Erdbeben. Die Autonomie der Palästinenser im Westjordanland und im Gazastreifen war nun greifbar nahe. Die provisorische Vereinbarung enthielt zwar noch das Versprechen, die Siedlungen könnten weiterbestehen, aber es gab keine Garantie, daß dies im endgültigen Abkommen so bleiben mußte. Die Rechte sah das Eingehen der PLO auf den Frieden lediglich als einen taktischen Schritt, um Israel in der Zukunft ausradieren zu können.

Die Opposition reagierte mit einem schrillen Aufschrei. Sofort beschuldigten ihre Führer Rabin, das Land in Gefahr zu bringen und gar Verrat zu üben. Benjamin Netanyahu sagte zu Außenminister Shimon Peres in einer Debatte in der Knesset: »Sie sind viel schlimmer als der britische Premierminister Neville Chamberlain, denn dieser gefährdete die Sicherheit und Freiheit eines anderen Staates, während Sie die Sicherheit und Freiheit Ihres eigenen in Gefahr bringen.« Eine Zeitungsanzeige der Oppositionsparteien, die Netanyahu nach Informationen der Tageszeitung Ha'aretz gebilligt hatte, lautete: »Volk, erhebe dich gegen den Verrat der Rabin-Regierung«. Hanan Porat, der Veteran unter den Siedlerführern, sagte drohend: »Wir sind nicht bereit, uns weiter an die demokratischen Spielregeln zu halten. Wir sind nicht bereit, den Gesetzen der Regierung zu gehorchen.«

Als die Unterzeichnung der Abkommen am 7. September 1993 vor dem Weißen Haus näherrückte, organisierte die Rechte ihren ersten Massenprotest gegen die Osloer Abkommen. Bei Einbruch der Dunkelheit füllte eine Menge, die auf 50 000 bis 200 000 Menschen geschätzt wurde, die Straßen um den Regierungssitz in Jerusalem. Die Demonstranten riefen im Chor »Rabin ist ein Verräter!« und versuchten die Reihen der mit Schlagstöcken bewaffneten Polizei zu durchbrechen, um zum Sitz des Ministerpräsidenten zu gelangen. Netanyahu dröhnte: »Wir können Peres und Rabin besiegen.«

Diese aggressive, wütende Demonstration bestimmte den Ton der Massenproteste, die im Abstand von einigen Monaten die folgenden zwei Jahre andauerten. Dazu Harel: »Die Likud-Politiker sind immer dabei, sie helfen mit Geld, aber wir, der Rat der Siedler, sind die eigentlichen Organisatoren. Der Likud ist dazu nicht in der Lage.« Die Demonstranten waren in ihrer großen Mehrheit orthodoxe Juden. Die erste Protestaktion wurde noch von der Sekte Chabad hasidic, einer in New York beheimateten ultraorthodoxen Bewegung zusätzlich angeheizt, die sich damals, von ihrer eigenen messianischen Leidenschaft getrieben, jeglichen Zugeständnissen in der Territorialfrage vehement widersetzte. Bei späteren Protesten stellten fast ausschließlich die orthodoxen Zionisten das Fußvolk – Männer und Jungen mit Häkelkäppchen, Frauen und Mädchen in langen Röcken, vor allem Siedler, Mitglieder und Anhänger von Bnei Akiva sowie weitere Vertreter der religiösen Rechten.

Netanyahu, der die Regierung mit allen Mitteln zu Neuwahlen zwingen wollte, sprach weiterhin vor der rasenden Menge und ignorierte die Gemäßigten in seiner Partei, die ihm vorwarfen, er verschrecke die zentristisch eingestellten Wähler. Im Juli des folgenden Jahres versammelten sich zum Beispiel etwa 100 000 Demonstranten in der Innenstadt von Jerusalem, weil behauptet wurde, PLO-Führer Yasser Arafat wolle die Hauptstadt besuchen. Netanyahu sprach von einem Balkon auf dem Zionsplatz über einem riesigen Transparent, auf dem stand: »Den Tod für Arafat«.

Von aller Rhetorik abgesehen, konnte die Tatsache, daß es die Politiker nicht vermochten, die einfachen, säkularen rechten Wähler auf die Straße zu bringen, bei den Siedlern das Gefühl der Isolierung nur noch verstärken. Aber in den Wochen nach der Unterzeichnung der Abkommen vor dem Weißen Haus hatte man den Eindruck, als seien die Siedler selbst nun nicht mehr in der Lage, die Kampagne des permanenten Drucks auf die Regierung aufrechtzuerhalten.

Was die Proteste dann wieder anheizte, war der Terror der Palästinenser. Am 29. Oktober 1993 entführten Terroristen Haim Mizrahi, einen Siedler aus Beit El bei Ramallah, ermordeten ihn und verbrannten seine Leiche. Hunderte wutschäumender Siedler aus der Gegend stürmten an einem Freitagnachmittag in die umliegenden arabischen Dörfer, schleuderten Steine gegen Häuser, stürzten Autos um, schossen um sich und verletzten dabei mehrere Einwohner. Siedler erklärten später, sie hätten mit der Zustimmung des Rabbiners von Beit El, Zalman Melamed, gehandelt, eines der angesehensten Geistlichen der Siedlergemeinde. Nach Aussage eines Siedlers habe Melamed »die Aktion mit einem Ruf über ein Sprechfunkgerät zwanzig Minuten vor Beginn des Sabbath abgeblasen«, damit die Regeln des Feiertages nicht verletzt wurden. Der Rat der Siedlungen organisierte am folgenden Sonntagmorgen eine stärker kontrollierte Reaktion. Seine Aktivisten blockierten gleichzeitig Dutzende von Straßen, wodurch sie den gesamten Verkehr im Westjordanland für zwei Stunden lahmlegten.

Auf den Tod Haim Mizrahis folgten nur wenige Tage später weitere Angriffe der Palästinenser auf Siedler. Bei Hebron eröffneten Heckenschützen das Feuer auf den Wagen von Rabbi Haim Druckman, das Oberhaupt einer Hesder Yeshiva und ehemaliger Abgeordneten der Knesset, ebenfalls eine zentrale Figur der religiösen Rechten. Druckman überlebte den Angriff, aber sein Fahrer, Efraim Ayubi, kam dabei ums Leben. Anfang Dezember töteten Terroristen Mordechai Lapid aus Kiryat Arba und dessen neunzehnjährigen Sohn Shalom. Lapid, ein langjähriger jüdischer Aktivist aus der Sowjetunion, gehörte der ursprünglichen Gruppe Elon Moreh an und war in der gesamten Siedlerbewegung bekannt. Sein Tod verstärkte Furcht und Zorn, die seit den Abkommen mit der PLO immer bedrohlicher anwuchsen.

Auf einer Gedenkkundgebung für Mordechai und Shalom Lapid in der Nir Yeshivah von Kiryat Arba sprach auch Baruch Goldstein. »Er rief nach Vergeltung«, erinnerte sich Dan Be'eri später. »Mit großem Kummer sprach er von seiner quälenden Erkenntnis, daß wir, weil wir apathisch seien und auf Rache verzichteten, wir uns an ihrem Tod mitschuldig gemacht hätten – nicht im praktischen Sinne, weil wir ihn nicht verhindert hätten, sondern im metaphysischen Sinne, vor Gott.«

Goldstein vertrat extreme Ansichten. Aber in Kiryat Arba und insbesondere in der jüdischen Siedlung in Hebron herrschte nun die Atmosphäre einer belagerten Festung. Konflikte zwischen Juden und Arabern waren in Hebron an der Tagesordnung. Bei einem Zwischenfall, so wird berichtet, wurden Rabbi Levinger, seine Frau Miriam und andere Siedler auf dem Markt der Stadt gewalttätig, warfen Steine und stießen Stände um. Mehrfach schossen Siedler auf arabische Autos und schleuderten Steine, wobei es zu Verletzungen kam. In der Nähe des Dorfes Tarkimiyah im Westjordanland wurden drei Araber erschossen – wahrscheinlich von Juden, die den Tod der beiden Lapids rächen wollten. Die Sicherheitskräfte nahmen niemanden fest.

Der Rat der Siedlungen appellierte an die Juden, keine Araber anzugreifen. Wie in der Vergangenheit reagierten jedoch einige ihrer Führer zweideutig. So bezeichnete Pinhas Wallerstein, Chef der Regionalversammlung der Siedler im Gebiet nördlich von Jerusalem die Ausschreitungen von Hebron lediglich als »unklug«. Er sagte: »Wenn die Menschen den Eindruck haben, daß ihnen der elementarste Schutz verwehrt wird, ist es kein Wunder, daß sie sich so verhalten, als müßten sie sich unbedingt selbst verteidigen.«

Die Ermordung Haim Mizrahis wurde einer Gruppe zugeschrieben, die sich von Yasser Arafats Fatah abgespalten hatte. Die eskalierenden Terroranschläge gingen insgesamt aber vor allem von Gegnern des Friedensprozesses unter den Palästinensern, insbesondere von der fundamentalistischen Organisation Hamas aus. Die Rechte interessierte jedoch dieser Unterschied kaum. Der anhaltende Terrorismus zeigte ihr, daß die Abkommen von Oslo keinen Frieden mit den Palästinensern brachten. Mehr noch, die Siedler glaubten, die Regierung schütze sie nun nicht mehr. So sagte der Bürgermeister von Kiryat Arba, Tzvi Katzover, nach einem Terroranschlag: »Wir haben allgemein den Eindruck – und er wächst mit jedem Überfall –, daß die Regierung bewußt entschieden hat, uns im Stich zu lassen, damit das Leben für uns unerträglich wird und wir freiwillig abziehen. Diesen Gefallen werden wir niemandem tun.« Die Furcht wurde weiter angeheizt durch die Aussicht, daß palästinensische Polizisten, wahrscheinlich Mitglieder der Fatah, die die Rechten immer noch als Terrororganisation betrachteten, Waffen erhalten und die Kontrolle über die Autonomiegebiete in Westjordanien übernehmen könnten.

Die Furcht der Siedler, die die Jahre der Intifada mit Steinwürfen und schlimmeren Attacken erlebt hatten, war durchaus real. Die meisten von ihnen pendelten zur Arbeit nach Israel hinein, was bedeutete, ständig durch arabisches Gebiet fahren zu müssen. Die Mehrzahl der Familien hatte Kinder, die täglich in Schulbussen auf den Straßen des Westjordanlandes unterwegs waren.

Die Krise ging allerdings über diese praktischen Probleme weit hinaus. Die Abkommen mit der PLO stellten nach der Theologie der religiösen Rechten einen unerträglichen Widerspruch dar. Der Heilige Staat, »das Fundament von Gottes Thron in der Welt«, hatte zugestimmt, Heiliges Land auszuliefern – an Feinde, die zumindest einige Theologen als die metaphysischen Kräfte des Bösen identifiziert hatten. Und ein Teil des Heiligen Volkes unterstützte gar diesen Schritt. Dazu schrieb Rabbi Menahem Felix, ein Mitbegründer von Gush Emunim und Mitglied der Gruppe Elon Moreh in der Zeitschrift Nekudah: »Die Herrschaft über Teile des Landes Israel in nichtjüdische Hand zu geben, bedeutet, Zerstörung über das Land zu bringen ... Diesmal ist es aber nicht (der römische Kaiser) Titus oder Nebukadnezar, sondern eine israelische Administration, die es auf sich nimmt, das Land zu zerstören.«

In diesem Artikel bot Felix zwei einander widersprechende Erklärungen an, die beide unter den religiösen Rechten weit verbreitet sind. Israel sei als jüdischer Staat entstanden, aber »das gegenwärtige Regime hat in der Knesset keine jüdische Mehrheit, um die Kapitulation vor der PLO zu ratifizieren«. Die Regierung sei zwar auf »angeblich demokratischem Wege« zur Macht gelangt, habe jedoch »die Legitimation verwirkt, den jüdischen Staat zu regieren«. Damit sprach Felix nicht nur den israelischen Arabern das Bürgerrecht ab, sondern stellte auch die Behauptung auf, die Mehrheit des jüdischen Volkes fühle sich elementar mit dem Boden verbunden. Zugleich argumentierte Felix, das Abkommen sei Ergebnis einer moralischen Krise des Volkes, »seines Wunsches, die Bürde des jüdischen Erbes abzuwerfen ... und damit auch den Platz des Landes Israel in diesem Erbe.« Bald nach dem Erscheinen dieses Artikels berichtete die Tageszeitung Ha'aretz, der geachtete Rabbi habe die Synagoge von Elon Moreh mit einer Gruppe von Anhängern verlassen, statt dem »Gebet für den Staat« zuzuhören – ein demonstrativer Bruch mit der alten Doktrin, nach der der Staat als heilig galt. Felix' 19jährige Tochter Ofrah wurde im Januar 1995 getötet, als Terroristen bei Beit El im nördlichen Westjordanland auf ihren Wagen das Feuer eröffneten. Bei ihrem Begräbnis sagte Ariel Sharon der Trauergemeinde von Tausenden Menschen: »Linke hetzen die Araber Westjordaniens dagegen auf, daß wir auf unserem Land leben. Die Regierung hofft, daß die Siedler den Mut sinken lassen und von selbst gehen.«

Geographisch zogen einige Autoren von Nekudah eine Trennlinie zwischen den Siedlungen und dem weltlichen Tel Aviv der »Pubs, Diskotheken und Strände«. Azriel Ariel, ein junger Rabbiner, rief die Siedler auf, sich in ihre Gemeinden zurückzuziehen und nicht mehr zu versuchen, »mit der Mehrheit des Volkes zusammenzuarbeiten, die den nationalistischen Charakter ihrer Seele für eine schwankende westliche ›Moral‹ hingegeben hat.« Mit anderen Worten, der Glaube der Kooks an die säkularen Zionisten hatte sich als trügerisch erwiesen.

Eine der schwerwiegendsten Herausforderungen an die Rechtmäßigkeit der Regierung kam von Shlomo Goren, der von 1948 bis 1971 höchster Militärgeistlicher und von 1972 bis 1983 der Oberrabbiner Israels war. Goren verkündete im Dezember 1993, das Gesetz der jüdischen Religion fordere von den Soldaten, künftig jeden Befehl zur Beseitigung von Siedlungen zu verweigern. Dies löste in der Öffentlichkeit einen Sturm der Entrüstung aus und führte zu der Frage, ob orthodoxe Soldaten noch als staatstreu anzusehen seien, was die Partnerschaft zwischen orthodoxen und säkularen Kräften weiter untergrub.

Am frühen Morgen des 25. Februar 1994 stand Baruch Goldstein auf, legte seine Reservistenuniform an, nahm sein Galil-Sturmgewehr und ging aus dem Haus. Sein Ziel war die Moschee beim Grab der Patriarchen in Hebron, wo er beten wollte. Als der jüdische Gottesdienst vorüber war, trat der Arzt aus Hebron in einen anderen Saal der Moschee, wo gerade Moslems beteten, und verbarg sich hinter einer Säule. Dann begann er in alle Richtungen wild um sich zu schießen. Er verschoß ein Magazin nach dem anderen, insgesamt über einhundert Kugeln. Nach wenigen Sekunden hatte er 29 kniende Araber getötet und zahllose verletzt. Das Schießen hatte erst ein Ende, als mehrere Araber ihn mit Eisenstangen zu Boden warfen und auf der Stelle erschlugen.

Goldstein hoffte offenbar, mit dieser Demonstration jüdischer Stärke dem Himmel zu gefallen und zugleich den Friedensprozeß zum Entgleisen zu bringen. »Das war keine momentane Verwirrung, sondern ein Akt der Verzweiflung, den ein Mann vollbrachte, weil die Mehrheit jüdisches Schicksal und jüdische Ehre preisgegeben hat«, schrieb Dan Be'eri in Nekudah. Während einige Führer der Siedler das Massaker verurteilten, gaben andere die Schuld der Regierung, weil sie »die Sicherheit der Juden im Westjordanland und dem Gazastreifen aufgegeben« habe. Goldsteins Leiche wurde in Begleitung von zwei Rabbinern des extremen Flügels von Gush Emunim zur Nir Yeshivah in Kiryat Arba gebracht, wo er vor seiner Bestattung geehrt werden sollte. Dov Lior, einer der Rabbiner der Yeshiva sollte Goldstein später »einen Märtyrer« wie »die Märtyrer des Holocaust« nennen. Kurz nach dem Begräbnis sandte der Direktor für Öffentlichkeitsarbeit der Talmud-Thora-Schule an Zeitungsredaktionen ein Fax, in dem es hieß, Goldsteins »verzweifelter Akt der Liebe für sein Volk ... wird eines Tages von allen Juden als der Wendepunkt anerkannt werden, der uns die Erlösung gebracht hat«. Goldsteins Anhänger veröffentlichten später ein Buch mit dem Titel »Gesegnet sei der Mann«. Ein Exemplar dieses Buches kaufte sich der Jurastudent der Bar-Ilan-Universität Yigal Amir.

So entsetzlich dieses Massaker auch war, daß es dazu kam, konnte kaum überraschen. Wissenschaftler und Journalisten hatten seit der Unterzeichnungszeremonie im Weißen Haus vor der Gefahr des jüdischen Terrors gewarnt. Für eine extrem religiöse Gruppe, die ihre Prophezeiung scheitern und sich selbst plötzlich in die soziale Isolierung gedrängt sieht, sind Verzweiflung und nihilistisches Handeln eine durchaus vorstellbare Reaktion.

In einer Rede vor der Knesset bekannte Yitzhak Rabin jedoch, er habe sich ein solches Verbrechen in seinen schlimmsten Träumen nicht vorstellen können. Goldstein bezeichnete er als »geisteskrank«. Danny Yatom, der Chef des Kommandos »Zentrum« der Armee, erklärte vor der Shamgar-Kommission, die das Massaker untersuchte, niemand habe diese »Wahnsinnstat« voraussehen können. Dabei hielt er eine Hand neben seinen Kopf und drehte sie in der typischen Geste, als ob er fragen wollte, was wohl dem Arzt die Sinne verwirrt hatte.

Ein möglicher Grund dafür, daß Rabin so überrascht reagierte, ist darin zu sehen, daß er ein zutiefst weltlich eingestellter Mensch war. Offenbar hatte er keine Vorstellung vom Glaubenseifer der religiösen Rechten, die er als eine zwar fanatische, aber marginale politische Gruppe betrachtete. Nach dem Massaker von Hebron verbot die Regierung die Organisationen Kach und Kahane Chai. Einige ihrer wichtigsten Führer wurden verhaftet. Aber im Grunde genommen rechneten Rabin und die Sicherheitskräfte offenbar weiterhin nicht damit, daß Gewalttaten auch von anderen am extremen Rand der religiösen Rechten zu erwarten waren. So war Hebron nicht nur eine Katastrophe, sondern auch eine Warnung, die auf tragische Weise ungehört verhallte.

In den zwei Jahren seit den Abkommen von Oslo war das Verhältnis zwischen Rabin und den Siedlern in der Öffentlichkeit von tiefer Antipathie geprägt. Das war im Grunde genommen unvermeidlich. Nachdem Israel ein Vierteljahrhundert lang die Zukunft Westjordaniens und des Gazastreifens offengehalten hatte, schlug Rabin nun einen Weg ein, der dem Gedanken an die Integrität des Landes Israel und den Bestrebungen der Siedler eine Absage erteilte. Die Kälte, die der Ministerpräsident gegenüber den Siedlern an den Tag legte, vertiefte diese Feindseligkeit noch. Und da er um seine persönlichen Kontakte zu Terroropfern öffentlich wenig Aufhebens machte, wirkten auch diese kaum mildernd auf die allgemeine Stimmung. Yisrael Harel vom Rat der Siedlungen drückte es so aus: »Seine scharfe Wendung ließ in uns das Gefühl entstehen, daß man uns verkaufen wollte. Wenn er wenigstens eine emotionale Geste gemacht hätte, wäre davon vielleicht eine abschwächende Wirkung ausgegangen. Aber er gab niemals zu, daß er sich verändert hatte ... Da ist einer, den man respektiert, und plötzlich stellt sich heraus, daß er ein ganz anderer Mann ist. Der frühere Respekt schlägt nun ins Gegenteil um.«

Der Ministerpräsident stellte in der Tat klar, daß Proteste ihn nicht umstimmen konnten. Einmal äußerte er zu Demonstrationen gegen einen möglichen Rückzug von den Golanhöhen, er werde seine Politik durchsetzen, wenn seine Gegner auch »wirbelten wie Propeller«. Das war dem Sinne nach nichts anderes als der bekannte Satz, den die Rechten, als sie an der Macht waren, gegen Proteste ins Feld führten: »Die Hunde bellen, und die Karawane zieht weiter.«

Als Rabin bei einer anderen Gelegenheit über den Abzug aus dem Gazastreifen sprach, wies er darauf hin, wie klein und isoliert die Gemeinschaft der Netzarim dort sei. »Wenn das eine Siedlung ist, dann bin ich ein Kugellager«, sagte er. Die Rechten verbreiteten nun wütend, der Ministerpräsident habe sie alle als »Propeller« und »Kugellager« bezeichnet. Bei denen, die sich bisher als die zionistische Avantgarde verstanden, konnte diese Mißachtung des Ministerpräsidenten Wut und Frustration nur noch verstärken.

Ende 1993 trafen Harel und zwei weitere Führer des Rates der Siedlungen insgeheim mit dem Ministerpräsidenten zusammen, um Sicherheitsprobleme und andere praktische Fragen zu erörtern. Als das in die Presse durchsickerte, hatte sich Harel wütender Attacken anderer Siedlerführer zu erwehren, weil er mit dem Ministerpräsidenten gesprochen hatte. Solche Begegnungen fanden auch weiterhin statt. Beide Seiten bemühten sich jedoch, dies vor der Öffentlichkeit geheimzuhalten, wodurch sie indirekt dem Gefühl der Entfremdung zusätzliche Nahrung gaben.

In den Abkommen von Oslo war garantiert, daß alle Siedlungen in der Übergangsperiode bestehen bleiben durften. Über ihren endgültigen Status wurde allerdings nichts ausgesagt. Viele Monate lang behielt Rabin seine Ansichten über die endgültige Gestalt des Gebietes für sich. Er wollte vor den Palästinensern nicht die Karten aufdecken. Das hatte allerdings zur Folge, daß die Siedler – und nicht nur diejenigen von Gush Emunim, sondern auch die weltlich eingestellten Vorortbewohner, die nahe der Grenze von 1967 lebten, mit Unsicherheit und Furcht in die Zukunft blickten.

In einer Rede vor der Knesset am 5. Oktober 1995, als über das Abkommen Oslo II debattiert wurde, deutete Rabin seine Ziele für ein endgültiges Abkommen an: Der Jordanfluß sollte »die Sicherheitsgrenze des Staates Israel« werden. Die Grenze um Jerusalem wollte er verlegen, um so die großen Siedlungen Ma'aleh Adumim und Givat Ze'ev der Stadt einzugliedern. An anderen Orten sollte die Grenze gegenüber der ursprünglichen Linie ebenfalls nach Osten vorgeschoben werden, um jüdische Siedlungen dem Lande Israel anzuschließen. Innerhalb des palästinensischen Gebildes würde es »Blöcke jüdischer Siedlungen« geben, die nach seiner Vorstellung offenbar ebenfalls unter israelischer Herrschaft verbleiben sollten. Zwar enthüllte Rabin damit wesentlich mehr als früher, vieles blieb allerdings auch weiterhin der Phantasie und – der Furcht – der Siedler überlassen.

Während die Verhandlungen zwischen Israel und der PLO über die Autonomie im Westjordanland sich hinschleppten, kamen im Juli 1995 fünfzehn Rabbis der rechten religiösen Zionisten zusammen. Sie erließen eine Anordnung, die das Land und ihre eigene Gefolgschaft tief spalten sollte. Angeführt von Avraham Shapira, einem ehemaligen Oberrabbiner Israels, verkündete die Gruppe, der Abbau von Militärstützpunkten im Westjordanland gefährde das Leben der Juden. Das bedeutete, gläubige Soldaten sollten den Befehl verweigern, wenn man von ihnen forderte, sich an derartigen Operationen zu beteiligen.

»Ein ständiges Militärlager ist in jeder Hinsicht einer jüdischen Siedlung gleichzusetzen. Ein solches Lager zu beseitigen oder zu verlassen ist gleichbedeutend damit, eine Siedlung im Land Israel zu beseitigen, was verboten ist«, erklärten die Rabbis. Zu ihnen gehörten auch Haim Druckman und Nahum Rabinovitch, das einst gemäßigte Oberhaupt der Hesder Yeshivah in der Siedlung Ma'aleh Adumim.

Shapira war dem Beispiel Shlomo Gorens gefolgt und hatte im Jahr zuvor erklärt, Soldaten sollten sich weigern, Siedlungen zu evakuieren. Rabinovitch hatte jegliche Weisungen, Juden aus Siedlungen zu entfernen, mit »Nazibefehlen« gleichgesetzt. Aber die neue Anordnung war eine viel direktere Herausforderung, denn das nächste Stadium der Autonomie machte es erforderlich, Stützpunkte der Armee zu verlegen.

Einige Kollegen der Rabbis wiesen deren Anordnung sofort zurück. Der prominenteste war Yoel Bin-Nun, ein Veteran von Gush Emunim und langjähriger Kritiker des Extremismus unter den Siedlern. Andere verteidigten die Anordnung. »Dies ist die Regierung einer jüdischen Minderheit, deren Überleben von der Unterstützung durch arabische Mitglieder der Knesset abhängt«, sagte Rabbi Benny Elon, aktiver Organisator regierungsfeindlicher Demonstrationen. Damit folgte Elon ebenfalls Shapiras Auffassung. In einer phantastischen Umkehrung der ursprünglichen Ziele des religiösen Zionismus forderte man dessen Anhänger nun auf, sich zu entscheiden, ob sie der Thora oder dem Staat die Treue halten wollten.

Einige Geistliche gingen noch weiter. In einem Gespräch mit Yitzhak Frankenthal, dem Führer der gemäßigten religiösen Gruppe Netivot Shalom, sagte Rabinovitch, wenn die Armee beabsichtige, Siedlungen abzureißen, dann wollten die Siedler rundherum ferngezündete Bomben legen, »wie die Araber es tun«. Alle Soldaten, die an einer solchen Operation teilnehmen, eiferte der Rabbi, »sind Sünder, absolute Sünder«.

Anfang 1995 schrieben drei Rabbiner der Siedler – Dov Lior und zwei andere – nach Angaben der Zeitung Ha'aretz an vierzig prominente Rabbis einen Brief, in dem sie die Frage stellten, ob Rabin und andere Vertreter der Regierung als Komplizen von Mördern angesehen werden könnten. »Wäre es nicht angebracht«, fragten sie, »den Ministerpräsidenten und andere Minister zu warnen, falls sie weiterhin darauf hinarbeiten, die Bewohner von Yesha (der biblischen Landschaften in Westjordanien – der Übers.) einem Mörderregime zu überantworten, es nach jüdischem Recht notwendig werden könnte, sie vor Gericht zu stellen und als ›Moser‹ abzuurteilen?« Dieses hebräische Wort bezeichnet einen Juden, der andere Juden oder deren Vermögen an einen Unterdrücker ausliefert. Theoretisch kann darauf die Todesstrafe stehen. Nach Aussage eines der beteiligten Rabbis erhielten sie nur wenige Antworten und beschlossen auf Hinweis von Rabbi Shlomo Aviner, einem anderen prominenten Geistlichen der Siedler, diese Debatte zu beenden.

Bin-Nun behauptete später, einige Autoritäten unter den Rabbis hätten erklärt, Rabin sei nach jüdischem Recht ein »Totschläger«. Dieses Wort, auf Hebräisch »Rodef«, bezeichnet einen Menschen, der einen anderen verfolgt, um ihn zu töten. Nach jüdischem Recht muß auch ein Unbeteiligter diesen stoppen und, wenn nötig, töten. Es bleibt aber unklar, ob ein Rabbi Yitzhak Rabin vor dem Abend des 4. November 1995 ausdrücklich zu einem »Rodef« erklärte oder etwas derartiges gegenüber Yigal Amir äußerte.

Als die Knesset am 5. Oktober 1995 über das Abkommen Oslo II debattierte, war die Innenstadt von Jerusalem wiederum voller Demonstranten. Benjamin Netanyahu griff Rabin an, weil seine Koalition ihre Mehrheit in der Knesset auf arabische Abgeordnete stützte, deren Kinder nicht in der Armee dienten, sowie auf zwei Abgeordnete der Rechten, die sich zur Unterstützung des Ministerpräsidenten entschlossen hatten. Als die Demonstranten daraufhin »Verräter, Verräter!« zu rufen begannen, forderte Netanyahu sie auf, innezuhalten. Seine Kritiker bezeichneten dies später als zu wenig und zu spät.

Andere Knessetabgeordnete der säkularen Rechten heizten die Stimmung weiter an. Rechavam Zeevy, Führer der ultrarechten Moledet (Vaterlands)-Partei, erklärte: »Dies ist eine Regierung von Wahnsinnigen, die den nationalen Selbstmord beschlossen hat.«

Und Ariel Sharon vom Likud dröhnte, die Regierung Rabin habe »mit einer Terrororganisation zusammengearbeitet«. Aktive Kahane-Anhänger, darunter, wie berichtet wird, auch Avishai Raviv, der Anführer einer zwielichtigen Gruppe von Radikalen namens Eyal (hebräische Abkürzung für Jüdische Kampforganisation), Freund Yigal Amirs und offenbar auch bezahlter Informant der Shin Bet, verteilten unter den Demonstranten Flugblätter, auf denen Rabin in der Uniform eines SS-Offiziers dargestellt war.

Vom Zionsplatz marschierten Zehntausende zur Knesset. Hunderte der Protestierenden versuchten den Polizeikordon zu durchbrechen, um auf den Platz unmittelbar vor dem Parlamentsgebäude zu gelangen. Sie schleuderten brennende Fackeln gegen die Beamten. Aktivisten der Kach bombardierten den Wagen von Wohnungsbauminister Binyamin Ben-Eliezer mit Steinen, als dieser das Gebäude verließ. Andere stießen auf Rabins leeren Wagen und machten sich daran, ihn zu demolieren. Es hatte den Anschein, daß die israelische Politik einer offenen gewaltsamen Auseinandersetzung noch nie so nahe war.

Aber das Schlimmste stand noch bevor.

VIERZEHNTES KAPITEL
Der Mörder im Namen Gottes

Yigal Amir ist kein Siedler aus dem Westjordanland. Er lebte mit seiner Familie in Neveh Amal, einem Viertel des Tel Aviver Vororts Herzliyah, das sich nach und nach aus der Armut herausgearbeitet hat. Aber Amir unterstützte von ganzem Herzen die Siedler, pflichtete der Aufforderung der Rabbiner begeistert bei, das Westjordanland nicht aufzugeben, und wies die Versuche der Regierung Rabin, ihre Friedenspolitik zu rechtfertigen, voller Verachtung zurück. Das hatte er mit vielen Hunderttausenden Israelis gemein. Der Unterschied lag in der Aktion. Amir redete nicht nur, er handelte.

Yigal Amir wurde am 23. Mai 1970 als zweites von acht Kindern der Eheleute Shlomo und Geulah Amir geboren. Der Vater ist ein Einwanderer aus dem Jemen, ein stiller, freundlicher Mann ohne besondere Talente, der seinen Lebensunterhalt durch das Kopieren religiöser Dokumente und gelegentliche Hilfsdienste bei rituellen Opferhandlungen verdient. Die Mutter ist die dominierende Person der Familie. Sie ist eine zutiefst orthodoxe, starke, selbstsichere Frau, aber mit einem weichen Herzen – bekannt als eine Beichtmutter des Viertels, bei der sich viele ausweinen. Eine Nachbarin berichtet, daß Geulah ihr bei einer Scheidung, unter der sie sehr litt, moralische Unterstützung gab: »Bei ihr kam ich zur Ruhe, sie hat mir geholfen, damit fertigzuwerden.«

Bis vor wenigen Jahren lebten Yigal, seine drei Brüder und vier Schwestern gemeinsam mit den Eltern zusammengedrängt in zwei Zimmern in der Borochov-Straße Nr. 56. Aber schon als er noch ein Baby war, verdiente Geulah etwas für die Familie hinzu, indem sie in ihrer Wohnung einen Kindergarten für die Nachbarschaft unterhielt. Anfangs kamen nur wenige Knirpse aus orthodoxen Familien wie die Amirs selbst. In Geulahs Kindergarten ging es streng, aber freundlich und sogar liberal zu. Die Zahl der Kinder wuchs stetig. Mit dem zusätzlichen Geld befestigten die Amirs den Hof und stockten ihr Haus auf, das mit mehr Räumen und dem roten Dach nun davon kündete, wie einträglich ehrliche Arbeit sein kann.

Yigal war ein stilles, unauffälliges Kind. Er sorgte für sich selbst, wie es in Familien dieser Größe üblich ist. Yigal zeigte einen gewissen Hang zum Einzelgänger. Acht Jahre lang besuchte er die ultraorthodoxe Schule Agudat Yisrael Woolfson, einen Kilometer von seinem Hause entfernt, wo zwei seiner Brüder heute noch lernen. Regelmäßig begleitete er seinen Vater Shlomo zur nahegelegenen jemenitischen Synagoge Tiferet Tse'irim. »Die meisten Kinder spielten draußen Fußball«, sagt Ofer Benvisti, ein Nachbar der Familie. »Aber Yigal lernte oder betete.« – »Er streunte nie mit uns draußen herum«, sagt auch Tsuri Mimon, der Yigal Amir als Kind kannte. »Er gehörte nicht zu uns Jungen.«

Mit vierzehn wagte sich Amir etwas weiter in die große Welt hinaus – er fuhr zur Schule Yishuv Hedadash Yeshivah in Tel Aviv. Auch hier befand er sich in einem eher ultraorthodoxen als religiös-zionistischen Umfeld. Die meisten Absolventen dieser Schule setzen ihre Studien in einer Talmud-Thora-Schule fort und umgehen so den Militärdienst. Aber Amir hatte ein Kriegerherz, deshalb wollte er unbedingt zur kämpfenden Truppe. Er fand eine Möglichkeit, die perfekt auf ihn zugeschnitten war. Das fünfjährige Hesder-Programm bot jungen Männern wie Amir eine Kombination von Armeedienst und religiösen Studien. Er pendelte nun zwischen dem Dienst in der Golani-Kampfeinheit, den er vor allem auf Patrouille im übelriechenden Gazastreifen oder in der unruhigen Sicherheitszone Israels im Südlibanon leistete, und dem Studium der Thora in der idyllischen ländlichen Gegend der Yeshivah Kerem B'Yavneh südlich von Tel Aviv hin und her. Fit und stark, dabei von täuschend zartem Körperbau, war er ein verläßlicher Soldat, von seinen Kameraden mit Vertrauen, aber nicht mit besonderer Zuneigung bedacht. Im Unterschied zu den meisten Soldaten war er für seine Bereitschaft bekannt, zusätzliche oder besonders schwierige Aufgaben freiwillig zu übernehmen, ohne sich davor zu drükken. Seine Vorgesetzten schätzten besonders die »Gründlichkeit«, mit der er in den Wohnvierteln des Gazastreifens bei der Suche nach Palästinensern vorging, die man der Gewalttätigkeit verdächtigte. Außerdem war er als religiöser Fanatiker bekannt. »Er war immer der erste in der Synagoge«, sagt sein Kamerad Boaz Nagar, und erinnert sich, daß Amir die anderen gläubigen Soldaten regelmäßig zum Beten trieb, wenn sie lieber noch eine Mütze Schlaf genommen hätten. »Er war stur wie ein Esel«, sagt Nagar, »und kannte kein Pardon.« In der Schule Kerem B'Yavneh nahm sein Engagement geradezu zwanghafte Züge an. Seine Lehrer erinnern sich an einen einsamen, strebsamen Schüler, der das Studium ungeheuer ernst nahm und die langen Stunden geradezu genoß. »Er war ein hervorragender Student«, sagt der Leiter der Yeshivah Mordechai Greenberg. »Er hatte nichts mit Politik im Sinn. Er war kein Radikaler. Einfach ein kluger, netter Junge.« Kurz gesagt, Yigal Amir entwickelte sich exakt zu dem jungen Mann, den seine Mutter sich wünschte. Ernüchterte Eltern eines Kindes, das Geulahs Kindergarten besucht hatte, sagten später: »Sie erzog ihre Kinder dazu, die Dinge zu Ende zu bringen, nach ihren Idealen zu leben, und wenn sie an etwas glaubten, es dann auch konsequent durchzusetzen.«

Nach dem Armeedienst nehmen viele Israelis ein Jahr frei, um zu reisen und sich die Welt anzuschauen. Als Amir sein fünfjähriges Programm abgeschlossen hatte, suchte er sich, getreu seiner Einstellung zur Arbeit, etwas Praktisches. Für den Sommer 1992 besorgte er sich einen Job bei dem etwas zwielichtigen Liaison Büro, einer der Kanzlei des Ministerpräsidenten unterstellten Behörde, die Abgesandte in die ehemalige Sowjetunion schickt, wo sie Hebräisch lehren und andere Aufträge ausführen, von denen weniger berichtet wird. Nach der üblichen Sicherheitsüberprüfung und einer kurzen Ausbildung sandte man Amir für drei Monate nach Riga.

Als er im Jahr darauf zurückkehrte, schrieb er sich in Bar-Ilan ein, einer Universität außerhalb von Tel Aviv, die Ausbildung in akademischen Fächern und religiösem Zionismus anbietet, aber auch in dem Ruf steht, eine Brutstätte rechter politischer Aktivitäten zu sein. Wiederum machte sich Amir das Leben so schwer wie möglich, erlegte sich ein strapaziöses Pensum aus Rechtsvorlesungen und Computerlehrgängen auf, verbrachte aber nebenbei noch viele Stunden im Kolel, der Yeshivah der Universität, wo etwa 400 der eifrigsten orthodoxen Studenten jede freie Minute über religiösen Texten brüteten.

Yigal Amir kam wenige Wochen nach dem Händedruck von Rabin und Arafat auf dem Rasen vor dem Weißen Haus nach Bar-Ilan. Nach Meinungsumfragen unterstützten etwa zwei Drittel der Israelis Rabins »Spiel um Frieden«. Amir war nicht unter ihnen. Weder Lehrer noch Freunde erinnern sich jedoch daran, daß sich Amir vor Bar-Ilan eindeutig über Politik äußerte. Seine Mutter bewarb sich in jenem Winter sogar für die Arbeitspartei um einen Sitz im Stadtparlament von Herzliyah, allerdings ohne Erfolg. Daß aber Amir bei seinem leidenschaftlichen Charakter die dramatischen Schritte der Regierung Rabin zu einer Vereinbarung mit den Palästinensern ausgerechnet im rechtsradikalen Klima von Bar-Ilan erlebte, veränderte ihn sehr. »Erst als er hier zu studieren begann, wurde er in Organisationen der Rechten aktiv«, sagt Yaron Yehoshua, ein Studentenführer in Bar-Ilan, der Amir als Kind kannte.

Amir wurde ein besessener Mann. Im Kolel schloß er sich eng an eine kleine Gruppe von Studenten, insbesondere an Avishai Raviv, einen früheren Aktivisten der Kach und Führer der Eyal-Gruppe an. Nun schritt er auch gegen die Regierung zur Tat. Jedesmal wenn islamische Selbstmordkommandos, die die Versöhnung zwischen Israelis und Palästinensern torpedieren wollten, Anschläge gegen Ziele in Israel verübten, berichtet Rabbi Aharon Katz, der stellvertretende Leiter des Kolel, »wurde Amir noch aktiver, noch motivierter.«

Mitstudenten sagen, vielleicht hätte ihm eine Freundin geholfen, etwas von seiner überschüssigen Energie abzureagieren. Aber Navah Holtzman, Amirs 22jährige Liebe, verließ ihn Ende 1994 nach einer fünf Monate währenden Beziehung. Sie erinnert sich an einen anderen Yigal Amir – »kein Mann, der Losungen rief oder sich ständig hervortat« –, allerdings auch nicht der Mann, mit dem sie ihr Leben verbringen wollte. Bald nach der Trennung von Amir lernte sie Shmulik Rosenblaum, einen anderen Studenten der Bar-Ilan-Universität, kennen und heiratete ihn. Das Paar lebt heute in der Siedlung Alon Shvut im Westjordanland.

Nach diesem Bruch stürzte sich Amir noch heftiger in rechte politische Aktivitäten, berichten Kommilitonen. Er half mit, Studentenproteste auf der Fußgängerbrücke nach Bar-Ilan über die Geha-Autobahn zu organisieren. Zuweilen verließen die Demonstranten die Brücke, legten sich auf die Straße und blockierten so den Verkehr. Amir organisierte auch Hungerstreiks und Zeltlager protestierender Demonstranten. Als Siedler nach Möglichkeiten suchten, den von Rabin erklärten Baustopp für Siedlungen im Westjordanland zu unterlaufen, eilte er ihnen zu Hilfe. So war er an der Errichtung der illegalen Siedlung Ma'aleh Yisrael beteiligt. Im Sommer 1995 schloß er sich den Siedlern von Efrat bei Bethlehem an, als diese eine Kampagne passiven Widerstandes gegen die Armee organisierten, die versuchte, sie von einem symbolischen neuen Bauplatz auf einem öden Hügel am Rande der Siedlung zu vertreiben. Er organisierte eine Demonstration von Studenten der Bar-Ilan-Universität vor dem Haus des Knessetabgeordneten Alex Goldfarb in Ashkelon, der eine der rechten Parteien verlassen hatte und nun Rabins Koalition unterstützte. Diese Protestaktionen fanden Anfang Oktober 1995 statt, unmittelbar vor der Abstimmung in der Knesset über das Abkommen Oslo II, mit dem die Palästinenserautonomie auch auf das Westjordanland ausgedehnt wurde. Die Abstimmung war denkbar knapp, und die Regierung gewann nur mit Goldfarbs Unterstützung. Gemeinsam mit 800 weiteren Reservisten der Armee unterschrieb Amir eine Erklärung, daß er sich weigere, am Rückzug aus dem Westjordanland teilzunehmen.

Vor allem begann er nun Wochenendfahrten für gleichgesinnte Studenten zu organisieren. So verbrachten sie Solidaritäts-Sabbats mit den 450 isolierten Siedlern im Herzen von Hebron oder den dreißig tapferen Familien in Netzarim im Norden des Gazastreifens. Die erfolgreichste dieser Aktionen fand am Freitag, dem 29. September 1995 statt. Es war der Sabbat zwischen dem jüdischen Neujahr und dem Versöhnungstag. Amir, Raviv und einige weitere Enthusiasten hatten dafür an der Universität eifrig geworben. Sie drängten die Studenten, den Sabbat in Hebron zu verbringen, um als unmittelbare Antwort auf die festliche Unterzeichnung des Abkommens Oslo II am 28. September im Weißen Haus der Regierung eine unmißverständliche Botschaft des Widerstandes zu senden und zugleich den Siedlern den Rücken zu stärken. Als die Studenten sich an diesem Freitag um 13.00 Uhr vor dem Eingang von Bar-Ilan versammelten, um nach Hebron aufzubrechen, zeigte sich, daß der Ruf der Aktivisten erhört worden war. Über 500 Teilnehmer erschienen, die acht Busse waren zum Bersten voll. Mit der Gruppe fuhr auch Yaron Kaner, ein Journalist, der für einen Artikel über die Eyal-Bewegung von Avishai Raviv recherchierte. Die riesige Menschenmenge, erinnert er sich, war ein Triumph der Solidarität, zugleich aber ein Alptraum für die Organisatoren. In den jüdisch besetzten Gebäuden in Hebron gab es nicht genügend Schlafstellen für die Studenten. Kaner selbst fand nur ein Plätzchen auf dem Dach eines der Siedlerhäuser im Komplex Avraham Avinu und schlief diese Nacht per Zufall unter dem Sternenhimmel neben Yigal und Hagai, Amirs älterem Bruder, der diesem zum Verwechseln ähnlich sieht.

Man verbrachte das Wochenende mit Gebeten im »Grab der Patriarchen«, mit Vorträgen und Diskussionen gemeinsam mit den Siedlern von Hebron. Die einmütig verkündete Botschaft war Gegnerschaft gegen den Friedensprozeß sowie Sorge um die eigene Sicherheit und Zukunft. Kaner berichtet, Amir sei eindeutig der Hauptorganisator gewesen. Beim Essen verlas er den Zeitplan. Nach dem Gebet im »Grab der Patriarchen« am Freitagabend begrüßte er alle Teilnehmer. »Wir freuen uns, daß ihr alle hierher gekommen seid, um den Sabbat in der Stadt unserer Väter zu verbringen und damit nicht wenig zur Stärkung der jüdischen Präsenz hier beizutragen«, sagte er. »Ja«, fuhr er fort, »wir haben 400 Studenten eingeladen, und 540 sind gekommen. Das stellt uns vor beträchtliche organisatorische Probleme. Aber ich bitte euch alle um Mithilfe, damit unsere Aktion gut verläuft.«

Am Morgen des Sabbat hielt Rabbi Eliezer Waldman von der Yeshivah in Kiryat Arba die Predigt während der Andacht im Grab der Patriarchen. Kaner berichtet, der Rabbi habe der Regierung vorgeworfen, mit den Arabern gegen die Siedler gemeinsame Sache zu machen. Er habe das historische und religiöse Recht der Juden auf die Stadt bekräftigt. Im Laufe des Tages zogen einige Studenten als bewaffnete »Patrouillen« durch die Araberviertel von Hebron. Nach Berichten von Augenzeugen provozierte Amirs Patrouille einen Zwischenfall. Ein palästinensischer Fotograf behauptete, man habe ihm die Kamera zerschlagen. Windschutzscheiben von palästinensischen Autos sollen zu Bruch gegangen sein. Aber solche kleineren Rangeleien zwischen Juden und Arabern kamen in Hebron alle Tage vor.

So erfolgreich dieses Wochenende auch war, Amir blieb zutiefst unbefriedigt. Es wurde immer klarer, daß weder Aktionen in der Universität noch Solidaritätsfahrten am Wochenende ausreichten, um die Landübergabe in Westjordanien aufzuhalten. Die Oppositionsparteien unter Führung des Likud lagen in den Meinungsumfragen vorn, und optimistische Rechte schlossen bereits Wetten ab, daß die Arbeitspartei bei den nächsten Wahlen die Macht leicht wieder verlieren konnte. Aber bis dahin blieb noch über ein Jahr. Wenn es mit der Autonomie, wie geplant, voranging, hätte Yasser Arafat dann die Kontrolle über alle großen Städte des Westjordanlandes außer der winzigen jüdischen Enklave in Hebron sowie über große Teile dieses Gebietes fest in der Hand.

Als eifriger Student hatte Amir Stunden damit verbracht, jüdische Texte zu lesen, in denen von den Grundsätzen »Din Rodef« und »Din Moser«, der Behandlung von Juden, die andere Juden töten oder sie dem Feinde ausliefern, die Rede war. Mit seinen Kommilitonen innerhalb und außerhalb des Kolel debattierte er darüber, ob diese auf die Führer der gegenwärtigen Regierung anwendbar seien. Ein Freund Amirs von der Universität, der sich selbst nur A. nannte, gab einer hebräischen Zeitung ein ganz ungewöhnliches Interview, in dem er eine Debatte zwischen ihm, Amir und einigen anderen Freunden über dieses Thema beschreibt. »Er glaubte, Peres und Rabin verdienten das Din Rodef«, erinnert sich A. »Zur Begründung bezog er sich auf Maimonides (eine jüdische religiöse Autorität aus dem Mittelalter). Er sagte, da sie mit Arafat Frieden schließen und ihm israelischen Boden ausliefern wollten, seien sie Kollaborateure, die die Juden im Stich ließen. Deshalb sei es gerechtfertigt, sie zu töten. Wir widersprachen ihm alle, als er so redete. Seine Interpretation klang ziemlich verquer. Ich sagte zu ihm: ›Gut, du nimmst also ein Gewehr und erschießt sie. Und was hast du damit erreicht?‹«

Amir habe geantwortet: »›Peres und Rabin sind Schlangen. Wenn man Schlangen den Kopf abschlägt, finden sie sich nicht mehr zurecht. Wenn man ihnen die Augen aussticht, wird es dunkel um sie. Sie müssen beide getötet werden, denn einer spornt den anderen an. Wenn jemand sich ermannt und sie ausschaltet, wird der Staat gerettet werden. Dann wird es Wahlen geben, und Bibi (Netanyahu) wird an die Macht kommen.‹ Das war die Rettung, die sich Yigal wünschte.«

A. erwiderte: »›Nur Rabbis können darüber urteilen. Für deine Auslegung hast du keine Sanktion.‹ Darauf er: ›Die Rabbis sind alle Feiglinge, sie fürchten sich, das jüdische Recht wie ich auszulegen. Nur ich interpretiere Maimonides richtig.‹ Dabei bewegten wir uns allerdings nur in der Theorie«, fuhr A. fort. »Niemand dachte daran, daß je etwas derartiges geschehen könnte.«

Amir aber meinte alles, wie er es sagte. Er, Hagai und ihr engster

Vertrauter Dror Adani, mit dem Yigal seit seiner Armeezeit befreundet war und der ebenfalls regelmäßig an den Siedlerwochenenden teilnahm, beobachteten Rabin und Peres im ganzen Jahre 1995 mit wachsender Intensität. Hagai hatte eine Menge notwendiger Ausrüstungsgegenstände bei der Armee zusammengestohlen. Eric Schwartz, ein anderer Freund Yigals aus der Yeshivah Kerem B'Yavneh, der nun in der Golani-Brigade diente, hatte noch mehr gebracht, so daß sie in ihrem Hause in Herzliyah ein ganzes Waffenlager anlegen konnten. Der Sprengstoff und die Handgranaten waren ganz in der Nähe des Ortes versteckt, wo die Jungen und Mädchen aus Geulah Amirs Kindergarten jeden Morgen ahnungslos spielten. Einiges davon war für Anschläge gegen Araber gedacht – ehemalige Gefangene, die durch den Friedensprozeß freikamen, für den prominenten Palästinenserführer Faisal Husseini und Arafat selbst. So hatten sie den Plan gefaßt, den Hubschrauber des Palästinenserführers abzuschießen. Hagai hielt das für durchaus möglich. Zwar wurde auf diese Anschläge gegen Palästinenser viel Zeit und Kraft verwendet, und man zog weitere Studenten von Bar-Ilan hinzu, darunter angeblich Margalit Har-Shefi, eine 20jährige Jurastudentin aus einer Siedlerfamilie im Westjordanland. Aber Peres und insbesondere Rabin behielten in ihren Plänen höchste Priorität.

Yigal Amir, Har-Shefi und Adani sollen versucht haben, sich den Mord an Rabin von einem Rabbiner sanktionieren zu lassen. Adani gab beim Verhör an, er habe keinen Rabbi finden können, der dem zustimmte. Hagai Amir stellte die Sache bei der Untersuchung ganz anders dar. Er behauptete, ein Rabbi aus dem Westjordanland hätte Yigal und Adani erklärt, Rabin verdiene den Tod. Auch Margalit Har-Shefi sagte aus, sie habe die Zustimmung eines Rabbis erhalten, weigerte sich aber, seinen Namen zu nennen. Die Brüder Amir und Adani berieten, wie der Mordanschlag am besten auszuführen sei. Sie spielten mit dem Gedanken, eine Bombe unter Rabins Wagen anzubringen oder eine ferngezündete Sprengladung auf einer Straße auszulegen, die er nach ihrer Information passieren mußte. Sie diskutierten die Möglichkeit, eine Panzerabwehrgranate auf Rabins Cadillac abzufeuern oder Nitroglyzerin in ein Abflußrohr in Rabins Haus zu gießen und so eine Explosion auszulösen. Yigal und Hagai, die als Scharfschützen in der Armee gedient hatten, unternahmen eine Erkundungstour zum Hause Rabins in Ramat Aviv, wo sie nach dem günstigsten Ort für einen möglichen Beschuß suchten. Hagai versuchte vergeblich, bei einem seiner regelmäßigen Reservistendienste ein M-16-Gewehr zu beschaffen. Er hatte den Plan, darauf ein Zielfernrohr anzubringen und sich in Rabins Straße in den Hinterhalt zu legen. Sie dachten sogar daran, Rabin mit einem Brandsatz zu blenden, der in einem Modellflugzeug versteckt war, oder ihn um ein Interview – angeblich für Yigals Jurastudium – zu bitten und ihn dabei mit einer Sprengladung im Mikrofon oder im Kassettenrekorder in die Luft zu jagen.

Doch keiner dieser Pläne ging auf. Deshalb nahm Yigal nun einen direkten Mordanschlag ins Visier: Am 22. Januar 1995 lauerte er Rabin an der Holocaust-Gedenkstätte Yad Vashem in Jerusalem auf. Aber der Besuch des Ministerpräsidenten wurde abgesagt, weil zwei islamische Selbstmordattentäter bei einem Bombenanschlag an der Straßenkreuzung von Beit Lid in der Nähe von Netanyah 21 Menschen getötet hatten. Genau drei Monate später erschien Amir beim Mimouna-Volkskunstfestival der Juden aus Nordafrika in der Nof-Yerushalayim-Halle, um Rabin zu töten. Sicherheitskräfte hinderten ihn jedoch daran, in das Gebäude zu gelangen. Am 11. September wollte er bei der Einweihung des Autobahnkreuzes von Kfar Shmaryahu unweit seines Heimatortes auf Rabin schießen. Aber als er dort ankam, war das offizielle Zeremoniell bereits vorüber, und Rabin eilte zu seinem nächsten Termin.

Als Yigal und Hagai am Sonnabend, dem 4. November, zur Synagoge gingen, sprachen sie wieder einmal über ihr Lieblingsthema, vor allem darüber, ob es eine Chance gebe, Rabin auf der Friedenskundgebung am Abend in Tel Aviv zu töten und dabei unversehrt zu entkommen. Hagai bekannte später gegenüber der Polizei: »Ich unterstützte den Plan, Rabin umzubringen, aber ich war nicht bereit, dabei selbst zu sterben.« Aber genau das konnte bei den scharfen Sicherheitsmaßnahmen an diesem Abend jedem Mörder passieren. Hagai behauptet, er habe seinem Bruder gesagt, die einzige Möglichkeit, Rabin auf der Kundgebung zu erledigen, biete ein Scharfschützengewehr. Trotz großer Anstrengungen hatten sie jedoch keines beschaffen können. Aber Yigal sei bereit gewesen, die Chance zu ergreifen – Rabin zu töten, auch wenn es ihm selbst das Leben kostete. An diesem Abend in der Synagoge betete er, er möge endlich die Gelegenheit erhalten, den Ministerpräsidenten zu ermorden, sein eigenes Leben aber möge verschont bleiben. Als der Sabbat vorüber und er wieder in seinem Zimmer war, holte er seine Pistole aus der Sammlung seiner Schätze, zu denen ein Buch zum Gedenken an den Killer von Hebron, Baruch Goldstein, und Frederick Forsyths methodisch aufgebauter Mordthriller »Der Tag des Schakals« gehörten. Seit zwei Jahren besaß er einen Waffenschein. Auf dem Antrag hatte er vorgegeben, er lebe im Westjordanland, um zu begründen, er brauche die Waffe zur Selbstverteidigung, was nach dem israelischen Waffenkontrollgesetz Bedingung ist. Nun lud er die 9-mm-Baretta sorgfältig, indem er abwechselnd normale Patronen und ausgehöhlte Dumdum-Geschosse hineinschob, die Hagai fabriziert hatte. Er steckte die Waffe zwischen Hose und rechten Oberschenkel und verließ das Haus.

Ein Bus brachte ihn zur Kreuzung von Arlosoroff- und Ibn-Gvirol-Straße. Von dort ging er zu Fuß zum Platz der Könige Israels. Unterwegs nahm er sein Käppchen ab. Er umkreiste die Bühne, kam aber zu dem Schluß, daß es unmöglich sein werde, Rabin sicher zu treffen. Dann aber wies ihm das Schicksal den Weg zu dem schlecht beleuchteten und nachlässig abgesicherten Prominentenparkplatz. Dort hielt er sich etwa vierzig Minuten lang im Schatten und wartete auf seine Gelegenheit. Das war der ideale Platz, um den entscheidenden Schlag zu führen. Der stellvertretende Bildungsminister Micha Goldman sagte später, er habe dort »mindestens zwanzig Leute« herumlungern sehen, die nicht die vorgeschriebenen Sicherheitsschilder trugen. Wie Amir da herumstand, die Hände in den Hosentaschen, oder auf einer weißen, kniehohen Pflanzschale aus Beton hockte, wirkte er völlig unbeteiligt. Die Polizisten in Uniform, die Amir sahen, glaubten, er sei, wie die anderen jungen Männer, ein Polizist in Zivil oder ein Agent der Shin Bet. Nun wußte Amir, daß er diesmal sein Ziel erreichen konnte.

Später erklärte Amir den Vernehmungsbeamten sachlich, er hätte ohne weiteres Shimon Peres erschießen können. Auf den einzigen bekannten Filmaufnahmen von dem Mord, die ein Amateur namens Ronni Kempler von einem flachen Dach gegenüber dem Parkplatz machte, ist eindeutig zu erkennen, daß der Außenminister etwas vor Rabin die Treppe von der Bühne herunterkam, auf dem Parkplatz über eine Absperrung hinweg noch Hände schüttelte und kurz mit Rabins Fahrer sprach. Auf Kemplers grobkörnigen Aufnahmen ist deutlich zu sehen, wie Amir, der nur wenige Meter entfernt steht und ein freies Schußfeld hat, völlig ungerührt abwartet. Wäre Rabin auf der Treppe nicht noch einmal umgekehrt, um sich bei den Organisatoren der Kundgebung zu bedanken, hätte Amir sicher den so ersehnten Doppelmord ausführen und beiden »Schlangen« die Köpfe abschlagen können. So aber behielt er die Nerven, ließ Peres davonfahren und wartete auf sein wichtigstes Ziel.

Als Rabin die Treppe herunterstieg und die wenigen Schritte zu seinem Cadillac ging, kam er direkt an Amir vorbei, der zwischen der Treppe und dem Wagen auf der linken Seite stand. Amir schloß sich sogar dem schwachen Beifall an, der hier noch für Rabin erklang. Aber als Rabin vorüber war, sprang er zwei oder drei Schritt vor, schlüpfte zwischen einem jungen Journalistikstudenten, der Rabin hatte interviewen wollen, und einem seiner persönlichen Leibwächter hindurch. Er hielt die Waffe gegen Rabins Rücken und feuerte dreimal. Zwei Dumdum-Geschosse durchbohrten Rabins Lunge und verletzten ihn kritisch. Die dritte Kugel traf einen Leibwächter. »Ich zielte mitten auf seinen Rücken«, sagte Amir später beim Verhör. »Aus dieser Entfernung muß man kein Schießkünstler sein.« Die gerichtsmedizinische Untersuchung ergab, daß die Pistole Rabins Anzug berührte, als der erste Schuß abgefeuert wurde. »Nun bin ich zufrieden«, sagte Amir den Vernehmern spät an diesem Abend, als die Chirurgen ohne Aussicht auf Erfolg um Rabins Leben rangen. »Ich hatte seit langem geplant, ihn zu töten.«

Geulah Amir war bei einer Freundin und sah mit ihr fern, als die ersten Berichte von dem Mord über den Bildschirm flackerten. Da erkannte sie ihren Zweitältesten im Würgegriff der Polizei. »Was hat unser Sohn getan?« schrie sie auf und rannte nach Hause zu Shlomo, ihrem Mann. »Der Junge hat uns zugrunde gerichtet«, soll Shlomo Amir an diesem Abend zu einem Freund gesagt haben. »Ich kann nicht verstehen, woher und wie die Wahnsinnsidee, einen Menschen umzubringen, in seinen Kopf gekommen ist. Zu Hause haben wir ihm so etwas nicht beigebracht.« Als Agenten der Shin Bet an jenem Abend kamen, um das Haus zu durchsuchen und die Eltern zu befragen, sagte Shlomo zu ihnen: »Suchen Sie in Bar-Ilan. Dort hatte er seine Gehirnwäsche, nicht hier.«

In den folgenden Tagen schrieben Shlomo und Geulah einen Brief an Leah Rabin, der ihnen sehr schwerfiel. Darin drückten sie ihr Bedauern und ihr Mitgefühl aus. Geulah gab dem Fernsehen Interviews, in denen sie mit klagender Stimme um Vergebung flehte. Sie hätten keine Ahnung gehabt, was ihre Söhne im Schilde führten, daß sie in ihrem Haus ein Waffenlager anlegten und wie es zu diesen schrecklichen Dingen gekommen sei. Zunächst stellten sich die meisten Eltern, deren Kinder sie betreute, hinter sie. Aber die Tatsache, daß Sprengstoff im Hause gelagert hatte, stieß viele ab. Und als Hagai am 5. November festgenommen wurde, Geulah im Gerichtssaal erschien, ihm Kußhände zuwarf und bei der Aussage eines Vernehmungsbeamten »Lügner« murmelte, verscherzte sie sich viel von der anfänglichen Sympathie. Dann sickerte durch, Hagai habe bei der Polizei ausgesagt, er und Yigal hätten mit ihrem Vater darüber diskutiert, Anschläge gegen »Linke« zu verüben. Shlomo habe laut Hagai Verständnis dafür gehabt. Schließlich soll Shlomo Amir Ende Dezember bei einem Verhör bestätigt haben, daß Yigal und Hagai in Anwesenheit beider Eltern davon gesprochen hätten, Rabin müsse getötet werden. Yigal habe das Thema in den Monaten vor dem Mord »vier- oder fünfmal« aufs Tapet gebracht, bekannte sein Vater. Geulah sagte den Vernehmungsbeamten etwas ganz anderes. Sie habe Hagai dabei ertappt, wie er mit Munition hantierte, aber geglaubt, er brauche sie zur Selbstverteidigung. Von der Absicht, Rabin zu töten, habe sie nie etwas gehört.

Als der Verdacht zunahm, die Eltern und möglicherweise auch Geschwister könnten etwas von dem Mordkomplott gewußt haben, schloß sich die Familie fester um die beiden inhaftierten Brüder zusammen. Zunächst hatte Geulah erklärt, sie habe sich von Yigal losgesagt. Bei der Eröffnung seines Prozesses am 19. Dezember erschien sie jedoch mit Shlomo im Schlepptau. Der Mörder lächelte und winkte ihr mehrmals zu. Hagai soll in Briefen aus dem Gefängnis an seine Eltern geschrieben haben: »Yigal hat eine große Tat vollbracht. Er hat es im Namen Gottes getan.« Mitte Dezember gab Yigals fünfzehnjährige Schwester Hadas in Anwesenheit ihrer Mutter dem BBC-Fernsehen ein Interview, in dem sie die Mordtat offen unterstützte. »Nur Gali«, sagte sie und nannte ihn bei seinem Kosenamen, »wußte, was es heißt, unser Land zu lieben, Israel zu lieben, alles für unser Land zu tun. Nur er war imstande, so etwas zu vollbringen.«

Hagai Amir und Adani blieben dabei, sie hätten von Yigals Plan, Rabin am 4. November zu töten, nichts gewußt. Yigal fühlte sich geschmeichelt, die Verantwortung allein übernehmen zu dürfen. Zu den Gerichtsverhandlungen erschien er gewöhnlich mit einem breiten Lächeln. Häufig benutzte er die Minuten vor Beginn der Verhandlungen, um seine Aktion in langen Monologen zu erläutern. Dabei ließ er keinerlei Anzeichen von Reue oder Selbstzweifeln erkennen. Seine Körpersprache vor Gericht – wie er mit offenem Mund Kaugummi kaute, vor allem aber das permanente selbstsichere Lächeln – versetzten viele Israelis in äußerste Empörung. Es gab Forderungen, ihn hinter einen Wandschirm zu setzen. Die Zeitung Ma'ariv brachte eine Beilage, die das Lächeln von Amirs Gesicht fegen sollte. Aber der Mörder trat weiter mit der Arroganz eines Mannes auf, der sicher ist, daß er nichts Schlechtes getan hat. Er stellte sogar den Antrag, für einen Tag aus der Isolationshaft in dem Gefängnis bei Beersheba entlassen zu werden, um an der Hochzeit von Vardit, einer seiner Schwestern, teilnehmen zu können. Der Antrag wurde selbstverständlich abgelehnt.

In der Voruntersuchung rechtfertigte Amir die Mordtat mit klaren, einfachen Begründungen: Er stellte die Legitimation der Regierung in Frage, sprach den arabischen Bürgern Israels das Recht ab, eine Rolle in der israelischen Demokratie zu spielen, warf Rabin verabscheuungswürdigen Verrat an den Siedlern vor und brandmarkte Arafats Palästinenser als unverbesserliche Terroristen. Wie bei den Debatten im Studentenkreis bemühte er die Gesetze der jüdischen Religion, um den Mord zu begründen.

Als Yigal Amir zwei Tage nach dem Mord zum ersten Mal Richter Dan Arbel im Bezirksgericht von Tel Aviv vorgeführt wurde, sagte er, es sei »traurig«, daß sich das Volk Israels nach den Selbstmordanschlägen der Islamisten nicht gegen den Friedensprozeß zusammengeschlossen hätte. Andererseits finde er es »faszinierend«, daß das Volk nun einig sei – »wegen mir. Rabin ist doch nun tot, was einigt die Menschen jetzt?« fragte er. »Vielleicht hat er einen letzten Willen hinterlassen, daß alle mich einhellig verurteilen sollen? Eine ganze Nation hat die Tatsache ignoriert, daß hier ein palästinensischer Staat mit einer Armee von Terroristen aufgebaut wird, gegen die wir werden kämpfen müssen. Jedermann ist schockiert über die Ermordung eines Ministerpräsidenten ... der sich nur für die Sicherheit von 98 Prozent des Staates verantwortlich fühlte, dem aber die restlichen zwei Prozent völlig gleichgültig waren. Das ist kein Ministerpräsident für mich. Er ist von Arabern gewählt worden. 20 Prozent seiner Wähler waren Araber. Ich war auf der Kundgebung (für den Frieden in Tel Aviv). Hat jemand darauf hingewiesen, daß dort 50 Prozent Araber waren? Sollen diese Araber über meine Zukunft in diesem Staat bestimmen? Wenn ihr bereit seid, sie über die Zukunft des Staates bestimmen zu lassen, dann nehmt sie doch gleich in das Sicherheitskabinett auf. Was werdet ihr tun, wenn wir zwei Millionen Araber in unserem Staat haben? Den Staat an die Araber übergeben?«

»Ich habe das nicht getan, um den Friedensprozeß zum Stillstand zu bringen«, sagte er bei späterer Gelegenheit, »denn es gibt keinen Friedensprozeß. Dies ist ein Kriegsprozeß. Ich wollte die Öffentlichkeit aufrütteln. Die Menschen kümmert es nicht, daß man hier einen palästinensischen Staat errichtet mit einer Armee von Terroristen, die Waffen erhalten – nicht für den Frieden. Jeder, der wirklich glaubt, die Terroristen könnten uns schützen, der irrt. Wenn ein Jude sein Land und sein Volk an den Feind ausliefert, dann hat man nach dem Gesetz der Religion die Pflicht, ihn zu töten.«

Als der Richter ihn unterbrach und fragte, welcher Rabbi ihm das jüdische Recht auf diese Weise ausgelegt habe, antwortete Amir: »Niemand hat mich das gelehrt. Ich habe mein Leben lang den Talmud studiert, und ich kenne ihn in allen Einzelheiten.«

»Aber in den Zehn Geboten heißt es: ›Du sollst nicht töten‹«, wandte der Richter ein. »Warum haben Sie die Zehn Gebote mit Füßen getreten?«

»Die Zehn Gebote sind nicht abgeschafft. In der Thora gibt es 613 Gebote. Darunter sind wichtigere als ›Du sollst nicht töten‹. Dort heißt es auch, man soll Leben retten. Wenn jemand einen anderen ums Leben bringen will, fordert die Pflicht, den Angreifer zu töten.«

Auf die Frage, die Amir in den folgenden Wochen immer wieder gestellt wurde, welche Rabbis den Mord sanktioniert hätten, antwortete er: »Ich habe allein gehandelt. Vielleicht hat mir Gott geholfen.« Gegenüber Vernehmungsbeamten soll er jedoch bekannt haben, Rabbiner hätten ihm unzweideutige Sanktion für den Mord erteilt.

Wie dem auch sei, viele seiner Erklärungen kamen der israelischen Öffentlichkeit bekannt vor, als er sie zum ersten Mal im einzelnen darlegte. Er hatte sich in seiner Gegnerschaft zur Regierung in ein schreckliches, beispielloses Extrem hineingesteigert, das aber bedauerlicherweise einer gewissen Logik nicht entbehrte. Die monatelangen Proteste der politischen Rechten dagegen, daß die Regierungsmehrheit sich auf Stimmen von Arabern stütze, der konstante Ruf »Rabin ist ein Verräter!« auf den Demonstrationen der Opposition, der weithin unwidersprochen blieb, die Anklagen der Rabbiner gegen den Rückzug aus dem Westjordanland und ihre »akademischen« Diskussionen über »Din Moser« – all das hatte in dem zwanghaften, aggressiven Denken Yigal Amirs seinen Niederschlag gefunden. Ein mörderisches Gemenge war entstanden.

FÜNFZEHNTES KAPITEL
Ein völliger Zusammenbruch der Sicherheit

Zunächst schien alles so klar zu sein. Ein einzelner Revolverheld nutzt eine Sicherheitslücke vom Bruchteil einer Sekunde und erschießt den israelischen Ministerpräsidenten.

Aber in den ersten Wochen nach dem Mord konnte man beinahe zusehen, wie der Fall sich täglich weiter auswuchs. Und die ursprüngliche Annahme, Yigal Amir habe zum Ziel gelangen können, weil die Sicherheit in einer Millionstelsekunde katastrophal versagte, wich mehr und mehr der Erkenntnis, daß ein großer Teil des israelischen Polizei- und Sicherheitssystems rundum miserabel funktionierte.

Dem Ganzen lag ein entscheidender Irrtum zugrunde, den Rabin selbst teilte: Wie scharf die Differenzen über die Friedenspolitik der Regierung und wie tief die sichtbaren Risse in der israelischen Gesellschaft auch waren, kein Jude konnte so weit gehen, einen anderen Juden aus politischen Gründen ums Leben zu bringen, kein jüdischer Bürger Israels konnte so tief sinken, sich der Regierung widersetzen zu wollen, indem er ihre Führung tötete.

Dieser Irrtum hätte sich natürlich sofort in Luft aufgelöst, wäre man auch nur einen Augenblick bereit gewesen, wenigstens die jüngere israelische Geschichte objektiv zu analysieren. Schließlich war es kaum mehr als zehn Jahre her, da Yonah Avrushmi, ein jüdischer Bürger Israels, im Februar 1983 eine Handgranate mitten in eine Kundgebung der Bewegung Frieden Jetzt in Jerusalem geworfen und dabei Emil Grunzweig, einen jüdischen Mitbürger, getötet hatte. Die Kundgebung forderte den Rücktritt des damaligen Verteidigungsministers Ariel Sharon wegen seiner Rolle bei den Massakern von Sabra und Shatilla im Libanon. Das war ein klarer Beweis dafür, daß ein Jude wegen ideologischer Differenzen durchaus einen anderen Juden töten wollte, konnte und dies auch getan hatte.

Selbst wenn die Erinnerung nicht so weit zurückreichte, dann bewies das Massaker in der Moschee beim Grab der Patriarchen von Hebron im Februar 1994 eindeutig, wie absurd es war, eine Gefahr von jüdischer Seite auszuschließen. Um den Friedensprozeß zu stoppen, zielte Baruch Goldstein auf unschuldige Araber beim Gebet – nicht auf Juden. Wenn aber die extreme Rechte einen Mann hervorbrachte, der fähig war, betenden Menschen in einem Gotteshaus in den Rücken zu schießen, war es dann wirklich undenkbar, daß er auch ein oder zwei verhaßte weltliche Juden auszuschalten vermochte?

Außerdem hatten die Rechtsradikalen in den Wochen vor dem Mord über die hitzigen Reden hinaus, an die man sich schon gewöhnt hatte, mehrfach ihre Bereitschaft demonstriert, auch Gewalt anzuwenden. Man denke an den Angriff auf den Wagen von Wohnungsbauminister Binyamin Ben-Eliezer, den Zwischenfall auf der Messe für Juden aus englischsprachigen Ländern im Wingate-Sportinstitut, den Versuch, den Wagen von Umweltminister Yossi Sarid, der sich für den Friedensprozeß einsetzte, von der Straße Jerusalem-Tel Aviv abzudrängen, die Angriffe auf Polizeiminister Moshe Shahal und den Stabschef Amnon Lipkin-Shahak – das Menetekel an der Wand konnte kaum deutlicher sein.

Man muß allerdings sagen, daß einige recht einflußreiche Leute es richtig lasen. Unter ihnen war der Mann, den wir wegen der israelischen Militärzensur nur K. nennen können – der Chef des Sicherheitsdienstes Shin Bet. Als K. Anfang 1995 auf diesen Posten ernannt werden sollte, machten einige Führer der Rechten schwere Einwände geltend. Sie wiesen darauf hin, daß er sich in seiner Magisterarbeit an der Universität Haifa und auch in seiner Tätigkeit bei der Shin Bet vor allem mit der Bekämpfung des Rechtsextremismus befaßt hatte. So ein Mann, argumentierten sie, sei nicht geeignet, die Shin Bet zu führen. Auf diesen Posten gehöre ein Kandidat, der sich vor allem im Hauptfeld der Tätigkeit des Dienstes auskannte – im Kampf gegen den Extremismus der Palästinenser.

Mit seinen jahrelangen Erfahrungen erkannte K. natürlich die Anzeichen für die zunehmenden Spannungen im Lager der Rechten. Gegen alle Regeln suchte er im Sommer 1995 sowohl Rabin als auch Oppositionsführer Netanyahu auf. Er wies beide auf die dringende Notwendigkeit hin, Wege zu finden, um das vergiftete politische Klima zu entschärfen, bevor es in reale Gewalt umschlug. Er tat auch den nahezu beispiellosen Schritt, eine Gruppe führender Journalisten zu empfangen, mit denen er in gleicher Weise sprach.

Lange vorher, im Januar 1994, hatte sich ein anderer zu diesem Problem zu Wort gemeldet. Aber Professor Yehoshafat Harkabi, ein scharfblickender Analytiker, Chef der Militäraufklärung Israels in den fünfziger Jahren, war damals bereits eine recht unbedeutende Figur. Seine Warnung ignorierten selbst jene, an die er sie richtete. Sieben Monate bevor er an Krebs starb, sagte Harkabi in einem ausführlichen Interview mit zwei Forschern der Ben-Gurion-Universität in der Negev-Wüste voraus, daß der Streit über die endgültige Beseitigung der Siedlungen im Westjordanland »so schrecklich« werden könne, daß auch ein Mord nicht ausgeschlossen sei. »Rabin«, präzisierte er, »wird keines natürlichen Todes sterben. Ich wünsche ihm das nicht, verhüte es Gott.« Vielleicht hielten die beiden Wissenschaftler das für übertrieben, vielleicht wollten sie das Schicksal nicht herausfordern. Als sie Auszüge des Interviews veröffentlichten, strichen sie diese mutige Warnung. Der Rufer in der Wüste blieb ungehört.

Wenn sich K. der Gefahr auch bewußt war, dann nahm er sie vielleicht nicht ernst genug. Einige Tage nach dem Zwischenfall in Wingate wurden Agenten des amerikanischen Geheimdienstes bei ihren Partnern von der Shin Bet vorstellig und suchten um verstärkte Sicherheitsmaßnahmen für den amerikanischen Botschafter Martin Indyk nach. Bei einem Treffen, das darauf folgte, soll K. die Amerikaner mit dem Argument beruhigt haben, man befürchte zwar ernste Angriffe von Juden auf Araber oder deren heilige Stätten wie die Moscheen auf dem Tempelberg, halte es aber für »nicht wahrscheinlich«, daß führende Persönlichkeiten Israels oder ausländische Diplomaten Ziel solcher Angriffe werden könnten.

Wie dem auch sei, K.'s Vorahnungen wurden ganz offensichtlich nicht bis in die untersten Ränge der Organisation, die er leitete, weitergegeben. Ebensowenig drangen sie bis zum Justizministerium oder zur Polizei durch. Es wird schwer eindeutig zu beweisen sein, daß einer oder mehrere der Rabbis, mit denen Yigal Amir und seine Mitverschwörer in Kontakt standen, der Ermordung Rabins ausdrücklich ihren religiösen Segen gaben. Aber es ist nicht zu bestreiten, daß die Frage von vielen der höchsten Autoritäten Israels in diesem Bereich debattiert wurde. Nicht zu unterschätzen ist auch der Eindruck solcher Anordnungen von Rabbinern auf empfängliche Gemüter wie zum Beispiel Befehle zum Rückzug aus dem Westjordanland zu verweigern, oder solch gewalttätiger Aussagen aus dem Munde religiöser Lehrer wie zum Beispiel ferngezündete Minen zu legen, um die Evakuierung von Siedlungen zu verhindern. Es ist einfach nicht zu bestreiten, daß einige Vertreter der israelischen Rabbinerschaft dazu beitrugen, ein Klima zu schaffen, das Amir guten Grund zu der Annahme gab, man werde ihn zumindest nicht einhellig verurteilen, wenn er den Ministerpräsidenten ermordete, möglicherweise könnten aber auch viele bereit sein, ihn öffentlich als einen neuen jüdischen Helden zu feiern. Im ganzen Jahr 1995 verdichtete sich diese feindselige Atmosphäre immer mehr. Und doch wurde keiner dieser Rabbis, weder diejenigen, die die Soldaten zur Befehlsverweigerung aufgefordert hatten, noch die bei ihren Kollegen nachgefragt hatten, ob »Din Moser« auf Rabin anwendbar sei, oder die Baruch Goldstein lobpriesen, ja, nicht einmal der Rabbiner, der sich für die Verminung der Siedlungen aussprach, jemals von der Polizei oder der Shin Bet zum Verhör geladen, von strafrechtlicher Verfolgung ganz zu schweigen. Die Hetze der fundamentalistischen Juden konnte sich unkontrolliert ausbreiten, der geistige Samen für die Mordtat ungehindert ausgestreut werden.

Und selbst wenn die Shin Bet, die in dem etwas übertriebenen Ruf steht, einer der besten Sicherheitsdienste der Welt zu sein, gegen die geistigen Väter nicht vorgehen wollte, hätte sie zumindest in der Lage sein müssen, diejenigen zu orten, die am ehesten geneigt waren, auf derartige Hetze zu reagieren. Menschen wie Yigal Amir, zum Beispiel.

Amir war durchaus kein so unbeschriebenes Blatt, wie man ihn unter dem Schock der Tat zunächst hinstellte, sondern ein wohlbekannter Aktivist der Rechten. Schließlich hatten einige seiner Freunde an der Universität gehört, wie Amir mit seiner Absicht prahlte, Rabin umzubringen. Aus diesem Kreise war sogar eine entsprechende Warnung – allerdings unter etwas merkwürdigen Umständen – bei der Shin Bet eingegangen. Hila Frank, die an der Bar-Ilan-Universität ihre Magisterausbildung absolvierte, freundete sich im Frühjahr 1995 mit Amir an. Sie begegneten sich bei einer der vielen Demonstrationen auf der Autobahnbrücke, und an einem Wochenende im Westjordanland, an dem sie beide teilnahmen, keimte Freundschaft zwischen ihnen auf. Eines Tages im Juni trafen sie sich zufällig auf einem Korridor der Universität. »Im Laufe des Gesprächs«, sagt die 23jährige Hila Frank aus Haifa, »sprudelte er plötzlich heraus, Rabin müsse getötet werden. Dann sagte Yigal, er habe bereits sein Vidui – das jüdische Beichtgebet – gesprochen. Bei mir leuchteten alle Signallampen auf. Das Vidui betet man nur, wenn man sich seinem Tode nahe weiß.«

Am selben Abend traf Hila Frank einen guten Freund und ehemaligen Studenten der Bar-Ilan-Universität namens Shlomo Halevy, der Amir ebenfalls kannte. Wie sie nahm auch Halevy Amirs Gerede nicht übermäßig ernst. Aber er stimmte ihr zu, man sollte einen Weg finden, ein Warnsignal zu geben, ohne Amir direkt bei den Behörden anzuzeigen. Halevy dachte sich eine kleine Geschichte aus. Er suchte seinen früheren Kommandeur bei der Militäraufklärung auf und erzählte diesem von einem fiktiven Gespräch, das er auf der Toilette des zentralen Busbahnhofes von Tel Aviv gehört haben wollte. Dort habe ein Mann einem anderen von dem Plan erzählt, Rabin umzubringen. Sein früherer Kommandeur informierte sofort die Polizei, die die Sache der Shin Bet meldete. Halevy wurde von der Jerusalemer Polizei zum Verhör geladen. Dort ging er noch etwas weiter und sagte, er habe einen Blick auf den potentiellen Mörder werfen können. Nach seiner Beschreibung war dieser klein, von jemenitischem Äußeren und trug ein schwarzes Käppchen. Aus dem Gespräch ging hervor, daß er Student an der Bar-Ilan-Universität sei. Halevy sagte später, er sei sicher gewesen, diese Information »reiche für den Sicherheitsdienst aus, um der Sache nachzugehen«. Wenn man ihn stärker gedrängt hätte, hätte er auch Amirs Namen preisgegeben. Aber die Shin Bet fragte nicht nach dem Namen, ging dieser Information, die für sie eine von Hunderten ähnlicher Warnungen war, nur halbherzig nach. Da sich nichts ergab, wurde Halevys Aussage zu den Akten gelegt.

Erstaunlich ist aber, daß Halevy nicht der einzige war, der die Shin Bet über Amir und dessen Aktivitäten informierte. Der Rechtsextremist Avishai Raviv hat es stets hartnäckig bestritten, aber man geht allgemein davon aus, daß er im Dienste der Shin Bet stand. Seine Eyal-Gruppe funktionierte mit dem Geld der Shin Bet als eine Art Auffangbecken, das Extremisten anziehen sollte, um sie leichter unter Kontrolle zu halten. Das tatsächliche Verhältnis Ravivs zur Shin Bet bleibt ein Rätsel. Aber es gibt verläßliche Informationen darüber, daß er im Sommer 1995 von seinen Führungsoffizieren bei der Shin Bet den Auftrag erhielt, über einen seiner Kommilitonen einen Bericht zu liefern – über Yigal Amir.

Raviv lieferte ein Dokument ab, in dem Amirs extreme Ansichten beschrieben werden. Der Bericht enthält die Annahme, Amir sei zu gewaltsamen Angriffen auf Araber fähig. Amirs mehrfach ausgesprochene Drohung, er werde Rabin ermorden, ist dort aber offenbar nicht erwähnt. Vielleicht spielte Raviv auch ein Doppelspiel, nahm Geld von der Shin Bet für minderwertige Informationen und verhielt sich gleichzeitig loyal zu seinen Freunden von der extremen Rechten. Es kann aber auch sein, daß Raviv ein eifriger und überzeugter Agent der Shin Bet war, was Yigal und Hagai Amir und Dror Adani durchschauten, weshalb sie ihn in ihre Pläne nicht einweihten. Schließlich ist es möglich, daß Raviv seine Aufgabe einfach nicht gut erfüllte und von Amirs Absichten keinen Wind bekam. Hagai sagte beim Verhör aus, Raviv »stimmte uns zu, daß Rabin getötet werden muß«. Yigal habe Raviv in das Mordkomplott einweihen wollen. Hagai habe aber abgelehnt, weil er der Meinung war, Raviv sei »nicht der richtige Mann«.

Ravivs Lebenslauf – er stammt aus einer linken Familie und hat als Jugendlicher Propagandadienste für Meir Kahane geleistet – ist bunt genug, um alle Möglichkeiten zuzulassen. Aber letzten Endes kommt es auf Ravivs Loyalität und Tüchtigkeit gar nicht an. Viel wichtiger ist, daß die Shin Bet Amir als potentielle Gefahr selbst erkannt und einen Bericht erhalten hatte, der diese Gefahr bestätigte. Dann aber gelang es ihr nicht, ihre eigene Information mit der Warnung Shlomo Halevys in einen Zusammenhang zu stellen, der Amir sofort als potentiellen Mörder identifiziert und Rabins Tod verhindert hätte.

Was das Versagen der Sicherheitsdienste am Mordtag selbst betrifft, so steht im Zentrum aller Fehler auch hier die falsche Auffassung, von Juden könne keine Gefahr ausgehen. Tage vorher fanden in allen Einheiten der Shin Bet, der Polizei und der anderen einbezogenen Dienste stundenlange Besprechungen über diese Sicherheitsoperation statt, die allgemein als hochkompliziert galt. Man beschloß, über 1000 Sicherheitskräfte aus den verschiedensten Diensten einzusetzen. Im dreizehnstöckigen Rathaus hinter der Tribüne auf dem Platz der Könige Israels waren alle Fenster beleuchtet, um einen Scharfschützen daran zu hindern, wie weiland Lee Harvey Oswald von einem unbeobachteten Fenster hoch oben zu feuern. Rabins und Peres‹ Leibwachen wurden verstärkt, Fluchtwege für den Notfall festgelegt.

Aber bei keiner dieser Besprechungen oder bei den Einweisungen für die eingesetzten Beamten wurde die Möglichkeit, ein Jude könnte einen Mordanschlag verüben, auch nur erwähnt. Die Sicherheitsoperation war ausschließlich darauf fixiert, Gefahren abzuwenden, die von palästinensischen Fundamentalisten – Scharfschützen, Bombenwerfern oder Selbstmordattentätern – ausgehen konnten, insbesondere im Zusammenhang mit der Ermordung des Führers des islamischen Jihad, Fathi Shkaki, in der Woche zuvor.

Viele, die an diesem Abend dabei waren, bezeichneten die Sicherheitsvorkehrungen als »einen Witz«. Zahlreiche Persönlichkeiten auf der Haupttribüne, wo auch Rabin sich aufhielt, waren beunruhigt darüber, wie leicht sich offenbar unberechtigte Personen Zutritt zur Hochsicherheitszone verschaffen konnten. Einem Amateurfotografen mit einem falschen Presseausweis gelang das zum Beispiel ohne Schwierigkeiten. Menschen umdrängten die überforderten Sicherheitsleute zu beiden Seiten der Bühne, das ungezwungene Verhalten entsprach der Hochstimmung, die an diesem Abend herrschte, auf keinen Fall aber den harten Realitäten.

Die schlimmsten Fehler passierten im Bereich des Parkplatzes. Boaz Eran und Motti Serchi, zwei frischgebackenen Polizisten, die an diesem Abend hier Dienst taten, fiel Amirs Anwesenheit nicht auf, obwohl sie eigentlich nicht erklärbar war, ebensowenig den Beamten in Zivil, die sich dort aufhielten. Kameramann Ronni Kempler, der aus der Höhe Aufnahmen machte, kam Amir dagegen sofort verdächtig vor – »wie ein potentieller Mörder«, sagte er später. Deshalb hielt er ihn auch lange Sekunden auf seinem Film fest. Aber für die Sicherheitsleute war Amir eindeutig ein Jude und deshalb kein Grund zur Beunruhigung. Augenzeugen zufolge gelang es nicht nur Amir, sondern mindestens zwanzig weiteren Personen, ohne die erforderlichen Sicherheitsschilder in die »Tabuzone« einzudringen. Der Platz war miserabel beleuchtet, für einen Heckenschützen also geradezu ideal. Rabins Cadillac parkte dort mindestens eine Stunde vor der Abfahrt – die perfekte Zielscheibe für einen Mörder. Peres, der einige Sekunden vor Rabin abfuhr, hatte die Möglichkeit für einen Schwatz mit Rabins Fahrer, wobei er ebenfalls völlig ungeschützt war. Möglicherweise wegen Planänderungen in letzter Minute hatten einige Sicherheitsleute keine Ahnung, daß Peres und Rabin in diesem Augenblick abfuhren.

Bei den Besprechungen war stets die Rede davon gewesen, daß zehn Leibwächter Rabin decken sollten, wenn er sich bewegte. Als er jedoch die Stufen herunterkam, hatte er nur fünf Leibwächter um sich. Einer ging einige Schritte voraus, um den Weg zum Wagen frei zu machen. Einer stand rechts von Rabin und zwei zu seiner Linken, wo Amir ihm auflauerte. Alle vier – so hat sie Kempler für immer auf sein Amateurvideo gebannt – schauten nach vorn zum Wagen, keiner beobachtete die Umgebung. Der fünfte, der Rabins Rücken schützen und den Bereich hinter ihm beobachten sollte, während der Ministerpräsident zum Wagen ging, wandte sich bei Rabins letzten Schritten von der Treppe zum Wagen um, weil er angeblich auf die Frage Rabins antwortete, wo Leah sei, die einige Schritte zurückgeblieben war. So wurde es möglich, daß Amir unbemerkt und ungehindert von links hinter den Premierminister springen und ihm das Lebenslicht ausblasen konnte. Eine kugelsichere Weste hätte die Schüsse abfangen können. Aber Leah sagte später, die Sicherheitsbeamten hätten ihn niemals aufgefordert, eine anzulegen. Selbst wenn sie es getan hätten, meint sie, wäre er zweifellos dagegen gewesen.

Aber auch nachdem die Todesschüsse gefallen waren, regierte weiter das schiere Unvermögen. Jemand, möglicherweise Amir selbst, rief, es seien nur Platzpatronen. Man wußte nicht, ob Rabin überhaupt verletzt war. Leah stand schockiert einige Sekunden da, allein und völlig ungeschützt. Als Rabins Fahrer, der aus unerklärlichen Gründen nicht über den Fluchtweg informiert worden war, über die einzigen freien Straßen, die er finden konnte, zum Krankenhaus raste, kam es niemandem in dem riesigen Sicherheitsapparat in den Sinn, das Ichilov-Hospital zu verständigen, daß man den Ministerpräsidenten brachte. So wurde der graue Cadillac, als er dort vorfuhr, von niemandem in Empfang genommen.

War dieser letzte Beweis der Inkompetenz von entscheidender Bedeutung? Hätte sofortige medizinische Hilfe – der Krankenwagen, der der Szene am nächsten stand, versuchte offenbar auf dem falschen Wege zum Parkplatz zu gelangen, fuhr über eine dornenbewehrte Straßensperre und blieb mit vier platten Reifen stehen – oder ein rascherer Transport zum Operationstisch Rabins Leben retten können? Zwei Wochen nach dem Mord erhielt eine aus drei

Mitgliedern bestehende staatliche Untersuchungskommission unter Leitung des ehemaligen Präsidenten des Obersten Gerichts Meir Shamgar den Auftrag, das Übermaß an Fehlern der Sicherheit zu untersuchen, das zu dem Mord führte. Sie verhörte Chefs und Agenten der Shin Bet, Polizisten und Augenzeugen. Sie lud auch Professor Gabi Barabash vom Ichilov-Hospital vor und stellte ihm die entscheidende Frage. In äußerst vorsichtigen Worten räumte Barabash ein, ja, »es ergibt sich die Frage, was geschehen wäre, wenn sie einen direkteren Weg (für Rabins Fahrer zum Krankenhaus) geöffnet hätten.« Barabash schwieg lange und dachte tief nach. »Selbst wenn man ihn einige Minuten früher eingeliefert hätte, ist es unwahrscheinlich, daß er am Leben geblieben wäre. Aber die Tatsache, daß der Wiederbelebungsversuch zunächst gelang«, sagte er schließlich, »läßt diese Frage offen.«

Wie es bei einem politischen Mord von dieser Bedeutung an der Tagesordnung ist, schossen Verschwörungstheorien wie Pilze aus dem Boden, eine immer grotesker als die andere. Die meisten lösten sich jedoch angesichts der einfachen und unwiderlegbaren Tatsache in Luft auf, daß Amir vor aller Augen geschossen, seitdem ruhig wieder und wieder erklärt hatte, er habe dies ohne Hilfe oder Wissen anderer getan. Zwei der Theorien verdienen allerdings, erwähnt zu werden. Die eine, die der Historiker an der Universität von Tel Aviv Michael Har-Segor als erster äußerte, läuft darauf hinaus, daß eine Verschwörung zur Ermordung Rabins existiert habe, die tief in die Shin Bet hineinreichte. Mindestens einer seiner Leibwächter sei am 4. November beteiligt gewesen und habe dem Mörder seine Sache erleichtert. Es sei der Sicherheitsmann gewesen, so lautet diese Theorie, der mit dem Ruf Verwirrung stiftete, es seien nur Platzpatronen. Yigal Amir sei als Schütze sorgfältig ausgesucht worden. Er hatte angeblich seit 1992 ein Dossier bei der Shin Bet, als er vor seiner Reise nach Lettland dort eine Ausbildung in Waffengebrauch und Sicherheitsfragen absolvierte. Nach dieser Theorie habe auch Avishai Raviv bei der Verschwörung eine wichtige Rolle gespielt. Er soll Amirs Feindseligkeit gegen Rabin Tag für Tag an der Bar-Ilan-Universität angestachelt und ihn so zu dem Mord getrieben haben. Den treulosen Leibwächter habe der Dienst selbst nach dem Mord beseitigt. Amir bestätigte in einer Aussage vor Gericht, ein Leibwächter sei getötet worden. »Warum schreiben Sie nicht darüber, daß die (die Shin Bet) einen von Rabins

Leibwächtern liquidiert haben?« rief er am 3. Dezember Journalisten zu. Die israelischen Medien berichteten von dem rätselhaften Tod eines israelischen Sicherheitsbeamten namens Yoav Kuriel und seiner geheimnisvollen Beisetzung auf dem Militärfriedhof Yarkon. Israelische Offizielle und Kuriels Familie sollen jedoch bestritten haben, daß er jemals für die Shin Bet tätig war oder etwas mit Rabin zu tun hatte. Sein Tod sei ein Selbstmord ohne jede Beziehung zu diesem Ereignis gewesen. Auch Kemplers Film liefert kaum Anhaltspunkte für die Theorie vom Doppelspiel des Leibwächters.

Die zweite Theorie bereitet mehr Kopfzerbrechen, vor allem, je deutlicher wird, daß die Shin Bet ihre Hände in der Eyal-Gruppe hatte und Raviv ihr Mann war. Nach dieser Version, die von einer Handvoll ultrarechter Aktivisten stur und unerschütterlich vertreten wird, waren Agenten der Shin Bet, die Yigal Amirs Mordpläne durchaus kannten, diesem dank Raviv und/oder anderen Geheimdienstquellen seit langem auf der Spur. Sie hatten sich so weit in Amirs innersten Kreis vorgearbeitet, daß sie in der Lage waren, Platzpatronen in Amirs Waffe zu schmuggeln. Aber Amir war ihnen einen Schritt voraus. Er bemerkte, daß man die Patronen ausgetauscht hatte. Und so wechselte er sie seinerseits erneut. Deshalb rief Amir, der verhindern wollte, daß man auf ihn schoß, als er feuerte, es seien nur Platzpatronen. Deswegen waren die Agenten der Shin Bet um Rabin auch nicht sicher, ob der Ministerpräsident verletzt sei. Deshalb rief niemand das Ichilov-Krankenhaus an, und deshalb sprach man auch gegenüber Leah Rabin von einer Spielzeugpistole. Nach dieser Theorie heißt es weiter, Raviv habe mehreren israelischen Journalisten unmittelbar nach den Schüssen auf Rabin eine Botschaft zukommen lassen, in der eine rechtsextremistische Gruppe mit den Worten die Verantwortung übernahm: »Wir haben diesmal unser Ziel verfehlt, aber das nächste Mal werden wir es treffen.« Entscheidend für diesen Plan der Shin Bet, die extreme Rechte in die Falle zu locken, sei nach dieser Theorie gewesen, daß Raviv wußte, man werde Amir feuern lassen, aber davon ausging, daß nur Platzpatronen in der Waffe waren und Rabin deshalb unverletzt bleiben werde.

Auf den ersten Blick bietet sich natürlich an, auch diese zweite Theorie sofort mit dem Argument in das Reich der Phantasie zu verbannen, kein verantwortungsbewußter Sicherheitsdienst werde das Leben des Ministerpräsidenten derart aufs Spiel setzen. Es ist auch leicht zu erkennen, weshalb die israelische Rechte gerade eine solche Theorie ausstreute. Sie bedeutete nämlich, die Shin Bet hätte es einem Rechtsextremisten bewußt gestattet, einen Mordversuch am Ministerpräsidenten zu inszenieren – mit all den negativen politischen Folgen, die das für die Sache der Opposition haben mußte.

Bevor wir diese Theorie aber völlig verwerfen, wollen wir an den Fall von Eitan und Yehoyada Kahalani erinnern. Diese beiden Brüder aus Kiryat Arba wurden am 15. November 1995, kaum eineinhalb Wochen nach der Ermordung Rabins, vom Bezirksgericht Jerusalem verurteilt. Sie hatten im Februar 1994 versucht, als Vergeltung für Anschläge palästinensischer Extremisten den jungen Palästinenser Ziyad Shami zu töten. Die beiden hatten aus der Waffenkammer der Siedlung Kiryat Arba zwei M-16-Gewehre entwendet und Shami, einem Zufallsopfer, aufgelauert, als er auf seinem Fahrrad in sein Heimatdorf Batir bei Hebron fuhr. Aber die Shin Bet erfuhr von ihrem Plan und präparierte die Waffen. Die Attentäter gaben sich alle Mühe, ihr Opfer zu töten. Aber ihre Gewehre gingen nicht los. Die Brüder wurden festgenommen, und Shami radelte ahnungslos nach Hause.

Der »Präzedenzfall« der Kahalani-Brüder wurde von den Anhängern der verschiedenen Verschwörungstheorien in den Wochen nach dem Mord an Yitzhak Rabin heiß debattiert. Anfang Dezember wurde jedoch bekannt, daß die Shamgar-Kommission, die ihre Untersuchungen nicht auf wilde Spekulationen sondern auf Kemplers Film und die Aussagen zahlreicher Augenzeugen stützte, allen Verschwörungstheorien eine Absage erteilt hatte. Yitzhak Rabin mußte sterben, weil die Sicherheit total zusammengebrochen war. Also keine heimtückische Verschwörung. Nur himmelschreiende Inkompetenz.

SECHZEHNTES KAPITEL
Vom Menschen zum Mythos

Der Verlust Yitzhak Rabins stürzte Israel in einen Zustand nationaler Verzweiflung. Außenseitern, die nur eine oberflächliche Vorstellung vom Land und der Region haben, stellte sich als erstes die Frage, wie sich der Tod des Ministerpräsidenten auf die Bemühungen um den Frieden im Nahen Osten auswirken werde. Sie sahen mit gewisser Erleichterung, daß der Mörder ein Jude war. Hätte ein Araber diese Tat begangen, so meinten sie, wäre der ganze Prozeß unweigerlich zum Erliegen gekommen.

Aber für Israel selbst war die Tatsache, daß ein israelischer Jude die tödlichen Schüsse abgegeben hatte, der schwerste Schlag. Denn dies war eindeutig nicht die Tat eines Wahnsinnigen. Yigal Amir erwies sich als ein kühl berechnender Killer, der meinte, er habe das Richtige für sein Volk getan. Und wenn man der Wahrheit die Ehre geben will, so fand seine Rechtfertigung für den Mord in den Herzen und Hirnen vieler Tausender seiner Landsleute durchaus Anklang.

Ausgerechnet auf einer Kundgebung gegen Gewalt wurde Rabin niedergeschossen, just in dem Moment, als er die Abkommen mit den Palästinensern zum ersten Mal mit voller Überzeugung anzunehmen schien, mußte er sterben. Und sein Mörder war ein ganz gewöhnlicher, kluger, in einer Yeshivah ausgebildeter ehemaliger Soldat. Alle diese Faktoren zusammengenommen, riefen ein Übermaß an Trauer hervor – Israel hatte nicht nur seinen Ministerpräsidenten sondern auch seine nationale Unschuld unwiderruflich verloren. Der Rubikon war überschritten. Wenn es möglich war, daß die eigenen Landsleute ihren Ministerpräsidenten niederschossen, dann war nichts mehr heilig, nichts mehr fest und unerschütterlich. Die israelische Demokratie selbst war ins Wanken geraten. Die Vorstellung, die »Einheit der Nation« stehe über allem, hatte sich als trügerisch erwiesen.

Zudem war da etwas in Rabins Persönlichkeit, das dem Verlust wahrhaft tragische Ausmaße verlieh. Seine Mißachtung der Klagen der Siedler, seine notorische Reizbarkeit, das zuweilen störende Gefühl, daß da ein Ministerpräsident mühsam auf eine Entwicklung reagierte, statt sie selbst planmäßig voranzutreiben – diese und andere Schwächen gerieten nun, da er nicht mehr lebte, entweder in Vergessenheit oder wurden zu Tugenden hochstilisiert. Nur Stunden nach seinem Tod war aus Rabin bereits eine nationale Vaterfigur, Mr. Israel, der Hüter seiner Sicherheit und die Verkörperung des Friedens geworden. Das Ausmaß der Trauer über den Tod dieses Mannes konnte nur tiefstes Erstaunen hervorrufen.

Bis spät in die Nacht an diesem 4. November 1995, da Leah sich drinnen nicht von Yitzhak Rabin losreißen konnte, strömten Tausende Israelis zum Ichilov-Hospital, zündeten Kerzen an, um seiner zu gedenken, stimmten klagend und unter Tränen wieder und wieder sein letztes Friedenslied an. Zehntausende, die erst vor Stunden die Kundgebung in solcher Hochstimmung verlassen hatten, kamen nun zurück auf den Platz der Könige Israels, getrieben von Entsetzen und dem Bedürfnis, noch einmal dort zu stehen, wo sie gestanden hatten, als Rabin noch am Leben und Israel ein anderes Land war. Ähnliche Szenen spielten sich auch vor Rabins Haus in Ramat Aviv und vor seinem offiziellen Amtssitz in Jerusalem ab. Auf Hunderten rasch hergestellten Transparenten wurde der Verlust »Unseres toten Vaters«, »Unseres geliebten Yitzhak« beklagt. Das Fernsehen sendete die ganze Nacht einen Marathon der Trauer und des Schreckens. Am Sonntagmorgen hatten viele Israelis vom Weinen und fehlenden Schlaf dunkle Ringe unter den Augen. Das Land schien zu verstummen – betäubt, verunsichert und voller Furcht.

Am Sonntagmorgen errichtete eine Gruppe von Schulkindern als erstes eine Ehrenwache vor Rabins Amtssitz in Jerusalem. Gitter und Bürgersteig davor waren vom Wachs Tausender niedergebrannter Kerzen überzogen. Über der sonst so lärmenden Kaffeehauslandschaft an der Sheinkin-Straße in Tel Aviv lag unheimliches Schweigen – jedermann vergrub sich in den Zeitungen, deren Schlagzeilen im Chor schrien: »Rabin ermordet!«

Im stark rechtslastigen Jerusalem, wo Wände und Reklametafeln immer noch vom Gedenkgottesdienst für einen anderen ermordeten Führer der Juden – Meir Kahane – kündeten, den man vor fünf Jahren in New York erschossen hatte, ließen sich die Gegner des Friedensprozesses auch durch Rabins Tod nicht das Wort verbieten. »Rabin selbst ist am meisten daran schuld, daß dies geschehen ist«, erklang es in einer Gruppe von Ruheständlern, die regelmäßig im berühmten Cafe Atara beisammensitzen. »Er wollte Land weggeben, ohne eine Mehrheit der Juden dafür zu haben. Das hat die Leute zu solcher Verzweiflungstat getrieben.«

Einige hatten die Nachricht noch nicht verdaut. »Ich habe letzte Nacht während meines Dienstes davon erfahren und war völlig schockiert«, sagte der Soldat Meirav Shmueli. »Ein Mann, so stark wie Rabin, ermordet von einem Juden, einem Israeli – das ist einfach nicht zu glauben.« Für andere dagegen war die Tat zumindest teilweise verständlich. »Dieser Junge, der Rabin getötet hat«, sagte der Ingenieur Herzl Avitan, ein Anhänger des Likud, »war kein Verrückter, sondern ein hervorragender Mann, ein Soldat der Golani-Brigade und Student an der Bar-Ilan-Universität. Wer weiß, welch tiefen Schmerz und Zorn er empfand? Man muß sich in ihn hineinversetzen.«

Bei einem spontanen Gedenkgottesdienst auf dem Zionsplatz im Zentrum der Stadt ertönte es aus der Menge: »Rabin wollte das Land zerstören! Die Siedler kamen sich vor wie Verbrecher!« – »Schämen Sie sich, Rabin war ein guter Mann!« schallte es zurück.

Der 22jährige Shaike Kigal stand, ein Häkelkäppchen auf dem Kopf, in der Einkaufsarkade Cardo im jüdischen Viertel der Altstadt und sammelte Unterschriften und Spenden für das Schreiben einer Thorarolle aus Anlaß des 3000jährigen Jubiläums von Jerusalem. »Wir haben schon 72 000 Unterschriften, und Rabin war der erste«, sagte er. »Ich war mit seiner Politik nicht einverstanden, aber wenn ein junger Kerl, der fast das gleiche Leben hinter sich hat wie ich, aus einer ähnlichen Familie stammt und bei der Armee gedient hat, es fertigbringt, Rabin kaltblütig niederzuschießen, dann muß in diesem Lande etwas sehr faul sein.«

Gegen Mittag wurde Rabins Sarg, geleitet von acht Generalen, auf einem Armeefahrzeug die sechzig Kilometer von Tel Aviv nach Jerusalem gebracht. Überall am Wege ruhte der Verkehr, die Menschen erwiesen ihrem Ministerpräsidenten die letzte Ehre. Der Trauerzug führte unter mehreren Brücken der Autobahn Tel Aviv-Jerusalem hindurch. Auf jeder drängten sich Tausende von Menschen, die ihre Wagen stehengelassen hatten, um einen Blick zu erhaschen. Bevor der Konvoi die Berge nach Jerusalem erklomm, kam er durch Sha'ar Hagai. Zum letzten Mal passierte Rabin den Punkt, wo seine Harel-Brigade der Palmah während des Unabhängigkeitskrieges gegen Palästinenser gekämpft hatte, die die Straße nach Jerusalem blockierten.

Auch an der Bar-Ilan-Universität fand zu dieser Zeit eine Gedenkveranstaltung statt. Die Studenten waren in düsterer Stimmung. Einige hielten Schilder hoch, auf denen es einfach hieß: »Wir verurteilen das«. Vertreter der verschiedenen Fakultäten brachten ihren Abscheu über den Mord zum Ausdruck, ihren Unglauben, daß einer der Ihren es getan hatte. Auf einer anschließenden Pressekonferenz sagte Rektor Shlomo Eckstein: »Wir erziehen unsere Studenten dazu, alle Juden zu lieben.« Ein schwacher Trost sei für ihn die Tatsache, daß Yoram Rubin, der Leibwächter, der bei dem Anschlag verletzt wurde, ebenfalls in Bar-Ilan studierte, daß auch der Mann, der Rabin zu retten versuchte, von dieser Universität stamme.

Als Rabins Sarg gegen 14.00 Uhr in der Knesset eintraf, wurde er in dem weiten Vorhof des Parlamentsgebäudes auf einem Podium aufgestellt, in die weiß-blaue Staatsflagge Israels gehüllt. Leah, ihr Sohn Yuval, die Tochter Dalia und die Enkel traten heran, standen schweigend und in Tränen aufgelöst. Dann nahmen sie an der Seite Platz. Leah schluchzte mit gesenktem Kopf. Peres nahm ihr Gesicht in seine Hände und umarmte sie. Die Richter des Obersten Gerichts, die Oberrabbiner, Botschafter und andere Würdenträger erwiesen Rabin die letzte Ehre. Knessetabgeordnete, die ehemals der Armee angehörten, ehrten ihren gefallenen Kameraden. Dann folgte ein endloser Strom einfacher israelischer Bürger – Alte und Junge, Gläubige und Nichtgläubige, Einwanderer und im Lande Geborene. Sie brachten Blumen, ihre persönlichen Botschaften, Fahnen und unzählige Kerzen. Eine lange dunkelblaue Reihe von Polizisten und mehrere Absperrungen mit Seilen hielten die Tausende einige Meter vom Sarg zurück. »Gehen Sie bitte weiter«, sagten die uniformierten Beamten höflich, aber bestimmt. »Aber er war mein Ministerpräsident«, widersprach eine ältere Frau, die die Bahre fotografieren wollte. Der Polizist versuchte sie weiterzuschieben, und sie wurde wütend. »Warum habt Ihr nicht gestern abend so durchgegriffen?« fragte sie. »Dann wären wir heute vielleicht nicht hier.«

Als sich die Dunkelheit über Jerusalem senkte, wartete noch eine endlose Menschenschlange, um von Rabin Abschied zu nehmen. Die ganze Nacht hindurch kamen Hunderttausende aus dem ganzen Land vor der Knesset zusammen. Selbst um vier oder fünf Uhr morgens war es unmöglich, auch nur auf hundert Meter an das Parlamentsgebäude heranzukommen, vom Sarg ganz zu schweigen. Gegen Morgen kam ein kalter Wind auf. Junge Eltern versuchten mit ihren Kinderwagen verzweifelt zum Parlamentsgebäude zu gelangen, getrieben von dem übewältigenden Bedürfnis, dem Ministerpräsidenten ein persönliches Lebewohl zu sagen. Überall am Wege den Knessetberg hinauf hatte man ihm kleine improvisierte Denkmäler errichtet – Dutzende von Kerzen formten auf Hebräisch das Wort »Warum?« oder »Yitzhak«. An Felsen hatte man Bilder von Rabin befestigt und mit zahllosen Lichtern geschmückt.

Nicht weit von diesem Ort war in dem Teil des Nationalfriedhofs auf dem Herzlberg, der für die höchsten Würdenträger des Landes vorgesehen ist, Rabins letzte Ruhestätte neben den Gräbern der Ministerpräsidenten Golda Meir und Levi Eshkol vorbereitet. Einige der Totengräber von einer Sondereinheit des Verteidigungsministeriums hatten beim Graben Tränen vergossen. »Es ist ein schlimmes Gefühl, das Grab des Ministerpräsidenten schaufeln zu müssen«, sagte Aharon Hamamy. »Aber das ist unsere Arbeit. Wir tun sie, um Rabin die letzte Ehre zu erweisen, die er verdient. Unsere Hände zittern. Uns bricht das Herz.«

Vor Rabins Haus in Ramat Aviv verbrachten Tausende Jugendliche die Nacht trauernd bei Kerzenschein. »Es gibt mir, meinen Kindern und Enkeln Mut, daß ihr Yitzhak auf diese wunderbare Weise ehrt«, sagte Leah zu ihnen. »Yitzhak wäre sehr gerührt, könnte er euch hier sehen. Hier haben Demonstranten gestanden und ihm ›Verräter‹ oder ›Mörder‹ zugerufen. Schade, daß ihr damals nicht gekommen seid. Aber nun seid ihr hier, und das gibt uns Mut. Ich danke euch. Ich weiß es zu würdigen, und ich gebe euch an seiner Stelle meine Liebe.«

Am Montagmorgen marschierte zur Begleitmusik wachsender gegenseitiger Beschuldigungen wegen des Versagens der Sicherheit, die Rabin dem Mordangriff ausgesetzt hatte, ein Kontingent von zehntausend israelischen Sicherheitsbeamten auf – zehnmal so viel wie in Tel Aviv 36 Stunden zuvor, um nun die vielen internationalen Spitzenpolitiker besser zu schützen, die sich zum Begräbnis versammelten. Diese Zusammenkunft war der unwiderlegbare Beweis dafür, wie sehr sich Israels Stellung in der Region während der dreieinhalb Jahre von Yitzhak Rabins Regierungszeit verändert hatte.

König Hussein, der seinen Vater 44 Jahre zuvor auf dem Tempelberg von Jerusalem von einer Mörderkugel hatte fallen sehen und der damals selbst nur knapp dem Tode entronnen war, kehrte nun in die Stadt zurück, die der Soldat Rabin unter volle Kontrolle genommen hatte, um Rabin, den Friedensstifter, zu betrauern, der sein Verbündeter geworden war. Hosni Mubarak, der in der Vergangenheit so viele Einladungen seines guten Freundes Rabin ausgeschlagen hatte, kam nun, um ihn auf seinem letzten Gang zu begleiten. Wer, wenn nicht Mubarak, der die Macht 1981 nach der Ermordung Anwar Sadats übernommen hatte und erst Wochen zuvor während eines Besuchs in Äthiopien nur knapp einem Mordanschlag entgangen war, konnte den Schock, den Schmerz und die Sehnsucht nach treuen, zuverlässigen Feunden besser verstehen?

Yasser Arafat wollte unbedingt kommen. Er saß gerade beim Diner mit seinem Gast, dem portugiesischen Präsidenten Mario Soares, als der amerikanische Generalkonsul in Jerusalem, Edward Abington, der »Botschafter« des State Department »bei den Palästinensern« ihn anrief und ihm mitteilte, Rabin sei ermordet worden. Arafat schluchzte so hemmungslos auf, daß er dem Konsul nur noch zu verstehen geben konnte, er möge in zehn Minuten zurückrufen. Dann flehte er Peres und Leah Rabin an: Yitzhak hätte gewünscht, daß ich komme, argumentierte er. Wie sind wirkliche Partner im Frieden der Mutigen geworden. Denken Sie daran, wie er nach meiner langen Rede in Washington bei der Unterzeichnung von Oslo II scherzte, er beginne sich zu fragen, ob ich nicht selbst fast ein Jude sei. Aber nun, da Israel dringend innere Versöhnung und eine Heilung der nationalen Wunden brauchte, war Arafat eine zu umstrittene Person. Sicherheitserwägungen gewannen die Oberhand, und Arafat blieb daheim in Gaza. Allerdings achtete er darauf, daß man ihn filmte, wie er die Beisetzungsfeierlichkeiten voller Respekt per Fernsehen verfolgte. Eine Delegation prominenter Palästinenser reiste an seiner Stelle nach Jerusalem. (Einige Tage danach, am 9. Dezember, stattete Arafat spätabends dem Hause der Rabins insgeheim einen Kondolenzbesuch ab. Es war sein erster Besuch in Israel. Er saß barhäuptig im Wohnzimmer, trank mit Leah und der Familie Tee. »Wir haben einen großen Mann verloren«, erklärte er.)

Ebenfalls anwesend an diesem traurigen, schweigenden Berghang in der klaren Frühwintersonne waren auch der prächtig gekleidete Informationsminister Qatars und weitere Beamte sowie der Außenminister von Oman und dessen Mitarbeiter. Beide Länder hatte Rabin noch in diesem Monat besuchen wollen. Der Ministerpräsident Marokkos nahm teil; sein König hatte eine persönliche Botschaft geschickt. Hier an Rabins Grab zu stehen, bedeutete anzuerkennen, daß Israel nach und nach den ihm gebührenden Platz unter den Staaten des Nahen Ostens einnahm. Es war ein Zeichen der Trauer darüber, daß Yitzhak Rabin sterben mußte, damit diese Veränderung in das Bewußtsein der Menschen drang.

Als um 14.00 Uhr zwei Minuten lang eine Sirene erklang, hüllte sich ganz – oder beinahe ganz – Israel in Schweigen. Das Land nahm Abschied von Rabin, den zwei Kugeln töteten und damit in seinem Inneren eine riesige Leere schufen. Auf dem Friedhof stand Leah, schwarz gekleidet, mit der Familie an ihrer Seite und der Familie der Nationen um sich herum. Repräsentanten von über achtzig Staaten waren erschienen – gekrönte Häupter von Prinz Charles aus Großbritannien bis zur niederländischen Königin Beatrix, Staats- und Regierungschefs von Australien bis zur Türkei. Als der Präsident Zyperns, Alexis Galnos, der Rabin zwei Jahre zuvor getroffen hatte, aus der Zeitung erfuhr, der albanische Präsident werde ebenfalls teilnehmen, änderte er seine Pläne und erschien. In Estland wurde am nächsten Tag eine neue Regierung vereidigt, aber Präsident Lennart Meri ließ sich davon nicht abhalten, sondern sandte seine Zustimmung von Präsident Weizmans Amtssitz per Fax nach Hause. Eduard Shewardnadse, der am Tag zuvor erneut zum Präsidenten Georgiens gewählt worden war, verließ seine eigene Feier und flog nach Israel.

Insgesamt erklangen elf Ansprachen. Hochtönende, wenn auch aufrichtige Lobreden des russischen Ministerpräsidenten Viktor Tschernomyrdin, des UNO-Generalsekretärs Boutros Boutros-Ghali und des spanischen Premierministers Felipe Gonzalez, der für die Europäische Union sprach. Dazu eine schlecht durchdachte Rede Weizmans, eines Mannes, der offenbar noch sein eigenes Schuldgefühl verarbeiten mußte. Vielleicht fragte er sich, ob er Rabins Politik hätte stärker unterstützen müssen, ob er in seinem Bemühen, ein geteiltes Volk um jeden Preis zusammenzuhalten, Rabins extremste Gegner in gewissem Maße legitimiert hatte. Es fiel auf, daß Weizman auch dieses Begräbnis nicht nutzte, um sich zu den Abkommen mit den Palästinensern zu bekennen. Statt dessen erwähnte er lediglich Rabins eigenen »ungeheuren Stolz« auf den Durchbruch und plauderte locker von den vielen Stunden, die sie gemeinsam verbracht hatten: »Wir haben gut zusammen gegessen und getrunken.« Hätte Rabin ihn hören können, stellte die Starkolumnistin von Yediot Aharonot, Nahum Barnea, in ihrer Zeitung am nächsten Tag sicher zu Recht fest, dann hätte er diese Rede »mit einer Handbewegung abgetan. Unseriös ... Eines Präsidenten nicht würdig.«

Die anderen sieben Redner zollten Rabin und der Politik, für die er sich eingesetzt hatte, dann doch den geziemenden Respekt. Mubarak lobte in seinem begrenzten Englisch Rabins Vision, nannte seinen Tod »einen schweren Schlag für unsere edle Sache« und argumentierte, nur durch verdoppelte Anstrengungen für den Frieden könnten »die Pläne der Verräter gegen unsere Ziele« durchkreuzt und Rabins Andenken gebührend gewürdigt werden. Es blieb König Hussein vorbehalten, als erster einen emotionalen Ton für dieses Ereignis anzuschlagen. Am Abend zuvor hatte er Shimon Shamir, Israels Botschafter in Jordanien, alle zehn Minuten angerufen und sich verzweifelt nach Rabins Zustand erkundigt. Nun kamen ihm die Worte direkt aus dem Herzen: »Ich hätte niemals geglaubt, ich müßte den Augenblick erleben, da ich um einen Bruder, einen Kollegen und Freund, einen Mann und Soldaten trauere, der Abgründe überwand, den wir achteten, wie er uns achtete. Einen Mann, den ich kennenlernte, weil ich wie er begriff, daß wir diesen Abgrund überschreiten müssen.« Nun sprach Hussein, als stünde Rabin noch an seiner Seite und klagte: »Ich habe mich noch nicht daran gewöhnen können, Ihnen so nahe zu sein, von Frieden, von den Träumen und Hoffnungen künftiger Generationen zu Ihnen zu sprechen ... Niemals hätte ich mir vorstellen können, daß mein erster Besuch in Jerusalem auf Ihre Einladung, die Einladung des Sprechers der Knesset und des Präsidenten Israels bei solch einer Gelegenheit stattfinden wird.«

Mit ruhiger, fester Stimme wandte sich der König dann an die Menschen, die an die Koexistenz glauben, an Araber und Juden, sich zu erheben und sich dazu zu bekennen, was immer der Preis dafür sei. »Sie haben als Soldat gelebt«, sagte er über Rabin, »und Sie sind als Soldat für den Frieden gestorben. Ich glaube, es ist Zeit für uns alle, offen hervorzutreten und für den Frieden zu sprechen. Nicht nur jetzt und hier, sondern für alle Zeit. Wir gehören zum Lager des Friedens. Wir glauben: Unser einziger Gott will, daß wir in Frieden leben, er wünscht uns Frieden ... Wir wollen nicht länger schweigen. Lassen Sie uns die Stimme erheben und erklären, daß wir uns jederzeit für den Frieden einsetzen werden. Lassen Sie uns denen sagen, die im Dunkel leben und Feinde des Lichts sind: ›Hier stehen wir. Das ist unser Lager.‹«

Hussein erinnerte an seinen Großvater, den man in der Al-Aksa-Moschee von Jerusalem niedergeschossen hatte, einen Mann, der ebenfalls den höchsten Preis für den Frieden bezahlte. Dann sprach der König ein eigenes Gebet: »Wenn meine Zeit kommt, hoffe ich, es möge sein wie bei meinem Großvater und bei Yitzhak Rabin.« Denn »so viele Menschen leben, und so viele sterben unwiderruflich. Das ist Gottes Wille. Das ist der Lauf der Welt. Aber Glück im Leben haben diejenigen, von denen etwas bleibt. Ein solcher Mensch sind Sie, mein Freund.«

Spät am Abend zuvor hatte Shimon Peres seine persönliche Trauer darüber zum Ausdruck gebracht, daß er das Erbe des Ministerpräsidenten unter so alptraumhaften Umständen antreten mußte. Nach einer Krisensitzung des Kabinetts im Verteidigungsministerium in Tel Aviv, den Räumen, in denen sich Rabin wohl am meisten zu Hause gefühlt hatte, informierte Peres die internationalen Medien darüber, daß seine Kollegen ihn einmütig zum amtierenden Ministerpräsidenten gewählt hatten. Dabei vermied er es, seinen Namen selbst auszusprechen. Am Morgen des Tages der Trauerfeier hatte er bereits in der Dämmerung seine Arbeit im Büro des Ministerpräsidenten aufgenommen. Vor allem lag ihm daran, Rabins Mitarbeitern zu versichern, sie könnten ihre Arbeit fortsetzen. »Ich weiß, Sie haben einen Vater verloren«, sagte er ihnen. Das Gedenken an seinen Vorgänger ehrte er, indem er es vermied, in Rabins Sessel Platz zu nehmen. Statt dessen arbeitete er auf der Couch.

Während der Beisetzung bewies Peres erneut sein Einfühlungsvermögen. Er hielt eine Rede voller Takt, Zuneigung, vor allem aber Achtung für einen Mann, der viele Jahre lang sein Widerpart gewesen, nun aber beinahe sein zweites Ich geworden war. »Ich wußte nicht, daß dies die letzten Stunden waren, die wir zusammen verbringen sollten«, sagte er über die Kundgebung am Samstagabend. Aber »ich spürte, daß Ihnen eine besondere Gnade zuteil geworden war – plötzlich konnten Sie frei atmen im Angesicht des Ozeans von Freunden, die gekommen waren, um Sie zu unterstützen und Sie zu feiern. Sie hatten den Gipfel erreicht, waren durch die Wolken gestoßen und schauten von dort auf unser neues Morgen. Es war der Anblick, den die Jugend Israels ersehnte. Yitzhak, der jüngste von Israels Generalen. Yitzhak, der große Bahnbrecher des Friedens ...

Sie haben uns kein Vermächtnis hinterlassen«, schloß Peres. »Aber wir haben Ihr Erbe, das wir fest und treu weiterführen werden. Die Nation weint, aber dies sind auch Tränen der Einheit und der Entschlossenheit.«

Shimon Sheves, der enge Freund der Familie, der mit Rabin in all den Jahren der Opposition und auch im Amt des Ministerpräsidenten zusammengearbeitet hatte, sprach bitter von der »Hand des heimtückischen Mörders«, der Rabins Leben ein Ende gesetzt hatte. Als er am Samstagabend erfuhr, Rabin sei tot, sagte er einem Fernsehreporter: »Für mich ist das Land am Ende.« Diese Verbitterung war immer noch zu spüren. »Ich kann nicht akzeptieren, daß wir alle hier an deinem Sarg stehen ... Du bist an einem Abend voller Optimismus gefallen. Du bist an einem Abend voller Freude und Solidarität gestorben. Du hast an einem Abend dein Leben verloren, da die Unterstützung der Nation für deinen Weg, für den Weg des Friedens am größten war.«

Nun war die Reihe an Eitan Haber, dem Mann, der so viele Jahre Rabins Reden geschrieben hatte. Er nahm das Mikrofon, um selbst zu Rabin zu sprechen. »Yitzhak«, sagte er, »Das ist die letzte Rede.« Um die Herzen ein wenig zu erleichtern, erklärte er: »Yitzhak, du weißt, du hattest tausend gute Eigenschaften, tausend Vorzüge, du warst groß – aber Singen war nicht deine Stärke. In dem Lied lagst du ein bißchen daneben.« Dann bewegte sich Haber dicht an der Grenze des guten Geschmacks, als er etwas hervorholte, das viele als das Symbol für Rabins Tod im Gedächtnis behalten sollten. Er erinnerte daran, daß Rabin nach dem Friedenslied das Blatt mit dem Text sorgfältig faltete und in die Tasche seines Jacketts steckte. »Nachdem die Ärzte und Schwestern im Krankenhaus geweint hatten, übergaben sie mir das Blatt Papier, das sie in deiner Tasche fanden.« Nun hielt Haber das Blatt in einer Plastikfolie hoch, und man konnte sehen, daß die Textzeilen blutrot gefärbt waren. »Ich möchte einige Worte lesen«, sagte Haber, »aber es fällt mir schwer. Dein Blut, dein Blut, Yitzhak, bedeckt die Worte. Dein Blut auf dem Text des Friedensliedes. Es ist das Blut, das in den letzten Augenblicken deines Lebens aus deinem Körper rann und die Zeilen und Worte bedeckte.« Dann trug Haber noch einmal den Text des letzten Liedes vor:

»Laßt die Sonne aufgehen,
Laßt den Morgen erstrahlen,
auch das innigste Gebet
wird uns nicht wieder lebendig machen.

Derjenige, dessen Lebenslicht ausgelöscht wurde
und schon in der Erde ruht,
auch das bitterste Weinen kann ihn nicht aufwecken
und zu uns zurückbringen.

Niemand kann uns zurückholen
aus der Dunkelheit der Tiefe.
Nichts kann helfen,
weder die Freude des Sieges noch lauter Triumphgesang.

Singt deshalb laut das Lied des Friedens,
beten ist nicht genug!
Am besten ist es, das Lied des Friedens
mit voller Inbrunst zu singen.«

Habers Ansprache drehte einem das Herz um, aber sie war noch nicht der emotionale Höhepunkt des Begräbnisses. Diesen setzte Noa Ben-Artzi, Rabins 18jährige Enkelin, aus der die Worte unter Tränen herausbrachen. Wo andere von Rabin, dem Führer, Rabin, dem Friedensbringer und Rabin, dem General, gesprochen hatten, wandte sich Noa an Rabin, den Großvater. »Ich weiß, wir sprechen in Begriffen einer nationalen Tragödie, doch wie kann man versuchen, ein ganzes Volk zu trösten oder es am privaten Schmerz teilnehmen zu lassen, wenn Oma nicht aufhört zu weinen, wenn wir stumm sind und die ungeheure Lücke spüren, die du hinterlassen hast?« Nun konnte sie ihre Tränen nicht mehr zurückhalten, fuhr aber fort: »Großvater, du warst und bist immer noch unser Held. Du sollst wissen, daß bei allem, was ich jemals getan habe, ich immer dich vor meinen Augen hatte. Deine Achtung und deine Liebe haben uns bei jedem Schritt auf jedem Weg begleitet. Wir haben im Lichte deiner Werte gelebt. Du hast uns niemals im Stich gelassen. Nun aber hat man dich alleingelassen, dich, meinen ewigen Helden, einsam und allein. Und ich kann nichts tun, um dich zu retten, der du so wundervoll warst. Größere als ich haben dich geehrt. Aber keiner von ihnen hatte das Glück, die Zärtlichkeit deiner weichen Hände und die Umarmungen zu spüren, die nur für uns waren ... Ich denke nicht an Rache, denn mein Schmerz und der Verlust sind so groß, zu groß. Die Erde wankt unter unseren Füßen, und wir müssen versuchen, mit der großen Leere zu leben, die uns nun umgibt ... Ich habe keine Wahl, ich nehme Abschied von dir, einem Helden, und bitte, daß du in Frieden ruhen mögest, daß du an uns denkst und uns vermißt, weil wir hier unten dich so lieben. Die Engel im Himmel, die dich jetzt begleiten, bitte ich, dich gut zu behüten und zu beschützen, weil du einen solchen Schutz verdienst. Opa, wir werden dich immer lieben.«

Rund um den Erdball war Rabins Begräbnis die Spitzenmeldung der Fernsehnachrichten. Fast überall zitierte man aus Noas Rede, obwohl, wie sie sagte, größere oder zumindest berühmtere Persönlichkeiten als sie das Wort ergriffen hatten, und obwohl die meisten Englisch sprachen, während sie beim Hebräischen blieb. Vor allem in Israel war es Noas Rede, die die Nation zum Verstummen brachte, den Menschen Schauer über den Rücken jagte und die Tränen strömen ließ. Und es war ihre Beschreibung Rabins als liebender Großvater, die nahezu eine ganze Generation von Israels Teenagern in Bewegung brachte. Sie bekundeten vor Rabins Haus Solidarität mit Leah, hielten am Ort des Verbrechens Tag für Tag Mahnwache und zogen an dem frischen Grabhügel auf dem Herzlberg vorbei.

Ein weiterer Redner an diesem Tag war der Mann, den Rabin neben König Hussein vielleicht als seinen engsten Freund unter den hohen Staatsgästen ansah. Präsident Clinton war mit der Maschine Nummer Eins der Air Force zusammen mit seiner Frau, den Expräsidenten Carter und Bush sowie Dutzenden hoher Beamter und Politiker vom Capitol Hill gekommen. Mit einem schwarzen

Käppchen, das einen starken Kontrast zu seinem grauen Haar bildete, demonstrierte das Oberhaupt der einzigen Supermacht der Welt in seiner Rede eine persönliche Bindung zu Rabin und Israel, die nach den ersten schrecklichen Stunden des Schocks wieder ein Gefühl von Stabilität und Solidität entstehen ließ. Er würdigte Rabins Lebenslauf mit einer Mischung aus Bewunderung und Humor. Besonders hob er hervor, daß Rabin vor allem ein Mann der Tat und nicht der großen Worte war. Er zitierte Rabins Eröffnungssatz bei der feierlichen Unterzeichnung von Oslo II am 28. September: »›Zuerst die gute Nachricht: Ich bin der letzte Redner.‹« Aber er betonte auch, wie gut Rabin Symbole zu lesen wußte. Und wie Rabin in Washington seine Zuhörer darauf aufmerksam gemacht hatte, daß auf jenem Podium Friedenspartner standen, die noch vor kurzer Zeit Feinde gewesen waren, so forderte auch Clinton die zuschauende Welt auf, von den an Rabins Grab versammelten Politikern Kenntnis zu nehmen. »Schauen Sie auf die Staatsmänner aus dem ganzen Nahen Osten und der Welt, die heute für Yitzhak Rabin und für den Frieden hierher gereist sind. Es waren seine Worte und Taten für den Frieden, die uns hier zusammengeführt haben. Nun ist es an uns allen, die wir den Frieden lieben und die wir Yitzhak Rabin geliebt haben, den Kampf fortzusetzen, den er ins Leben gerufen und dem er sein Leben geopfert hat.«

Unter dem Eindruck des Mordes an John F. Kennedy aufgewachsen, verstand Clinton sicher besser als viele andere das Gefühl des Verlustes und der Furcht in Israel. Denn nun wandte er sich unmittelbar an die Israelis mit den Worten: »Selbst in Ihren dunkelsten Stunden lebt sein Geist fort. Deshalb dürfen auch Sie den Mut nicht sinken lassen. Sehen Sie, was Sie erreicht haben: Sie haben die öde Wüste zum Blühen gebracht, Sie haben in feindlicher Umgebung eine lebendige Demokratie errichtet, Sie haben in Schlachten und Kriegen gesiegt und gewinnen nun den Frieden, der der einzige dauerhafte Sieg ist. Ihr Ministerpräsident war ein Märtyrer für den Frieden, aber er wurde ein Opfer des Hasses. Sein Martyrium muß uns lehren: Wenn Menschen den Haß auf ihre Feinde nicht zu überwinden vermögen, dann laufen sie Gefahr, daß die Saat des Hasses auch unter ihnen selbst aufgeht. Ich bitte Sie, das Volk Israels, im Namen meiner eigenen Nation, die ein langes Klagelied des Verlustes von Abraham Lincoln über Präsident Kennedy bis zu Martin Luther King anstimmen kann – lassen Sie das nicht zu. In der Knesset, in Ihren Häusern und an den Orten Ihres Glaubens – bleiben Sie überall auf dem Weg der Gerechten.« Wenn Sie dies tun, schloß er, »wird Amerika Sie niemals im Stich lassen. Mögen unsere Herzen ein wenig Trost finden und unsere Seelen von der ewigen Hoffnung berührt werden.«

Clinton wollte das Mikrofon verlassen, hielt dann aber inne, trat noch einmal einen Schritt vor und sprach einen letzten Gruß. »Shalom, Haver«, sagte er fast flüsternd. »Frieden, mein Freund.«

Als alles gesagt war, folgte der Trauerzug langsam Rabins Sarg, der zu seiner letzten Ruhestätte gebracht und dann sacht in die Erde gesenkt wurde. Mit schwarzem Tuch bedeckt, verschwand er in der Tiefe. Leah stand am Fuße des Grabes, Dalia zu ihrer Linken, Yuval zu ihrer Rechten. Ihre Augen hinter einer dunklen Brille verborgen, die Hände ineinander verkrampft, so stand sie starr, regungslos und blickte hinab. Leah und die Familie blieben noch über eineinhalb Stunden am Grab. »Ich kann nicht weggehen, und ihn hier allein lassen«, sagte sie wieder und wieder. Als Shlomo Lahat, einer der Organisatoren jener letzten Kundgebung, sich ihr zögernd näherte, wandte sie sich ihm mit einer heftigen Bewegung zu. »Ich hörte, Sie haben geweint«, sagte sie. »Sie dürfen sich nicht schuldig fühlen. Es war Schicksal. Es hätte auch anderswo geschehen können.« – »Er war so glücklich, plötzlich hatte er erkannt, daß sie ihn lieben«, sagte Lahat. »Und dann war alles vorbei.«

In den Tagen und Wochen danach löste sich Israel langsam und zögernd aus dem lähmenden Zustand, in den der Verlust Yitzhak Rabins es gestürzt hatte. Es war ein anderes Israel – ein Land zerstörter Illusionen, das sich selbst nicht länger als etwas Besonderes unter den Nationen sah, und dessen Wunden, die Yigal Amirs Schüsse gerissen hatten, noch jahrelang bluten werden. Aber es war auch ein Israel, in dem die Extremisten schon wieder zeigten, daß sie aus dem Mord nichts gelernt hatten, wo viele, die im Hauptstrom schwimmen, sich die Antwort leicht machten, anderen Schuld zuwiesen, statt ihr eigenes Verhalten zu prüfen.

Vor allem aber war es ein Israel, dessen schmerzhafteste Spaltung – der Streit darüber, ob das Westjordanland unter palästinensische Herrschaft gestellt werden soll – nun nackt und unverhüllt zutage trat. Der Mord zwang alle Israelis, sich der Schicksalsfrage zu stellen, die in der Luft lag, seit Rabin Yasser Arafat die Hand gedrückt hatte: Was war ihnen wichtiger – die Demokratie oder ihre unterschiedlichen Positionen zu Land und Frieden? Wie Israel diese Frage nach dem ersten Versuch zur Zerstörung der Demokratie beantwortete, entschied darüber, ob das Land wieder zu seiner Einheit zurückfand.

Die Frage war besonders prekär für die Rechten, insbesondere die religiösen Rechten oder diejenigen Rabbiner mit ihren Anhängern, die davon besessen waren, die Herrschaft der Juden über das gesamte Land zu errichten, das Gott einst Abraham versprochen hatte – ohne Rücksicht auf die Unverletzlichkeit des menschlichen Lebens und die Partnerschaft mit den weltlich orientierten Juden im jüdischen Staat. Jedoch als Israel sich allmählich von dem Trauma des Mordes an Rabin zu erholen begann, war es erstaunlicherweise durchaus nicht klar, daß diese Rabbis nun vor dem Abgrund zurückschreckten.

Die Hälfte des Landes oder mehr war der Auffassung, Rabins Tod konnte nur dann einen Sinn haben, wenn man die Friedenspolitik mit doppelter Kraft fortsetzte. Auf einer Gedenkkundgebung acht Tage nach Rabins Tod, die auf demselben Platz in Tel Aviv stattfand, wo er niedergeschossen worden war, forderte Leah in ihrer Ansprache an die größte Versammlung in Israels Geschichte Shimon Peres auf, »das Volk Israels im Geiste Yitzhaks ... zum Frieden zu führen.« Einige Israelis im Zentrum des politischen Spektrums ließen in einer ersten Reaktion auf die Ermordung Rabins ebenfalls den Wunsch erkennen, sich mit dem getöteten Führer zu identifizieren und ihre Kritik am Friedensprozeß einzustellen. Eine Umfrage der Zeitung Yediot Aharonot während der Trauerwoche erbrachte die starke Unterstützung von 74 Prozent für die Verwirklichung des Abkommens Oslo II.

Der Rest der Wählerschaft meinte jedoch, die Fortsetzung der Politik Rabins werde die innere Spaltung des Landes nur noch weiter vertiefen. Ihr Widerstand gegen die Übergabe des Westjordanlandes an die Palästinenser wurde durch den Mord weder abgeschwächt noch verstärkt – sei es, weil sie Arafat nicht vertrauten, weil sie meinten, Israel sollte mit den Arabern keinerlei Kompromisse schließen, weil sie um ihre Sicherheit fürchteten oder weil sie leidenschaftlich daran glaubten, daß keine weltliche Regierung Israels das Recht habe, Land aufzugeben, das Gott den Kindern Israels versprochen hatte. Ihre Gegnerschaft saß so tief wie zuvor.

Wenn es eine Veränderung im Ton gab, dann vor allem bei der

Jugend. Führer der 50 000 Mitglieder starken Bnei-Akiva-Bewegung, der Jugendliche im Oberschulalter angehören, betonten stärker den positiven Zusammenhang von Zionismus, Demokratie und Thora. Sie hoben die Unantastbarkeit jüdischen Lebens hervor. Die Zusammenkünfte am Sabbat nach dem Mord waren vor allem dem Studium eines Ausspruchs von Rabbi Tzvi Yehudah Kook, des verstorbenen geistigen Führers von Gush Emunim gewidmet, der warnte: »Niemand soll glauben, er sei im Besitz der vollkommenen Wahrheit und der vollkommenen Gerechtigkeit.«

Zu Hoffnung Anlaß gab ein Bekenntnis Rabbi Mordechai Greenbergs von Amirs alter Yeshivah Kerem B'Yavneh: »Wir haben tief in unsere Seelen geschaut. Unsere Ideologie wird sich nicht ändern – wir werden weiter die Thora, den zentralen Platz des Landes Israel und den Zusammenhang zwischen dem Land Israel und der Erlösung lehren. Verändern wird sich aber die Art und Weise, wie wir unsere Ansichten zum Ausdruck bringen. Wir müssen mehr über die Auffassungen der anderen nachdenken. Wenn die Hälfte des Volkes nicht für das ganze Land Israel steht, dann können wir nicht gegen sie kämpfen.«

Aber es gab auch weniger hoffnungsvolle Zeichen. Während die meisten Führer der religiösen Zionisten den Mord öffentlich scharf verurteilten, war man im Lager des religiösen Zionismus nicht geneigt, radikal andere Prioritäten zu setzen. Rabbi Yoel Bin-Nun aus Ofrah, der bestätigt hatte, einer oder mehrere Rabbis hätten die Ermordung Rabins ausdrücklich sanktioniert, erhielt Morddrohungen von der extremen Rechten, ging wochenlang nur mit einem Leibwächter aus und mußte sich wiederholt Kritik seiner Rabbinerkollegen anhören. Die Rabbis Dov Lior und Nahum Rabinovich, die nach Bin-Nuns Aussage von der Polizei zum Verhör geladen wurden, erhielten von denselben Kollegen öffentliche Unterstützung. Als man Rabinovich über Radio Israel mit seiner Aussage konfrontierte: »Wer einen Kameraden an Fremde ausliefert, so daß sein Leben in Gefahr gerät, wer jüdisches Eigentum weggibt, wer so etwas tut, der muß mit seinem Leben bezahlen«, ließ er nur widerwillig eine Erklärung des Bedauerns hören und entschuldigte sich, falls einige »harte Worte«, die er »aus Schmerz« fallenließ, unglückliche Folgen gehabt haben sollten.

Kaum eine Woche nach dem Mord sprach das Oberhaupt der Yeshivah Rabbi Haim Druckman auf einer Versammlung in Jerusalem, die angeblich der religiös-zionistischen Seelenforschung dienen sollte. Druckman attackierte zunächst die linken Kritiker des Lagers der religiösen Zionisten, behauptete, »wir tragen keine Schuld ... Wir haben nach den richtigen Werten erzogen«, und schloß, indem er die Losung wiederholte: »Es ist unmöglich, ohne Konsens mit dem Oslo-Prozeß fortzufahren.« Ein anderer Redner, der Siedler-Rabbi Menahem Felix, griff die Rechtmäßigkeit der Regierung an, als sei der Mord nie geschehen. »Wir müssen uns weiter gegen eine Regierung wenden, die von den Hassern Israels unterstützt wird«, sagte er mit deutlichem Hinweis darauf, daß die Koalition von arabischen Abgeordneten der Knesset unterstützt wird. »Ich denke, wir dürfen von der Wahrheit nicht ablassen: Das Land Israel gehört uns. Wenn wir es aufgeben, bedeutet das Zerstörung.«

Die meisten Politiker der Linken und des Hauptstroms der Rechten schienen aber im Gegensatz dazu nach dem Mord begriffen zu haben, daß die Demokratie gestärkt werden mußte, indem man den Ton der Debatte mäßigte und die verbale Brutalität beiseite ließ, die zur Regel geworden war. Likud-Führer Netanyahu, der bisher auf Kundgebungen gesprochen hatte, auf denen Extremisten anwesend waren, distanzierte sich nun öffentlich von ihnen und erklärte, er wolle weder ihre Stimmen noch ihre Unterstützung. Am 13. November 1995 tat Peres etwas, was Rabin stets abgelehnt hatte – er traf sich mit Netanyahu und stimmte mit ihm darin überein, daß die politischen Auseinandersetzungen von nun an »in den Grenzen der Zurückhaltung und der guten Sitten« geführt werden sollten. Politische Verhaltensregeln wurden aufgestellt, die extremistische Emotionen aus legitimem politischem Streit heraushalten sollten. Netanyahu beklagte zwar sofort wieder, die Linke nutze Rabins Ermordung als Vorwand, um jeglicher rechter Opposition die Existenzberechtigung abzusprechen, zugleich aber ließ er auch staatsmännische Töne anklingen, versprach, aus Rabins Tod keinen politischen Nutzen zu ziehen und Peres bei der Bildung der nächsten Regierung zu unterstützen. »In Demokratien«, verkündete er, »wird die Macht durch Wahlen verliehen, nicht durch Mord.«

Die meisten einfachen Israelis, ob sie nun Rabins Politik unterstützten oder nicht, schien der Schock zu einem etwas sanfteren Verhalten veranlaßt zu haben. Man sprach ruhiger und unterbrach sich seltener. Selbst die Autofahrer wurden vorsichtiger. Man entfernte die provokatorischsten Anti-Rabin-Aufkleber von den Wagen. Statt dessen erschienen nun solche mit Rabins Konterfei und Clintons Worten »Shalom, Haver« oder »Keine Gewalt«.

Leider heizten die extremsten Regierungsgegner das Klima der Gewalt auch weiterhin an. Kaum Stunden nach dem Mord erschien an den Mauern Jerusalems bereits die gesprühte Warnung »Peres ist der nächste!«, eine Drohung, die auch in den folgenden Wochen in mehreren anonymen Anrufen wiederholt wurde. In der Bar-Ilan-Universität feierte ein Student Rabins Tod in einer Botschaft, die er über das Internet verbreitete. Eine Woche nach dem Anschlag erklärte eine junge orthodoxe Studentin gegenüber dem israelischen Fernsehen, es führe kein Weg an der Tatsache vorbei, daß »Rabin ein Verräter war«. Sie deutete an, dafür habe er seine gerechte Strafe erhalten. Zwei ultraorthodoxe Männer wurden festgenommen, weil sie auf Rabins Grab gespuckt hatten und gerade darauf urinieren wollten.

Über eine Woche nach dem Mord warnte Generalstaatsanwalt Michael Ben-Yair, diese Tat habe »bei dem Teil der Öffentlichkeit, der einem extremen, fanatischen und gefährlichen Weltbild anhängt, eine psychologische Barriere beseitigt. Das wird einen weiteren Mord erleichtern. Für diese Leute ist dieser Mordanschlag ein Erfolg. Deshalb ist es sicher, nicht nur wahrscheinlich, daß ein weiterer folgt.« Und diese scharfe Warnung schien nur allzu begründet zu sein. In Kreisen der Kahane-Anhänger wurde der Mord öffentlich gefeiert. Anfang Dezember fand die Führerin der linken Meretz-Partei, Shulamit Aloni, in ihrer Post in der Knesset ein Päckchen. Darin lagen eine Kugel und die Warnung: »Dein Platz ist im Himmel.« Micha Regev, stellvertretender Kommandeur einer Kampfbrigade der Reserve und ehemaliger Student an der Yeshivah Merkaz Harav, sprach wie viele andere die Befürchtung aus, wenn der religiöse Zionismus einen extremistischen Killer wie Amir hervorzubringen vermochte, gab es keinen Grund zu glauben, ihm könnten nicht weitere folgen.

Die israelischen Justiz- und Sicherheitsbehörden, die entschlossen waren, ihr klägliches Versagen wettzumachen, leiteten ein weites Spektrum von Maßnahmen gegen die extreme Rechte ein. Man erhob Anklage wegen längst vergessener vorgeblicher Gesetzesverletzungen, setzte Anordnungen, die die Bewegungsfreiheit bekannter Aktivisten einschränkten, mit größerer Härte durch, verbot amerikanischen Kahane-Anhängern die Einreise ins Land und verschärfte die Sicherheitsmaßnahmen um Peres und andere potentielle Ziele in bisher nicht gekanntem Ausmaß. Für einige der extremen Rechten entstand jedoch damit lediglich eine neue Front für Angriffe gegen die Regierung.

Ya'akov Novick, Führer der Ma'amatz-Gruppe, die viele rechte Demonstrationen organisiert hatte, beschuldigte die Regierung, sie versuche Israel auf das Niveau des alten Rußlands zurückzudrängen, wo jedermann wußte, »daß es nur einen Weg zur Veränderung gab – die illegale Betätigung. Die Regierung geht auf eine Diktatur zu. Das wird zum Bürgerkrieg führen.« In einer Presseerklärung einen Tag nach Rabins Begräbnis klagten Ruth und Nadia Matar, Führerinnen der Siedlerbewegung »Frauen in Grün« die Regierung an, sie errichte »ein frevlerisches Terrorregime«, um Andersdenkende zu unterdrücken. Darauf folgte ein ganzer Strom ähnlich bösartiger Presseerklärungen, in denen Peres persönlich angegriffen wurde. Dort hieß es: »Wieder die Nummer Eins zu sein ... bedeutet ihm alles.« Den Friedensprozeß nannte man »Betrug am jüdischen Volk«. Nadia Matar, Mutter dreier Kinder aus der Siedlung Efrat zwischen Bethlehem und Hebron, behauptete: »Wir haben niemals Schilder getragen, auf denen Rabin als Verräter und Mörder bezeichnet oder in SS-Uniform dargestellt wurde.« Sie verteidigte die Agitation gegen die Regierung, die recht grob war, wie sie selbst zugab. »Aber je mehr die Menschen sich bedroht fühlen, je weiter die Abkommen von Oslo ohne große Mehrheit vorangetrieben werden, desto lauter müssen wir ›Hilfe!‹ schreien.«

Als die Behauptung an die Oberfläche drang, daß Raviv ein Agent der Shin Bet und Eyal von Shin Bet bezahlt war, verstärkte die extreme Rechte ihre Gegenangriffe. In den ersten Tagen nach dem Mord hatte Leah Rabin in Interviews Netanyahu direkt angeklagt und ihm vorgeworfen, er und andere im Hauptstrom der Rechten hätten das Klima für den politischen Mord angeheizt, weil sie auf Kundgebungen sprachen, wo man Rabin als Verräter brandmarkte. Es sei hart für sie gewesen, Netanyahus Hand zu nehmen, als er ihr in der Knesset kondolierte, sagte sie. Sein Beileid komme zu spät, hatte sie ihm geantwortet. Nun forderten einige Ultrarechte, Leah Rabin möge sich entschuldigen, als ob die katastrophale Leistung der Shin Bet die Schuld der Extremisten verringert, als ob die Shin Bet und nicht Yigal Amir die Waffe betätigt hätte.

Zur Erleichterung der regionalen und internationalen Beobachter konnte der Friedensprozeß mit der reibungslosen Übergabe der Macht an Peres planmäßig fortgesetzt und zum Teil noch beschleunigt werden. Peres drängte auf den Abzug aus Jenin Mitte November und stellte sicher, daß die israelischen Truppen zum Jahresende auch alle übrigen Städte des Westjordanlandes mit Ausnahme von Hebron verlassen hatten. Er unternahm entschlossene Anstrengungen, rasch ein Friedensabkommen mit Syrien zu schließen. In der für ihn charakteristischen visionären Art stellte er das Ziel, allen Kriegen im Nahen Osten durch den gleichzeitigen Abschluß von Friedensverträgen nicht nur mit Syrien und Libanon, sondern auch mit Saudi-Arabien, Marokko, Tunesien und den anderen arabischen Staaten ein Ende zu setzen.

Während Peres sich mühte, international neue Brücken zu schlagen, waren Israels Hauptprobleme nach wie vor im Lande selbst zu suchen. Vor allem mußte sich zeigen, ob eine Gesellschaft, die der Mord so tief erschüttert hatte, in der Lage war, die neuen Krisen zu bewältigen, die unweigerlich hinter der nächsten Ecke lauerten. Die Welle der Sympathie, die Peres bei Umfragen in der Öffentlichkeit doppelt so populär wie Netanyahu erscheinen ließ, würde in dem Moment abebben, da die islamischen Extremisten ihre Selbstmordkommandos wieder in Marsch setzten. Selbst wenn sie relativ ruhig blieben, selbst wenn eine verbesserte innere Sicherheit und ein neuer Geist der Selbstbeherrschung Israels Extremisten davon abhielt, Amirs schreckliche Tat zu wiederholen, war damit die Spaltung nicht überwunden. Wenn man nicht gründlich in sich ging, wenn die Israelis auf beiden Seiten der Trennlinie nicht einsahen, daß sie alle zu einem Klima der Feindseligkeit beigetragen hatten, in dem der politische Mord nur ein logischer Höhepunkt war, dann mußte auch der schwache Hoffnungsschimmer bald wieder erlöschen.

Leah Rabin, die nach 47 Ehejahren nun allein war, sah in den überwältigenden Beweisen nationaler Trauer wenigstens einen gewissen Anlaß zum Optimismus. Bei der Gedenkkundgebung auf dem ehemaligen Platz der Könige Israels, den man in Yitzhak-Rabin-Platz umbenannt hatte, sagte sie, sie sei sicher, daß der Mord die »schweigende Mehrheit« aufgewühlt habe und dazu beitragen werde, den Friedensprozeß erfolgreich zu vollenden. Diese optimistische Botschaft trug sie auch nach New York, wo sie bei der Ehrung für Rabin am 10. Dezember 1995 im überfüllten Madison Square Garden unbeirrt erklärte: »Der Frieden wird kommen.« In den ersten trüben Wochen nach dem Mord fand sie etwas Trost darin, daß sie jeden Tag einen Brief an ihren toten Ehemann schrieb. Sie wußte, er konnte nicht mehr lesen, was sie ihm schrieb, aber allein, es ihm sagen zu können, erleichterte sie.

Als Eitan Haber einige Tage nach dem Mord Rabins Büro ausgeräumte, erinnerte er sich daran, daß der Ministerpräsident sich »absolut« unbesiegbar gefühlt hatte. Er hatte sich nie vor rechter Gewalt gefürchtet. Zugleich aber hatte er sich angesichts all dieser Hetze sehr alleingelassen gefühlt. Die letzte Kundgebung, sagte Haber, war für Rabin ein persönlicher Höhepunkt. »Wenn ich irgendeinen Trost finden kann«, sagte der Mann, der Rabin vor 37 Jahren zum ersten Mal begegnet war – als Soldat, der vor seinem General zitterte –, »dann in der Tatsache, daß er vor seinem Tod diesen Höhepunkt erleben durfte. Man hätte ein genialer Regisseur sein müssen, um sich ein solches Finale vorzustellen: Zehntausende, die gemeinsam mit ihm zu seinen Ehren sangen, die ihm so viel Wärme entgegenbrachten. Die Umarmung mit Shimon Peres. Und dann – der Mord.«

SIEBZEHNTES KAPITEL
Eine unvollendete Mission

Yitzhak Rabin war 73 Jahre, acht Monate und drei Tage alt, als er ermordet wurde. Die Tragik dieses Mordes lag darin, daß der Ministerpräsident zwar ein über siebzigjähriger kettenrauchender Whiskyliebhaber war, sich zugleich aber fit und stark fühlte. Nach Aussage jener seiner Mitarbeiter, die ihn am besten kannten, war er begierig darauf, noch weitere fünf Jahre im Amt zu bleiben.

In seinem letzten großen Interview für das israelische Fernsehen drei Tage vor seinem Tod wich er den wiederholten Versuchen der Reporter geschickt aus, eine verbindliche Aussage darüber von ihm zu erhalten, ob er eine weitere Amtszeit ins Auge fasse. Aber er meinte es zweifellos ernst, als er ihre vorsichtigen Andeutungen zurückwies, er könnte zu alt sein, um sich noch einmal auf diesen heißen Stuhl zu setzen. Nach Eitan Haber »wies Rabin immer wieder stolz darauf hin, er sei besser in Form als viele Jüngere. Er sah sich selbst als jungen Mann.« Und mit dem Tempo eines jungen Mannes stürmte er auch durch seine endlosen Arbeitstage. »Er arbeitete, als müßte er ständig sein Gehalt rechtfertigen«, sagte Haber. »Wenn wir ihm vorschlugen, seine Ankunft irgendwo im Ausland einen Tag vorzuverlegen, um den Zeitunterschied besser zu verkraften, pflegte er zu antworten: ›Seid Ihr wahnsinnig? Denkt daran, was das Israel kostet!‹«

Seine engsten Mitarbeiter zweifeln nicht daran, daß Rabin sich 1996 erneut zur Wahl stellen wollte, ja, daß er sicher war, die Wahl zu gewinnen und einen weiteren vollen Turnus im Amt zu bleiben. Ganz oben auf seiner Tagesordnung stand dabei der Frieden mit Syrien. Zwar war der Friedensvertrag mit Ägypten in diesen dreieinhalb Jahren, die er amtierte, konsolidiert worden, zwar hatte sich der Frieden mit Jordanien als wärmer erwiesen, als er zu hoffen wagte, und auch Arafat schien die islamischen Radikalen unter den Palästinensern mit wachsendem Erfolg im Schach zu halten. Aber für Rabin war die Arbeit erst halb getan, und er wollte sie um jeden

Preis zu einem erfolgreichen Abschluß führen. »Ganz bestimmt hätte er die Zügel wieder in die Hand genommen und eine volle Amtszeit durchgehalten«, sagt Uri Dromi, Leiter des Presseamtes der Regierung unter Rabin, der oft an seiner Seite war. »Rabin ließ keine Sache halbfertig liegen.«

Nach seinem Tode nannte Präsident Clinton Rabin »einen Märtyrer des Friedens«. Aber er selbst wollte wohl kaum auf diese Weise in die Geschichte eingehen. Rabin war kein Märtyrer. Und wenn auch sein Beitrag zum Frieden heute zu Recht und ganz natürlich als sein Erbe betrachtet wird, hätte er selbst sicher seine Sorge um die Sicherheit Israels gern ebenso gewürdigt gesehen. Rabin war Soldat bis zum letzten Atemzug, obwohl er die Uniform vor fast dreißig Jahren abgelegt hatte. Sicherheit galt ihm als Parole auf dem Weg zum Frieden. Sie diente ihm als Filter, den jede Klausel jedes einzelnen Abkommens zu passieren hatte, unter das er seine Unterschrift setzte. Er war zutiefst davon überzeugt, daß nur ein starkes, sicheres Israel Frieden schließen konnte. »In diesen Tagen der Trauer und der Tränen«, sagte Haber kurz nach dem Mord, »ist es nur natürlich, daß man vor allem von seiner Rolle für den Frieden spricht. Aber wenn Yitzhak Rabin heute vom Himmel herabsteigen könnte, würde er sagen: ›Leute, Sicherheit zuerst.‹«

Nach einer Rivalität, die fast ein halbes Leben währte, sah Rabin in seinen letzten Monaten Shimon Peres als seinen wahren Verbündeten im Bemühen um den Frieden an. Was Haber eine späte »Liebesaffäre« nannte, ist darauf zurückzuführen, daß beide erkannten, welch wichtige Eigenschaften der andere in die Partnerschaft einbrachte. Kollegen sagen, Peres habe Rabins Achtung gewonnen, weil er durch die Osloer Gespräche mit den Palästinensern bewies, daß Rabins eigenes Mißtrauen zuweilen falsch, daß seine Vorsicht übertrieben sein konnte, daß Verhandlungskanäle, die er instinktiv als aussichtslos verworfen hätte, durchaus der Erkundung wert waren.

Zugleich war sich Rabin stets bewußt, daß er Peres bremsen, »auf die Erde zurückholen« mußte, wie einer seiner früheren Vertrauten es formuliert. Enge Mitarbeiter Rabins haben keinen Zweifel, daß Peres bei der Erfüllung seiner selbsterklärten Aufgabe, Rabins Mission zu vollenden, nach dem Mord Schritte ging und politische Maßnahmen einleitete, die Rabin vermieden hätte. Ein scharfsinniger israelischer Analytiker, der Rabins Gedanken sehr gut kannte, meinte dazu zwei Monate nach dem Mord: »Rabin würde sich im Grabe umdrehen.«

Um Rabins zügelnde Wirkung auf den Mann zu illustrieren, der sein Nachfolger wurde, erinnert ein Vertrauter an die Ereignisse vom 4. Juli 1995. An jenem Morgen reiste Peres nach Gaza, um dort mit Arafat Gespräche über den Abschluß des bereits lange überfälligen Abkommens Oslo II zu führen, mit dem die palästinensische Selbstverwaltung auf das Westjordanland ausgedehnt werden sollte. Die beiden Männer beschlossen, so lange am Verhandlungstisch auszuharren, bis der endgültige Entwurf fertiggestellt war. So hielten sie es auch, bis dann am frühen Abend weißer Rauch aufstieg. Um 20.00 Uhr leitete das israelische Fernsehen seine Abendsendung mit der Nachricht ein, die Sache sei geschafft, in zwei Wochen werde im Weißen Haus die feierliche Unterzeichnung des Abkommens stattfinden. Diese sollte einer internationalen Konferenz von Kreditgebern für die Palästinenserverwaltung starken Auftrieb verleihen, die in Washington ebenfalls für diese Zeit anberaumt war.

Da es der 4. Juli war, gab der amerikanische Botschafter Martin Indyk in seiner Residenz in Herzliyah an diesem Abend eine Party anläßlich des amerikanischen Unabhängigkeitstages, an der Rabin und fast das gesamte israelische Establishment teilnahmen. Als die Nachricht über den Erfolg der Verhandlungen von Peres und Arafat eintraf, war sie natürlich sofort das wichtigste Gesprächsthema. Aber während die Gäste den Durchbruch begeistert feierten und amerikanische Diplomaten freudestrahlend gratulierten, schien der kleine Kreis der engsten Mitarbeiter Rabins völlig taub für die Glückwünsche zu sein. Auf die Frage, was der Grund dafür sei, erklärte Eitan Haber unverblümt: »Es gibt kein Abkommen Oslo II. Die Sache ist nicht vom Tisch. In diesem Monat wird keine Unterzeichnung im Weißen Haus stattfinden.«

Und so kam es auch. Es dauerte noch vom 4. Juli bis zum 28. September 1995, bevor aus dem »Abkommen« von Peres und Arafat das schließlich im Weißen Haus von Rabin und Arafat unterzeichnete Abkommen Oslo II wurde. Das waren zwölf Wochen, in denen Rabin, von der Ungeduld der Palästinenser, der Unruhe im Lande und dem Druck der Amerikaner unbeeindruckt, jede einzelne Klausel des Dokumentes durchging und auf unzähligen Veränderungen bei fast allen Aspekten bestand, die er seinen Sicherheitsfilter passieren ließ.

Es ist eine Ironie des Schicksals, daß dieser einzigartige Filter durch einen Mord, dessen Verursacher behauptete, er habe Israel vor einer in seinen Augen unverantwortlichen, gefährlichen und übereilten Politik bewahren wollen, nun beseitigt ist. Nachdem das Abkommen Oslo II Ende September unterzeichnet und besiegelt war, realisierte Peres in den Monaten nach dem Mord lediglich ein Dokument, das Rabin gutgeheißen hatte. Er überwachte den schrittweisen militärischen Rückzug aus den Städten, Ortschaften und Dörfern des Westjordanlandes und übergab Arafat die Macht nach den detaillierten Festlegungen des Vertrages. Aber in seinem Streben nach einem Friedensabkommen mit Syrien ist Peres nun auf Terrain vorgedrungen, das Rabin noch nicht erkundet hatte. Manche, die mit ihm zusammenarbeiten, äußern privat die Meinung, der verstorbene Ministerpräsident wäre hier sicher ganz anders vorgegangen.

Rabin hatte seinen Mitarbeitern zu verstehen gegeben, er sehe keine Möglichkeit, vor den für Oktober 1996 festgesetzten Wahlen auch nur einen Rahmen für den Friedensvertrag mit Syrien festlegen zu können. Er hielt eine Übereinkunft auch nicht für dringend erforderlich. Die israelisch-syrische Grenze war seit dem Krieg von 1973 ruhig. Ohne die Unterstützung der Sowjetunion war Syrien auf absehbare Zeit nicht in der Lage, Krieg zu führen. Und die Verluste von zwei oder drei Dutzend Soldaten jährlich im Libanon waren zwar schmerzlich, aber minimal, wenn man sie zum Beispiel mit dem alltäglichen Blutbad auf Iraels Straßen verglich. Rabin hielt eine Vereinbarung mit Syrien auch nicht für einen besonders guten Wahlschlager. Er kannte sein Wahlvolk gut genug, um zu wissen, wie schwer es ihm gefallen war, sich auf die Friedenspartnerschaft mit Arafat einzustellen. Wenn man es zwang, sich nun auch noch mit Assad auszusöhnen, konnte das leicht zu Enthaltsamkeit bei den Wahlen führen. Außerdem wollte er zunächst den Zeitplan von Oslo II erfolgreich abarbeiten, bevor er sich anderen Projekten zuwandte. Vor allem fürchtete er eine erneute Zunahme der Selbstmordanschläge und anderer Akte des islamischen Extremismus, die die Arbeitspartei leicht den Wahlsieg kosten konnten – und er wollte sich nicht ablenken lassen. Der einzige Mißklang in seiner hochgestimmten Rede bei der feierlichen Unterzeichnung des Abkommens Oslo II im Weißen Haus war Rabins Warnung an Arafat, »den Terrorismus daran zu hindern, über den Frieden zu triumphieren ... Sonst werden wir selbst ihn bekämpfen.«

Wüßte der tote Ministerpräsident, so sagen Rabins Mitarbeiter, wie sehr Peres auf das löbliche, aber nicht unbedingt vordringliche Ziel eines Friedensschlusses mit Syrien versessen ist, wäre er entsetzt über die große Eile. Er wiese die schmeichlerischen, beinahe aufdringlichen Avancen Peres' gegenüber Assad sicher instinktiv zurück. Er hätte auch etwas dagegen, daß Peres sich darauf einließ, die Amerikaner als Vermittler in die Verhandlungen hineinzuziehen, und hätte es vorgezogen, den Vertrag Aug in Auge mit den Syrern selbst auszuhandeln. Schließlich – Sicherheit zuerst – hätte ihn Peres' Bereitschaft gestört, über alle Aspekte eines Abkommens gleichzeitig zu verhandeln. Statt dessen hätte er darauf bestanden, zunächst Sicherheitsarrangements für den Abzug der Israelis von den Golanhöhen zu vereinbaren, bevor man die anderen Elemente eines Vertrages in Angriff nahm.

»Rabin war bereit, einem israelischen Abzug vom ganzen Golan zuzustimmen«, sagt ein enger Mitarbeiter mit Nachdruck. »Aber es wäre ein langer Prozeß gewesen. Er wies oft darauf hin, daß es drei oder vier Jahre dauerte, bis der Friedensvertrag mit Ägypten voll realisiert war. Eine Vereinbarung mit Syrien war nach seiner Meinung unendlich komplizierter und würde in seiner Durchsetzung möglicherweise ein ganzes Jahrzehnt erfordern.« Rabin selbst hatte dem Jerusalem Report in einem Interview im Juli 1994 erklärt, er wünsche zwar Frieden mit Syrien und sei auch bereit, dafür »schmerzhafte Kompromisse zu schließen«, habe es aber mit der Sache nicht eilig. »Wir sind seit 27 Jahren auf den Golanhöhen und können dort auch ohne weiteres noch 27 Jahre bleiben«, sagte er. »Es dauerte viereinhalb Jahre nach Anwar Sadats Besuch in Jerusalem, bevor wir mit dem Rückzug vom Sinai begannen ... Assad war noch nicht in Jerusalem.«

Der zitierte enge Mitarbeiter ist der Meinung, Rabin hätte »darauf bestanden, daß die Syrer ihre Truppen bis nach Damaskus zurückziehen, daß Israel mit Hilfe von Satelliten und anderen Aufklärungsmitteln stets wissen müsse, was die syrischen Militärs im Schilde führten, und daß zwischen den syrischen Truppen und dem Golan eine Reihe ›internationaler Stolperdrähte‹ gezogen werden, um jeden Überraschungsangriff auszuschließen. Bei derartigen Arrangements hätte er sogar auf die Einrichtung einer Frühwarnstation auf dem Golan verzichtet. Aber das wäre ein sehr langer Prozeß geworden, und er hätte sich nicht kopfüber in die Sache gestürzt, wie Peres es jetzt tut.«

Uri Dromi weist darauf hin, daß »Rabin, anders als Peres, die militärische Bedrohung seitens der Syrer niemals verharmloste. Von ihm bekam man nicht zu hören, die syrischen Waffen seien rückständig oder gar Schrott. Während des Golfkrieges hatte er sich davon überzeugen können, welche psychologische Wirkung ein paar Dutzend Scud-Raketen im Lande haben konnten. Obwohl es nicht einen einzigen Toten gab, war ganz Israel erschüttert. Deshalb konnte er sich auch vorstellen, was zum Beispiel aus Syrien abgeschossene Scuds mit biologischen Sprengköpfen anrichten konnten. Während Peres glaubt, wenn der Frieden einmal erreicht sei, verfüge man auch über alle Sicherheitsgarantien, war Rabin der Meinung, daß die Sicherheitsaspekte eines Abkommens zuerst geklärt werden müssen. Er sah alles durch das Prisma der Sicherheit.«

Unter der Bedingung, daß sie nur anonym zitiert werden, bestätigen Rabins Mitarbeiter, daß er im Prinzip bereit war, den gesamten Golan abzutreten – eine Position, die bei öffentlicher Verkündung beträchtliche Kontroversen ausgelöst hätte. Unter derselben Bedingung enthüllen sie auch eine andere Position, die Rabin ebenfalls niemals öffentlich vertreten hat – daß er die Errichtung eines Palästinenserstaates im Westjordanland und im Gazastreifen ziemlich ungerührt hingenommen hätte. »Die Wahrheit ist, daß Rabin nicht allzu sehr interessierte, was allgemein als ›Semantik‹ bezeichnet wird«, sagt ein enger Vertrauter. »Für ihn war klar, daß Oslo II im Grunde genommen bereits die Gründung eines Palästinenserstaates bedeutete. Die Palästinenser haben eine Flagge, eine Hymne, eine eigene Währung, eigene Briefmarken, Pässe und einen Präsidenten. Das alles zusammengenommen ergibt einen Staat, was Rabin nicht übermäßig erregte. Er wollte den Palästinensern ihre Selbstachtung in einem Maße zurückgeben, das sicherstellte, daß sie das Abkommen realisieren und respektieren.«

Was die Fragen des »endgültigen Status« betraf, die zentralen Elemente eines dauerhaften Friedensschlusses mit den Palästinensern wie die Markierung der Grenzen, die Rückkehr der palästinensischen Flüchtlinge, das Schicksal der jüdischen Siedlungen in den betroffenen Gebieten und der endgültige Status von Jerusalem – so sagen Mitarbeiter, daß Rabin es nicht eilig gehabt habe, sie zu lösen. Wiederum zog er es vor, die Debatten darüber so lange wie möglich hinzuziehen, um sich erst einmal davon zu überzeugen, wie Oslo II funktionierte. Zwar sah der vereinbarte Zeitplan die Eröffnung von Gesprächen über den endgültigen Status für Mai 1996 vor, aber Rabin hätte sicher herummanövriert, um zu erreichen, daß vor den Wahlen im Oktober 1996 nichts ernsthaft debattiert wurde, sagen Mitarbeiter.

Rabin wußte, wenn diese Gespräche erst einmal ernsthaft begannen, dann mußten die Differenzen zunächst unüberwindbar erscheinen. Dazu Dromi: »Er wußte, die Palästinenser würden einen unabhängigen Staat mit Jerusalem als Hauptstadt, die Räumung aller Siedlungen im Westjordanland und im Gazastreifen sowie die Rückkehr aller Flüchtlinge fordern. Israel würde antworten – kein Staat, vergeßt Jerusalem, wir behalten die Siedlungen, und die Flüchtlinge können nicht zurück. Natürlich muß es am Ende Kompromisse geben.« Zur Frage der Flüchtlinge hatte sich der Ministerpräsident noch keinen endgültigen Standpunkt erarbeitet, aber in den anderen Fragen nahm seine Position allmählich Gestalt an. In seiner Rede vor der Knesset vom 5. Oktober 1995, als er das Abkommen Oslo II zur Ratifizierung vorlegte, hatte er seine Vision vom endgültigen Status des Westjordanlandes umrissen. Mit seiner Vorstellung, Jerusalem zu erweitern, so daß es bis ins Westjordanland hineinreichte, die Siedlungen im Jordantal zu behalten und weitere Gruppen von Siedlungen an Israel »anzuschließen«, strafte er die Behauptung der Opposition Lügen, er sei dabei, Israel in die Grenzen von 1967 zurückzuführen.

Das Gesagte nahm sich aus wie eine maximalistische »Eröffnungsposition« für die Verhandlungen. Sie hätte die Palästinenser sicherlich in hellen Zorn versetzt, sollte aber kurzfristig so viele Skeptiker in Israel wie möglich beruhigen und auf längere Sicht den Weg für einen Kompromiß bereiten. Haber bekannte zwar, daß Rabin für die Siedler im Westjordanland wenig Sympathie empfand und sie als »ein bewußt errichtetes Hindernis für den Frieden« ansah. Zugleich wies der engste Mitarbeiter des Ministerpräsidenten aber darauf hin, Rabin habe Frieden mit Jordanien erreicht, »ohne kaum mehr als eine Wäscheleine herzugeben«. Er glaubt, Rabin hätte versucht, so viele Siedlungen wie nur möglich für Israel zu erhalten.

Was Jerusalem betrifft, so hatte Rabin bereits öffentlich kategorisch erklärt, er werde keine Untergrabung der israelischen Souveränität über die ganze Stadt zulassen. Er wählte eigens die Wirtschaftskonferenz von Casablanca im Jahre 1994 – eine beispiellose und außerordentlich delikate Zusammenkunft arabischer und israelischer Führer – um dort zu geloben, daß die Hauptstadt niemals wieder geteilt werde. Auch privat hatte er dazu keine andere Haltung. Dromi sagt, was Jerusalem betrifft, so war Rabin unerbittlich. »In vielen Fragen war er der typische Pragmatiker, der leidenschaftslos abwog, was Israels Sicherheitsinteressen am besten diente. Aber zu Jerusalem, der Stadt, in der er geboren war, um die er schon als 20jähriger gekämpft und Teenager in den Tod geschickt hatte, für die er 1967 erneut in den Krieg gezogen war und schließlich siegreich geblieben war, hatte er ein zutiefst emotionales Verhältnis. Ich weiß nicht, ob er jemals einem substantiellen Kompromiß über den Status der Stadt zugestimmt hätte.« Allerdings war er bereit, sagen seine Mitarbeiter, eine gewisse »kommunale Autonomie« für die Palästinenser ins Auge zu fassen, möglicherweise ein System von Stadtbezirken. Er hatte auch keine großen Einwände gegen Institutionen wie das Hauptquartier der Palästinenser im Orient-Haus in Ostjerusalem.

Wenn man sich mit Menschen unterhält, die Rabin gut kannten, wird klar, daß seine politischen Positionen nicht Jahre oder auch nur Monate im voraus feststanden. Während einige Kritiker argumentieren, daß sei typisch für eine Führung, die mehr auf die Entwicklung reagierte als sie selbst bestimmte, sagen Rabins Anhänger, dies sei eher ein positives Zeichen für den Pragmatismus des Ministerpräsidenten gewesen, seine Einsicht, daß man die eigene Position flexibel halten mußte, um auch bei veränderter Situation weiter voranzukommen.

Nichts illustriert besser die Bereitschaft des Rabin von 1990, seine Position neu einzuschätzen und zu verändern, als sein faszinierendes Verhältnis zu Yasser Arafat. Am Beginn des Autonomieprozesses empfand Rabin, gelinde gesagt, eine tiefe Abneigung gegen den Palästinenserführer. Es machte ihm nichts aus, den obersten Repräsentanten Ägyptens oder Jordaniens die Hand zu geben, auch den Syrern, denn ihnen allen hatte er als General auf dem Schlachtfeld gegenübergestanden. Mit den Jahren fand er sogar Vergnügen daran, sich in lockerem Ton zum Beispiel mit Mohammad Abdulghani al-Gamassy zu unterhalten, dem ägyptischen General, der

1967 seine Truppen über den Suezkanal geführt hatte. Mit ihm diskutierte Rabin praktische Aspekte der Forcierung des Kanals.

Aber Arafat war niemals sein Gegner in einer konventionellen militärischen Auseinandersetzung gewesen. Viele Jahre lang hatte Rabin den Mann und seine Methoden verachtet. Selbst in der neuen Situation konnte er sich einfach nicht dazu zwingen, einem Mann entspannt gegenüberzutreten, der für die Tötung von Frauen und Kindern – ein Greuel für einen Soldaten – verantwortlich war, einem Mann, der nach Rabins Auffassung die Grenze zur Barbarei überschritten hatte. Er verstand den Frust und Schmerz der Palästinenser, er verstand auch, daß Arafat kaum eine Alternative zur Verfolgung seiner Ziele hatte als den Terrorismus. Aber dieses rationale Verstehen half ihm nicht, die emotionale Antipathie zu überwinden.

Als Rabin am 13. September 1993 vor Hunderten Gästen auf dem Rasen vor dem Weißen Haus und den Hunderten Millionen, die an den Fernsehgeräten rund um die Welt zuschauten, vor Arafats ausgestreckter Hand zögerte, war sein Widerwille echt und die psychologische Barriere ganz real. Rabin wußte vorher, daß Arafat auf diesen Händedruck aus war und daß Clinton ihn ebenfalls wünschte. Er hatte sich bereits damit abgefunden. Haber hatte den Amerikanern sogar ein Telegramm geschickt, in dem es hieß, ein Händedruck sei akzeptabel, Arafats übliche Küsse und Umarmungen aber nicht. Dromi erinnert sich, daß Rabin während des Fluges zu den Feierlichkeiten in den USA von seiner Gewohnheit abwich, ein wenig zu schlafen, daß er rauchend ruhelos umherging, offenbar innerlich tief aufgewühlt. Als dann vor dem Weißen Haus die Stunde der Wahrheit schlug, mußte Clinton sacht Rabins Ellenbogen drücken, damit dieser sein Zögern überwand.

Als das Abkommen Oslo II zwei Jahre später in einem viel bescheideneren Rahmen vor dem Weißen Haus unterzeichnet wurde, verriet Rabins Körpersprache, wie sehr sich das Verhältnis verbessert hatte. Zwar war es Arafat, der Rabin auf den Rücken klopfte, als das Abkommen unterschrieben, gesiegelt war und die beiden Männer den Raum verließen. Aber zwei Jahre zuvor hätte Arafat das nie gewagt. Wenn aber doch, dann wäre Rabin zusammengezuckt und hätte sich den Klauen des Vorsitzenden entwunden. Aber in der Hochstimmung dieser Feierstunde wirkte der Schlag auf den Rükken beinahe natürlich.

Haber sagt, Rabin habe Arafat niemals hundertprozentig vertraut, dieser habe aber seine Achtung gewonnen. In der Anfangszeit von Arafats Herrschaft im Gazastreifen sprach Rabin abfällig von Arafats System der Ämterbesetzung, machte sich lustig, daß palästinensische Polizisten aus dem Ausland herbeigeholt wurden und riß zynische Witze darüber, daß Arafats Unterschrift notwendig war, selbst wenn man im Gazastreifen ein Telefon installieren lassen wollte. Aber mit der Zeit beeindruckte ihn Arafats Fähigkeit, sich die Unterstützung der Mehrheit seines Volkes zu erhalten, zu überleben und vor allem den islamischen Extremismus zu bekämpfen – was als Barometer für das Friedensabkommen galt.

»Er sprach nun anders über Arafat«, sagt Dromi. »Er erinnerte sich selbst und andere daran, daß Israel, als es den Gazastreifen kontrollierte, den Terrorismus auch nicht hatte vollständig ausmerzen können. Aus den Berichten der Geheimdienste wußte er, daß Arafat unter schwierigen Umständen zwar nicht sein Bestes, aber doch eine Menge tat, um den Terrorismus zu bekämpfen.« Rabin lernte auch die Menschen, die mit Arafat zusammenarbeiteten zu bewundern – die weltläufigen Pragmatiker, die in Oslo verhandelt hatten, wie Abu Ala, Abu Mazen und Nabil Sha'ath. Wie beeindruckend diese Mitarbeiter auch waren, so wußte Rabin doch genau, daß der Schlüssel bei Arafat lag. Arafat war der einzige glaubhafte Partner unter den Palästinensern. Er hielt sich an sein Versprechen, den Terrorismus zu bekämpfen und bewies damit, daß das »Spiel um Frieden« sich auszuzahlen begann.

Obwohl Assad der unversöhnlichere und viel gefährlichere Feind war, hatte Rabin interessanterweise zum syrischen Präsidenten eine viel klarere Haltung. Beide waren sich natürlich nie begegnet, obwohl Rabin mehrfach den Kontakt öffentlich und privat gesucht hatte. Aber wenn Rabin den syrischen Diktator nach seinen bisherigen Erfahrungen beurteilte, glaubte er, bei Assad gelte der Wahlspruch »ein Mann – ein Wort«, er sei ein Mann, der eine Vereinbarung hielt, wenn sie einmal geschlossen war. Rabin schätzte die Tatsache, daß Assad mehr als zwanzig Jahre lang an der israelisch-syrischen Grenze für Ruhe gesorgt hatte. Assads Manöver, mit denen es ihm gelungen war, im Grunde genommen die Hegemonie Syriens über den Libanon zu errichten, zollte Rabin widerwillig Bewunderung. Allerdings sagt Uri Dromi, Rabins Vertrauen in Assads Wort sei erschüttert worden, als der syrische Präsident, ungeachtet eines ausdrücklichen Versprechens gegenüber den Amerikanern, im Sommer 1985 erneute Gespräche zwischen militärischen Unterhändlern verhinderte. Dies, so sagt Dromi, ließ bei Rabin Zweifel aufkommen, daß Assad seine strategische Entscheidung für den Frieden getroffen hatte. Die Chance, rasch zu einem Abkommen zu gelangen, wurde von Rabin nun wieder pessimistischer beurteilt.

Rabin wußte aus Informationen verschiedener Mittelsmänner, daß Assad gesunden Respekt, wenn nicht sogar Furcht vor seiner Person empfand. Aus Berichten amerikanischer Diplomaten, die jahrelang zwischen Israel und Syrien vermittelten, wurde Rabin klar, daß Assad, einem Diktator, der bisher mit niemandem auf gleichberechtigter Ebene verhandelt und kaum jemals den Nahen Osten verlassen hatte, die Aussicht unangenehm erscheinen mußte, mit einem früheren General am Verhandlungstisch zu sitzen, dessen Truppen die syrische Armee bei jeder ihrer Begegnungen in die Flucht geschlagen hatten. Für die Zukunft kann von Bedeutung sein, daß Assad mit Peres solche psychologischen Probleme niemals hatte.

Rabin war zwar nicht überzeugt, daß Frieden mit Syrien erste Priorität habe, er blieb aber ein Ziel, für das er sich einsetzte. Dabei ging es ihm nicht nur darum, »den Kreis des Friedens« um Israel, wie Peres es nannte, zu schließen, sondern ebenfalls darum, die Front der säkularen Staaten gegen die Ausbreitung des von Iran inspirierten islamischen Extremismus, des »Khomeinismus ohne Khomeini«, wie er es nannte, zu stärken. Außerdem sah er auch die wirtschaftlichen Vorteile, die ein umfassender Frieden und nachfolgende Stabilität im Nahen Osten Israel versprachen. Er sah vor sich, wie auch die Märkte Indonesiens , Malaysias und einiger Golfstaaten sich für Israel öffneten. Er wußte, daß die israelische Wirtschaft zu einem wahren Höhenflug ansetzen konnte, wenn einmal umfassender Frieden erreicht war. Für ihn wirkten Fortschritte im Friedensprozeß und in der Wirtschaft zusammen. Er wollte eine störungsfreie Entwicklung in beiden Bereichen sicherstellen.

Ganz im Gegensatz zur allgemein verbreiteten Meinung, er sei »immer ein Soldat und niemals ein Politiker« gewesen, widmete Rabin beträchtliche Zeit und Kraft Problemen der Innenpolitik. Er gruppierte seine Kräfte sogar mit einer gewissen Rafinesse, um der Arbeitspartei maximale Chancen für den Sieg bei den nächsten Wahlen zu sichern. In seiner Umgebung gab es kaum Zweifel, daß unter den potentiellen Nachfolgen Haim Ramon sein Favorit war. Aber er hatte auch ein enges Verhältnis zu dem ehemaligen Stabschef Ehud Barak und brachte ihm großen Respekt entgegen. Beide politischen Aufsteiger setzte er mit großer Sorgfalt ein.

Ramons dramatischer Weggang von der Arbeitspartei im Februar 1994, als er für den Führungsposten der Histadrut-Gewerkschaft kandidierte und diesen auch gewann, wird von manchen, die es wissen müssen, als mit Rabin koordinierte Aktion angesehen. Diesem sei klar geworden, daß die gesichtslosen Funktionäre, die damals die Gewerkschaft führten, nicht imstande waren, lange überfällige Reformen durchzuführen. Nach seiner Vorstellung sollte Ramon die Histadrut zu einer pulsierenden, attraktiven und von Korruption freien Organisation umgestalten, die 1996 viele Stimmen für die Arbeitspartei zu mobilisieren hatte. Andere, darunter auch Uri Dromi, meinen, Rabin hätte einem so vorausberechneten Schlag gegen seine eigene Partei nie seinen Segen gegeben. »Er wäre sich zu doppelzüngig vorgekommen«, habe sich dann aber rasch von den potentiellen Vorteilen von Ramons Weggang umstimmen lassen.

So setzte Rabin auch Barak, als er diesen im Juli 1995 in sein Kabinett holte, nicht, wie es natürlich gewesen wäre, im Verteidigungsministerium, sondern im Innenministerium ein, eine Schlüsselposition im Vorfeld der Wahlen, wenn man die zentrale Rolle bedenkt, die dieses Ministerium bei der Verteilung von Mitteln an die Kommunen – für Saatgut, Wohnungsbau, Erholung und anderes – spielt und welche Möglichkeiten es damit hat, Wähler abzustoßen oder anzuziehen.

Ein Vertrauter Rabins faßt es so zusammen: »Er gab seinen beiden potentiellen Nachfolgern Mechanismen in die Hand, mit denen sie die Wählerbasis der Arbeitspartei erweitern und zugleich eigene Machtpositionen aufbauen konnten.« Das kurzfristige Ziel bestand darin, daß Ramon und Barak in ihren Bereichen den Sieg der Arbeitspartei bei den Wahlen von 1996 sicherten. Langfristig erwartete Rabin, daß sie am Ende seiner nächsten Amtszeit sich mit ihren jeweiligen Erfolgen um die Führung der Partei bewerben konnten.

Mit Ramon, dem Mann, der an seinem letzten Nachmittag, am 4. November 1995, bei ihm war, verstand er sich fast auf Zuruf. Für Barak hegte er nicht dieselben herzlichen Gefühle. Es hatte ihm nicht gefallen, wie Barak es als stellvertretender Stabschef verstanden hatte, eine direkte Beteiligung an der Niederschlagung der Intifada zu vermeiden. Ihm fiel auch auf, daß sich Barak der Stimme enthalten hatte, als das Abkommen Oslo II im August 1995 dem Kabinett für eine erste Abstimmung vorgelegt wurde. Er war der Meinung, Baraks Streben nach persönlicher Popularität sei eine Schwäche für einen potentiellen Führer des Landes. »Sagen Sie es nicht laut«, meint ein Mitarbeiter Rabins lächelnd, »aber Barak erinnerte ihn ein bißchen an Peres.«

Der Mann, dem Rabin allerdings am meisten vertraute und den er am höchsten schätzte, war Amnon Lipkin-Shahak, Baraks Nachfolger als Stabschef, mit dem ihn ein wirkliches Vater-Sohn-Verhältnis verband. Dieses begann, als man bei Shahak, der damals noch Chef der Militäraufklärung war, Leukämie feststellte. Als Verteidigungsminister kam Rabin unter Druck, Shahak zu beurlauben. Er gab aber dessen Bitte statt, im Amt bleiben zu können und zugleich gegen die Krankheit anzukämpfen. Rabin hielt zu ihm, und Shahaks Gesundheit wurde voll wiederhergestellt. Als es um den Teil der Osloer Abkommen von 1993 und 1994 ging, der Gaza und Jericho betraf, übertrug Rabin Shahak die meisten Verhandlungen. Seine Erwartungen bestätigten sich, denn es gelang Shahak, ein solides, produktives Verhältnis zu Nabil Sha'ath und den anderen palästinensischen Partnern aufzubauen, sich zugleich aber Rabins Vertrauen zu sichern.

Dromi meint, »Rabin fand sich selbst am meisten in Shahak wieder«. Er hatte sein volles Vertrauen. Und er hoffte, Shahak werde ein hohes Amt in der Regierung übernehmen, wenn er als Stabschef aus dem Dienst schied. Sein einziger Vorbehalt lief darauf hinaus, er könne zu geradlinig sein, um ein Vollblutpolitiker zu werden. Er war immer bestrebt, Shahak weiter zu formen und auf die Führungsposition vorzubereiten.

Daß Rabin den Boden für seine eigene Nachfolge vorbereitete, unterschied ihn von allen anderen Führern Israels. »Die Friedhöfe sind voll von Menschen, die glaubten, sie seien unersetzlich«, sagte er einmal in einem Interview für den Jerusalem Report. Aber nun wird er nicht mehr miterleben können, wie der Kampf um seine Nachfolge ausgeht. Er hat nicht einmal mehr die Chance, bei den Wahlen von 1996 gegen Benjamin Netanyahu anzutreten, einen Rivalen, den er immer verharmloste. Er erlebt auch nicht mehr, wie seine sorgfältigen Vorbereitungen für einen Rückzug aus dem Westjordanland relativ ungehindert und erfolgreich in die Tat umgesetzt werden. Er kann die Gespräche mit den Palästinensern über den endgültigen Status nicht mehr führen. Er hat nicht mehr die Chance zu beweisen, daß ihm ein Israel vorschwebte, das größer und sicherer ist, als das in den Grenzen von 1967. Und er kann auch nicht mehr Aug in Auge mit Assad die letzten Stücke in das Friedenspuzzle des Nahen Ostens einsetzen. Yitzhak Rabin, der Mann, der für Israel so unschätzbar Großes geleistet hat, wurde mitten auf seinem Wege von einem Killer, der behauptete, Gott stehe an seiner Seite, kaltblütig gestoppt. Und im selben Augenblick war Israel für immer verändert.

NACHWORT
Das Echo der Vergangenheit

Im Denken der Juden liegen Geschichte und Gegenwart niemals weit auseinander. 2000 Jahre lang beteten die Juden im Exil dafür, Israel in der Heimat ihrer Vorfahren wiederzuerrichten und seinen biblischen Ruhm zurückzugewinnen. Diese Gebete sind unablässig zu vernehmen, wenn der Traum von einem souveränen jüdischen Staat und der Sammlung der Auswanderer auch inzwischen Wirklichkeit geworden ist, sei es auch noch so unvollkommen. »Führe uns, Ewiger, zu Dir, wir wollen zurückkehren«, singen die Juden, wenn sie den Abschnitt der Thora für die Woche gelesen haben. »Erneue unsre Tage wie vor alters!« so flehte der Prophet Jeremia in seinen Klageliedern, die er nach der Zerstörung des Ersten Tempels im Jahre 586 v. u. Z. schrieb.

Die Geschichte von Israels Siegen im Altertum ist zugleich Inspiration und Geißel des modernen Zionismus. Die Juden wollten das Gelobte Land zurückgewinnen, wieder Bauern und Soldaten auf ihrem eigenen Grund und Boden sein, wieder Hebräisch sprechen, das seit dem Altertum weder in seinem Ursprungsland noch sonst irgendwo außerhalb der Synagoge und des Seminars gesprochen wird. Aber nicht alles aus den alten Tagen ist wert, erneuert zu werden.

Dror Adani, der zusammen mit Yigal Amir der Verschwörung zum Mord an Yitzhak Rabin beschuldigt wird, berichtete den Vernehmungsbeamten der Polizei von einer Sabbateinkehr, die Amir und andere junge Rechtsextreme gemeinsam mit Siedlern des Westjordanlandes hielten. Bei dieser Zusammenkunft argumentierte Amir, die politische Situation in Israel unter der Regierung Rabin sei der biblischen Geschichte von Pinehas, Sohn des Eleasar, Sohn des Hohen Priesters Aaron vergleichbar, der einen gewissen Simri erschlug, weil dieser sich schamlos mit einer midianitischen Hure eingelassen und dadurch Gottes Zorn auf sich gezogen hatte. Mit dieser Tat bewirkte Pinehas, daß eine Plage endete, die 24 000 Israeliten das Leben gekostet hatte. Dafür verlieh Gott Pinehas den »Bund des Friedens« und den »Bund eines ewigen Priestertums« für alle seine Nachkommen (4. Mose, 25 – der Übers.).

Nach dem Mord an Rabin führten einige derjenigen, die Amir zu verteidigen suchten, ob sie nun seinen haarsträubenden Vergleich bei der Zusammenkunft im Westjordanland kannten oder nicht, tatsächlich die Geschichte von Pinehas und Simri an, um bei einem nationalen Notstand Mord im eigenen Kreis zu rechtfertigen. Daß es einfach absurd ist, die beiden Situationen miteinander zu vergleichen, daß eine solche wörtliche Auslegung dem Geist des traditionellen Judentums direkt widerspricht, haben diese Leute, die den jüdischen Staat ausschließlich als den messianischen Embryo für eine Neuauflage des jüdischen Königreichs aus dem Altertum sehen, völlig aus den Augen verloren.

Wenn man es darauf anlegt, findet man in der Bibel natürlich auch ein Gegenstück zu der Pinehas-Geschichte. Unmittelbar nach der Zerstörung des Ersten Tempels wurde der von den Babyloniern eingesetzte jüdische Gouverneur von Judäa, Gedalja, Sohn des Ahikam, von Ismael, Sohn des Nethanja, ermordet, weil dieser ihn für einen Verräter hielt (2. Könige, 25; Jeremia, 41). Dieses Ereignisses wird bis zum heutigen Tage mit dem Gedalja-Fasten gedacht, das auf den dritten Tag des hebräischen Monats Tishrei, den Tag nach Rosh Hashanah, fällt. »Es überrascht«, kommentierte ein Forscher der Gegenwart, daß des Mordes an Gedalja, »einer Marionette der Babylonier«, bereits seit der Zeit des Zweiten Tempels mit einem Tag des Gebets gedacht wird. Vielleicht ist daran aber gar nichts Überraschendes. Man könnte argumentieren, mit diesem nahezu vergessenen Fastentag sollte den Juden unauslöschlich ins Nationalbewußtsein eingeprägt werden, daß Mord aus politischen Motiven nicht zu akzeptieren ist.

Diese Lehre hat man nur allzu schnell vergessen. In den Jahrhunderten, die der Zerstörung Jerusalems durch die Römer im Jahre 70 v. u. Z. vorausgingen, war die jüdische Welt von inneren Kämpfen zerrissen. Das beliebte Hanukkah-Fest feiert den Sieg der eifernden Hasmonier nicht nur über die seleukidischen Griechen, sondern auch über ihre jüdischen Brüder, vor allem Vertreter der Oberklassen und Intellektuelle, die die weltliche Kultur des Hellenismus begrüßten. Die weniger Extremen dieser jüdischen Hellenisten wollten keine Griechen werden, sondern das Judentum reformieren und den »kleinen Tempelstaat«, wie ihn der Historiker Paul Johnson sarkastisch nannte, »in die Neuzeit zerren«. Unzählige Generationen jüdischer Kinder haben sich für die Heldengeschichte des Mattathias, des Vaters der Makkabäer, begeistert, der einen Juden, welcher einen Götzen anbetete, auf dem Marktplatz von Modi'in tötete, sein Schwert erhob und ausrief: »Wer mit dem Herrn ist, folge mir!« Aber die Dynastie der Hasmonier, der mit Rom verbündeten jüdischen Monarchie, die Simon der Makkabäer errichtete, war von inneren Fehden zerrissen. Unter seinem Enkel Alexander Yannai Anfang des 1. Jahrhunderts v .u. Z. brach ein Bürgerkrieg aus, der nach dem Geschichtsschreiber des Altertums Josephus 50 000 Juden das Leben kostete.

Pharisäer, Sadduzäer, Zeloten – diese Begriffe finden sich, wenn auch vage, im historischen Gedächtnis des Volkes an die Zeit des Zweiten Tempels wieder. Weniger bekannt sind die Sikarier, die extremistischen Mörder, deren Name von ihrem Markenzeichen stammt, dem Krummdolch, auf Lateinisch »sica« genannt. Sie töteten Juden, die sie für ideologisch minderwertig hielten, zumeist bei öffentlichen Feierlichkeiten. Manche Forscher glauben, daß Judas Ischariot, der Urtyp für Verrat und Dolchstoß, so genannt wurde, weil er ein Sikarier war. Im Jahre 67 u. Z., als die römische Armee die Große Revolte in Galiläa unterdrückte, brachten die fanatischen Zeloten und ihre gemäßigten Gegner einander in Jerusalem bereits gegenseitig um. Drei Jahre später ging der Tempel in Flammen auf, und nach weiteren drei Jahren begingen 960 Juden in der Bergfestung Masada Selbstmord. Das war eine Tragödie, die in ihrer Bedeutung für die jüdische Geschichte höchstens mit dem Holocaust vergleichbar ist. Wie aber kam es dazu? Nach dem Talmud, der gewaltigen Schatzkammer jüdischen Wissens, das man in den ersten Jahrhunderten unserer Zeit zusammentrug, wurde der Zweite Tempel von den Römern zerstört nur »wegen des grundlosen Hasses« unter den Juden – einer Sünde, die so schwerwiegend ist wie »Götzenanbetung, Unmoral und Blutvergießen« zusammengenommen (Talmud, Traktat Yoma 9b).

Es sollte fast neunzehn Jahrhunderte dauern, bis die Lebensfähigkeit eines souveränen jüdischen Staates erneut erprobt werden konnte. Bis zur Zeit der jüdischen Emanzipation nach der französischen Revolution war jüdische Macht auf die eigene Gemeinde begrenzt, bestimmte die religiöse Autorität orthodoxer Rabbiner

Verhalten und ideologische Grundsätze jüdischen Lebens in der Diaspora. Gelegentlich denunzierten jüdische Informanten, bekannt als »Malshinim« oder »Mosrim«, Juden bei einer feindlich gesinnten Obrigkeit oder verschworen sich mit Nichtjuden, um jüdisches Eigentum an sich zu bringen. Nach jüdischem Recht wurden sie zum Tode verurteilt. Im Barcelona des 13. Jahrhunderts ließ man einen jungen jüdischen Aristokraten und Aufrührer namens Vidalon de Porta öffentlich verbluten, nachdem König Pedro III. zwei der führenden Rabbiner Kataloniens, Rabbi Solomon ibn Adret (bekannt als der Rashba) und Rabbi Jonah Gerondi gezwungen hatte zu entscheiden, ob de Porta ein »Moser« sei. Sie entschieden in diesem Sinne. Im 14. Jahrhundert wurde ein Jude in Strasbourg in einen Sack gesteckt und im Fluß ertränkt, nachdem ein Gericht von Rabbinern ihn schuldig gesprochen hatte, er habe einigen christlichen Adligen dabei geholfen, reiche Juden zu berauben. Es wäre aber einfach absurd zu behaupten, daß solche Fälle aus dem Mittelalter legitime Vorbilder für die Ermordung Yitzhak Rabins durch Yigal Amir darstellen könnten.

Der jüdische Freidenker portugiesischer Herkunft Uriel da Costa wies im 17. Jahrhundert die jüdischen Rituale zurück und äußerte Zweifel, daß das Gesetz Mose gottgegeben sei. Im Jahre 1640 suchte er um Wiederaufnahme in die jüdische Gemeinde Amsterdams nach, die er zuvor als zu streng kritisiert hatte. Als Bedingung mußte er seine Ansichten öffentlich widerrufen, 39 Peitschenhiebe erdulden und sich auf den Boden legen, so daß die Gemeinde über ihn hinweggehen konnte. Im Jahre 1656 exkommunizierte dieselbe Amsterdamer Gemeinde den Philosophen Baruch Spinoza, der die Auffassung vertreten hatte, nach der Zerstörung des Tempels seien die Juden nicht länger an die Thora gebunden. Spinoza verließ die jüdische Gemeinde, nahm aber keinen anderen Glauben an und gilt bei den Historikern bis heute als der Prototyp des modernen säkularen Juden.

Im 19. Jahrhundert war der Widerstand gegen die Orthodoxie bereits weit verbreitet. Das reformierte Judentum gelangte besonders in Deutschland und Amerika zur Blüte. Zahlreiche Juden praktizierten nicht länger die strengen religiösen Rituale, viele wandten sich solchen säkularen Befreiungsideologien wie dem Sozialismus und dem Zionismus zu. Die Macht der orthodoxen Führer, in ihrer Herde religiösen Gehorsam aufrechtzuerhalten, war dahin. Als aber die ersten zionistischen Pioniere in den achtziger Jahren des 19. Jahrhundets nach Palästina kamen, fanden sie dort schon orthodoxe und ultraorthodoxe Juden vor, die über die Jahrhunderte in geringer Anzahl aus europäischen und islamischen Ländern in ihre alte Heimat gekommen waren. Sie erwarteten dort nicht die Gründung eines jüdischen Staates, sondern wollten dem Gebot der Religion nachkommen, im Heiligen Land zu siedeln.

Die orthodoxen Juden im Palästina des 19. Jahrhunderts, das Alt-Yishuv genannt wurde, hatten sich unter dem nichtjüdischen Regime der osmanischen Türken eingerichtet. Die politischen Ziele der säkularen Zionisten waren ihnen in ihrer Mehrzahl zutiefst zuwider. Sie betrachteten sie als Eindringlinge, die die Rolle des Messias in ihre eigenen ketzerischen Hände nahmen. Dieser würde erscheinen, wenn der Allmächtige es für gut und an der Zeit hielt, die über den Erdball verstreuten Juden zu sammeln und in der alten Heimat wieder ein jüdisches Gemeinwesen zu errichten. Viele glaubten tatsächlich, wenn ein souveräner Staat der Juden gegen den Willen Gottes errichtet werde, könne das zu großem Unheil, zu einer neuen Zerstörung führen.

Betrachten wir den Fall Eliezer Ben-Yehudas, des berühmten Sprachwissenschaftlers und Vaters der Wiederbelebung der hebräischen Sprache. Er traf 1881 in Jerusalem ein und begann voller Eifer den Gebrauch des Hebräischen als Mittel zur Entwickung des jüdischen Nationalbewußtseins zu propagieren. Es dauerte nicht lange, und die Ultraothodoxen schlossen ihn aus der Gemeinde aus. Sie lehnten den Gebrauch der heiligen Sprache im Alltag ab. Seine Gegner überzeugten schließlich die osmanischen Behörden, Ben-Yehudas hebräisches Skandalblatt Hatzvi, das finanzielle Zuwendungen an die palästinensischen Juden aus der Diaspora ablehnte und sich vehement für wirtschaftliche Eigenständigkeit der Juden einsetzte, betreibe Hetze gegen das osmanische Regime. Deshalb wurde er für kurze Zeit inhaftiert. Bis auf den heutigen Tag findet man an Ben-Yehudas Haus in der prächtigen Äthiopien-Straße von Jerusalem anstelle der Gedenktafel, die die Stadt hier anbrachte, lediglich vier kleine Löcher in der Mauer. Ultraorthodoxe Juden entfernen die Tafel immer wieder.

Der Kampf zwischen Ben-Yehuda und den Ultraorthodoxen kann durchaus als die erste Salve des Kulturkrieges zwischen Säkularen und Religiösen in Israel angesehen werden, der der Ermordung Rabins zugrunde liegt. Wie er sich weiter gestaltet, kann für das Schicksal des Landes durchaus entscheidend sein. In der Ermordung Rabins verschmolz dieser langjährige Kampf mit dem heftigen Streit zwischen Rechten und Linken in der zionistischen Bewegung, der um die zutiefst gegenwärtige Frage tobt, was mit den im Sechs-Tage-Krieg eroberten Gebieten geschehen soll.

Im Jahre 1933 wurde der brillante junge Zionistenführer Chaim Arlosoroff, der der Arbeitspartei nahestand, am Strand von Tel Aviv erschossen, als er dort mit seiner Frau spazierenging. Arlosoroff, der der politischen Abteilung der Jüdischen Agentur vorstand, war von rechtsrevisionistischen Zionisten vorgeworfen worden, er verhandle mit den Nazis, um deutsche Juden und deren Vermögen nach Palästina zu holen. Ein Revisionist namens Abraham Stavsky wurde von einem Gericht des britischen Mandats für den Mord zum Tode durch Erhängen verurteilt. Das Urteil wurde später widerrufen. Es hieß, zwei junge Araber hätten Arlosoroff getötet, bewiesen wurde dies allerdings nicht. (Eine andere Theorie besagt, die Revisionisten hätten in der Verkleidung von Arabern gehandelt.) Oberrabbiner Avraham Hacohen Kook gehörte zu denen, die die Verfolgung Stavskys als Nestbeschmutzung anprangerten. In den achtziger Jahren setzte die Begin-Regierung für den Fall Arlosoroff eine Untersuchungskommission ein, die zu dem umstrittenen Schluß kam, Stavsky sei nicht der Mörder gewesen. Aber auch sie stellte nicht fest, wer es war.

Diese Affäre, schrieb der Historiker Howard Sachar, stachelte den »tödlichen, brudermörderischen Haß« zwischen David Ben-Gurions Linken von der Arbeitspartei und den Rechten unter dem Revisionistenführer Vladimir (Ze'ev) Jabotinsky und später dessen Schüler Menachem Begin weiter an. (Ben-Gurion nannte seinen Rivalen nur »Vladimir Hitler«.) Jahre später, im Juni 1948, erreicht diese Feindschaft einen tragischen Höhepunkt mit der Episode um die Altalena. Ben-Gurion glaubte, Begins extremistische Organisation Irgun, die Terrorakte gegen die Briten verübte, habe damit die Errichtung des jüdischen Staates in Gefahr gebracht. Nach Ausrufung der Unabhängigkeit lehnte es der Ministerpräsident ab, das Schiff Altalena, das Waffen für Einheiten der Irgun an Bord hatte, die erst noch in die Armee des neuen Staates integriert werden mußte, an einem Strand nördlich von Tel Aviv landen zu lassen. Der Ministerpräsident war gegen das Weiterexistieren politisch gebundener Milizen und fürchtete, die Irgun werde ihre Waffen nicht gegen die Araber, sondern gegen die neugebildete Regierung der Arbeitspartei einsetzen. Yitzhak Rabin kommandierte die Einheit, die auf Ben-Gurions Befehl das Schiff beschoß. Einer der Männer, der dabei durch eine Ironie des Schicksals ums Leben kam, war Abraham Stavsky.

Zehn Tage nach der Ermordung Rabins bemerkte ein linker israelischer Diskussionsteilnehmer in Ted Koppels lautstarkem »Town Meeting« in der Fernsehshow »Nightline«, die viele Millionen Menschen rund um die Welt aus dem Theater von Jerusalem empfangen, »die Kugeln fliegen immer von rechts nach links«. Darauf antworteten viele jüdische Siedler und andere Rechte aus dem Publikum mit dem Ruf: »Altalena! Altalena!«

Der Mord an Yitzhak Rabin war durchaus nicht der erste politische Mord in der kurzen Geschichte des Staates Israel. Im März 1957 wurde Rudolph Kastner, ein Regierungsbeamter und intimer Kenner der Verhältnisse in der Arbeitspartei vor seinem Haus in Tel Aviv von drei jungen Männern niedergeschossen. Bald darauf erlag er seinen Verletzungen. Zwei Jahre zuvor hatte ein israelisches Gericht nach einem komplizierten und dramatischen Prozeß entschieden, Kastner habe als Vorsitzender des Jüdischen Rettungskomitees in Budapest im Jahre 1944 mit den Nazis zusammengearbeitet. Der Richter brandmarkte mit flammenden Worten, Kastner habe »seine Seele dem Teufel verkauft«, weil er mit Adolf Eichmann um das Leben ungarischer Juden verhandelte und der SS eine Liste von 1685 Juden übergab. Diese wurden auch tatsächlich gerettet. Kastners Mörder, die über ein großes Waffenlager verfügten, waren rechte Extremisten und Bewunderer der verbotenen Stern-Bande, der einer von ihnen, ein ehemaliger Agent der Shin Bet, angehört hatte. Der Inlandssicherheitsdienst Shin Bet, der Kastner Schutz gewährte, hatte diesen aus unerfindlichem Grunde einen Tag vor dem Mord aufgehoben. Als man Kastner umbrachte, befand sich sein Fall noch in der Revision. Er wurde postum vom Vorwurf der Kollaboration freigesprochen. Es gab Forderungen, die Shin Bet zu reformieren, die man jedoch nie erfüllte. Die Urteile gegen die Mörder wurden später von Präsident Zalman Shazar abgeschwächt.

Der israelische Schriftsteller und Journalist Amos Elon zog einen Vergleich zwischen diesem Fall und der Dreyfus-Affäre vor über hundert Jahren, als ein Hauptmann, ein assimilierter Jude, unter der falschen Anklage, für Deutschland spioniert zu haben, verhaftet und verurteilt wurde. Ende 1995, unmittelbar vor der Ermordung Rabins schrieb er dazu: »Der gesamte kulturelle Kodex der neuen israelischen Gesellschaft mit ihren Neurosen, Vorurteilen, Klischees und Illusionen, die mehr oder weniger selbstgerecht sind – all das konzentrierte sich in diesem sensationellen Prozeß und der damit verbundenen öffentlichen Diskussion wie in einem Brennglas.« In der Tat ging es hier um das Wesen der jüdischen Identität. Was waren die Juden – Kämpfer oder Krämer? Kreaturen der Diaspora, bereit, mit teuflischen Antisemiten zu verhandeln, oder neue Männer und Frauen, leidenschaftliche Israelis, entschlossen, das jüdische Volk für immer von seinen Feinden zu befreien? Während des Kastner-Prozesses äußerte Shmuel Tamir, Anwalt des Angeklagten Malkiel Greenwald und selbst ein ehemaliger Irgun-Kommandeur in Jerusalem die Vermutung, wenn die Irgun, die Stern-Bande und nicht die Jüdische Agentur, aus der später die Regierung der Arbeitspartei hervorging, die Aktionen der Juden im Europa des zweiten Weltkrieges geführt hätten, wäre es für sie besser ausgegangen. Und war nicht dieselbe Regierung der Arbeitspartei in den fünfziger Jahren machtlos gegenüber den Fedayin, den arabischen Terroristen, die über Israels Grenzen eindrangen und seine Existenz bedrohten?

Es ist in der Tat verblüffend, ja, geradezu unheimlich, über Parallelen zwischen dem Fall Kastner und der Ermordung Rabins nachzudenken. Wenn man damit beginnt, fallen einem allerdings zahllose historische Bezüge zur Tragödie Yitzhak Rabins ein. Am Ende der dreißigtägigen Trauerzeit hielt Rabbi David Hartman, orthodoxer Erzieher und Philosoph, in Jerusalem einen öffentlichen Vortrag zum Thema »Errichtung einer ehrbaren Gesellschaft nach jüdischen Grundsätzen«. Der Staat Israel, sagte er, bestehe aus Juden, die nach 2000 Jahren zusammengewürfelt wurden und radikal unterschiedliche Vorstellungen von der jüdischen Geschichte haben. Was viele von ihnen teilen, ist der traditionelle jüdische Hang zu apokalyptischem Denken, das Gefühl, daß das Ende der Welt jederzeit bevorsteht. Was sonst kann man von einer ständig verfolgten, traumatisierten Nation erwarten, deren physische Existenz in ihrer ganzen Geschichte niemals wirklich gesichert war?

Welchen Standpunkt man auch einnehmen mag, fuhr Hartman fort, der Weg, dem Unheil zu entgehen, ist klar: Es ist unser Weg. Für kompromißlos orthodoxe Juden zum Beispiel, die glauben, die Besiedlung Großisraels sei höchstes göttliches Gebot, wird jeder, der etwas von diesem Lande an die Palästinenser abtritt, um Frieden und Sicherheit zu gewinnen, statt dessen nur die Zerstörung der jüdischen Nation herbeiführen. Ein »traumatisiertes Bewußtsein«, argumentierte Hartman, wird den Standpunkt des Feindes niemals als auch nur annähernd gerecht oder legitim anerkennen. »Das«, schloß er, »ist die Krankheit, die den Mord an Rabin hervorbrachte.«

Wenn dies zutrifft, dann ist es eine Krankheit, deren Ursache zurückgeht bis zu den Wüsten der Israeliten, zu den brennenden Mauern des alten Jerusalem, zu dem Mann, der in einer Synagoge von Amsterdam ausgepeitscht und zu einem anderen, der in Tel Aviv erschossen wurde. Kann sie aber geheilt werden?

Rabin war nicht Simri, und die Araber sind keine Midianiten. Noch weniger ist Israel das mittelalterliche Barcelona oder gar das Warschauer Ghetto. Aber was Menschen glauben, hat sehr viel damit zu tun, welche Geschichten sie immer wieder neu erzählen. Die grundlegende Herausforderung für die modernen Juden in Israel und anderswo besteht darin, die Möglichkeit ins Auge zu fassen, daß der Zionismus für die Juden tatsächlich eine transzendente historische Revolution darstellte. Wenn Juden einander nicht mehr selbst zum Opfer fallen sollen, dann müssen sie erkennen, daß ihre Isolierung von den Nichtjuden und ihr Schicksal als Opfer des Antisemitismus nicht für alle Zeit gegeben sein muß.

Der Staat Israel ist nicht die Reinkarnation des theokratischen jüdischen Gemeinwesens aus dem Altertum. Der Irak Saddam Husseins ist trotz all seiner Theatralik keine Neuauflage des glorreichen Babylon. Und auch die Wiedereinführung arabischer Herrschaft in Bethlehem und Nablus bringt nicht die Taten eines Saladin zurück, der die Kreuzritter aus Palästina vertrieb. Statt dessen bietet Israel, das bald den 50. Jahrestag seines Bestehens feiert, die reale Aussicht, daß die Juden auf ihrem ureigenen Grund und Boden in einem einigermaßen friedlichen Nahen Osten einen sicheren und prosperierenden Hafen ihr eigen nennen können.

Zugleich fürchten viele orthodoxe Juden die sogenannte Amerikanisierung Israels, seine Transformation in eine moderne Konsumgesellschaft, eine neu-hellenisierte säkulare Demokratie, wo die jüdischen Werte von Kabelfernsehen, Tower Records und Hamburgern von McDonald überflutet werden. Andererseits sind viele säkulare Juden darüber verärgert, daß aus innenpolitischen Überlegungen, die bis in die Zeit Ben-Gurions zurückreichen, die Orthodoxen über das etablierte Oberrabbinat viele Aspekte des privaten Lebens in Israel wie Eheschließung, Scheidung, Konversion und sogar Beisetzung dominieren.

Wenn König Hussein von Jordanien es fertigbrachte, in Jerusalem eine Trauerrede für Yitzhak Rabin zu halten, wenn Yasser Arafat es vermochte, Rabins Witwe einen Kondolenzbesuch abzustatten, dann scheint die Zeit reif zu sein, daß die Juden in Israel lernen, miteinander zu sprechen. Viele Israelis, darunter auch zahlreiche aus dem Lager der modernen Orthodoxen, haben nach der Ermordung Rabins erneut die Trennung von Staat und Religion in Israel gefordert. Daß orthodoxe Rabbis säkulare Juden zu konformem Verhalten zwingen konnten, war für die Zeit von Uriel da Costa schlimm genug. Heute wird damit ein lähmendes Klima der Ressentiments und der Polarisierung aufrechterhalten, das die Kommunikation unter den Juden stört.

Der nicht religiöse Rabin war, wie der Veteran der israelischen Pädagogik Gideon Elad, ein säkularer Kibbutznik, im Dezember 1995 in einem höchst aufschlußreichen Artikel in der Zeitung Ha'aretz schrieb, auf tragische Weise unfähig, »das Gefühl einer heraufziehenden großen Katastrophe zu verinnerlichen, das die Kreise der religiösen Siedler erfaßt hatte. Der politische Aspekt ihres Kampfes war und bleibt nur dessen äußere Dimension.« Und tatsächlich gibt es mit einigen wenigen Ausnahmen kaum jemanden in der Führung der Arbeitspartei, »der mit ihnen in ihrer Sprache sprechen kann. Ihre Sprache zu sprechen, macht es aber erst möglich, sie in ihrer Sprache herauszufordern«.

Anfang des 20. Jahrhunderts schufen Vertreter des säkularen Zionismus von so hoher Intelligenz wie der Dichter Hayyim Nahman Bialik, der Essayist Ahad Ha'am oder der Philosoph Martin Buber eine moderne jüdische Kultur, die »entschlossen gegen die Welt der jüdischen Tradition rebellierte, aus der sie kam«. Elad betonte, daß die modernen säkularen Israelis von ihren Erziehern gelehrt werden müssen, »jüdisch zu sprechen, eine jüdische Sprache, sage ich, die nichts mit orthodoxen Lebenserfahrungen zu tun hat. Selbst die

Säkularen unter uns müssen diese jüdische Sprache kennen, verinnerlichen und in ihr schaffen.«

Mit diesen Überlegungen wollen wir nicht andeuten, Rabin habe sich sein Ende selbst zuzuschreiben. Wir wollen sie eher als ein Plädoyer für eine gute und gesunde Zukunft der Juden verstehen. Die überwältigende Trauer um Rabin hat – insbesondere unter jungen Israelis – das Interesse an geistlichen Dingen gewaltig ansteigen lassen, hat improvisierte religiöse Rituale hervorgebracht. Wenn dies alles richtig gelenkt und mit lange überfälligen Bildungsreformen kombiniert wird, kann die Grundlage für eine neue Ära jüdischen Dialogs entstehen. Nur wenn alle Israelis sich dazu durchringen, mit ihrer reichen und problemgeladenen jüdischen Vergangenheit intelligent – und kritisch – Zwiesprache zu halten, dann werden sie auch in der Lage sein, produktiv und respektvoll miteinander zu sprechen.

ANHANG

Biographische Übersicht

1922 – Yitzhak Rabin wird am 1. März in Jerusalem als Sohn der aus Rußland stammenden Rosa und Nehemiah Rubitzov geboren.

1940 – Abschluß der Landwirtschaftsschule Kadoorie.

1941 – Eintritt in die Palmah, eine von der Arbeitspartei gegründete illegale zionistische Kommandoeinheit. Im zweiten Weltkrieg: Teilnahme an einem Stoßtruppunternehmen der Alliierten im von der französischen Vichy-Regierung kontrollierten Libanon.

1945 – Nimmt als stellvertretender Kommandeur einer Operation der Palmah an der Befreiung von 200 illegalen Einwanderern aus dem britischen Internierungslager Atlit teil.

1947 – Unter Yigal Allon zum stellvertretenden Kommandeur der Palmah ernannt.

1948 – Kommandiert die Harel-Brigade in der Nahshon-Operation, die während des israelischen Unabhängigkeitskrieges die Straße ins belagerte Jerusalem öffnet. Die Brigade erobert die Jerusalemer Viertel Sheikh Jarrah und Katamon. Als Operationschef der Südfront leitet Rabin die Eroberung von Negev und Eilat. Nach der Ausrufung des Staates Israel kommandiert er die Operation der Palmah, die mit der Versenkung der Altalena endet, eines Schiffes, das Waffen für die illegale Organisation Irgun Zvai Leumi an Bord hatte. Am 23. August Heirat mit Leah Schlossberg.

1950 – Unter Stabschef Yigael Yadin zum Operationschef der israelischen Verteidigungskräfte (IDF) ernannt.

1953 – Besuch des britischen Royal Staff College, zum Generalmajor der IDF befördert.

1956 – Zum Chef des Kommandos »Nord« ernannt.

1959 – Rabin wird Chef des Hauptstabes der IDF.

1961 – Zum stellvertretenden Stabschef ernannt.

1964 – Rabin wird siebenter Stabschef der IDF.

1967 – Führt die israelischen Streitkräfte im Sechs-Tage-Krieg, der am 5. Juni ausbricht und mit dem Sieg Israels endet. Es kontrolliert nun Ostjerusalem, das Westjordanland, den Gazastreifen, die Halbinsel Sinai und die Golanhöhen.

1968 – Rabin quittiert den Dienst in der Armee und wird zum Botschafter in den USA ernannt.

1973 – Rückkehr nach Israel, Wahl zum Abgeordneten der Arbeitspartei in der Knesset. Ministerpräsidentin Golda Meir ernennt ihn zum Arbeitsminister.

1974 – Von der Arbeitspartei zum Nachfolger Golda Meirs gewählt, die in einer scharfen Auseinandersetzung um den Yom-Kippur-Krieg von 1973 zurücktritt.

1975 – Unterzeichnung des provisorischen Friedensabkommens mit Ägypten.

1976 – Rabin genehmigt die Operation vom 4. Juli in Entebbe, Uganda, wo israelische Kommandos über 100 Juden aus einem von Palästinensern entführten Flugzeug retten.

1977 – Rücktritt als Ministerpräsident wegen eines illegalen Bankkontos in den USA. Außenminister Shimon Peres übernimmt die Führung der Arbeitspartei, die die Wahlen an den rechtsgerichteten Likud verliert.

1979 – Rabin veröffentlicht seine Autobiographie.

1984 – Rückkehr in die Regierung, sechs Jahre Verteidigungsminister in Koalitionen von Arbeitspartei und Likud.

1985 – Rabin schlägt der Regierung vor, die IDF aus dem Libanon zurückzuziehen und längs der Nordgrenze Israels eine Sicherheitszone einzurichten.

1987 – Besuch in den USA beim Ausbruch der Intifada im Dezember. Rabin wird beschuldigt, die Armee reagiere zu langsam auf den Aufstand.

1988 – Befiehlt angeblich den Truppen, die Knochen von Palästinensern zu brechen, um die Intifada zu unterdrücken.

1989 – Veröffentlicht ein Programm schrittweiser Verhandlungen mit den Palästinensern, das von der Regierung akzeptiert wird und die Grundlage der Madrider Konferenz sowie des nachfolgenden Friedensprozesses bildet.

1992 – Rabin löst Peres als Parteiführer ab und führt die Arbeitspartei bei den Wahlen im Juni zum Sieg. Im Wahlkampf verspricht er, die Friedensbemühungen zu verstärken. Am 13. Juli erneut Ministerpräsident.

1993 – Widerwilliger Händedruck mit dem PLO-Vorsitzenden Yasser Arafat am 13. September vor dem Weißen Haus nach Unterzeichnung der gemeinsamen Prinzipiendeklaration, die das Rahmenabkommen für eine schrittweise Gewährung der Autonomie an die Palästinenser im Westjordanland und im Gazastreifen darstellt.

1994 – Unterzeichnung des Abkommens Oslo I am 4. Mai in Kairo, mit dem die Palästinenser von Gaza und Jericho Selbstverwaltung erhalten. Gemeinsame Unterzeichnung einer Deklaration, die den 46jährigen Kriegszustand beendet, mit König Hussein am 24. Juli in Washington. Einen offiziellen Friedensvertrag unterzeichnen Israel und Jordanien am 26. Oktober. Rabin erhält gemeinsam mit Arafat und Peres den Friedensnobelpreis.

1995 – Unterzeichnung des Abkommens Oslo II, das die palästinensische Selbstverwaltung auf das Westjordanland ausdehnt, gemeinsam mit Arafat am 28. September vor dem Weißen Haus. Ermordet am 4. November im Alter von 73 Jahren nach einer Friedenskundgebung in Tel Aviv.

Erstes Kapitel: Vom Triumph zur Tragödie

Die Augenzeugenberichte von Rabins letzter Kundgebung in Tel Aviv schrieben Sharon Ashley und Peter Hirschberg vom Jerusalem Report. Weiteres Material über den Ablauf von Rabins letztem Tag stammt aus Berichten der in Israel erscheinenden hebräischen Tageszeitungen Ha'aretz, Davar Rishon, Yediot Ahronot und Ma'ariv, vom israelischen Fernsehen, vom privaten Kanal 2 sowie aus Augenzeugenberichten vor der Shamgar-Kommission, die den Mord untersuchte. Rabins Fahrer Menahem Damti gab seinen erschütternden Bericht über die letzten Minuten des Ministerpräsidenten in einem Interview mit Kanal 2 kurz nach dem Mord. Ronni Kemplers Amateurvideo, das er von einem niedrigen Flachdach über dem Parkplatz aufnahm, hält den Augenblick fest, als Amir hinter Rabins Rücken springt und das Feuer eröffnet. Zur Darstellung der immer intensiveren Proteste der Rechten gegen Rabins Politik wurde auf Material zurückgegriffen, das im Jerusalem Report in den Monaten vor dem Mord erschien. Die Verfasser interviewten außerdem den Mitinitiator der Friedenskundgebung Jean Frydman, Leah Rabins Tennispartner Raphy Weiner sowie die mit Rabin eng befreundete ehemalige Mitarbeiterin Niva Lanir.

Zweites Kapitel: Eine Schule des Kampfes

Die Verfasser interviewten Rabins jüngere Schwester Rachel, Shabtai Teveth, der mit ihm zur Schule ging, Uzi Narkiss, der unter ihm in der Palmah und in den Israelischen Verteidigungskräften diente, seine gute Freundin und Beraterin Niva Lanir sowie Ilana Tsur, Regisseurin eines Dokumentarfilms des israelischen Fernsehens von 1994 über die Altalena-Affäre. Außerdem benutzten sie Robert Slaters Biographie »Rabin of Israel«, erschienen 1977 bei Robson Books, und Rabins eigenes Werk »The Rabin Memoirs«, erschienen 1979 bei Little, Brown.

Drittes Kapitel: Der Weg zum Sieg

Außer dem Chef der Zentralfront, Uzi Narkiss, interviewten die Autoren Yeshayahu Gavish, der im Sechs-Tage-Krieg die Südfront kommandierte, Israel Tal, den früheren Kommandeur des Panzerkorps der IDF, Mordechai Bar-On, den Chef für Ausbildung unter Rabin als Stabschef, Ruhama Hermon, die Rabins Büro in dieser Zeit leitete, und Michael Elkins, während des Krieges von 1967 BBC-Korrespondent in Israel und der erste Journalist, der über den israelischen Angriff auf die ägyptische Luftwaffe berichtete. Außerdem stützten sich die Autoren auf die Bücher von Rabin und Slater, weiter auf »The Road to War: The Origin and Aftermath of the Arab-Israeli Conflict« von Walter Laqueur (Weidenfeld & Nicolson, 1969), »A History of the Israeli Army« von Ze'ev Schiff (Straight Arrow Books, 1974), »Battling for Peace« von Shimon Peres (Weidenfeld & Nicolson, 1995), »Encyclopedia Judaica« (Keter Publishing House, Jerusalem) und »The Political Dictionary of the State of Israel«, herausgegeben von Susan Hattis Rolef (Jerusalem Publishing House, 1993).

Viertes Kapitel: Ein ungewöhnlicher Botschafter

Neben den Büchern von Rabin und Slater waren weitere wertvolle schriftliche Quellen »Personal Witness« von Abba Eban, »Decade of Decisions« von William Quandt (University of California), »My Life« von Golda Meir (G. P. Putnam) und »The Arab-Israeli Wars« von Chaim Herzog. Die Autoren interviewten außerdem den ehemaligen Mitarbeiter Rabins in der Botschaft und Berater zu Fragen der Diaspora, Yehuda Avner, Paul Berger, ein Mitglied des Vorstandes der Jewish Agency, den ehemaligen Mitarbeiter der israelischen Botschaft Amos Eiran, den früheren Korrespondenten der Washington Post Yuval Elitzur, den amerikanischen Philanthropen Max Fisher, den Kolumnisten und Begründer des Magazins »Moment«, Leonard Fein, den früheren Generaldirektor des Außenministeriums Mordechai Gazit, Rabins persönliche Mitarbeiterin Ruchama Hermon, den ehemaligen Präsidenten des Komitees der amerikanischen Juden Alfred Moses, Rabins guten Freund Abe Pollin, den ehemaligen Berater des Verteidigungsministeriums Nachman Shai, den früheren stellvertretenden amerikanischen Außenminister Joseph Sisco und andere, die sich äußerten, aber ihre Anonymität gewahrt sehen wollten.

Fünftes Kapitel: Über Nacht Ministerpräsident

Die Verfasser sprachen mit Dan Pattir, Medienberater Rabins und später auch Begins, mit Amos Eiran, Generaldirektor des Ministerpräsidenten in Rabins erster Amtszeit, mit Yehuda Ben-Meir, seinerzeit Führer der Jungen Garde der National-Religiösen Partei und später stellvertretender Außenminister, sowie mit Professor Shlomo Avineri von der Hebräischen Universität Jerusalem, Generaldirketor des Außenministeriums in einem Teil von Rabins erster Amtszeit.

Sechstes Kapitel: Der lange Weg zurück

Die Autoren interviewten den stellvertretenden Bildungsminister Micha Goldman, den früheren Korrespondenten und Herausgeber der Zeitung Ma'ariv sowie Rabins Ghostwriter Dov Goldstein, den ehemaligen Stabschef der IDF Moshe Levi, den Berater des Verteidigungsministeriums Nachman Shai, die langjährige Freundin und Mitarbeiterin Rabins Niva Lanir und den ständigen Mitarbeiter Rabins im Verteidigungsministerium Haim Yisraeli. Schriftliche Quellen waren die Bücher von Rabin und Slater sowie »Israels Lebanon War« von Ehud Ya'ari und Ze'ev Schiff (Simon & Schuster, 1983).

Siebentes Kapitel: Der Kampf gegen die Intifada

Die Verfasser sprachen mit Dan Shomron, Stabschef in den Jahren der Intifada, Amram Mitzna, Chef des Kommandos »Zentrum« in dieser Zeit, Ze'ev Schiff, Mitautor des Buches »Intifada« (Simon & Schuster) und führender Analytiker des Verteidigungsministeriums. Sie interviewten Sari Nusseibeh, einen Führer und politischen Denker der Palästinenser. Weitere Einsichten vermittelte

Ehud Ya'ari, Mitautor von »Intifada«, Verantwortlicher für arabische Angelegenheiten beim israelischen Fernsehen und Mitherausgeber des Jerusalem Report.

Achtes Kapitel: Eine zweite Chance ganz oben

Umfangreiches Material über Rabins Rückkehr zur Macht wurde dem Jerusalem Report Magazine entnommen, darunter Interviews mit Rabin, Peres und anderen hohen Persönlichkeiten sowie Reportagen aus dem Wahlkampf. Die Autoren interviewten außerdem Gad Ben-Ari und Oded Ben-Ami, die beide seinerzeit Rabins Sprecher waren, Rabins Bürochef Eitan Haber und seinen Berater Kalman Gayer. Außerdem benutzt wurden Robert Slaters Biographie und »Piety and Power« von David Landau (Secker & Warburg, 1993).

Neuntes Kapitel: Der Friedensstifter

In dieses Kapitel ist die Berichterstattung des Jerusalem Report eingegangen. Die Verfasser interviewten außerdem den Generaldirektor des Außenministeriums Uri Savir, den Minister im Büro des Ministerpräsidenten Yossi Beilin, Shlomo Gur, einen Berater Beilins, und weitere bereits erwähnte Quellen. An gedruckten Quellen wurden benutzt »Gaza First« von Jane Corbin (Bloomsbury, 1994), »Battling for Peace« von Shimon Peres und »Through Secret Channels« von Mahmoud Abbas (Garnet Publishing, 1995).

Zehntes Kapitel: Ein verändertes Israel

Die Verfasser sprachen mit dem Direktor des israelischen Exportinstituts Amir Hayek, mit dem ehemaligen Direktor der Regierungsbehörde für Staatsunternehmen Yossi Nitzani, mit Finanzminister Avraham Shochat, mit dem Direktor der Bank von Israel, Prof. Jacob Frenkel, dem Minister für Industrie und Handel, Micha Harish, mit Rabins Wirtschaftsberater Ilan Flatto, mit dem Chef des israelischen Unternehmerverbandes Dan Propper, mit dem stellvertretenden Generaldiektor für Kommunikation im Außenministerium Ya'acov Levy, mit Rabins Sonderbotschafter für industrielle Entwicklung Dov Lautman und dem Beamten der Bank von Israel Ohad Ben-Efrat.

Elftes Kapitel: Der Ministerpräsident privat

Hier führten die Autoren Interviews mit Niva Lanir, die 1981 und 1984 Rabins Sprecherin war und auch die Gedenkkundgebung der Arbeitspartei für Rabin nach dessen Tod organisierte. Weiter sprachen sie mit Rabins Tennispartner Raphy Weiner, Chefmanager des Jerusalemer Sheraton Plaza-Hotels, mit Yehuda Ben-Meir, Dan Pattir, Amos Eiran und Kalman Gayer, die bereits erwähnt wurden. Ausschnitte aus Yediot Ahronot, Ma'ariv und Ha'aretz waren ebenfalls sehr wertvoll.

Zwölftes Kapitel: Der Führer des jüdischen Volkes?

Wertvolle Informationen über Yitzhak Rabins Verhältnis zum AIPAC und über seine Konflikte mit den zionistischen Organisationen Amerikas entnahmen wir Artikeln des Washingtoner Korrespondenten des Jerusalem Report, Jonathan Broder. Weitere Informationen über die amerikanische Reaktion auf Rabins Friedenspolitik entstammen den Artikeln des Korrespondenten der Zeitschrift in New York, Vince Beiser. Außerdem wird ein Interview ihres Chefredakteurs, Hirsh Goodman, mit Rabin zitiert, das im Juli 1994 erschien. Über ihre Kontakte mit Rabin in Fragen der Diaspora sprachen mit den Verfassern sein früherer Berater Yehuda Avner, der Direktor des Büros der Anti-Defamation League in Israel Harry Wall, der geschäftsführende Direktor des AIPAC Neal Sher, der Direktor des AIPAC-Büros in Israel Lenny Davis, Leonard Fein, der Direktor des Büros des Jüdischen Weltkongresses in Israel, Avi Becker, Rabins frühere Mitarbeiterin Ruhama Hermon, seine guten Freunde Abe Pollin und Max Fisher, Rabins früherer Berater im Verteidigungsministerium Nachman Shai, der ehemalige Präsident des Komitees der amerikanischen Juden Alfred Moses und der ehemalige Vorsitzende der Konferenz der Präsidenten der Organisationen amerikanischer Juden Seymour Reich. Weiteres Material stellten Vertreter Israels und der amerikanischen Juden zur Verfügung, die es vorziehen, nicht genannt zu werden.

Dreizehntes Kapitel: Der Aufstieg der Radikalen

Die Ideengeschichte der religiösen Rechten basiert teilweise auf der Arbeit »Haketz Hameguleh Umidinat Hayehudim« (Messianismus, Zionismus und jüdischer religiöser Radikalismus – Am Oved, 1993), auf der Studie des verstorbenen Uriel Tal »Yesodot Hameshihut Hapolitit Beyisrael« sowie auf Schriften der Rabbiner Kook und ihrer Anhänger. Material über die Entwicklung von Gush Emunim wurde neben zahlreichen anderen Quellen dem Buch von Ehud Sprinzak »Politische Gewalt in Israel« (1995 auf Hebräisch beim Jerusalemer Institut für israelische Studien erschienen), einem Interview mit ihm sowie der Arbeit »Dear Brothers« von Hagai Segal (erschienen bei Beit-Shamai, 1988) entnommen. Eine wertvolle Quelle war die Monatszeitschrift der Siedler »Nekudah«. Das Material über den Kahanismus stammt aus den Schriften von Meir Kahane, aus Zeitungsberichten über das Massaker von Hebron im Jahre 1994, aus einem Interview mit Ehud Sprinzak und weiteren Quellen. Für die Darstellung der Opposition zum Oslo-Prozeß waren Interviews mit dem Vorsitzenden des Rates der Siedlungen in Judäa, Samaria und Gaza, Yisrael Harel, sehr hilfeich, außerdem Berichte aus hebräischsprachigen Zeitungen. Material darüber wurde weiterhin Artikeln des Jerusalem Report über die Aktionen der Siedler, über die Kahane-Bewegung und über die Anordnungen der Rabbis gegen die Evakuierung der Siedlungen entnommen.

Vierzehntes Kapitel: Der Mörder im Namen Gottes

Das biographische Material über Yigal Amir und seine Familie stammt aus Interviews, die Mitarbeiter des Jerusalem Report führten, besonders von Yuval Lion, sowie aus Zeitungsberichten und weiteren Interviews in den ersten Wochen nach dem Mord. Die Verfasser interviewten Rabbi Mordechai Greenberg von der

Yeshivah Kerem B'Yavneh sowie Lehrkräfte und Kommilitonen Yigal Amirs an der Bar-Ilan-Universität. Außerdem wurden auch die Anklageschriften gegen Yigal Amir, Hagai Amir und Dror Adani sowie Yigal Amirs Erklärungen vor Gericht benutzt.

Fünfzehntes Kapitel: Ein völliger Zusammenbruch der Sicherheit

Frühere Beispiele für Gewalt von Juden gegen Juden entnahmen die Verfasser dem Buch »A History of Israel, Volume II: From the Aftermath of the Yom Kippur War« von Howard M. Sacher (Oxford University Press, 1987) sowie den vom Komitee der amerikanischen Juden herausgegebenen American Jewish Year Books der Jahre 1995 und 1996. Außerdem benutzten die Verfasser Zeitungs- und Fernsehberichte über die mangelhaften Sicherheitsvorkehrungen vor der Kundgebung und an jenem Abend selbst sowie Zeugenaussagen vor der Shamgar-Untersuchungskommission. Weitere Informationen über Sicherheitsmängel und die Verschwörungstheorien stammen von Personen, die ungenannt bleiben wollen.

Sechzehntes Kapitel: Vom Menschen zum Mythos

Dieses Kapitel beruht wesentlich auf den Berichten des Jerusalem Report über die Wirkung von Rabins Tod auf die israelische Öffentlichkeit, insbesondere in den Ausgaben vom 30. November und 14. Dezember 1995. Die Mitarbeiter der Zeitschrift lieferten die Berichte über die Begräbnisfeierlichkeiten sowie die verschiedenen Versammlungen zur Seelenerforschung und die Gedenkveranstaltungen, die folgten. Die Autoren interviewten außerdem die Aktivisten der Rechten Ya'akov Novick und Nadia Matar. Weiteres Material wurde der hebräischsprachigen Presse entnommen.

Siebzehntes Kapitel: Eine unvollendete Mission

Ein großer Teil des Materials, das diesem Kapitel zugrunde liegt, stammt von Personen, die nur bei Wahrung ihrer Anonymität zum

Gespräch bereit waren. Außerdem interviewten die Verfasser Uri Dromi, den Leiter des Pressebüros der Regierung Rabin. Hilfreich waren die Interviews des Jerusalem Report mit Rabin sowie die Titelgeschichte der Ausgabe vom 2. November 1995 über die Neuaufteilung des Westjordanlandes, »Vertrauen zu Arafat«. Auch auf Rabins Rede bei der Vorlage des Abkommens Oslo II in der Knesset am 5. Oktober 1995 wurde Bezug genommen.

Nachwort: Das Echo der Vergangenheit

Wertvolle Quellen für dieses Kapitel waren »The Hanukkah Anthology«, herausgegeben von Philip Goodman (Jewish Publication Society), »A History of the Jewish People«, herausgegeben von H. H. Ben-Sasson (Harvard University Press), »A History of the Jews« von Paul Johnson (Harper & Row), »A History of the Jews in Christian Spain, Volume I« von Yitzhak Baer (Jewish Publication Society), »An Everyday Affair, Killing the Informers« von Avi Katzman (Ha'aretz, 7. Dezember 1995), »Mystics and Missionaries: The Jews in Palestine, 1799–1840« von Sherman Lieber (University of Utah Press), »Eliezer Ben-Yehuda in Prison« herausgegeben von Yehoshua Kaniel (Yad Izhak Ben-Zvi), »A History of Israel, Volume I: From the Rise of Zionism to Our Time« von Howard M. Sachar (Alfred A. Knopf), »No Hero, But Also No Traitor«, ein Artikel von Amos Elon im Ha'aretz book supplement vom 8. November 1995, ein Vortrag von David Hartman am Shalom-Hartman-Institut von Jerusalem im Dezember 1995, »The Crusades Through Arab Eyes« von Amin Maalouf (Schokken) sowie »Learning to Speak Jewish« von Gideon Elad (Ha'aretz, 6. Dezember 1995).

Zu den Autoren

David Horovitz, Herausgeber und Mitautor dieses Buches, ist geschäftsführender Herausgeber des Jerusalem Report. Aus seiner Feder stammen einige der wichtigsten Artikel über die Ermordung Yitzhak Rabins und ihre Auswirkungen auf die israelische Gesellschaft. Er hat auch viel über Logistik und Folgen des Friedensprozesses geschrieben. David Horovitz ist Träger des internationalen Bnai-Brith-Journalistenpreises, den er für einen Artikel über die Folgen des Bombenanschlags auf das Jüdische Gemeindezentrum von Buenos Aires im Jahre 1994 erhielt. Er schreibt viele der Titelgeschichten des Magazins und berichtet aus Israel für zahlreiche Zeitungen in der ganzen Welt. Er hat das Kapitel über Israel in der Ausgabe 1996 des Jahrbuches der amerikanischen Juden verfaßt, das das American Jewish Committee herausgibt.

Hirsh Goodman, Chefredakteur des Jerusalem Report, schrieb das Vorwort zu diesem Buch. Bevor er den Report im Jahre 1990 gründete, befaßte er sich mit Problemen der Strategie am Washington Institute, war Korrespondent der Jerusalem Post für Verteidigungsfragen, schrieb für U.S. News and World Report, war der Israel-Korrespondent der Londoner Sunday Times und hatte eine ständige Kolumne in der New Republic. Er hat zwei Bücher über strategische Fragen verfaßt. »The Future Battlefield and the Arab-Israel Conflict« erschien im Transaction-Verlag. Außerdem stammen aus seiner Feder die Drehbücher für etwa ein Dutzend Dokumentarfilme. Er hält Vorträge rund um die Welt, war bereits Gast solcher Fernsehsendungen wie Nightline und the McNeil-Lehrer News Hour. Bei CNN, CBS und auch der BBC ist er regelmäßiger Gesprächspartner.

Dies sind die Mitautoren des Buches:

Calev Ben-David, Ressortchef für Kunst des Jerusalem Report, ist ehemaliger Israel-Korrespondent von Variety und war früher als Kunst- und Filmkritiker der Jerusalem Post tätig. Er hat viel über Israels Beziehungen zur Diaspora geschrieben.

Gershom Gorenberg, Chef vom Dienst des Jerusalem Report, hat für diese Zeitschrift sowie für amerikanische Zeitungen und Nachrichtenmagazine vor allem über Religion und israelische Politik sowie über die radikale Rechte berichtet.

David B. Green, Ressortchef Literatur beim Jerusalem Report, schreibt für diesen über eine breite Themenpalette. Bevor er nach Israel kam, war er lange beim New Yorker tätig; außerdem erschienen seine Artikel auch in der New York Times und mehreren Zeitschriften.

Peter Hirschberg, leitender Redakteur beim Jerusalem Report, ist seit der Gründung des Nachrichtenmagazins vor fünf Jahren dabei. Er hat besonders über den Widerstand der Rechten und der Siedler gegen den Friedensprozeß sowie über die Logistik bei der Realisierung der Autonomieabkommen geschrieben.

Avi Hoffmann, Herstellungsleiter des Jerusalem Report, ist ehemaliger Reporter für Verteidigungsfragen bei der Jerusalem Post, wo er Rabins Laufbahn als Verteidigungsminister in der zweiten Hälfte der achtziger Jahre verfolgte.

Isabel Kershner, Ressortchefin des Jerusalem Report für den Nahen Osten, schreibt vor allem über Probleme der Palästinenser. Sie hat ausführlich über die Auswirkungen des Friedensprozesses im Westjordanland und im Gazastreifen berichtet. Isabel Kershner war die erste Journalistin aus Israel, die Yasser Arafat und Kronprinz Hassan von Jordanien interviewte.

Margo Lipschitz Sugarman, leitende Redakteurin des Jerusalem Report, schreibt für das Magazin zu ökonomischen Fragen und hat ausführlich über die wirtschaftliche Renaissance Israels unter Rabin berichtet.

Tom Sawicki, leitender Redakteur beim Jerusalem Report, hat sich für das Magazin vor allem zu den innenpolitischen Aspekten der Amtszeit Rabins als Ministerpräsident, zu den Spannungen in der israelischen Gesellschaft und über Rabins Verhältnis zu den Juden in der Diaspora geäußert.

Stuart Schoffman, Redakteur des Jerusalem Report, hat im Magazin eine ständige Kolumne. Er war u. a. für Time, die Los Angeles Times und Fortune tätig. Aus seiner Feder stammen außerdem Fernsehspiele für Universal, Paramount und CBS.

Hanan Sher, Ressortchefin beim Jerusalem Report, schreibt seit dreißig Jahren über Israel und israelische Politik. Bevor sie nach Israel ging, arbeitete sie für die St. Petersburg Times, das Atlanta Journal und den National Tennessean.

Eric Silver, leitender Redakteur beim Jerusalem Report, ist ein altgedienter preisgekrönter Journalist und Schriftsteller, der zahlreiche Bücher geschrieben hat, darunter eine Biographie des verstorbenen israelischen Ministerpräsidenten Menachem Begin (»Begin: The Haunted Prophet«, Random House, 1984) und »The Book of the Just: The Unsung Heroes Who Rescued Jews from Hitler« (Grove Press, 1992). Für dieses Buch erhielt er 1993 den Christopher Award. Auch er berichtet seit vielen Jahren über israelische Politik und insbesondere über die Laufbahn Yitzhak Rabins.

Leslie Susser, die diplomatische Korrespondentin des Jerusalem Report, hat Rabin in den vergangenen zwanzig Jahren häufig interviewt und seine gesamte politische Karriere intensiv verfolgt. Sie berichtet für den Report über den Friedensprozeß seit seinen Anfängen. Sie promovierte an der Oxford University über Zeitgeschichte und tritt häufig öffentlich auf.

REGISTER